浑源永安寺文物
保护与研究

上 册

管理规划和文物保护

吴 锐 郝维和 吴 扬 著

文物出版社

图书在版编目（CIP）数据

浑源永安寺文物保护与研究/山西省古建筑与彩塑壁画保护研究院，浑源县文化和旅游局编著；吴锐主编．-- 北京：文物出版社，2022.6

ISBN 978-7-5010-7235-4

Ⅰ．①浑… Ⅱ．①山… ②浑… ③吴… Ⅲ．①寺庙－文物保护－研究－浑源县 Ⅳ．①K878.64

中国版本图书馆CIP数据核字(2021)第199261号

浑源永安寺文物保护与研究

编　　著：山西省古建筑与彩塑壁画保护研究院　浑源县文化和旅游局

主　　编：吴　锐

装帧设计：晨　舟

责任印制：张道奇

责任编辑：周　成　陈　峰

出版发行：文 物 出 版 社

地　　址：北京市东城区东直门内北小街2号楼

邮　　编：100007

网　　址：http://www.wenwu.com

印　　刷：北京荣宝艺品印刷有限公司

经　　销：新华书店

开　　本：889mm×1194mm　1/16

印　　张：65.75

版　　次：2022年6月第1版

印　　次：2022年6月第1次印刷

书　　号：ISBN 978-7-5010-7235-4

定　　价：1280.00元（全三册）

序 言

序　一

故宫博物院原副院长、研究馆员　晋宏逵

　　1992年5月我第一次到永安寺。在古建筑宝库山西省，元代建筑并不罕见，但是永安寺正殿"传法正宗殿"还是给我留下很深的印象。一个是它明间的梭柱显然表现了比元代更古老的渊源；再一个是满墙的壁画极大地丰富了它的文化内涵；还有建筑彩画相比常见的明清官式，用了太多的暖色，很花哨的样式。同时也留下了一个遗憾，没有见到宿白老师记录的"传法正宗之殿"的匾牌，它两侧的小字是永安寺建筑史的概括。2004年故宫进行整体维修时，遇到大量脱釉琉璃瓦保护的问题，我们设置了重新挂釉的研究课题。我知道吴锐先生在维修永安寺时曾经使用了旧琉璃瓦挂釉的技术，特聘请他参加了课题组的工作。由于这两个原因，当吴锐邀请我为《浑源永安寺文物保护与研究》一书写序言的时候，马上就应承下来。不过样书寄到时，我大吃一惊。原以为是"维修报告"，但竟然是厚厚的三册，内容如此丰富，我预先没有想到。

　　这部书的主要内容可以分为三大类。首先它是永安寺资料的集合，主要包含了五个方面的内容。第一方面是永安寺的历史资料，蒐集了地方志书中的有关记载和寺院中现存的碑刻文字，做到了尽可能详尽。第二方面是汇集了这次修缮工程前、工程中和竣工后取得的全部实测图纸和照片，无遗漏地表现了建筑群和其中主要单体建筑的全貌。特别震撼的是测绘了各类大木和斗栱的组装结构图和分件图，不仅仅记录了文物建筑的原状，而且达到了"教科书"级别的精细准确。第三方面是记述了工程过程中的新发现。如为了加固大殿基础，对个别柱础下的基础做法进行了解剖分析，发现了元代类似磉墩的夯筑体；在为大木结构卸荷、拆解屋顶时发现传法正宗殿庑殿屋顶"推山"是空腔结构，可称为"假厝"，以前在山西只有辽代善化寺大雄宝殿发现过同类构造；在藻井斗栱中发现了"上昂"类构件；等等诸如此类就不一一列举了。第四方面是为研究的需要引用了系统的参考资料，最集中的是引用成套的版画《水陆道场神鬼图像》，与传法正宗殿壁画对照。第五方面是收录维修工程期间的往来文件和全部会议记录，按日期编排，形成工程实录。

　　第二类内容，它是对于永安寺保护维修工程的全过程记录。从形式上看，分为"文物保护"和"管理规划"两篇，各设若干标题。从"维修保护工程"角度着眼，书中总结的收获十分值得重视，给我留下深刻印象的有以下五方面：首先是工程的管理机构设置，与文物建筑保护维修工程的特殊需要高度契合，实现了业主单位、勘察设计单位、施工单位、质量监督管理机构、消防安全机构通力合作的机制。第二在工程程序进度的控制上，勘察设计单位参与施工、质量管理，而且长期驻在工地，实行动态勘测和设计。永安寺维修从立项设计到实施前的技术设计作了很多轮，每一轮都根据新的发现和认识调整了技术方案，这才符合中国木结构文物建筑维修工作的实际。第三落实了对传统营造技艺的发掘和继承，把"风貌形制"列为建筑"原状"的因素，列入工程质量的标准，对全国文物建筑维修都有启发意义。第四积极选择引进适合保护需要的技术。如引进聚乙烯醇缩丁醛封护和加固壁画的技术。第五对一座基本完整的古建筑群中的局部复原问题做了有益的探索。

　　第三类内容是研究。既有相对独立成篇的对壁画源流的研究，也散见于其他各章节。比如对"历史原状"的判断，包括了对建筑尺度、结构与榫卯、工匠的手法等多方面的研究；比如对各技术要点的多学科研究。总之，做到了将研究贯穿工程始终，它不仅仅是工程的一部分，而且形成了一种制度、甚至是一种习惯。正是这类研究不断丰富着我国文物建筑保护的实践经验，经过梳理，成为《中国文物古迹保护准则》一类文献的理论来源。

　　2007年5月，中国国家文物局、国际文物保护与修复研究中心、国际古迹遗址理事会和联合国教科文组织世界遗产中心在北京举办了"东亚地区文物建筑保护理念与实践国际研讨会"，形成了《北京文件》。会议高度评价了中国《文物保护法》和《中国文物古迹保护准则》，称之为"国家级框架"，"这个框架为保护中国文化遗产的真实性提供了应有的重视、准确的定义和严格的规定"。《北京文件》重申并且发展了在国际上形成共识的保护理念，论述了现代保护理论、档案记录、文化遗产价值及其真实性和完整性的概念，对保养和维修、木结构油饰彩画的表面处理、重建等技术措施也提出原则性意见。我把渗透在《浑源永安寺文物保护与研究》一书中的理念抽出来，与《北京文件》对照，发现并无任何违和之处。说明在文物保护法指导和规范下的我国文物建筑保护维修工程，在我国加入《世界遗产公约》以来，已经很自然地成为国际文化遗产保护运动的一部分。加强我们对实践的总结和理论的提升，也是包括在文物建筑保护工作中的重要任务。

　　为古建筑出版调查报告、工程报告，开始于20世纪30年代的营造学社，后来因为日本侵华战争被迫中止。50年代，文化部组织了多学科学者到山西省考察，出版了《雁北文物勘查团报告》，时任文化部文物局长的郑振铎先生热情地赞扬他们，代表了"新的方向与新的作风"。1992年全国文物工作会议之后，国家决定大幅度增加对文物保护工作的投入。在李瑞环同志支持下，文物出版社组建了《中国古代建筑》丛书编委会。我有幸参加了编委会的第一次会议，聆听了莫宗江、宿白、余鸣谦、杜仙洲、陈明达、谢辰生、罗哲文、傅熹年等著名学者和张德勤、杨瑾等文物局和出版社领导的发言，他们指出中国古代建筑丛书写作和出版具有重大学术意义和文物抢救意义，也是培养人才的百年大计，殷切期待丛书的启动和规划。近30年来，这类图书如专家们所愿得到出版，体例也不拘一格。但是与国家对文物建筑保护维修的力度和进度相比还远远不够。我期待着活跃在文物建筑保护工作中的同仁们，都能在工程上马之初，就把记录、积累材料和写作、出版报告安排为一项工作任务。在工程结束之后，认真总结写作，完成一部像《浑源永安寺文物保护与研究》这样资料丰富、内容翔实、图文并茂、深入思考、富有创见的报告，与文物建筑一起，传承给子孙后代。

2021年11月16日于北京

序　二

清华大学建筑学院国家遗产中心主任、教授

　　浑源永安寺是一座始建于金代，元代重建，明清时期屡有修建，保存有不同时代文物遗存的重要古代建筑群。其中，寺院现存主殿"传法正宗殿"的水陆壁画保存较为完整，具有很高的艺术和文化价值。永安寺2001年被国务院公布为全国重点文物保护单位。

　　永安寺作为晋北地区的重要寺院，在历史上曾多次毁损、重建。现存两进院落中，主殿"传法正宗殿"仍保留了元代重建时的建筑特征，其当心间藻井中的上昂做法，与应县净土寺金代大雄宝殿藻井中的上昂形制相对应，充分显示了这一罕见做法的时代传承和地域特征。此外，"传法正宗殿"维修工程中发现的元代建筑庑殿推山做法、大木作榫卯结构技术及基础做法更是填补了建筑历史研究和文物保护工程等领域对这一时期相关做法认识的空白。寺庙中其他建筑则主要为明、清时期重修、添补后的遗存。此类建筑同样具有重要价值，是认识永安寺规制变化、地方建筑风格、做法特征的宝贵实物例证。

　　吴锐先生主编的《浑源永安寺文物保护与研究》包括了管理规划和文物保护、建筑意匠和彩画艺术、壁画源流与水陆图像三册，是对永安寺近20年保护、研究工作成果的汇总，涉及不可移动文物保护与研究工作的各个方面。这套著作的出版不仅使读者能够了解许多关于永安寺建筑历史、建筑艺术研究的重要成果和材料，包括精细测绘图纸，同时也可据以了解永安寺文物保护工作中保护理念发展的过程和在文物保护工作不同阶段面临的各种挑战与相应的解决方案。这套著作，不仅为读者提供了全面认识永安寺历史格局、文物建筑、壁画艺术等研究成果的机会，也为读者提供了理解中国文物保护工作内容、程序及如何解决面对的实际问题、工作路径和工作方法的丰富且极有价值的一手材料。

　　进入21世纪以来，中国文物建筑的保护、研究进入到了一个快速发展的时期，随着调研方法、测绘、记录技术的更新，保护对象价值评估、分析等内容和程序的规范化，文物保护的整体水平在一个较短的时间中有了巨大的提升。永安寺从认定为山西省文物保护单位开始制定修缮方案，到被公布为全国重点文物保护单位，再到编制文物保护单位保护规划，直至规划得到批准，正处于这样一个中国文物保护快速发展的阶段。《浑源永安寺文物保护与研究》也正是这样一个技术发展，观念变化过程的完整记录。

　　《浑源永安寺文物保护与研究》是一套具有很高学术价值的著作。无论对有兴趣于建筑历史、建筑艺术、壁画研究的读者，还是关心中国文物保护理论与实践的读者，都可以从这套书中获得有益启发。

2021年11月2日于北京清华园

目　录

管理规划篇

山西省浑源县永安寺文物保护规划
一　总　则

（一）规划概况

项目名称：永安寺保护规划

项目位置：山西省浑源县城东北隅鼓楼北巷北端

文物类型：古建筑（序号／分类号　259/65）

保护级别及公布时间：1986 年 6 月被山西省人民政府公布为第二批省级重点文物保护单位；2001 年 6 月被国务院公布为第五批全国重点文物保护单位。

（二）规划类型

全国重点文物保护单位保护规划。

（三）编制依据

1．国家法律、行业法规与规范性文件

《中华人民共和国城乡规划法》（2019 年修正）

《中华人民共和国环境保护法》（2014 年修订）

《中国文物古迹保护准则》（2015 年修订）

《国务院关于进一步加强文物工作的指导意见》（国发 [2016]17 号）

《中华人民共和国文物保护法》（2017 年修正）

《中华人民共和国文物保护法实施条例》（2017 年 10 月修订）

《关于加强文物保护利用改革的若干意见》（中共中央办公厅、国务院办公厅 2018 年 10 月）

《文物建筑开放导则》国家文物局（2019 年 12 月）

2．地方法规与管理规定

《山西省文物维修工程管理办法》（1992 年 6 月）

《山西省实施〈中华人民共和国文物保护法〉办法》（2005 年 9 月）

《山西省环境保护条例》（2016 年修订）

《山西省旅游条例》（2017 年修订）

《山西省文物建筑消防安全管理规定》（2021 年 3 月）

3．文物保护技术规范与管理办法

《全国重点文物保护单位保护范围、标志说明、记录档案和保管机构工作规范》（1991 年 3 月）

《古建筑木结构维护与加固技术标准 GB/T50165—2020》（2020 年 7 月）

《全国重点文物保护单位保护规划编制审批办法（2004 年）》（国家文物局）

《全国重点文物保护单位保护规划编制要求》（修订稿草案 2017 年 12 月）

《文物保护单位游客承载量评估规范》（2017 年 7 月）

4．相关专项规划与文件

《浑源县城市总体规划（2013—2020 年）》修订稿

《山西省浑源历史文化名城保护规划（2014—2035 年）》

《恒山风景名胜区总体规划（2001—2030 年）》（2016 修订）

《关于浑源永安寺保护规划编制立项的批复》（国家文物局 文物保函 [2015]3250 号）

浑源县人民政府《关于浑源永安寺等三项文物保护规划的审查意见》（2020 年 4 月）

大同市文物局《浑源永安寺、文庙、圆觉寺等三项文物保护规划审查论证会会议纪要》（2020 年 5 月）

山西省文物古建专家组《永安寺保护规划审查意见》（2020 年 7 月）

《国家文物局关于永安寺保护规划意见的函》（2021 年 3 月文物保函 [2021]259 号）

（四）规划范围

本项目规划范围：自永安寺外围墙起东至浑源古城李家园巷和大石头巷，南至郭家巷，西至体育广场操场东边缘和浑源州衙东围墙之外，北至和顺北路，总占地面积为 11.27 公顷（详见规划图纸 02）。

（五）规划期限

规划期限 2021 ～ 2040 年，分近期、中期、远期三期实施：

近期：2021 ～ 2025 年；

中期：2026 ～ 2030 年；

远期：2031 ～ 2040 年。

二　文物概况

（一）文物简介

浑源永安寺，原称浑源州永安禅寺及神州大永安禅寺，俗称"大寺"，始建于金，金元之交被火毁后重建，明、清以来均曾在当地官员倡导下续建与增修。该寺位于浑源古城东北隅，是浑源州规模最大，文物类型也最为丰富的"州城要寺"。明代洪武年以后曾为浑源州僧众管理机构僧会司和僧正司的驻在场所。永安寺坐西北朝东南，本为以中轴线为主东西轴各辅以跨院或偏院的五进场院空间大型寺庙建筑组群，现仅存前院及其东西跨院和中院主体建筑群，东西宽52米，南北深78米，占地面积4056平方米。寺内现存文物建筑物7座、清代壁画305.4平方米、建筑彩画2118平方米，古代碑碣2方，石狮一对。传法正宗殿为元延祐二年（1315）原构，是我国建筑史上庑殿顶建筑的杰作，殿内满堂水陆画、建筑彩画及殿顶五彩琉璃均保存完好且异常精美，闻名遐迩。永安寺与北岳恒山历史文化渊源密切，古人多有诗文咏赞，寺内山门、天王殿、东西配殿、东西朵殿等文物建筑亦别具特色，堪称当地明清时期寺庙建筑的典型代表。

（二）历史沿革

1．历史格局

永安寺，始建于金代，不久被火焚毁。据有关记载推测，传法正宗殿所在的院落应是金代永安寺的核心所在；元代重建后，永安寺形成了三进院落带东西跨院和东西偏院的平面格局，三门、天王殿、佛殿、法堂、云堂、方丈、厨库等主要建筑齐备。

据清乾隆二十六年《浑源州志》记载与图示，历经明清两代重修与兴废，当时在两进院落带东、西跨院的基础上还包括寺前区和三进院落及东、西偏院（寺庙一、二进院的东偏院因战火而焚毁）。中轴线上由南至北依次建有：寺前牌坊及广场、山门及东西腋门与八字影壁、前院护法天王殿及中院倒座戏台、中院传法正宗殿和后院铁佛舍（金元法堂），并以东西跨院、钟鼓楼、东西配殿、东西朵殿等建筑分列轴线两侧，仍然延续着布局规整、主次融合、错落有致、别具特色的七堂伽蓝寺庙空间布局。

民国年间，寺前牌坊与前导区、永安寺第三进院全部建（构）筑物被战火所毁。新中国成立后，在寺前区修建了民居建筑，将三进院及东、西偏院改建为兴安小学，县剧团也随之进驻，三进院及东、西偏院不存。"文化大革命"期间寺内部分文物被毁。1980年后当地人民政府采取外迁学校、拆除违建等多种措施大力保护永安寺文物，1999～2004年间，国家文物局投资对永安寺进行了全面保护修缮，整治了寺内环境，在一进院东、西跨院旧址上修建了办公室、管理室、监控室等文物保护管理用房，同时在传法正宗殿北侧修建了围墙等安全防范设施，2005 年起成立了专门保护管理机构并正式对外开放。

2．创修沿革

经考察梳理，永安寺创建、增修沿革略如下表：

表2-1　永安寺历史沿革简表

创修时间		发展分期	兴废过程与主要事迹	依据与说明
年代	时间			
金代（1115~1234）	未详	创建	"永安寺，在浑源州治东北，金建"	明景泰《寰宇通志·卷81》
			1999 年发现了金建永安寺火毁之前殿宇上使用的兽面纹瓦当残片一件，另有"永安寺""北堂"墨书题款的金白瓷日用碗底实物 2 件	1999 年 11 月 12 至 13 日，于传法正宗殿台基 T4 及 T2 人工探查井内出土
	金章宗泰和年间（1201~1208）或兴定四年（1220）之前	火毁	"大永安寺者，古之道场。经烽火后，僧亡寺废，唯法堂、钟楼至□□催矣……"	至元三十一年（1294）《神州大永安禅寺铭》；元定宗二年《归云大禅师塔铭》
	兴定四年（1220）稍后	复兴	"□□□□有本郡节帅高君永安居士，其子仲栋乐善居士，家备为五□□□□敬三宝，因夙世曾行于布施，故今生得享于富饶，□里大修伽蓝□实高君之力也。……维时，闻燕京归云大宗师退居竹林，禅学道行，蔚为时称，若得之供养，□门之幸也。洒驰书敬请，师欣然而来，驻锡不数年，创建佛殿、云堂、方丈、府库，轮奂一新，成大丛林……"	引自至元三十一年（1294）《神州大永安禅寺铭》。归云禅师欣然而来（永安寺）驻锡于兴定四年（1220）稍后，圆寂于定宗元年（1246），为永安寺复兴后的第一代住持禅师
			归云禅师"开山古香积北堂，今之永安也"，期间所使用的"北堂"墨书题款金代白瓷碗底残片在 1999 年施工过程中被发现。	1999 年 11 月 13 日，于传法正宗殿台基 T2 号人工探查井内出土
	至元二十六年（己丑1289）	发展	"至元己丑（二十六年），永安虚席，寺门执事，谋功□主，执节高仲挥、□宣武将军高玦，闻保德州承天寺云溪嗣法西□□公长老，归云重孙也，有德宗师，驰疏邀之，师诺然而居。不再年馨□盂，创建大解脱门五楹，耸岩化成。次年遇大坛越，宣差人都鲁，经过神州，师感其德，闻叙藏经之缘，遂捐己财宝钞五千，以充经价。偏化信心，所获不斉前数，输货一万贯，置贝章六千轴，□□□六百偶。三门严丽，藏教焕然，成一时之壮观。"天王殿前后檐明次间保存至今的六条梭柱，形制古朴，渊源久远，仍为当年大解脱门的遗存构件。至为珍贵。	至元三十一年（1294）《神州大永安禅寺铭》及宿白《浑源古建筑调查简报》（1951）。西庵禅师是永安寺的第二代住持禅师
	延祐二年（1315）	续建	此时，高定的孙子高璞又捐款在永安寺中院创建了一座主殿——传法正宗殿，当时寺院住持是月溪觉亮法师。该殿当心间牌匾上题记曰："时大元国延祐二年四月大功德主永安居士孙将仕郎前本州判官高璞刱建。"这是一项在金代永安寺主殿基址上的重建工程。推测应包括殿宇彩画、殿内壁画与供奉塑像等附属项目在内。殿前明次间檐柱亦运用了梭柱造法。	详见传法正宗殿当心间牌匾西侧第二行题刻。另据 1999 年 11 月对该殿主台基的考古勘探调查，其基座底部包含有金代永安寺主殿基座的部分遗存。

创修时间		发展分期	兴废过程与主要事迹	依据与说明
年代	时间			
元（1206～1368）	元代中后期	续建	天王殿东侧柱径280毫米、高40毫米的浅覆盆式柱顶石及房屋基址，应是金末元初永安寺核心区配套建筑的历史遗存。	2002年4月，进行建筑基址考古勘探时发现疑为金末元初方丈院或云堂院的基址
			在传法正宗殿"月台前部东侧立一石幢，八面，文字剥蚀不可识，由须弥座和承盘上的花纹，大致可以断定是元代物"……	宿白《浑源古建筑调查简报》（1951）此石幢"文革"中被毁坏，现已无存
明（1368～1644）	洪武年间（1368～1398）	鼎盛	"明洪武间置僧会司，并报国寺入焉"。其后，提升为僧正司，扩展后的永安寺成为州属僧众管理机构的驻所	清雍正十二年（1734）《山西通志·卷169》清乾隆《浑源州志·卷八》
	洪武十六年（1383）		"永安寺……国朝洪武十六年重修。"	明景泰《寰宇通志·卷81》及玄览堂《书续集：第16册》
	嘉靖二十二年（1543）		"昔大明嘉靖二十二年岁次癸卯五月吉旦，山西行都司大同后卫指挥使郭江重修"传法正宗殿。此时可能将殿内佛教壁画新绘为水陆画。	"明万历十五年（1587）重立"的传法正宗殿当心间牌匾东侧铭刻题款
	万历十五年（1587）		"昔大明万历十五年岁次丁亥仲春钦从守备浑源城以都指挥体统行事指挥使云中郭江子郭翰勋孙郭恒禄重立"	传法正宗殿牌匾西侧题刻
	万历十八年（1590）		"万历庚寅……州僚捐资……重修"	明万历《重修地藏王堂碑记》，此碑已在"文化大革命"时期损毁
	明代中后期		在天王殿西侧发现了高覆盆式柱础，应为明代遗存和建筑基址。西朵殿前檐柱应为明代遗存。	2002年4月建筑基址探查时发现
清（1616～1911）	顺治五年（1648）	受损	大同姜瓖之变反清，浑源州明裔方应祥起兵响应。清兵炮陷浑源城东北角。"三月初四日，炮陷东北城隅……城中……殿舍焚拆几尽，乡村扰掠一空"	清顺治《浑源州志·卷下》。此时，一、二进院的东偏院可能被焚拆。
	康熙初年（1662～?）	复兴	"旧有永安寺，兵焚后……幸我郡宣公，讳喻斋，三韩人，来莅兹土，捐金（兴建）……告竣。"	康熙知州宣成义《永安寺焚修碑记》
	康熙十五年（1676）		"丙辰之岁（康熙十五年，1676年）殿宇重堲，画工摅诚绘壁，协力冥阳水陆，诸神悉备，金碧辉煌，焚香引气，修设道场，年逢夏四，祀奉香烛……"	康熙二十六年（1687）《永安寺置造供器记》
	康熙十八年（1679）		"厥后，康熙十八年春，建修'亲保善林'牌坊一座。"（永安寺前牌坊应为"佑黎保国坊"）	宣成义《永安寺焚修碑记》，此碑"文革"时损毁，转引自宿白《浑源古建筑调查报告》（1951）。依据清·乾隆《浑源州治·上卷·庙坊》所载，永安寺前牌坊为"佑黎保国坊"。宿白先生所述"亲保善林坊"应是永安寺前，鼓楼北巷中的另一座牌坊。

续表

创修时间		发展分期	兴废过程与主要事迹	依据与说明
年代	时间			
	康熙二十六年（1687）	复兴	"……供器乏具，时在丁卯（1687），集众同意，捐施锡铁，制造炉器。八十七觔，大小各异，三十二件。贮藏本寺，慎终如始，不得玩惕……"	康熙二十六年《永安寺置造供器记》
清（1616～1911）	康熙四十七年（1708）	续建	"戊子夏杪，余（马象观）奉命牧浑，偶一至焉，目击颓垣败瓦，（乃）首倡修。"	康熙《重修永安寺碑》，转引自宿白《浑源古建筑调查简报》（1951）
	乾隆二十六年（1761）		"当大清乾隆二十六年重创并修"（此时大修传法正宗殿，更换琉璃瓦顶）	传法正宗殿牌匾题刻
			传法正宗殿揭顶大修，现存琉璃脊饰瓦件，为"大清乾隆二十六年立"。	传法正宗殿脊刹背面题记
			"……寺久隳废，乾隆辛巳（1761），敬顺倡捐……"	乾隆《浑源州志·卷八》
	乾隆二十七年（壬午 1762）		乾隆岁庚辰（1760），余官浑之四年，讼少事稀，岁亦丰稔。州人来请曰："州东郭永安寺者，元延祐初都帅高公定所建，为州民歌祝祈禳之地。历久荒古，恐遂至於泯灭，敢请命为重修。余念其诚，许之。并倡首捐金，州之人士咸欢喜布施，未旬日金钱毕集。乃量度旧址，图画今制，鸠工庀材，择能而才董其役，壬午（1762）冬十月工竣。……"	清乾隆《浑源州志·卷九》知州桂敬顺撰《重修永安寺碑记》。此时一、二进院的东偏院并未纳入修复范围。
	乾隆二十八年（1763）		此时天王殿仍在重建施工中，曾发现"大清乾隆二十八年八月初十修造人"墨书题记	天王殿后檐东侧角科斗栱散斗底题记（2002年4月2日维修时发现）
			"……城东永安寺新修，余命州人立霜神像祠祀之……"	知州桂敬顺乾隆《霜神祠记》
	嘉庆十年（1805）		"嘉庆十年……重修寺院"	清嘉庆《创修重修碑记》转引自宿白《浑源古建筑调查报告》（1951）
民国（1912～1949）	民国三十四年（1945）	损坏	永安寺第三进院因战火被全部损毁	根据有关历史记载及民间口述资料
	民国三十七年（1948）		据文物"四有"档案记载，永安寺前"佑黎保国坊"牌坊塌毁，天王殿造像被损毁	清·乾隆《浑源州治·上卷·庙坊》"佑黎保国坊—永安寺前；慈垂幽冥坊—在圆觉寺前……"
中华人民共和国（1949年10月1日成立）	1952年	改易	工读中学占用永安寺办学修建排房式教室	据《永安寺文物"四有"档案》记述与调查走访资料
	20世纪50～60年代		城关二小、县剧团进驻永安寺，东西配殿造像被拆除改为教室	
	1966～1976年		东西朵殿塑像被拆除。传法正宗殿被用作粮库，殿内塑像被拆除，檐下牌匾、月台上元代经幢及元代石碑被毁，1969年钟楼被拆毁。部分寺庙配房被改建为学校家属宿舍	
	1980年	保护	传法正宗殿被县人民政府收回交由浑源县文物局保护管理	
	1995年		浑源县委、县人民政府投专项资金将永安寺内暂住单位和民居迁出，拆除临时违建，交由县文物局管理，启动保护修复工程前期勘测设计等准备工作	

创修时间		发展分期	兴废过程与主要事迹	依据与说明
年代	时间			
中华人民共和国（1949年10月1日成立）	1998年	大修	浑源县文物局委托山西省古建筑保护研究所调查编制了永安寺保护修缮（复）工程规划设计方案并完成了报批许可程序	据《永安寺文物"四有"档案》记述与调查走访资料
	1999年7月至2005年8月		在国家文物局、山西省文物局、大同市文物局的支持帮助下，由浑源县恒山管理局、浑源县文物局、山西省古建筑保护研究所、中国文物研究所共同完成了永安寺整体保护修复与环境治理及消防安全设施建设等工程	
	2005年至今	开放	浑源县人民政府成立了永安寺文物保护管理所专职机构，永安寺正式对外开放，开展力所能及的社会教育活动	
	2021年3月		国家文物局正式批准了山西达志古建筑保护设计研究院编制的《永安寺保护规划》（2021～2040年），为永安寺今后20年的文物保护利用和文化弘扬发展工作明确了总体方向与具体措施	

三　保护对象

（一）文物构成

1．文物建（构）筑物

永安寺现存文物建（构）筑物 7 座，总建筑面积 1429.1 平方米，附着于建筑本体上的壁画面积 305.4 平方米、建筑彩画面积 2118 平方米，详见下表：

表3-1　永安寺文物建(构)筑物清单

序号	所在院落	建筑名称	建造年代	建筑面积（平方米）	建筑形制	建筑彩画	壁画	题字
01	一进院	山门	清	96.2	面阔五间，进深四椽，双坡悬山顶。"当心间"（采用早期建筑术语）设主通道，两梢间设次通道	建筑木结构上架绘有旋子彩画与和玺彩画，面积 6.0 平方米；下架油饰	—	—
02		护法天王殿	清	206.3	面阔五间，进深四椽，双坡悬山顶，后接面阔三间，进深三椽，卷棚歇山顶倒座戏台（含元代大解脱门梭柱 6 根）	建筑木结构上架绘有旋子彩画，面积 126.9 平方米；下架油饰	殿内外栱眼壁和山花处绘有清代壁画 4.6 平方米，壁画内容为墨龙戏珠和山水画等	后檐东西梢间墙上刻有"法"、"相"大字（"法"字无存）；当心间后檐装修走马板内外侧雕刻有"天王殿"和"瞻仰楼"题字匾
03	二进院	传法正宗殿	元	587.6	面阔五间，进深三间，单檐庑殿顶，屋顶满布清乾隆二十六年琉璃脊饰瓦件	上架大木构件绘有旋子彩画，面积 1892.0 平方米；下架油饰	殿内四壁绘有清代重彩工笔水陆画 186.9 平方米，内容为儒、释、道神鬼人物和十大明王等栱眼壁内侧墨画宝珠云纹、各式墨龙戏珠，外侧绘几何图案、墨龙和彩色佛像 88.1 平方米	前墙东西梢间雕刻"庄""严"两个大字；后墙东西次间、梢间雕刻"虎啸龙吟"四个大字
04		东配殿	明建清修	197.5	面阔七间，进深四椽，前檐插廊两面坡硬山顶	檐檩绘有旋子彩画，面积 7.2 平方米；下架油饰	殿内山花绘有清代壁画 8.2 平方米，内容为水墨佛传故事、山水画、车马图等	—
05		西配殿	明建清修	197.5	面阔七间，进深四椽，前檐插廊两面坡硬山顶	檩子、随檩枋、荷叶墩绘有旋子彩画，面积 28.4 平方米；下架油饰	殿内山花绘有清代壁画 4.8 平方米，内容为水墨山水画和四季花草画	—

续表

序号	所在院落	建筑名称	建造年代	建筑面积（平方米）	建筑形制	建筑彩画	壁画	题字
06	二进院	东朵殿	清	72.0	面阔三间，进深四椽，双坡硬山顶	上架绘有旋子彩画，面积32.2平方米	殿内山花和内外栱眼壁绘有清代壁画7.6平方米，内容为水墨山水画和神龙戏珠图案等	—
07		西朵殿	清	72.0	面阔三间，进深四椽，双坡硬山顶	上架绘有旋子彩画，彩画面积25.3平方米	殿内外栱眼壁绘有清代壁画5.2平方米，内容为神龙戏珠图案等	—
合计		—		1429.1	—	2118平方米	305.4平方米	—

2．附属文物

永安寺现存附属文物有石碣2方，详见下表：

表3-2 永安寺附属文物——石碣清单

序号	类型	所在位置	碑刻名称	数量（方）	镌刻年代
01	石碣	东朵殿东次间前檐槛墙外侧	《大永安禅寺铭》	1	元至元三十一年（1294）
02		西朵殿西次间前檐槛墙外侧	《永安寺置造供器记》	1	康熙二十六年（1687）

（二）文物环境

1. 院落空间环境

（1）既有建（构）筑物

永安寺除文物建（构）筑物外，现存既有建（构）筑物15座，总建筑面积463.4平方米，院落围墙87.5延长米。详见下表：

表3-3 永安寺既有建（构）筑物保存状况一览表

序号	所在院落	建（构）筑物名称	建筑面积（平方米）或长度（米）	所在位置	构造形制	使用功能
01	一进院	东便门	2.0	山门东侧	砖结构，双坡硬山顶	出入通道
02		东八字墙	2.25米	东腋门东侧	砖结构，双坡硬山顶	空间围合
03		西便门	2.0	山门西侧	砖结构，双坡硬山顶	出入通道
04		西八字墙	2.25米	西腋门西侧	砖结构，双坡硬山顶	空间围合
05		管理室	47.6	东跨院东南角	面阔三间，进深两椽，传统砖木结构，单坡硬山顶	管理居住

续表

序号	所在院落	建（构）筑物名称	建筑面积（平方米）或长度（米）	所在位置	构造形制	使用功能
06	一进院	办公室	47.6	西跨院西南角	面阔三间，进深两椽，传统砖木结构，单坡硬山顶	日常办公
07		厨房	10.8	东跨院东南角	面阔一间，进深两椽，传统砖木结构，单坡硬山顶	职工食堂
08		锅炉房	20.2	西跨院西南角	面阔两间，进深两椽，传统砖木结构，单坡硬山顶	供暖设施
09		监控室	28.4	东跨院东侧	面阔两间，进深两椽，传统砖木结构，单坡硬山顶	文物管理
10		公共厕所	28.4	西跨院西侧	面阔两间，进深两椽，传统砖木结构，单坡硬山顶	卫生设施
11		东腋门	3.2	护法天王殿东侧	传统砖木结构，垂花门，双坡悬山顶	出入通道
12		西腋门	3.2	护法天王殿西侧	传统砖木结构，垂花门，双坡悬山顶	
13		东北角碑廊	34.0	东跨院北侧	面阔五间，进深四椽，传统砖木结构，双坡硬山顶	文物展示
14		西北角碑廊	34.0	西跨院北侧	面阔五间，进深四椽，传统砖木结构，双坡硬山顶	
15	二进院	钟楼	67.0	二进院东南	面阔一间，进深一间，周匝回廊，传统砖木结构，两层楼阁单檐歇山顶	原寺庙报时功能已消失，修复展示体
16		鼓楼	67.0	二进院西南	面阔一间，进深一间，周匝回廊，传统砖木结构，两层楼阁单檐歇山顶	
17		东南角碑廊	34.0	二进院东南	面阔五间，进深四椽，传统砖木结构，双坡硬山顶	文物展示
18		西南角碑廊	34.0	二进院西南	面阔五间，进深四椽，传统砖木结构，双坡硬山顶	
19	一、二进院	核心区后部围墙	83 米	院落四周	青砖清水墙，带墙帽	寺庙安全围护设施
小计			建筑 463.4 平方米 围墙 87.5 延长米	—	—	—

（2）院落铺装

永安寺现有砖铺院面 845 平方米，自然土院面 173 平方米。各院铺装概况详见下表：

表3-4 永安寺院落铺装分区保存状况一览表

序号	院落名称	铺装形式	铺装面积（平方米）	铺装年代
01	一进院甬道等	以方砖工字缝铺墁为主，局部条砖工字缝补砌	383	2003 年
02	二进院甬道等	甬道及院面其他区域为方砖工字缝铺墁	462	
		传法正宗殿后区为土质地面	173	
小计		—	铺砖地面 845 平方米，自然土地面 173 平方米	—

（3）　**绿化植物**

永安寺院内种植有松树、柏树、桃树三种树木，共计15株，均为2004年以来栽植。此外，两进院内均种有草坪，现院落总绿化面积817平方米，其保存状况详见下表：

表3-5　永安寺院落绿化植物保存状况一览表

序号	院落名称	乔灌、地被	胸径（米）	高度（米）	树（花）池形状及分布	树木与草坪绿化面积（平方米）
01	一进院	松树1株，柏树5株	0.08；0.24	3.0；5.0	天王殿前东侧柏树树池为圆形木桩围合，其余树木直接栽种草坪内	树木6株
		草坪	—	—	方形草坪	207
02	二进院	松树4株，柏树4株，桃树1株	0.1；0.3	2.4；5.5	西朵殿前柏树树池为条砖围合，其余树木直接栽种草坪内	树木9株
		草坪	—	—	方形草坪	610

2. 遗址、遗迹及文物可能埋藏区

永安寺遗址、遗迹及文物可能埋藏区有：寺前区及寺前牌坊遗址构成的前导空间，一进院东、西跨院围墙和院门建筑遗址，三进院及东、西偏院建筑遗址。其范围及规模详见下表：

表3-6　永安寺遗址、遗迹及文物可能埋藏区清单

序号	遗址、遗迹名称	可能埋藏区范围（米）	可能埋藏区面积（平方米）
01	寺前区及寺前牌坊遗址构成的前导空间	长29×宽27	783
02	一进院东、西跨院围墙和院门遗址	2（围墙长13，院门一座）	—
03	三进院及东、西偏院遗址	主院长61×宽41；东偏院长67×宽17.5；西偏院长58×宽16.5	约4631
	可能埋藏区面积小计（平方米）	—	5414

3. 历史人文环境

永安寺位于浑源古城东北隅，所在区域文物古迹密集，历史遗存丰富，主要包括：寺西南有圆觉寺塔，俗称"小寺"（国保单位）、浑源州衙（市保单位）和浑源文庙（国保单位）；明清时期，寺庙西侧和北侧曾有规模甚大的"金鱼池"古典园林与永安寺相互依存；寺庙东北侧现仍有数段古城墙遗址；寺东、寺南集中保存着数十组明、清和民国时期的传统民居院落。寺前有大寺东（西）巷、鼓楼北巷、郭家巷、寺东有马道巷、北马庙巷、庆永兴巷等多条历史街巷，这些历史遗存共同构成了永安寺历史悠久，内涵深厚的历史人文景观环境。

4. 自然环境

浑源县位于恒山构造带的半封闭性盆地之中，是黄土高原与太行山构造体系的过渡地带，气候干旱少雨，属中温带大陆性季风气候，四季分明，年平均气温 6.2℃，年平均降水量 429.4 毫米，全年盛行北风，年平均风速 2.5 米 / 秒。

（三）非物质文化遗产

自金、元时期以来，永安寺与其附近的圆觉寺一直是浑源县城的佛教活动中心。永安寺明洪武年后曾为州署僧众管理机构僧会司与僧正司的驻地。寺内每逢农历七月十五和清明时节均会举办隆重盛大的"水陆法会"等各类佛事活动，其间演戏酬神、献乐娱人活动久盛不衰。寺内壁画彩画绘制技艺也闻名遐迩。传法正宗殿内的满堂水陆画及其绘制技艺更于 2014 年 11 月 11 日被列入第四批国家级非物质文化遗产名录。

四 价值评估

（一）历史价值

永安寺创建于金，800多年来由创建之初单一的佛教禅宗寺院逐渐发展成为集儒、释、道"三教合一"、"政教合一"，且具有丰富民俗信仰与社会文化内涵于一体的综合性古代寺庙历史文化遗产，积淀了当地不同历史时期社会观念和文化演进的历史轨迹。具有较高的历史价值。

永安寺传法正宗殿虽历经多次维修保护，但仍然完整地保存了其原有平面格局、结构形制、建筑风貌、材料工艺和别具特色的营造技法，是研究我国晋北地区早期木构建筑技术史的重要经典实例，在我国建筑史上具有重要的史证价值。

（二）艺术价值

永安寺建筑布局具有明晰的主从序列与节奏韵律，空间格局合理，主从关系有序，建筑形式丰富，其井然有序的院落空间和动线关系，体现了独特的寺庙建筑组群艺术美感和宗教文化场所精神，具有很高的艺术价值。

传法正宗殿内壁现存的巨幅水陆画，画面完整，规模恢宏，内容丰富，画技高超，是国内现存古代水陆壁画中的精品，堪称宗教文化史上的稀世珍宝。

传法正宗殿内元代天宫楼阁与平棊藻井、满堂精美梁栿彩画、清代五彩琉璃瓦顶脊饰以及外墙镶刻的"法相""庄严"和"虎啸龙吟"雕刻大字，构图精美，工艺精湛，颇具特色，具有很高的文化艺术价值。

（三）科学价值

永安寺传法正宗殿大木作"减柱造法"、"梭柱造法"、小木作斗栱"上昂造法"、庑殿顶"空腔假厴推山造法"及隐刻梭形栱等独特营造技艺均显示出其虽创建于元初却源自辽金的建筑历史古老基因，大殿梁栿端头的"蝉肚绰幕"及"掐瓣驼峰"等节点构造更与宋《营造法式》中表达的相关构件形制一脉相承，是我国建筑技术史上的重要珍宝。

永安寺俗称"大寺"，圆觉寺俗称"小寺"，这两座创建于金代的浑源州城古老寺院，其西北侧自古就有"阔可二十余亩"的金鱼池历史园林景观与之相伴，明清以来更是"建阁亭"、"植杨柳"、"建木石桥梁"，从而成为浑源州城的风景园林胜地，其中尤以"恒峰倒影""虹桥卧波""金鱼跃浪""绿柳环池"四景最为知名，是历代文人雅士赋诗题咏的宝地，更是研究晋北地区古代寺庙选址与寺庙古典园林历史所不可或缺的科学史料。

（四）社会文化价值

永安寺是千百年来浑源古城及周边地区广大民众每逢岁时节令举行庙会活动，感恩过往、乞求福报、憧憬未来的重要公共文化场所，是依然鲜活着的古老祭祀文化和当地民俗文化的重要文化遗产地，现今已成为享誉国内外的重要历史文化游览研学胜地，其积淀深厚的文化内涵和十分重要的社会文化价值广受世人赞扬。

浑源古城自古即为华北平原连接蒙古高原历史文化线路上的重要城市节点，千百年来，这里积淀了极为深厚的汉民族与少数民族相互包容，共同发展的历史文化内涵和十分丰富的历史文化遗产。永安寺和圆觉寺作为古代浑源的"州城要寺"与现代浑源的国家级重点文物保护单位，千百年来，作为教化浑源百姓，发展浑源文化，推动社会发展的重要场所，其物质文化遗产和非物质文化遗产中都凝结着许多民族融合与民族团结的社会历史文化信息，学术价值巨大。

当前，永安寺正在以内容丰富、特色鲜明、设施先进的古典建筑艺术与古代水陆画专题博物馆崭新姿态成为闻名于海内外的国家级社会文化教育研学场所。

五　现状评估

（一）文物遗存现状

1. 文物建（构）筑物

永安寺现存的7座文物建（构）筑物总体保存状况良好，个别部位存在残损状况，有待修缮。详见下表：

表5-1　永安寺文物建（构）筑物保存现状与安全等级评估一览表

编号	建筑名称	保存状况分项评估								安全性等级
		台基基础	大木结构	围护墙体	小木装修	屋盖瓦顶	油饰彩画	壁画	题字	
01	山门	未见残损	未见残损	未见残损	未见残损	未见残损	中度残损	—	—	a'级
02	护法天王殿	未见残损	未见残损	未见残损	未见残损	轻度残损	中度残损	未见残损	a'级
03	传法正宗殿	未见残损	未见残损	未见残损	未见残损	轻度残损	未见残损	未见残损	a'级
04	东配殿	未见残损	未见残损	中度残损	未见残损	未见残损	轻度残损	中度残损	—	b'级
05	西配殿	未见残损	未见残损	中度残损	未见残损	未见残损	轻度残损	中度残损	—	b'级
06	东朵殿	未见残损	未见残损	轻度残损	未见残损	未见残损	中度残损	轻度残损	—	a'级
07	西朵殿	未见残损	未见残损	未见残损	未见残损	未见残损	轻度残损	未见残损	—	a'级
评估结论		结构可靠性安全等级为 a'级的建筑有 5 座，为 b'级的建筑有 2 座								

2. 附属文物

永安寺现存石碣由于风吹日晒、冷热变化，保存情况欠佳，均为中度残损，详见下表：

表5-2　永安寺附属文物——石碣保存现状评估结果一览表

序号	名称	所在位置	镌刻年代	数量（方）	主要问题	病害等级评估结论			
						基本完好	轻微残损	中度残损	严重残损
01	《神州大永安禅寺铭》	东朵殿东次间前檐槛墙外侧	元至元三十一年（1294）	1	表面风化、石碣1/3字迹不存			√	
02	《永安寺置造供器记》	西朵殿西次间前檐槛墙外侧	康熙二十六年（1687）	1	表面风化，部分字迹模糊不清，有人为刻画痕迹			√	

（二）文物环境现状

1. 平面格局

（1）永安寺保护区

永安寺现除第一、第二进院基本保持了自金元至清乾隆时期的历史格局（东、西跨院围墙和院门被后人拆除），其寺庙前导空间、第三进院（原铁佛舍正殿院）及其东、西偏院，第一、二进院的东西偏院均已不存，历史格局遭到破坏。

（2）永安寺周边区域

永安寺南侧和东侧仍为当地历史民居院落集中区，寺西南的国保单位圆觉寺塔，主体院落格局保存较好；永安寺北侧为新建民居建筑建成区，虽然延续了传统民居院落格局形式，但部分建筑体量、色彩与历史环境不相协调，其中，喜来聚宾馆建筑体量庞大且色彩艳丽，对永安寺周边景观风貌和视线通廊带来较大负面影响；寺西修建的体育广场，严重破坏了"金鱼池"古典园林的原有水系和植被等历史环境，其总体格局和独特环境风貌破坏殆尽。

2. 既有建（构）筑物

（1）永安寺保护区

①现今永安寺内既有建（构）筑物多为 2003 至 2004 年间所修建，结构稳定性良好，建筑整体风貌较协调，评估结果详见下表：

表5-3 永安寺既有建（构）筑物保存现状评估结果一览表

序号	所属院落	建（构）筑物名称	建筑面积（平方米）或长度（米）	建筑位置	构造形制	使用功能	现状功能是否合理	结构稳定性	是否有存在的必要性	建筑风貌
01		东便门	2.0	山门东侧	砖结构，双坡硬山顶	出入通道	合理	好	是	协调
02		八字墙	2.25 米	东腋门东侧	砖结构，双坡硬山顶	空间围合	合理	好	是	协调
03		西便门	2.0	山门西侧	砖结构，双坡硬山顶	出入通道	合理	好	是	协调
04	第一进院及其东西跨院	八字墙	2.25 米	西腋门西侧	砖结构，双坡硬山顶	空间围合	合理	好	是	协调
05		管理室	47.6	东跨院东南角	面阔三间，进深两椽，传统砖木结构，单坡硬山顶	管理居住	合理	好	是	协调
06		办公室	47.6	西跨院西南角	面阔三间，进深两椽，传统砖木结构，单坡硬山顶	管理办公	合理	好	是	协调
07		厨房	10.8	东跨院东南角	面阔一间，进深两椽，传统砖木结构，单坡硬山顶	职工食堂	合理	好	是	协调
08		锅炉房	20.2	西跨院西南角	面阔两间，进深两椽，传统砖木结构，单坡硬山顶	供暖	合理	一般	是	协调

续表

序号	所属院落	建（构）筑物名称	建筑面积（平方米）或长度（米）	建筑位置	构造形制	使用功能	现状功能是否合理	结构稳定性	是否有存在的必要性	建筑风貌
09	第一进院及其东西跨院	监控室	28.4	东跨院东侧	面阔两间，进深两椽，传统砖木结构，单坡硬山顶	文物管理	合理	好	是	协调
10		公共厕所	28.4	西跨院西侧	面阔两间，进深两椽，传统砖木结构，单坡硬山顶	卫生设施	合理	一般	是	协调
11		东腋门	3.2	护法天王殿东侧	传统砖木结构，垂花门，双坡悬山顶	出入通道	合理	好	是	协调
12		西腋门	3.2	护法天王殿西侧	传统砖木结构，垂花门，双坡悬山顶	出入通道	合理	好	是	协调
13		东北角碑廊	34.0	东跨院北侧	面阔五间，进深四椽，传统砖木结构，双坡硬山顶	文物展示	合理	好	是	协调
14		西北角碑廊	34.0	西跨院北侧	面阔五间，进深四椽，传统砖木结构，双坡硬山顶	文物展示	合理	好	是	协调
15	第二进院	钟楼	67.0	二进院东南	面阔一间，进深一间，周匝回廊，传统砖木结构，两层楼阁单檐歇山顶	寺庙报时功能建筑	合理	好	是	协调
16		鼓楼	67.0	二进院西南	面阔一间，进深一间，周匝回廊，传统砖木结构，两层楼阁单檐歇山顶		合理	好	是	协调
17		东南角碑廊	34.0	二进院东南	面阔五间，进深四椽，传统砖木结构，双坡硬山顶	文物展示	合理	好	是	协调
18		西南角碑廊	34.0	二进院西南	面阔五间，进深四椽，传统砖木结构，双坡硬山顶	文物展示	合理	好	是	协调
19		围墙	83米	院落四周	青砖清水墙，带墙帽	围护设施	合理	好	是	协调

　　② 永安寺山门前区、第三进院及其东、西偏院既有建（构）筑物均为 1980 年以后所新建的居住用房与学校排房等，其结构稳定性一般，建筑整体风貌较协调，部分不协调，评估结果详见下表：

表5-4　永安寺山门前区、第三进院及东、西偏院既有建（构）筑物保存现状评估结果概况表

序号	院落名称	院落数量（组）	院落位置	结构形制	使用功能	结构稳定性	建筑风貌
01	山门前区	6	永安寺南侧	传统砖木结构及砖混结构，单坡、双坡硬山顶	民居院落	一般	现代门窗装修布局不当，形制不良，部分屋顶采用红石棉瓦，风貌不协调
02	永安寺第三进院及其东、西偏院	9	永安寺北侧	传统砖木结构及砖混结构，单坡、双坡硬山顶、平顶等教室排放等	居住用房与教学排房，目前闲置	一般	现代门窗装修，部分红石棉瓦铺设屋面，部分墙体外刷绿色油漆或贴以瓷砖，总体风貌较协调，部分不协调

（2）永安寺周边区域

规划范围内的永安寺周边区域既有建（构）筑物既融合了金、明、清、民国时期的历史遗存，也包括有自20世纪50～80年代以来修建的建（构）筑物。该区域建筑大多数结构稳定性一般，部分建筑破旧失稳需要整修，大部分区域建筑风貌协调性较好，但部分新建建筑体量偏大，色彩艳丽，应予整改，详见下表：

表5-5　永安寺周边区域既有建（构）筑物保存现状评估结果概况表

序号	院落名称	院落数量（组）	院落位置	结构形制	使用功能	结构稳定性	建筑风貌
01	圆觉寺塔（国保单位）	1	永安寺南侧	传统砖木结构	对外开放的国保单位	较好	协调
02	明清院落	7	主要集中在永安寺东侧及东南隅一带	传统砖木结构，单坡、双坡硬山顶为主	传统四合院式民居	较差	协调
03	民国院落	22				较差	协调
04	20世纪50～20世纪70年代建造院落	15	永安寺南侧及东侧区域	传统砖木结构，双坡硬山顶为主，个别为平顶	现代民居院落	65% 一般 35% 较好	较协调，少数建筑外贴瓷砖、采用水泥楼板面等，风貌不佳
05	1980年以来建造院落	139	主要分布于永安寺北侧、南侧、西侧、东侧	传统砖木结构，双坡硬山顶、砖混结构，平顶等	居住用房、学校教室、公共服务设施等	较好	大多数较协调，个别建筑贴瓷砖、铺琉璃瓦等，建筑色彩艳丽或体量过大，应予整改。如：喜来聚宾馆、青少年活动中心等

3. 遗址、遗迹及文物可能埋藏区

表5-6　永安寺遗址、遗迹及文物可能埋藏区现状评估结果一览表

序号	遗址、遗迹名称	保存状况
01	寺庙前区及寺前牌坊遗址构成的前导空间	牌坊建筑遗址大致位置明确，具体边界欠详，地面上新建了民居建筑，对前导空间及建筑遗址造成破坏
02	第一进主院与东、西跨院间的围墙和院门遗址	大致位置明确，具体边界欠详，未对建筑遗址采取合理标识，尚无相应的保护措施
03	第三进院及东、西偏院遗址	第三进主院大致边界明确，具体位置欠详，其中，铁佛殿、寺庙围墙及东西偏院建筑遗址被教室排房占压，遗址遭到叠压或破坏；院落内新建了民居、公共厕所等建（构）筑物，原初的寺庙空间环境遭到破坏

4. 院落空间景观要素

（1）院落铺装

① 永安寺核心区及原址区域

表5-7　永安寺核心区及原址区域院落铺装保存现状评估结果一览表

序号	院落名称	院落面积（平方米）	院面铺装方式	保存现状
01	一进院	383	方砖工字缝铺墁，局部区域条砖工字缝补墁，	院落铺装保存状况一般，其中，东、西跨院局部院面存在凹凸不平，有铺砖破碎等现象，残损面积为18.8平方米
02	二进院	635	方砖工字缝铺墁，传法正宗殿后区为自然土质地面	除传法正宗殿后区为自然土质地面无铺装外（173平方米），其余区域铺装较好

永安寺前导区、原第三进院及东、西偏院区域的原始铺装形式不详，院落内现已改用红砖、青条砖及现代水泥砖铺墁院面，与应有历史风貌不相一致。

②永安寺周边区域

传统民居院落地面多采用青条砖或方砖铺墁，虽形制肌理古朴，但大多存在酥碱、碎烂现象。

20世纪80年代以来，新建院落地面多采用新式条砖铺墁做法，略有碎裂、磨损现象。少数院落地面采用现代水泥地面、瓷砖或土质地面等铺装手法。

（2）绿化植物

①永安寺保护区

表5-8　永安寺保护区绿化植物保存状况评估结果一览表

序号	院落名称	保存状况			
		植物类别	长势／病害	植物特征与问题	风貌协调性
01	一进院	松树、柏树、草坪	树木长势良好，无病害草皮出现大面积枯黄现象	松树树冠圆锥形，非传统树种	风貌协调性差
02	二进院	松树、柏树、桃树、草坪	树木长势良好，无病害草坪出现大面积枯黄现象	大面积草坪铺地	风貌协调性差

寺庙前区无绿化，原第三进院种植的柏树和松树长势一般，无病害；西偏院种植有三排杨树，距寺庙较近且较密集，有电线从中穿行，影响寺庙景观视廊，潜存火灾隐患；东偏院无绿化。

②永安寺周边区域

体育广场四周种植有杨树、柏树、松树等植被，树冠伞形或圆锥形，姿态舒展，长势良好，呈现出当代城市园林样貌。

多数民居院落之中，多以盆栽花卉为主要景观装饰手段，少数院落仍保存有枣树、杏树等传统民居庭院树种，长势良好。

在20世纪80年代以来，新建的院落中除盆栽花卉外，也种植有枣树、杏树等，传承延续性较好，植物长势良好。

5. 生态环境

当前，浑源县东北隅阔数十亩的金鱼池水及来自磁窑峡河水的城内历史水系已损毁殆尽，生态环境受到严重破坏。

永安寺周边居民区，日常人居生活燃煤产生的煤烟等有害气体自由排放，对永安寺文物本体产生持续危害。

永安寺周边街巷排水系统不健全，存在积水现象；周边民居区也缺乏完善有序的给排水系统，雨、污水常随意排至街巷内，造成环境污染。

该片区环境卫生较差，无固定的垃圾暂存与公共卫生设施，严重影响寺庙周边环境质量和城市景观风貌。浑源县人民政府近期正在实施的永安寺历史街区基础设施升级改造工程将彻底改造这一现象。

6. 人文景观

（1）永安寺保护区

永安寺第一、二进院建筑群历史风貌及环境特色保持良好。寺庙前导区、第三进院及其东、西偏院所有建（构）筑物在 20 世纪 40 年代被毁，现分别由新建民居、兴安小学（闲置）教室与校舍所代替。"金鱼池"历史名园及园中"四景"均彻底损毁被县体育广场所替代。由永安寺、圆觉寺和金鱼池共同构成的历史人文景观体系破坏消失严重。

（2）永安寺周边区域

永安寺南侧、东侧为传统民居院落建筑群集中区，其历史环境风貌特色总体保持较好，传统院落格局、街巷肌理等延续性较好；寺西现代园林及大面积硬质铺装的体育广场缺乏艺术美感和应有历史文化内涵；永安寺北侧建成区总体较好，但部分建筑体量庞大、色彩艳丽，与周边环境风貌协调性差，对永安寺片区的景观风貌和视线通廊带来较大负面影响，应采取措施保护修复综合治理。

（三）道路交通现状

永安寺东侧马道巷为历史街巷，土质路面，局部铺墁条砖、碎石，路面坑洼不平，缺乏合理有序的排水体系，雨水常集聚于寺东建筑台基下，建筑安全潜存隐患。

在规划范围内，除和顺北路为新建道路外，其余均为历史街巷。道路宽度和街巷肌理基本保持原状，基本满足现状交通需求。但道路多处坑洼不平、铺装杂乱、无合理排水体系，环境卫生较差，与古城应有的历史人文环境风貌不相协调。

永安寺周边尚无固定的小型停车设施，外来车辆常常停靠在寺庙入口附近，严重影响道路交通，缺乏合理规划与有序疏导。

（四）用地性质现状

根据《山西省浑源历史文化名城保护规划》（2014 ～ 2035 年），永安寺及其周边环境用地性质划分如下类别：

永安寺现行文物保护范围为文物古迹用地。

永安寺周边区域主要分为居住用地、文物古迹用地、体育设施用地、医疗卫生用地、教育科研用地、商务用地和停车场等。其中，永安寺第三进院及其东、西偏院遗址区用地性质分别被不当划定为教育科研用地、居住用地、体育用地和道路用地，严重影响永安寺历史院落空间格局与遗址、遗迹的科学保护和活化利用工作的深入开展，需做合理纠正。

（五）非物质文化遗产

历史上浑源境内"月月有庙会，会会唱大戏"，浑源罗罗等戏曲艺术繁盛不衰。在永安寺的庙会活动中（包括水陆法会等佛事活动），演戏酬神（实为人神共娱）、悔过求智、憧憬未来活动被列为不可或缺的重要环节。虽然 20 世纪 50 年代后这类活动逐渐减少，且渐趋消失，但该寺传法正宗殿内所保存的国家级重点文物保护对象清代水陆画，却在 2014 年被列入国家级非物质文化遗产名录，成为重要保护对象。摆在我们面前的问题是如何使其科学内涵活化利用、传承发展。

（六）保护区划现状

1. 保护区划范围

根据山西省人民政府《关于公布太原晋阳古城遗址等 102 处全国重点文物保护单位保护范围的通知》（晋政函 [2002]159 号）文件，浑源永安寺的现行保护区划范围如下：

保护范围：东距寺东边墙 2 米，西距寺西墙 5 米，北距"传法正宗殿"后墙 10 米（现为学校占用），南距山门 5 米，占地面积为 5232 平方米。

建设控制地带：东距寺东边墙 20 米，西距寺西边墙 30 米，北距"传法正宗殿"后墙 35 米，南距山门 60 米，占地面积为 11970 平方米。

2. 保护区划管理现状评估

（1）文物保护范围

①现有的保护范围未能覆盖永安寺历史格局和原来寺庙空间范围四至边界，其南侧未将寺庙前导空间与寺前牌坊遗址纳入，北侧未将该寺第三进院遗址、遗迹可能埋藏区纳入，东侧、西侧也未将永安寺东、西偏院空间范围全部纳入，永安寺的完整性未能得到全面保护与控制。

②永安寺保护范围的配套管理规定不具体、不全面、针对性差，难以适应当前及未来文物保护管理与活化展示利用工作的实际需要。

（2）建设控制地带

①永安寺文物保护核心区周边需要管理控制的景观协调区域不足。其北侧未能涵盖永安寺与金鱼池、古城墙等历史文化遗存的空间区域；东侧与南侧未与该寺密切相关的圆觉寺、历史民居等历史环

境要素进行合理衔接，永安寺西侧的金鱼池历史文化名园空间范围的保护管理与控制更是没有顾及。总体而言，建设控制地带划定范围太小，景观协调与风貌管控范围不足，且存在边界生硬切割既有建筑群体现象，导致实际管理控制时难以操控。

②永安寺建设控制地带的划定与圆觉寺保护范围和建设控制地带存在相互叠压现象，出现了用地性质混杂，实际管理无所适从问题。

③建设控制地带管理规定不具体、不全面、针对性差，难以适应文物保护管理工作实际需要，急需优化更新。

（七）安全防护设施现状

1. 防雷设施

永安寺内所有建（构）筑物均未安装防雷设施，虽然近年来未发生过雷击现象，但因历史上曾有雷击寺院的调查记载，故雷击隐患不能排除。

2. 消防设施

2002年6月，寺内实施了消防设施建设工程，寺区全面敷设了消防管线，同时设置了消防水泵、消防给水井、消防给水池、地下机房及消防器具，形成了相对完善的消防系统，现总体运行状况良好，基本满足紧急情况下的消防扑救需求，但机房等设施存在部分老化、功能缺失等问题，有待更新。

寺区内消防扑救工具、灭火砂袋、水桶、取水点等消防器械较齐全。

寺区尚无规范完善的消防通道，特殊情况下无法有效利用专业消防车施行消防扑救。

3. 安防监控设施

2013年12月，在寺院出入口、围墙及主要建（构）筑物的适当部位配备了报警器、摄像头、声音复核报警系统等安防设备，"人、机、犬"相结合的安全防范构架趋于健全，形成了相对完善的安全防范系统。监控室在一进院东跨院配房，现总体运行状况较好，但永安寺文物安防联动应急响应防范系统尚未建立，安全应急综合防范能力不足。

（八）基础设施现状

1. 给水、排水

永安寺内用水由南侧大寺东巷市政管网接入，基本满足日常生活和消防用水需求。

寺内第一、二进院落地表采用有组织明排和暗沟排水相结合方式排水，总体排水体系畅通，雨水最终汇入大寺东巷城市雨水管网中；传法正宗殿后区缺乏有序排水体系，东、西配殿相邻街巷中局部存在积水现象，雨水自然下渗过程中对建筑基础、墙体、台明安全造成威胁。

生活污水排入市政污水管网，卫生间粪便未经处理直排市政管网，目前正在整改。

2．电力、电讯

寺区电力供应接自西朵殿山墙外的变压器，在锅炉房西山墙和厨房东山墙设有电源总开关，电力供应可以满足看管人员日常办公与生活用电需求。

现状电源线路为 2004 年整体布置的，线路采用入地直埋、随墙敷设和隔空架设等三种方式，局部设置不规范，影响寺区景观风貌。另外，厨房、监控室、值班室电源线路老旧，时常出现短路现象。

寺西变压器紧邻西朵殿，且电线从树木中穿过，容易引起火灾，周边文物建筑安全存在隐患。

寺内缺少必要的电视、电话、监控和智能化管理服务等弱电配套设施，不利于相关工作开展。

3．卫生设施

永安寺内现有水冲式厕所 1 处，位于一进院西跨院，设男女蹲位各 3 个，卫生条件良好，基本满足现状游客需求。

永安寺执行卫生每日定时清扫制度，并在各院落明显区域配置了简易垃圾桶，院内可保持整洁良好的游览环境。

紧邻西朵殿的兴安小学旱厕，建筑风貌差，不良气味四散，粪坑距文物建筑较近，对西朵殿基础造成安全隐患。

寺西围墙外的体育广场公共厕所，建筑体量大，外观风貌不佳，长期处于废弃状态。

寺西围墙外居民生活垃圾随意堆放，未能及时清理，环境卫生质量较差。

4．暖通

寺内现今仍然采用燃煤取暖、做饭，所产生的煤烟不仅会对文物本体造成持续污染，而且严重影响周边文物环境质量和景观风貌。目前寺内没有用于室内的通风设施。

（九）文物展示利用现状

1．展示利用方式

目前永安寺以文物本体实物展示为主，口头讲解说明为辅的方式对外开放。在山门东次间和西跨院碑廊内墙上分别设置了说明牌和简易图示板作为辅助陈展手段，总体上看，形式简单，水平较低，不符合国家重点文物保护单位应执行的《文物建筑开放导则》基本要求。

2．展示功能分区

永安寺第一、二进院全面对外开放，第一进院以游客接待功能为主，第二进院为游客参观游览主要功能区。

3．开放展示内容

展示内容目前呈现五个特点：其一，展示对象单一。重点展示的是传法正宗殿及殿内壁画和建筑彩画。东西配殿等文物建筑内多数尚处于空置状态。其二，价值阐释不充分。对于文物价值和文化内涵均非常巨大的"州城要寺"永安寺而言，目前尚没有系统全面、浅显易懂、形象生动的电子解说设备，也没有系统全面的讲解说明资料或信息检索设备，全凭游客现场听讲与参观领悟。其三，辅助拓展陈列场所阙如。永安寺目前尚不具备开设方便广大游客系统学习与该寺数百年历史相关联的建筑技术史、宗教文化史、造型艺术史等文化知识的辅助性专题陈列馆。不利于宾客游人开阔眼界，拓展知识，不利于更好地发挥其社会教育功能。其四，个性化文创产品不够丰富多彩。永安寺已开发了一些文创产品，也出版了一些专门著作，但品种较单一，价值较昂贵，适用范围不够广泛，还需不断发展完善。其五，个性化公共文化活动有待开展。永安寺尚没有创造条件举办传统文化讲堂、非遗技艺培训等沉浸式公共文化活动。此外，长期缺乏文物文化爱好者团队的加持烘托与宣传带动，文化宣教氛围较平淡。

4. 开放展示路线

目前，永安寺展示游线单一，一般观众参观全程仅需 1 个小时左右，爱好者、学者约需 2 至 3 个小时。其展示路线与展示节点为：游客乘车至山门前下车→进入东便门，购买门票→阅读永安寺导览图，了解永安寺基本情况→参观山门、护法天王殿、东碑廊、西碑廊、传法正宗殿、东配殿、西配殿、钟楼、鼓楼→结束参观返回。

5. 展示服务设施

永安寺展示服务设施不完善、不健全，无游客休息室及文化交流会议举办房间，也没有多媒体展厅等硬件设施，游人休息座椅不足，也没有语音导览系统和新媒体展示设施。

6. 展示利用强度

永安寺展示重点主要集中在传法正宗殿，当前年均接待游客量不足 5000 人次，局部利用强度较大，但总体可观览内容严重不足，每年旅游旺季（5 月至 9 月）游人徐来，淡季常门可罗雀。当前寺内讲解人员不足，也难以适应旺季展示开放需求。

7. 社会教育活动

目前，永安寺尚未主动开展面向社会大众、青少年、专业研究人员的文化科普或专题讲座等社会教育活动，也没有启用公开的永安寺官方网站、微信公众号、微博等进行文化教育宣传活动，因此自身知名度及其优秀文化传承发展影响力不高。

（十）文物保护管理现状

1. 保护管理机构

永安寺管理所是永安寺的专职保护管理机构，成立于 2009 年底，其上级主管部门为恒山风景名胜区管理委员会。该所仅设体制内正式编制 1 人，常年聘用文物保护员 8 人，内部分工与岗位设置职能明确，但缺乏高水平文物保护专业理论、文物保护适用技术、文物开放展示利用等相关专业技术从业人员。

2. 保护管理制度

永安寺管理所制定有明确的文物保护和安全防范管理制度，员工照章执行，可保障寺内日常工作顺利进行，但缺乏永安寺文物保养维护、文物调查研究、文物展示利用、游客接待服务等相关管理制度，也缺乏对文物保护管理人员的理论学习和定期在职业务培训要求。

3. 保护管理工作

永安寺管理所和浑源县文物局对永安寺的"四有"记录档案和日常保护管理方面工作业绩明显，基本满足现状运行要求，但在文物保护研究、文物开放展示、文物保护管理综合素质提升等方面距新时期全国重点文物保护单位的工作规范要求还有较大差距。文物例行维护保养工作也不够及时。

保护区划标识体系不完善，仅设置了保护标志碑，未按规范要求设置界桩及标识碑等，周边居民等利益相关者难以准确认定保护区划范围边界。

4. 保护管理条件

永安寺管理所文物保护研究管理用房缺乏，日常办公设备陈旧，游客导览接待及文物展陈设施严重不配套，文物保护管理经费短缺等问题长期存在，明显制约了文物保护研究与文物开放展示、社会教育工作等工作职能的更好发挥，应尽快解决难题扭转现状。

（十一）文物保护研究与考古调查现状

1. 文物保护研究工作

目前，永安寺的文物科普著作、文物残损病害监测、建筑艺术研究、民俗事象调查等方面的成果较少，难以适应新时期文物保护管理工作深入开展。

永安寺的文物价值科学阐释与展示利用水平不高，不够充分。依托文物资源讲好历史故事办法不多，手段落后，不利于高水平实现文物工作十六字方针。

文物展示开放体系建设研究、文物数据库建设方案调研编制、对文物保护单位所在地的民俗文化传承复兴前瞻性研究等许多课题均与国保单位的工作职责使命和目标宗旨不相适应。

2. 考古调查工作

永安寺尚未组织专业技术队伍及科研单位主动进行过保护区文物遗址考古调查研究工作。因此，永安寺历史格局及其文物古迹可能埋藏区的边界难以精确认定，科学展示开放利用活动也无法有据推行。

（十二）综合影响程度及变化趋势分析

综合上述专项评估结果，针对永安寺文物建筑、院落环境、基础设施、保护管理、展示利用等诸方面问题，可将基于自然外力与人为自身两类影响因素所形成的主要问题、影响程度及变化趋势分析结果综合归纳如下表：

表5-9　永安寺现存主要问题、影响程度及变化趋势分析表

影响因素分类	现存主要问题		已经造成的影响提要	影响范围	影响程度	变化趋势分析与建议措施
自然外力因素的影响	既有建（构）筑物	日光照射导致的材料老化变质	既有建（构）筑物油饰彩画出现老化起翘、地仗脱落、变色等损坏现象	传法正宗殿、东西配殿、东西朵殿等	严重紧迫	缓慢发展
		鼠虫破坏与鸟粪污染	壁画、彩画、建筑构件、土坯墙体内部均已出现病害，或有潜在危险因素		较严重较紧迫	持续存在
		毛细水破坏作用	部分建筑砖砌墙体出现轻微或轻度风化、剥蚀病害	寺内所有建（构）筑物	较严重不紧迫	
		雷击破坏隐患	历史上曾受过雷击，目前尚无防雷设施		不严重较紧迫	
人为自身因素的影响	文物保护管理	日常保养维修有待加强	例行维修保养不及时	东配殿北山墙山花尖土坯墙坍塌	较严重较急迫	不会大面积坍塌，应急时修复
			寺院内外局部排水不畅	东西配殿山墙及外墙因水浸基础轻微下沉伴墙体局部小裂缝		应尽快采取措施畅通排水，加强监测
			文物建筑构架及彩画上有积尘与鸟粪污染	传法正宗殿梁架壁画彩画藻井等		应采取吸尘器、皮老虎等工具清扫卫生。应立即杜绝人工用笤帚扫地行为
	文物展示设施	基础设施建设工作比较落后	游客接待服务和休息设施不足	开放区缺少游客饮水、休息、交流等必要设施		游客参观满意度不高，应按本规划要求尽快改进
			辅助展示陈列设施严重不足	缺少辅助陈列所必需的展厅、展馆、影音室等场所	较严重较急迫	
			文物"四有"工作充实升级与共享不及时	电子信息化管理水平低，游客无法查阅基本信息资料		
	文物价值陈述	文物开放展示工作相对滞后	与基本陈列相配套的辅助陈列展示馆、展厅缺如，相关工作滞后	综合展示效果不佳，游客参观收获受限		应按照国家文物局《文物开放导则》（2017年10月）要求和本规划要求组织开展文物开放展示活动，尽快实现既定发展目标
			电子网络解说子系统及保护单位官网、官微尚未建立	社会知名度与信息化宣传管理水平较低下	较严重较急迫	
			科普社教与文创产品研发工作较粗放	难以实现传承文脉、拓展续新、多业并举、复兴发展工作目标		

续表

影响因素分类	现存主要问题		已经造成的影响提要	影响范围	影响程度	变化趋势分析与建议措施
人为自身因素的影响	文物保护区划	文物本体真实性及其周边环境完整性保护不够全面	现行文物保护范围未能覆盖永安寺历史格局空间范围	寺庙前导区及第三进院空间范围未能完全覆盖	较严重较急迫	加强管理力度，按本规划要求尽快调整优化有关文物保护区划范围并严格执行保护区划管理规定
			现行建设控制地带未能覆盖永安寺等周边历史自然人文环境范围	寺北城墙遗址、寺西金鱼池古典园林、寺周历史民居多处未能整体纳入	不严重较急迫	
			保护区划配套管理规定不具体，不严谨、针对性差	实际工作中往往无所适从，可操作性差	较严重较急迫	
	文物调查研究	遗址遗迹考古调查与学术研究工作空白较多	永安寺前导区及第三进院空间范围的历史遗存或遗址遗迹分布细节不明	相关保护，展示修复方案与技术措施难以细化、深化	较严重较急迫	加强学术研究力量，多出科研成果，让文物展示宣传，优化利用和当地传统文化复兴发展工作相辅相成
			从建筑史、技术史、宗教发展史、民俗文化史等视角开展的学术研究工作应进一步深入开展	虽已出版专著两本、画册若干，但综合性研究成果明显不足	较严重较急迫	
			永安寺开放展示科普丛书或文章尚属空白	不利于中小学生和社会民众拓展知识，学有所获	不严重较急迫	
	文物保护机构	保护管理机构急需改组优化	现有专职工作人员太少	以外聘人员为主的工作人员队伍难以胜任现代文物保护管理工作的要求	较严重较急迫	应尽快调整专职管理机构工作职能，增加优化专业技术工作队伍，不断提高文化遗产保护管理工作水平
			永安寺管理所应更名为永安寺文物保护研究所并调整其工作职能定位	现有管理机构难以胜任文物保护研究和专题展示馆工作职能相关要求	较严重较急迫	
			永安寺保护研究机构人才队伍结构需尽快升级改组	应充实文物保护管理、文物保护技术及博物馆学等专业的中高级专业技术人员	较严重较急迫	
	文物保护经费	保护管理经费不足问题长期存在	文物岁修保养工作经费难以及时到位	若干轻微病害及残损点得不到及时整修	较严重较急迫	提请浑源县人民政府按照"五纳入"文物保护专项经费管理规定确保岁修保养基本工作经费。提倡多渠道筹集文物保护经费来源，不断提高文保管理和服务水平
			专项科研经费申请渠道不畅通	国家科研专项资金引入力度不足，在研项目稀少	不严重较急迫	
			多种公益性文保基金筹集工作不力	社会公益性文物保护、旅游发展、文化传承利用资助资金申请引入力度不足	不严重较急迫	

续表

影响因素分类	现存主要问题		已经造成的影响提要	影响范围	影响程度	变化趋势分析与建议措施
人为自身因素的影响	周边人文环境	永安寺周边自然、历史人文环境保护治理问题尚多	寺庙周边历史民居保护治理和有机更新工作需尽快开展	许多明清、民国时期的古代民居因年久失修，基础设施不配套而成为危房，急需修缮保护，体量庞大的新建民居应进行风貌整饬		1．现金鱼池旧址上的广场平庸无趣，几近荒废，建议参照清《浑源州志·金鱼池图》《金鱼池记》以及历史照片等进行原貌研究与规划设计，创造条件恢复其历史旧貌，再现其独特胜景。 2．浑源县人民政府正在施行永安寺历史街区保护修缮与环境治理工程，值得赞扬。
			永安寺所在片区生态环境保护工作有待加强	永安寺周边历史街区的街巷肌理保护传统树木复壮、复栽与自然水系的保护修复工作均应列入生态保护重要内容	较严重较急迫	
			永安寺西北侧"金鱼池"历史名园与人文胜景于 2008 年修建体育休闲广场时被损毁无存	具有数百年历史的"金鱼池"历史名园、水池、水系、古树名木，特别是"恒峰倒影""虹桥卧波""金鱼跃浪""绿柳环池"等四景均荡然无存。也使得金代创建的永安寺、圆觉寺周边环境大为失色		

六　规划目标、原则与对策

（一）规划目标

针对永安寺各类文物遗存残损现状及病害特征，制定保护修缮措施，提出保护管理要求，明确保护修缮时限。

针对永安寺周边历史人文环境及其自身历史格局空间范围内在文物保护管理中存在的问题，提出保护区划调整、遗址考古认定、景观环境修复、文物展示宣传等综合保护治理要求，提出分期实施计划。

针对永安寺水、暖、电等基础设施、安防设施，消防设施以及专项保护工程中出现的各类问题，提出升级优化要求，明确分期实施计划。

依据永安寺的文物价值特征，文物本体保存状态，可进一步拓展利用的场所空间及文物保护管理设施条件，研究制定文物本体、遗址遗迹及历史人文景观环境的科学展示与价值阐释和活化合理利用模式，研究策划展示方式、展示主题，合理构建展示陈列体系，以便开展适应社会需要，符合《文物建筑开放导则》要求的科学展示宣传活动，充分发挥其社会文化教育作用，让文物保护研究成果更好地融入并惠及当地社会经济文化发展。

提出规划各分期永安寺文物价值、文化内涵及其相关内容研究计划，明确文物保护管理制度建设的具体工作要求和未来发展目标。

以永安寺文物保护管理工作为核心，注重同步做好周边历史人文环境保护管理工作，提出永安寺周边建设控制地带环境综合治理与保护发展技术建议，注重整合与带动永安寺周边文化资源与历史街区共同发展，谋求文物保护活化利用和浑源古城经济、文化、生态建设的和谐、可持续发展。

通过本规划各项措施的有序实施，力求使永安寺成为：

1. 文物保护管理与科学研究水平先进的全国重点文物保护单位。
2. 内容丰富、特色鲜明、设施先进的古典建筑艺术与古代水陆画技艺专题博物馆。
3. 独具特色的山西北部地区经典建筑、绘画艺术与古代历史文化的研学教育基地。

（二）规划原则

认真贯彻"保护为主、抢救第一、合理利用、加强管理"文物工作十六字方针。

贯彻不改变文物原状，最低限度干预，使用恰当的保护技术确保永安寺的文物本体真实性、周边自然环境与历史人文环境完整性不受损害，保护相关传统文化及其延续性、注重文物监测与防灾减灾等原则。

采取有效措施努力使文物保护研究、生态环境治理、文物展示宣传等工作与当地传统文化复兴发展、社会经济高质量发展相辅相成。

坚持科学适度、持续合理的文物资源保护利用原则，注重保持与提升文物在当代社会中的活力，提倡公众参与，强化科普教育，不断提高文化遗产保护管理与研究弘扬工作水平。

（三）规划对策

本规划着重从如下6个方面谋求解决好永安寺文物保护管理与文化资源调查研究和活化利用工作。

根据永安寺文物资源保存现状，研提文物本体、寺庙格局、遗址遗迹等的科学保护管理要求和相关工程技术措施，确保其真实性不受损坏。

依据调查结果，研提对永安寺周边历史人文景观、传统人居环境、河塘水系布局、植物地景特色等的科学保护与修复管理要求，确保其完整性不受损坏。

针对永安寺现行保护区划及其管理规定中存在的问题，研提保护区划调整优化措施，制定相互配套的保护管理规定，谋求永安寺文物遗存与周边历史人文环境得到整体性保护，一体化管理与综合性活化利用，促进永安寺与圆觉寺所在历史街区社会文化经济同步和谐发展。

依据永安寺及其周边历史文化资源分布条件，研提文物活化利用功能分区，文物开放展示主题、展示陈列设施配建与更新措施，明确相关基础设施配套升级发展规划要求，促使该单位的文物展示活化利用与人文景观保护修复工作水平不断提升。

针对永安寺保管所职能定位与人员结构中存在的问题，研提该机构职能转型发展，人员构成升级优化要求，促使该机构尽快成为集文物保护、学术研究、文化传播、社会教育等多种职能为一体的事业型文化遗产保护管理研究机构。

根据本规划确定的永安寺文物保护研究所（即永安寺专题博物馆）未来发展需求，研提规划各期应该开展的文物本体研究与考古调查研究等规划要求，提出繁荣学术研究与促进文化发展的工作建议。

七　保护区划与管理规定

（一）保护区划调整策略

永安寺文物保护区划分为文物保护范围和建设控制地带两个区划等级，本规划调整保护区划边界时重点权衡并解决以下问题：

文物保护范围：依据可以确保永安寺各类文化遗存的真实性、历史格局及其院落空间的完整性和安全性均能得到有效保护的要求调整其四至边界，修正永安寺历史格局空间范围涵盖不足的现状问题。

建设控制地带：以合理管控好永安寺周边地带名胜古迹、古典园林、历史民居分布区的完整性、和谐性为目标，将寺庙周边必要区域的历史建筑、传统街巷等与永安寺相互依存的历史人文环境要素纳入建设控制管理区，对该区域的历史街区保护和城市建设活动进行必要的正面引导与约束管控，通过科学调整建设控制地带四至边界，消除与圆觉寺保护区划的空间叠压等问题。

（二）保护区划调整内容

永安寺保护区划分为文物保护范围和建设控制地带两个层次，总占地面积58114平方米（5.81/公顷）。

1. 文物保护范围

东侧：永安寺核心区边线位置不变，第三进院的东边线向东平移13米；

西侧：现保护范围西边线向西平移11米，覆盖永安寺西偏院历史空间范围；

北侧：现保护范围北边线向北平移59.4米，覆盖第三进院北侧边界；

南侧：将永安寺山门、腋门、八字影壁前小月台范围内边线向南平移30米，覆盖寺前广场及"佑黎保国"牌坊所在空间。

调整后的文物保护范围总占地面积11935平方米（1.19公顷），较原保护范围扩大6703平方米（0.67公顷）。

2. 建设控制地带

东侧：以李家园巷和北马庙巷历史道路东边线为界；

西侧：将现建设控制地带向西平移86.5米，至圆觉寺塔建设控制地带西边线。前导区以圆觉寺东侧步行道东边线为界（遇院落或建筑时沿其外边线划定）；

北侧：现保护范围北边线向北平移 79.8 米，至和顺北路南侧边界；

南侧：以郭家巷北边线为界。

调整后建设控制地带占地面积 46179 平方米（4.62 公顷），较原建设控制地带占地面积扩大 34209 平方米（3.42 公顷）。详见《永安寺保护区划调整图 04》。

（三）保护管理控制规定

依据《中华人民共和国文物保护法》《中华人民共和国城乡规划法》及国家有关法规规定，结合永安寺文物保护管理与周边自然和人文历史环境管控需要，特制定如下管理规定：

1. 文物保护范围管理规定

（1）保护范围的用地性质为文物古迹用地，由浑源县文物局行使保护管理权，如需改变或调整，必须经省、市人民政府批准，在批准前应征得国务院文物行政主管部门同意。

（2）在保护范围内不得进行其他建设工程或者爆破、钻探、挖掘等作业，如因特殊情况需要进行，必须保证永安寺的安全并经核定公布该保护单位的人民政府批准，在批准前应当征得国务院文物行政主管部门同意。

（3）在保护范围内不得建设污染永安寺及其环境的设施，不得进行可能影响永安寺安全及环境的活动。对已有的旱厕、燃煤炉灶等污染永安寺及其环境的设施，应当按照本规划要求限期治理。

（4）浑源县人民政府消防主管部门应当会同城乡规划、县文物局等相关主管部门切实做好防火安全保障工作，落实工作责任制，禁止各类存在消防安全隐患的行为发生。

（5）本区域进行考古研究工作时，必须严格遵守相关法律法规，禁止未经国务院文物行政主管部门审批，主动对遗址、遗迹进行考古发掘。若发现古代遗址，应实施必要的保护管理措施，并根据遗址价值及时调整保护区划和相关管理规定。

（6）为切实做好文物保护管理与活化利用工作，本范围内可以进行文物遗址遗迹保护展示，生态环境保护修复，既有建筑整治利用，文物保护管理基础设施修建，文物展示与游客接待用房修建工程。但其所有项目的选址必须避开不可移动文物，不得影响文物古迹的环境风貌，且工程设计方案必须事先按照法定程序办理审批许可手续，未经批准不得开工建设。

（7）按照本规划在保护范围内进行既有建筑改造利用的，不得增加其高度和体量，其建筑色彩和外观风貌应与当地明清传统建筑遗存相协调。按照这种方法进行保护管理与文物展示设施修建时（三进院西偏院永安寺保护研究所和三进院东偏院永安寺文物展示馆），禁止采用玻璃幕墙、琉璃瓦顶及瓷砖墙面。

（8）本范围第三进院中轴线院的铁佛殿及其东西配殿（文殊殿与普贤殿）遗址可能埋藏区应委托有资质的单位进行专项考古调查和勘探发掘工作，如发现相关历史遗存，应该实施原址保护与科学展示，其工程设计方案须按照法定程序上报批准后方可实施。

续表

序号	所属院落	建（构）筑物名称	建筑面积（平方米）	是否有存在必要性	结构稳定性	风貌影响	整治措施	实施期限	技术要求	管理要求
06	一进院	办公室	47.6	是	好	协调	保养维护	规划近、中、远期持续开展	做好日常监测和保养维护工作	应首先完成现状复查、设计方案编制及报批核准工作，注意合理安排拆旧更新施工程序，确保该寺文物本体安全不受影响
07		厨房	10.8	是	好	协调	保养维护			
08		锅炉房	20.2	是	一般	协调	风貌整饬	规划近期	修补墙体裂缝	
09		监控室	28.4	是	好	协调	保养维护	规划近、中、远期持续开展	做好日常监测和保养维护工作	
10		厕所	28.4	是	一般	协调	风貌整饬	规划近期	修补墙体裂缝	
11		东腋门	3.2	是	好	协调	保养维护	规划近、中、远期持续开展	做好日常监测和保养维护工作	
12		西腋门	3.2	是	好	协调	保养维护			
13		东北角碑廊	34.0	是	好	协调	保养维护			
14		西北角碑廊	34.0	是	好	协调	保养维护			
15	二进院	钟楼	67.0	是	好	协调	保养维护			
16		鼓楼	67.0	是	好	协调	保养维护			
17		东南角碑廊	34.0	是	好	协调	保养维护			
18		西南角碑廊	34.0	是	好	协调	保养维护			
19	第一、二进院	寺东、西两侧围墙	25	是	好	协调	保养维护			
		寺北侧围墙	58	是	好	协调	拆除	规划近期（2025年）	拆除二进院北围墙，打通第二进院与第三进院的空间关系，同时恢复传法正宗殿与东西朵殿间的院落间隔墙与随墙门	

（2）永安寺前导区与第三进院

表9-2 永安寺前导区及第三进院既有建筑风貌治理与改造利用措施一览表

序号	院落空间名称	文物遗存可能埋藏区面积（平方米）	保存状况	风貌治理与改造利用措施	实施期限	技术要求	管理要求
01	山门前区及寺前牌坊遗址构成的寺庙前导空间	783	牌坊建筑遗址大致位置明确，具体边界欠详，其上新建了现代民居建筑，对遗址造成一定破坏	标识展示遗址，修复空间环境；调查研究牌坊建筑形制，规划近期创造条件尝试展示性修复	规划近期	标识展示遗址、遗迹，要在科学考古基础上进行；空间环境修复应制定专项方案，批准后实施	应在2023年前完成考古调研工作，完成现状勘测与标识展示方案设计及行政报批任务，在2025年前完成空间修复与标识展示施工任务
02	第三进院遗址及其东、西偏院范围	4631	三进院大致位置明确，具体边界欠详，其中，中院铁佛殿、文殊殿、普贤殿及围墙建筑遗址被教学用房占压，遗址遭到破坏。东、西偏院大致位置明确，具体边界欠详，院落内新建了教学用房、宿舍、厕所等建（构）筑物，历史景观环境不存	拆除中院不当后续建筑，标识展示第三进院中院主要建筑遗址。改造利用东西偏院既有建筑，修建永安寺文物展示馆与永安寺文物保护研究所	规划近期		

（3）永安寺周边建设控制地带

永安寺周边建设控制地带既有建（构）筑物的综合治理与有机更新措施主要分为保养维护、保护修缮、风貌整饬、拆除、有机更新五种类型，详见下表：

表9-3 永安寺周边建设控制地带既有建（构）筑物保护治理与有机更新要求一览表

序号	建筑类别	院落数量(组)	结构稳定性	建筑风貌现状	综合治理措施	实施期限	技术要求	管理要求
01	文物保护单位（圆觉寺塔、北城墙遗址等）	2组	圆觉寺塔较好，城墙遗址一般	圆觉寺协调，城墙遗址不良	圆觉寺保养维护，城墙遗址，保护修缮与风貌治理	规划近、中、远期持续开展	确保文物本体安全无病害的同时升级改造基础设施，优化治理环境风貌	无论面对何种既有建筑遗存，均需进行现场调查研究，把握问题的要害，厘清保护、传承和弘扬发展的策略，在此基础上制定切实可行的修建性规划设计方案，经论证批准后，再有序实施，造福当地历史街区民众，推进古城保护与发展
02	明清与民国时期民居院落（含挂牌保护院落）	29组	多数年久失修，结构稳定性差	建筑风貌古朴、苍老、协调合理、文脉有序	在保护修缮、风貌整饬、有机更新的同时注重做好基础设施升级改造与环境治理		应坚持"修旧如旧"和"四保持"等历史建筑修缮原则。不得不大拆大建，传承好历史风貌与历史文脉	
03	20世纪50～70年代续建、改建的民居院落	15组	10组稳定性一般；5组稳定性较好	总体风貌较协调，个别建筑显生硬	保养维护、保护修缮、风貌整饬、设施更新综合施策		避免实施现代化改造，避免进行加层改建，注意适时更新基础设施。及时消除烧煤烧炭火炉，保护环境卫生，提升环境质量	
04	20世纪80年代至今新建、改建的院落	139组	大多数结构稳定性尚好，个别院落存在安全问题	总体风貌基本协调，院落格局变化明显，个别建筑体量偏大	拆除不当加建的厨卫设施，保护修缮问题建筑，维护更新基础设施，绿化美化院落环境			
05	20世纪80年代以后建设的公共建筑	5组	稳定性较好	建筑体量庞大，外观风貌缺乏传统建筑艺术美感，与周边环境不协调	拆除丑陋危险部位，整饬外观风貌形制，必要时作降层处理		可辅之以绿化遮挡，景观强化等技术处理手段进行景观风貌协调	

2. 消防设施规划

规划近期：

（1）委托专业机构进行永安寺保护区消防系统升级更新工程设计，并报文物行政主管部门审批许可后实施，加大消防装备设施投入，逐步提升消防基础设施建设水准，建立完善的消防技术档案，将消防室调至文物保护管理办公区。

（2）不断提升永安寺消防安全自救能力的同时，尽快建立新的消防监测报警系统，与当地消防主管部门保持联动防范状态，从源头上提高火灾防控扑救能力。

规划中、远期：

（1）认真贯彻"预防为主，防消结合"的消防安全管理八字方针，切实做好用火、用电安全管理工作。

（2）持续建立和优化科学有效的消防管理规章制度，定期开展消防安全检查，及时消除火灾隐患。

（3）及时优化和更新消防扑救设施与消防灭火器械，有效提升消防扑救应急能力。

3. 安防设施规划

规划近期：

（1）根据本规划调整后的功能分区和文物保护展示要求，委托专业队伍进行永安寺智能化安防监控设施升级优化总体设计，建立科学完善的安全防范系统，按程序申报文物行政主管部门批准后实施。

（2）继续采用电子智能化监控系统、人力看守、防护犬看守三结合的文物保护综合性安全防范管理体系。不断强化文物安全应急管理联动系统建设，确保文物、人身双安全。

（3）针对可能发生的自然灾害，人为破坏等突发事件，编制切实可行的《永安寺保护区突发事件安全应急预案》，确保出现紧急事件时，具有足够的应急响应和处理能力。

规划中、远期：

（1）不断升级改造永安寺安全监控设施，优化安全防范管理体系，持续保持智能化，高效率的安防监管先进水平。

（2）严格安防工作人员执业纪律，不断提高其自身业务素质、工作能力与敬业精神，确保永安寺安防监控管理工作高效运行。

（五）基础设施升级规划

1. 给水、排水

规划近期：

（1）根据本规划要求，调整优化不同功能区的办公生活与游客服务给水系统和污水排放管网系统，并在适当位置做出地下管网的规范标识，方便检修与维护。

（2）根据永安寺各院落地表坡向特征，构建科学合理的地面排水系统，疏通排水沟渠与出水排放端口，消除院面及道路积水现象。

（3）在适当位置设置生活污水渗滤设施，确保处理后的水质满足环境保护排放标准。地表水的排放须符合《地表水环境治理标准》（GB3838-2002）。

规划中、远期：

不断优化规范有序的给水与排水体系。加强给排水运维管理，持续做好给水科学使用，排水规范排放管理工作。

2．电力、电讯

规划近期：

（1）依据本规划使用功能的调整和文物保护研究所、永安寺（数字化）文物展示馆、游客接待设施等建设项目要求，委托专业单位编制专项设计方案，核算规划各期用电负荷需求，分期实施电力、电讯设施的升级改造工程。

（2）在寺内增加备用应急电源，检查整改供电线路，实施分区分控的电力布局和管理模式；合理布设无线通信线路及弱电网络系统，增设广播系统与电子解说系统。

（3）将寺西的变电站迁移出建设控制地带范围。及时更新设备，早日开通永安寺官网平台，扩大信息传播途径，开通门票网上预约管理窗口，有效提升永安寺景区智慧管理能力和水平。

（4）拆除本规划范围内的电线杆和隔空架设的明线，采用入地埋设方式，消除输电、用电中存在的安全隐患，确保用电安全。

（5）认真贯彻《文物建筑电气防火导则》（试行），有效提升文物建筑电气火灾防控能力，优化日常巡视检查与火灾监控系统，确保用电安全。

规划中、远期：

不断提高既有电力、电讯设施和线路的检修管理运维水平，根据实际需要，及时更新电力、电讯设备，充分满足永安寺正常开放和事业发展需要。

3．暖通

规划近期：

（1）采取有效措施于2022年底前在永安寺文物保护区取消燃煤做饭与燃煤取暖设施，改用电器或天然气等清洁能源，根除人为污染源，避免对文物本体造成污染。

（2）更新办公建筑和居住用房的通风、采暖设施，做好节能改道，采用清洁能源，保证大气质量达到一类区标准。

规划中、远期：

坚持高效节能环保原则，持续做好无污染供暖、通风、空气调节设施维护，检修与升级改造事宜。

4．卫生设施

规划近期：

续表

建筑性质	建筑名称		现状使用功能	规划使用功能	建筑面积（平方米或米）
既有建（构）筑物	一进院东跨院	南房值班室	工作人员生活用房	多媒体演示厅	47.6
		南房控制室	工作人员生活用房	茶点间与咖啡吧	28.4
		西房厨房	工作人员共用厨房	小型会议室	10.8
		东北角碑廊	文物展示（兼保卫犬饲养）	永安寺石质文物展廊	34.0
	二进院	钟楼	建筑本体展示	建筑本体展示，登高远眺，定点报时	67.0
		鼓楼	建筑本体展示		67.0
		西南角碑廊	文物展示	文物展廊	34.0
		东南角碑廊	文物展示	文物展廊	34.0
规划建（构）筑物	一进院西偏院	公共卫生间	/	公共卫生设施（男厕不少于 4 个蹲位与 5 个小便池，女厕不少于 8 个蹲位）	120.7
		小库房	/	游客服务器材，文创产品储存等	16
	二进院西偏院	寺区综合监控室	/	文物保护区无死角不间断监测	50
		保护管理办公用房	/	日常管理与游客服务	50
		职工夜间值班室	/	文物安全防范设施	24
		防护犬饲养用房（棚）	/		16
		西偏院南北便门	/		2 座
		职工厨房与食堂	/	管理人员日常就餐	50
	三进院东偏院	文物陈列馆主展厅	/	永安寺文物陈列馆及其配套设施	建筑总面积不超过 518 平方米，通过改造更新既有建筑，实现功能转型与再利用。占地面积 843 平方米
		文物陈列馆次展厅	/		
		文物展示工作用房	/		

续表

建筑性质	建筑名称	现状使用功能	规划使用功能	建筑面积（平方米或米）
规划建（构）筑物	三进院西偏院	永安寺文物保护研究所办公区与文物库房、档案室图书室等	/	不对外开放的永安寺文物保护研究所管理办公区，珍品文物收藏库，文物科技档案与文物图书室等。对外开放的公益大讲堂与会议室与配套卫生间等	建筑总面积不超过716平方米，通过改造更新既有建筑实现功能转型再利用。占地面积1438平方米
		公益大讲堂	/		
		配套公共辅助设施	/		

（三）展陈服务设施与展示参观路线规划

1. 展陈服务设施配建

规划近期：

（1）按本规划要求，2023年完成一进院东、西跨院各建筑物的使用功能调整改造工程，完成一进院西偏院的公共卫生间、随墙门配建工程；完成二进院西偏院的安全监控室、工作人员值班室、办公用品库和安全防护犬舍饲养棚等文物保护设施配建工程。完成对外开放区广播系统、多媒体系统、语音解说系统配建任务，借以有效改善游客服务基础设施条件，明显强化永安寺文物安全管控能力。

（2）按照本规划要求，2025年前完成三进院东偏院的既有建筑改造利用（永安寺文物展示馆）修建工程，同时完成展示馆的内容设计与形式设计和陈列布展施工任务，为规划中期第一年（2026年初）正式对外开展创造良好条件。

（3）按照本规划要求，2025年前完成三进院西偏院既有建筑改造（永安寺保护研究所办公区）修建工程（含对外开放的文化大讲堂）。为永安寺文物保护研究所的正式成立和转型发展提供硬件保障。

规划中、远期：

根据永安寺保护管理、活化利用与传承发展需要，与时俱进地不断完善保护区的文物保护管理与文物展陈服务设施，持续提高文物展示宣传服务质量和自身学术研究能力及社会影响力。

2. 文物参观路线策划

规划近期：

（1）2021～2022年：进入永安寺山门→购买门票、检票→阅读展示说明牌，索取简介资料→进入第二进院落→重点参观传法正宗殿文物本体，听取讲解说明→参观寺内其他建筑及景观艺术，拍摄照片留念→结束参观。全程需要1.5个小时左右。

（2）2023～2025年：进入永安寺山门→购买门票、检票→进入游客休息室及多媒体室观看简介→

由导游老师陪同或佩戴耳机进入第二进院落→重点参观传法正宗殿听取讲解说明→参观东西配殿和东西朵殿辅助陈列展览→参观其他建筑及景观艺术，拍摄照片留念→参观碑廊中的文物石刻艺术陈列→登上钟鼓楼远眺浑源古城周边景观→返回第一进院稍事休息，喝茶品茗，到文创艺术品店购买纪念品或到游客接待室咨询问题查阅资料等→结束参观。全程需要2.5个小时左右，展示内容较前明显丰富，展陈效果较前明显提高。

规划中期：

（1）在前述开放展示路线的基础上，增加第三进院落金元建筑遗址展示区、永安寺文物展示馆、永安寺传统文化大讲堂等三处文物开放展示区，进一步扩大对外开放区域，完善文物展示宣传体系，提高了游客服务综合水平，全程需要 3.5 个小时左右。

（2）永安寺文物保护研究所应与大专院校等专业机构合作，定期或不定期举办永安寺传统文化艺术节、永安寺传统文化系列讲座、永安寺非物质文化遗产短期研修等活动，借以起到传播优秀文化、凝聚社区大众、弘扬蓬勃正气、促进社会发展的积极作用。这种沉浸式群众文化活动将更有吸引力和生命力。

规划远期：

（1）在规划近、中期参观路线基础上，建议增加永安寺西侧金鱼池历史名园嘉景（规划中期争取完成修复任务）展示开放区，永安寺的展示参观线路应与圆觉寺、浑源州衙等景点紧密互动，形成规模互补效应，全程需要 6.5 个小时左右。

（2）应适时策划举行一日游活动，力求让广大来宾可通过参观鉴赏浑源文物古迹得到历史文化的滋养，通过游览品味浑源历史文化名园胜景得到古典艺术的熏陶，这种多重叠加文化效应，必将进一步增强该景区的内在吸引力和社会美誉度。

（四）游客开放容量与利用强度调控

1. 游客开放容量测算

经测算，永安寺景区在规划近、中、远期游客开放容量详见下表：

表11-3　永安寺各规划时期游客容量调控数据测算表

规划期限与开放区域		可游览面积（平方米）	游线长度（米）	瞬时适宜容量（人）	瞬时极限容量（人）	日游客容量（人/日）	日极限容量（人/日）	完成参观所需时间（小时）	游客周转率（次/日）	节庆活动扩容限量（人次/日）
规划近期	永安寺二进院核心展示区（2023年前）	院落：850平方米 建筑：1330平方米	200	150	210	1050	1470	1.5	7	1690
	永安寺一进院与二进院综合开放展示（2023～2025)	院落：1350平方米 建筑：1890平方米	350	225	315	1350	1890	2.5	6	2205

续表

规划期限与开放区域		可游览面积（平方米）	游线长度（米）	瞬时适宜容量（人）	瞬时极限容量（人）	日游客容量（人/日）	日极限容量（人/日）	完成参观所需时间（小时）	游客周转率（次/日）	节庆活动扩容限量（人次/日）
规划中期	永安寺一至三进院全面对外开放	院落：4050平方米 建筑：2515平方米	500	300	420	1800	2520	3	6	2940
规划中期	永安寺艺术文化节	院落：1200平方米	/	500	600	1000	1200	4	2	/
	短期研修培训	建筑：110平方米	/	40	/	/	/	/	/	/
规划远期	与金鱼池古典园林等景点互动开放展示	金鱼池园林景区占地1.9公顷	1200	1000	1200	4500	5000	4	4~5	6000

说明：1. 为确保永安寺传法正宗殿珍贵文物不受损坏，应尽早采取限制参观人数进入的相应措施。比如，利用东西配殿开设数字化传法正宗殿水陆画展示厅，永安寺历史沿革专题展示厅等。2. 永安寺二进院的东西朵殿、东西碑廊均需充实展示内容，对外开放，比如，可作为非遗技艺传承教室，作为历代名人咏浑源诗词歌赋展廊，古代精品三雕（砖、木、石）艺术展廊等。

2. 利用强度调控措施

（1）本规划出于对珍贵文物遗存的安全及可持续保护管理的需要，考虑到游客观赏的心理学标准、文物本体的容载标准、环境生态允许标准、使用功能技术标准等因素，确定了永安寺规划期限内的游客容量控制参考标准。在文物保护管理实践中，应根据"保护为主、抢救第一、合理利用、加强管理"的文物工作16字方针及实践检验校核数据适时修订和优化调整此标准，合理控制游客容量确保文物安全。

（2）根据永安寺景区的文物资源特色和游客淡旺季规律，通过门票预约、限时分流、价格杠杆等调控手段以及专题文化活动、景区推介活动、传统民俗技艺培训或展演活动、文化与科普体验教学活动等措施，力争使景区呈现淡季客源不少，旺季并不拥堵的良性运营状态，力求使永安寺文化资源得到有效保护，旅游参观质量得以明显提升。

（3）通过永安寺景区官网、融媒体等现代通信手段，力求实现宣传互融、资源共融，及时公布永安寺景区的文物展示和游客参观实时状况，公布近期将开展的社会文化活动和展演预告，指引社会大众有备而来，尽兴而返。

（五）游客服务设施修建项目设计要求

本规划确定的各类游客服务设施修建项目均需聘请有资质的专业机构，在本规划限定的建设规模和建筑风格指引下，调研编制专项设计方案，按照法定程序申报批准后方可实施。

（六）文化价值传播效益提升途径策划

（1）注重公众参与：定期采取"请进来"的方式，邀请专家对不同文化阶层的公众开展基于全国重点文物保护单位永安寺文物价值的公益性讲座，普及文物的基本知识、价值特征，保护手段、管理要求，有效提高遗产地原住民的综合文化素养，不断增强其保护文物的自觉性和主动性，让文物保护志愿者队伍逐渐壮大。

（2）举办文化活动：发挥文物保护管理单位科学研究人员自身特长，注重收集记录与永安寺相关的非物质文化遗产精华，与当地原住民携手举办永安寺相关的专题文化活动，在保护传承历史文脉的同时赋予其当代艺术表现形式及文化内涵，有效提升自身文化影响力。

（3）参与社区活动：采取"走出去"的方式，主动深入浑源县城，从广大人民群众中调查研究和搜集整理基于衣、食、住、行、民俗事象、节庆活动等多种文化现象的文史资料，深入挖掘其文化价值，注意寻找其与永安寺文化基因相关联的文化要素及渊源关系，主动参与当地各类社会文化复兴活动，将永安寺的文物价值研究与文物所在地的社会文化史研究整合起来进行综合研究，并及时将研究成果纳入到文物价值宣传及社会文化活动的方方面面，借以提高永安寺文物价值传播继承和创新发展实践效应。

（4）发挥社教作用：注重与当地的社区文物保护机构通过携手共创方式，开展多种富有文物保护单位特色的社会文化活动和科普教育活动（如：科普讲座进校园、进社区、进单位，传统文化宣传周等），谋求共创共享、相辅相成，有效提高文物价值活化传播效益。

（5）利用互联网宣传：整合资源开设永安寺官网，强化宣传力度，实现信息融通，让永安寺珍贵文化遗产名扬天下，誉满全球。

（七）周边文物景观资源整合利用要求

规划近期：

按照本规划要求，浑源县永安社区应积极组织实施历史街巷的环境综合治理、寺周民俗文化游览区的基础设施配套、更新等专项工程，为广大中外来宾、各界学者、不同文化水平的学生团队提供更加丰富多彩的周边景观资源和食宿条件，从而与永安寺保护展示区形成整合利用的叠加倍增效能。

规划中、远期：

以永安寺为依托，将圆觉寺塔、浑源州衙、浑源文庙、浑源北城墙遗址公园等文物保护单位作为浑源古城文物古迹核心景点，采取联动展示，实现大景区效应，不断扩大浑源县的自身影响力和美誉度，让单纯的文物保护单位参观游览转变为具备短期居住开展专题调研活动和文化研学活动的深度游学场所，进而带动浑源县的社会经济高质量可持续发展。

十二　文物保护管理规划

（一）文物保护管理职责

认真贯彻落实"保护为主，抢救第一，合理利用，加强管理"的文物保护工作方针，确保永安寺文化遗产的真实性、完整性、安全性及延续性不受损害。

认真落实文物保护规划，按时实施文物保护工程，不间断监测文物保护对象的安全，及时发现和清除各类安全隐患，确保永安寺得到科学有效的保护管理与合理利用。

加强机构建设，优化人员构成，提高自身素质，完善规章制度，发挥自身优势，与当地社区民众及社会力量密切合作，不仅要切实做好永安寺各类物质文化遗产的保护管理工作，而且要切实做好与其相关的非物质文化遗产的调查研究搜集整理、活化利用和继承发扬工作，更好地发挥与展现我国当今文化遗产保护管理水平。

调整保护区划，规范保护标志，注重宣传教育，严格执行相关保护管理规定，有效监督管控文物保护建设控制地带的各类建设活动，及时制止一切不当建设活动。

主动开展多学科交融互动的文物保护与学术科研工作，注重史料征集管理记录和档案科学管理工作。采取文物本体展示、数字化展示、沉浸式活化展示等多种手段，以内涵深刻、深入浅出的形式开展文物价值阐释及文物展览陈列活动，定期举办科普教育讲座活动，让文物保护管理成果惠及民众，促进当地社会文化经济建设可持续发展。

切实做好文物保护维修项目储备工作，多途径申请文物保护专项经费，争取社会团体、文物保护机构及爱心人士所提供的经费支持，确保文物保护管理、文物展示开放、文化科普教育等工作的经费来源。

（二）文物保护管理机构

（1）调整机构名称：将永安寺管理所更名为永安寺文物保护研究所。

（2）更新工作职责：由以文物保护与游客接待为主要职责的现状职能，更新为以永安寺文化资源保护管理与综合研究、永安寺文物价值阐释与科学展示、永安寺文化资源活化利用与弘扬发展为主要工作职责的综合性文化遗产保护管理研究机构。

（3）明确管理范围：为确保永安寺文物本体，历史格局、文化空间极其周边历史人文环境的完整性不受损坏，本规划确定的文物保护范围均应划归永安寺文物保护研究所负责保护管理。永安寺建设控制地带为该单位重点监控管理范围。

（4）明确发展目标：本规划确定的规划目标明确了永安寺的未来发展方向，工作实践中应注意与时俱进，适应社会要求，不断优化具体措施，努力将永安寺文物保护管理与开放活化利用工作做得更好。

（5）优化职工队伍：在现有事业编制基础上进行分期充实扩增与内设机构调整，增加文物保护与研究、考古学与博物馆学、民俗学与社会学、建筑历史与宗教文化学等专业的中高级专业技术人员 10 人（近期 5 人，中远期 5 人），在此基础上外聘若干高级顾问，尽快形成由初、中、高级专业技术骨干组成的总规模 13 人左右的文物保护管理研究团队，以适应永安寺国保单位高素质发展的客观需求。

（6）加强在职培训：为适应事业发展需要，须设立工作人员工在职培训制度，建立外出进修与同类兄弟单位间的学术交流考评机制，持续提高在职员工的专业学术理论水平与文物保护技术能力，鼓励多出成果，快出成果，出好成果。

（7）借助社会力量：聘请和组建适应永安寺保护管理与活化利用事业发展需要的高级专家咨询委员会，汇集社会学术研究力量出谋划策，优化方法，共建共享，提高效能。

（三）文物保护管理工作

1. 文物保护工程
（1）多渠道筹措与申请文物保护专项资金，保证足够的文物保护工程经费来源。

（2）严格按照本规划要求，组织高水平技术力量，开展文物保护工程，及时消除文物本体及周边环境存在的病害及隐患。

（3）率先组织多学科技术力量开展文物保护工程针对性技术难题的科研攻关，为文物保护工程顺利开展奠定基础。

2. 日常保养维护
（1）持续开展文物安全定期监测记录工作，发现问题及时采取相应维护措施，确保文物安全，使其延年益寿。

（2）携手当地政府部门及文物保护组织共同做好文物保护单位建设控制地带的各类建设活动监管工作，加强文物古迹岁修保养工作，确保周边历史人文环境风貌不被损坏。

3. 文物展示利用
（1）按照本规划要求，精心做好文物本体展示、辅助陈列展览、文化空间利用、历史人文景观修复展示等工作，为中外游客和当地民众提供全面准确、丰富多彩的文物价值展示与阐释成果。

（2）坚持以文物安全为前提的文物开放展示与合理利用原则，定期评估开放效果（文物安全、开放成效、管理措施、观众和当地民众满意度等），并根据评估结果纠正不足，调整优化。

（3）加强文物保护对象及所在地文化史的调查研究工作，将研究成果纳入开放展示考核内容之中，在延续文物古迹原有功能的同时，注重适应当今时代发展取向，赋予其相应的文化传承和复兴发展功能，不断提高文物保护展示、自然与人文景观展示、非物质文化遗产保护展示与活化利用综合水平。

4．保护管理制度建设

（1）认真贯彻《中华人民共和国文物保护法》相关规定，尽快使批准公布的《永安寺保护规划》列入浑源县社会、经济、文化发展总体规划之中，认真付诸实施。

（2）适应文物保护规划要求，制定系统完善的永安寺文物保护管理配套规章制度，确保文物保护管理工作科学有序，有章可循。

（3）与当地政府部门、管理机构共同制定系统完善的永安寺周边地带历史人文环境保护管理规章制度，确保当地所有物质文化遗产、非物质文化遗产、历史人文景观得到有效保护，有序传承。

5．监测检查与资料记录

（1）应严格按照国家规定切实做好文物保护管理资料的收集整理、汇编归档与长期保管工作。

（2）文物保护单位的监测记录须重点关注：文物保护对象的仪器监测记录与巡视观测记录；消防、防雷等安全防范设施定期监测检查记录；文物开放参观等人为因素对文物本体影响情况评估检查记录；周边地带环境质量影响检查记录等。

6．科技档案建设

（1）要切实做好永安寺历史文献和历史图像的收集整理与学术研究工作，其成果应定期汇编成册归档保存，同时开放共享。

（2）要切实做好文物保护修缮工程、文物维修养护工程技术档案建设工作，包括各类勘测报告、设计文件、调查研究成果、监测检测报告、竣工验收报告等。

（3）要切实做好永安寺文物价值和文物本体的综合性研究成果及自然与人文景观专题研究成果的分类归档工作，包括各类展示陈列大纲、展示陈列设计方案、展示陈列总结报告、非遗传承文化活动总结报告、学术研究论文等。

7．文物管理监测内容

（1）对永安寺文物建（构）筑物和附属文物可能发生变形、开裂、位移和损坏的部位进行仪器监测和日常观察巡视记录。

（2）对消防、防雷等安全防护设施的可靠性与灵敏度实施安全监测和日常观察巡视记录。

（3）对开放区域的观众管理和承载量数据进行实时核算监测与效果评估，并提出优化改进建议。

（4）针对旅游开放活动和其他社会因素可能产生的文物古迹及环境的影响进行记录和定期评估。

（5）对观众结构（年龄、文化、职业等）及重复游览频率进行监测记录和统计学研究。

（6）对各类观众的游览感受和意见进行问卷调查，并进行汇集分析，提出分析报告和改进建议。

（7）对影响文物保护管理工作正常开展的社会因素进行调查分析，对周边建设活动进行监测监控。

（8）对文物保护单位开放展示、科学研究及社会教育功能作用等进行社会效益与经济效益分析研究，优化发展取向。

8. 展示宣传工作

（1）根据本规划调整后的功能分区，适时开展各项文物保护展示工程、构建数字化辅助展示中心，配备相应的展示陈列设施，不断提高文物展示宣传效果和质量，让永安寺文化遗产成为社会公众获取历史文化知识所不可或缺的第二课堂。

（2）广泛利用现代传媒与网络平台开展宣传展示活动，有效扩大永安寺的社会知名度和影响力，牢固树立永安寺经典古建艺术博物馆的品牌形象并使之闻名遐迩。

（3）加强讲解员队伍建设，实施持证上岗制度，不断提高讲解人员专业素质与文化品位，有效提高永安寺开放展示活动和社会教育活动的公众影响力，为促进浑源古城高质量可持续发展贡献力量。

十三　文物保护研究与考古调查规划

（一）文物保护研究与考古调查策略

1. 调查研究原则

调查研究工作须贯穿于永安寺的文物保护管理工作全过程，为避免失误，所有文物保护技术措施均需以调查研究成果为依据，调查研究工作是文物保护传承所不可或缺的重要方法，调查研究成果不仅应归档保存，还应出版公布，借以促进社会民众对文物价值的理解和认知，提高其参与文物保护的主动性和积极性，促进文物保护管理及开放展示活动以及社会教育与文化创新事业的发展。

2. 调查研究策略

文物保护管理与考古调查研究工作主要涉及文物保护对象本体研究、文物保护专项技术研究、文物传统工艺特征及相关保护技术研究，涉及周边历史人文景观原貌及其文化内涵研究、文物保护管理与安全防范措施研究等不同门类。因此除了充分发挥文物保护管理研究机构自身优势外，还应注重联合社会各界（大专院校、科研院所、学术达人等）学术力量开展多学科调查研究工作，广泛收集和分类整理既有相关或同类研究成果，避免重复劳动，提高工作效率。

（二）文物调研课题与考古调查计划

依据本规划相关要求，结合不同规划期永安寺文物保护管理工作的实际需要，应该联合社会学术力量重点开展以下课题的调查研究工作。

1. 文物特征、文化价值及病害调查与保护措施研究
（1）文物建筑构造及其营造技术研究。
（2）永安寺文物建筑寺庙格局与寺庙发展史调查研究。
（3）现存古典壁画、油饰彩画及其绘制技术与文化内涵研究。
（4）永安寺建筑艺术和人文景观设计方法研究。
（5）永安寺文物本体病害特征及科学保护对策研究。

2. 文物信息采集与数据库建设研究
包括既有文物科技档案数字化整理方法研究,采集临摹、三维激光扫描等多种新技术手段实际应用,

文物基础信息的采集分类整理及数据库建设和管理系统应用研究等。

3．地下遗址、遗迹考古调查及其文化内涵研究

永安寺三进院建（构）筑物基址边界极其文化内涵考古调查与研究；永安寺寺前牌坊建筑基址边界极其前导空间特征考古调查与研究；永安寺东、西偏院基址边界空间范围调查研究；永安寺寺院格局、建筑形制及其文化内涵考古调查研究等。

4．当地民俗文化与人文景观特色研究

永安寺所在地浑源古城传统民俗文化分类调查与复兴发展策略研究；浑源古城历史文化资源调查记录与综合研究；永安寺所在地民俗文化价值取向，历史渊源及传承弘扬策略研究；永安寺所在地历史人文景观特色及其文化艺术价值研究。

十四　规划衔接

（一）与《浑源县城市总体规划》的衔接

《浑源县城总体规划（2013～2020年）》（过渡稿）修编时，需将本规划的保护区划与管理规定纳入相关条款，其中，建设强度控制要求需纳入城市地块控制性详细规划。浑源县生态、土地、旅游等资源综合保护与利用规划均需与本规划合理衔接。

（二）与《山西省浑源历史文化名城保护规划（2014～2035年）》的衔接

本规划与《山西省浑源历史文化名城保护规划（2014～2035年）》中关于空间布局与用地调整、道路交通、历史街巷和历史建筑保护等相关章节的规定基本一致，局部进行了优化调整。

《山西省浑源历史文化名城保护规划》划定的永安寺文物保护区划，其文物保护范围北侧未将永安寺三进院及其东、西偏院遗址和永安寺前导空间全部纳入，本规划进行了优化调整，永安寺建设控制地带四至边界也依据其周边文物资源环境调整进行了相应调整。实际工作中应根据本规划确定的永安寺保护区划做合理调整，并按有关规定执行。

在《山西省浑源历史文化名城保护规划（2014～2035年）》修编过程中，涉及文物保护单位的保护区划及周边历史园林景观保护修复相关内容均需与本规划要求相一致。

（三）与《恒山风景名胜区总体规划（2001～2030年）》（2016修订）的衔接

本规划遵守了《恒山风景名胜区总体规划（2001～2030年）》（2016修订）中关于资源分级保护、资源分类保护、文物保护规划、游赏规划、道路交通规划、游览设施规划、基础工程规划等的相关要求，补充完善了永安寺及其周边历史人文环境保护管理、生态修复和活化利用规划要求，调整优化了永安寺保护区划的空间范围与配套管理规定。实际工作中与该规划再次修订时应与本规划衔接一致。

十五　工程项目分期实施要求

（一）规划分期依据

永安寺文物保存现状及其存在问题的严重性与紧迫性。

永安寺未来 20 年文物保护管理、专业学术研究、文物活化利用和社会教育工作等任务需求。

文物保护工程经费、文物管理工作经费需求及多渠道经费投入的必要性和可行性。

（二）　工程项目分期实施要求

1. 文物保护范围

表15-1　永安寺文物保护基础设施更新、文物开放展示、环境治理等工程分期实施计划一览表

工程类别	项目编号	项目名称及工程量		规划分期实施计划			备注说明
		项目名称	主要内容与工程数量	规划近期（2021～2025 年）	规划中期（2026～2030 年）	规划远期（2031～2040 年）	
（一）文物本体及附属文物保护工程	01	既有文物建筑保养与局部维修工程	7 座文物建筑保养共 1429 平方米，东西配殿墙体局部维修	√	√	√	本表所列工程项目均须事先调研编制详细现状勘测报告与设计方案，并按规定程序申报批准后方可组织实施
	02	文物建筑壁画、彩画，油饰项目保养维护与局部维修工程	各殿宇需保养维护彩画 2118 平方米，壁画 305.4 平方米，下架油饰区面积不详。需局部保养维修的彩画 ≤ 100 平方米	√	√	√	
	03	附属文物石碣保养与防护	《大永安禅寺铭》与《永安寺置造供器记》共 2 方（参见表 5–2）	√	√	√	
（二）文物环境综合治理工程	04	文物保护核心区既有建（构）筑物保养维修工程	表 5–3 所列 15 项既有建（构）筑物的保养与维护	√	√	√	
	05	永安寺前导空间既有新建民居建筑拆除与寺前广场修复展示工程	表 5–4 所列 6 组新建民居拆违，寺前广场空间环境修复	√	—	—	

续表

工程类别	项目编号	项目名称及工程量		规划分期实施计划			备注说明
		项目名称	主要内容与工程数量	规划近期（2021～2025 年）	规划中期（2026～2030 年）	规划远期（2031～2040 年）	
（二）文物环境综合治理工程	06	永安寺保护范围遗址、遗迹考古调查研究项目	表 5-6 所列评估结果为重点调查范围，占地面积约 5414 平方米	√	√	—	本表所列工程项目均须事先调研编制详细现状勘测报告与设计方案，并按规定程序申报批准后方可组织实施
	07	文物保护区院落地面铺装维修与植物花卉养护、补栽、复壮	院落地面铺装维修 845 平方米；绿化植物养护复壮区 1100 平方米	√	√	√	
	08	永安寺周边消防通道养护与改扩建工程	既有道路养护 200 米；改扩建消防通道 310 米	√	√	√	
（三）文物安全防护设施升级改造工程	09	既有消防工程升级改造与增补工程	包括新增加的永安寺西偏院与第三进院及其东西偏院范围，占地面积约增加 5500 余平方米	√	√	√	
	10	既有安全防范与监控系统升级改造增补工程	全面覆盖文物保护范围	√	√	√	
	11	建筑防雷工程	预防覆盖范围包括文物保护范围及部分建设控制地带	√	√	√	
（四）文物保护管理基础设施升级改造工程	12	给排水设施与地面排水升级	覆盖文物保护范围全域（包括增补污水处理设备）	√	√	√	
	13	电力、电讯、供热设施升级改造与增补工程	覆盖文物保护范围全域，包括增补广播系统，无线局域网等。	√	√	√	
	14	既有公共卫生设施升级改造增补工程	覆盖文物保护范围全域，包括增补公共卫生间，公共饮水设施等。	√	√	√	
	15	垃圾收集与中转设施建设	在寺内配备垃圾分类收集箱，在西偏院的西北角处建一个 6 平方米垃圾收集中转设施	√	√	√	
（五）文物展示与游客接待设施优化升级工程	16	前院游客接待服务用房功能调整与基础设施升级改造	将西跨院既有用房调整为游客接待会议室、多媒体室和茶水间等。将东跨院既有用房调整为游客服务咨询室、文创产品售卖店、游客休息室、保卫咨询、售票室等	√	√	√	

续表

工程类别	项目编号	项目名称及工程量		规划分期实施计划			备注说明
		项目名称	主要内容与工程数量	规划近期（2021～2025年）	规划中期（2026～2030年）	规划远期（2031～2040年）	
（五）文物展示与游客接待设施优化升级工程	17	游客公共卫生间建设工程	在西偏院修建4星级公共卫生间，包括残疾人卫生间等（在西跨院西北角开设随墙门）	√	—	—	
	18	文物展示标识体系升级优化与补充完善工程	包括导引指示牌、说明牌、界碑、界桩、保护标志等	√	√	—	
	19	数字化电子讲解系统及多媒体展示系统建设	覆盖所有文物保护范围，包括多媒体厅、公益大讲堂、文物陈列馆等区域	√	√	√	
（六）游客接待服务配套设施建设工程	20	游客休息座椅配套，内部步行道铺设	座椅根据需要合理布置，暂定18组，步行道在遗址展示区灵活布设，工作中随宜增减	√	√	√	
	21	永安寺前西南角处小型生态停车场或停车位建设	生态停车场暂定8个停车位，暂定面积70平方米	√	—	—	
（七）文物保护管理办公区修建工程	22	永安寺文物保护研究所办公区改造利用与织补修建工程	利用三进院既有学校教室改造织补方式建造，总建筑面积510平方米，其中，织补续建115平方米作为文物库房，对外开放的文化讲堂110平方米，院前设生态停车位6个占地60平方米	√	√	√	本表所列工程项目均须事先调研编制详细现状勘测报告与设计方案，并按规定程序申报批准后方可组织实施
	23	永安寺保护管理配套用房修建工程	选址于中院西偏院中，含监控室、值班室、职工食堂、保安犬舍、花棚等，规划建筑总面积≤210平方米。	√	√	√	
（八）文物辅助陈列与古代遗址展示工程	24	永安寺辅助陈列展示馆改善利用与织补修建工程	利用三进院既有学校教室改建，同时进行有机织补（门厅、展廊、卫生间、周转库、讲解服务室、控制室、数字化影视厅等）陈列馆前设生态停车位6个，占地60平方米。含展廊间庭院绿化等）总建筑面积518平方米，利用旧建筑430平方米，织补修建88平方米	√	√	√	

续表

工程类别	项目编号	项目名称及工程量		规划分期实施计划			备注说明
		项目名称	主要内容与工程数量	规划近期（2021～2025年）	规划中期（2026～2030年）	规划远期（2031～2040年）	
（八）文物辅助陈列与古代遗址展示工程	25	第三进院原报国寺文物建筑遗址、遗迹和院落空间保护展示工程	占地面积约为2204平方米；原有基址约有675平方米。工作实践中依据考古调查结果编制方案，批准后实施	√	√	√	本表所列工程项目均须事先调研编制详细现状勘测报告与设计方案，并按规定程序申报批准后方可组织实施
（九）文物专题研究与考古调查项目	26	文物保护、寺庙历史、宗教文化与壁画彩画艺术史、民俗文化、非遗技艺、木雕石雕砖雕艺术等调查研究	研究课题应根据各规划期的工作任务、工作目标、研究力量等申报，批准后执行	√	√	√	
	27	永安寺前导区。第三进院平面格局，历史建筑遗址，地下文物埋藏状况考古学调查与研究	着眼于但不限于文物保护范围	√	√	√	
（十）其他	28	未预见的其他文物保护管理与调查研究工作	根据当时情况酌情确定	√	√	√	

2. 建设控制地带

表15-2　永安寺建设控制地带历史建筑保护更新、环境治理修复要求一览表

工程类别	项目编号	项目名称及工程量		规划分期实施建议			备注说明
		项目名称	工程范围	规划近期（2021～2025年）	规划中期（2026～2030年）	规划远期（2031～2040年）	
（一）永安寺建设控制地带历史建筑保护修复和既有建筑综合治理工程	01	永安寺建设控制地带历史民居保护修缮与织补修复工程	保护修缮对象包括各个时期的历史民居，建筑本体及其院落空间与院内附属的树木、照壁、院落铺地排水系统和景观要素等	√	√	√	本表所列工程项目均须事先委托专业机构调研编制测绘报告与设计方案，按规定程序申报批准后方可织诸实施。
	02	永安寺周边新中国成立以来所建民居、公共建筑、公共设施综合治理工程	重点针对体量太大，风貌不良，色彩怪异的建（构）筑物进行风貌整饰与景观协调处理	√	√	√	
（二）道路维修、水系疏浚、市管网基础设施升级改造工程	03	永安寺建设控制地带历史街区道路维修、水系疏浚工程	历史街区道路不可轻率拓宽改造，历史水系应进行整体性修复，路面积水现象应尽快消除	√	√	√	
	04	永安寺建设控制地带城市管网与基础设施升级改造工程	历史街区的基础设施外网升级改造工程应覆盖所有居民区和公共设施分布区域	√	√	√	
（三）古典园林景观修复与历史街区绿化美化工程	05	金鱼池古典园林及其历史水系修复治理工程	明清金鱼池古典园林占地面积1.9公顷，景观独特，别具风采，自古即为诗人骚客赏景赋诗之所，也是浑源州的独特胜景。	√	√	√	
	06	北城墙遗址公园修建与建设控制地带绿化美化工程	浑源北城墙遗址亟待整修展示；当地民居院落之内及历史街巷节点处自古以来种有象征纳福趋吉的树木，须重点保护、复壮。	√	√	√	
（四）历史街区风貌改良与游客接待设施配套工程	07	鼓楼北街等历史街巷立面治理和总体风貌改良工程	鼓楼北巷、大寺东西巷、北马庙巷、庆永兴巷、李家园巷应列为沿街风貌重点治理对象	√	√	√	
	08	游客基本接待设施配套建设工程	包括：生态停车场、步行道路网优化，地名标识标牌配备，公共卫生设施配建等	√	√	√	
（五）其它	09	未预见的其他工程	依据永安寺周边历史街区保护管理与活化利用工作需要酌情确定	√	√	√	

十六　保护经费估算

（一）文物保护工程及其管理工作经费估算编制说明

（1）本估算依据本规划所列各规划分期文物保护及相关工程内容测算编制，不含建设控制地带工程项目投资内容。

（2）编制过程中，建筑安装工程费以2018版《山西省建设工程预算定额（全48册）》《仿古建筑工程预算定额》、《山西省建筑工程费用定额》及2018年《太原市修缮安装工程预算定额》为计价依据，同时参考近年实施完成的浑源县及周边地区同类工程价格水平，以及近年材料价格涨幅进行了微调。

（3）本估算的其他工程费是依据2013年10月国家文物局发布的《国家重点文物保护专项补助资金项目预（概）算编制规范》（修订稿）和2009年1月《山西省建设工程其他费用标准》相关规定计算的。

（4）本估算中无法以面积或准确数量计量的项目，均以一项为计量单位合并计算。

（5）由于永安寺建设控制地带范围内需要同步开展的工程项目，不仅其管辖权主体和投资主体较复杂，而且工程投资构成不确定因素很多，因此，本规划暂不列入估算范围。

（6）本估算工程经费中已包含了所需二类费用，也包含了工程实施前需要支出的调查研究费用。

（二）规划项目分期实施投资估算表

本规划总投资估算为3740.00万元，其中规划近期投资估算为2513.00万元，规划中期为436.00万元，规划远期为791.00万元，详见下表：

表16-1　永安寺文物保护、基础设施更新、文物开放展示、环境治理等工程分期实施经费估算表

工程 类别	项目 编号	工程名称及经费估算（万元）		分期实施所需经费估算（万元）			备注 说明
		工程 名称	投资估算 （万元）	规划近期 （2021～ 2025年）	规划中期 （2026～ 2030年）	规划远期 （2031～ 2040年）	
（一） 文物本体及附属 文物保护工程	01	既有文物建筑保养与局部维修工程	200	100	50	150	在本规划实施过程中，应根据上级批准的实际工作计划适时调整不同规划期的经费需求数据。
	02	文物建筑壁画、彩画，油饰项目保养维护与局部维修工程	160	80	40	80	
	03	附属文物石碣保养与防护	10	5	3	5	
（二） 文物环境综合 治理工程	04	文物保护核心区既有建（构）筑物保养维修工程	135	65	40	130	
	05	永安寺前导空间既有民居建筑拆除违建与寺前广场修复展示	280	280	—	—	

续表

工程类别	项目编号	工程名称及经费估算（万元）		分期实施所需经费估算（万元）			备注说明
		工程名称	投资估算（万元）	规划近期（2021～2025年）	规划中期（2026～2030年）	规划远期（2031～2040年）	
（二）文物环境综合治理工程	06	永安寺保护范围遗址、遗迹考古调查研究项目	120	120	—	—	在本规划实施过程中，应根据上级批准的实际工作计划适时调整不同规划期的经费需求数据。
	07	文物保护区院落地面铺装维修与植物花卉养护、补栽、复壮	85	65	10	20	
	08	永安寺周边消防通道养护与改扩建工程	32	28	12	12	
（三）文物安全防护设施升级改造	09	既有消防工程升级改造与增补工程	76	65	6	10	
	10	既有安全防范与监控系统升级改造增补工程	56	50	3	6	
	11	建筑防雷工程	26	22	2	2	
（四）文物保护管理基础设施升级改造工程	12	给排水设施与地面排水升级	52	48	2	6	
	13	电力、电讯、供热设施升级改造与增补工程	67	42	22	13	
	14	既有公共卫生设施升级改造增补工程	48	38	6	4	
	15	垃圾收集与中转设施建设	36	30	3	13	
（五）文物展示利用设施优化升级工程	16	前院游客接待服务用房功能调整与基础设施升级改造	42	38	2	5	
	17	游客公共卫生间建设工程	52	52	5	10	
	18	文物展示标识体系升级优化与补充完善工程	28	28	5	—	
	19	数字化电子讲解系统及多媒体展示系统建设	42	36	3	5	
（六）游客接待服务配套设施建设工程	20	游客休息座椅配套，内部步行道铺设	17	13	2	5	
	21	永安寺前西南角处小型生态停车场或停车位建设	28	28	5	10	
（七）文物保护管理办公区建设工程	22	永安寺文物保护研究所办公区改造利用与织补修建工程	340	320	10	10	
	23	永安寺保护管理配套用房修建工程	190	180	5	15	
（八）文物保护管理办公区建设工程	24	永安寺辅助陈列展示馆改善利用与织补修建工程	380	350	20	15	
	25	原报国寺文物建筑遗址、遗迹和院落空间保护展示工程	260	200	50	15	
（九）文物研究与考古调查项目	26	文物保护、寺庙历史、宗教文化与壁画彩画艺术史、民俗文化、非遗技艺、木雕石雕砖雕艺术等调查研究	60	20	20	20	
	27	永安寺前导区与第三进院平面格局，历史建筑遗址，地下文物埋藏状况考古学调查与研究	30	10	10	20	
（十）其他	28	未预见的其他文物保护管理与调查研究工作	400	200	100	200	
合计		/	3740	2513	436	791	

（三）规划实施保障

山西省浑源县人民政府应将永安寺文物保护管理经费列入本级财政预算，并按本规划督促实施各项文物保护工程按期实施；在切实保护好永安寺珍贵文化遗存的同时，应多渠道筹集资金，将相关物质与非物质文化遗存极其各类历史人文环境要素一并保护并使之传承永久。

根据《中华人民共和国文物保护法》第十条要求：国家发展文物保护事业，县级以上人民政府应当将文物保护事业纳入本级国民经济和社会发展规划，将所需经费列入本级财政预算。国家用于文物保护的财政拨款随着财政收入的增长而增加，国有博物馆、纪念馆、文物保护单位等事业性收入专门用于文物保护，任何单位和个人不得侵占、挪用。国家鼓励通过捐赠等方式设立文物保护社会基金，专门用于文物保护，任何单位和个人不得侵占、挪用。

浑源县人民政府应将永安寺文物保护经费纳入国民经济和社会发展计划，纳入城乡建设规划，纳入财政预算，纳入体制改革，纳入各级领导责任制，从而将各级政府保护文物的责任进一步具体化，确保永安寺文物保护规划的顺利实施。

永安寺自古就与圆觉寺、浑源州衙、金鱼池古典园林及浑源古城的北城墙、历史民居生活区等历史文化遗存互为依存，共同构成了所在地的文脉体系，在切实保护好永安寺珍贵文物的同时，当地政府应出台政策、办法将文物所在地相关遗迹、遗物及历史环境要素等文物本体和非物质文化遗产保护好，并使之发扬光大、传承永久。

保护文物古迹是各级人民政府的职责，浑源县文物局是永安寺的县级文物保护管理行政主管单位，不仅具有研究制定文物保护规划的工作职责，而且承担着实施文物保护规划及总结调整文物保护规划及其项目实施计划的法定职责。

十七　附则

本规划由规划文本、规划图纸和附件三部分组成，规划文本和规划图纸经批准后具有法律效力。

本规划经国家文物局批准后，由山西省人民政府公布执行。浑源县人民政府负责本行政区域内的文物保护工作。一切机关、组织和个人都有依法保护文物的义务。

本规划由国家文物局负责解释，浑源县文物局、浑源永安寺文物保护研究所负责履行文物保护管理、文物遗存调研、开放展示与活化利用等日常工作。

本规划自批准之日起执行。

保护规划图纸篇

（摘要）

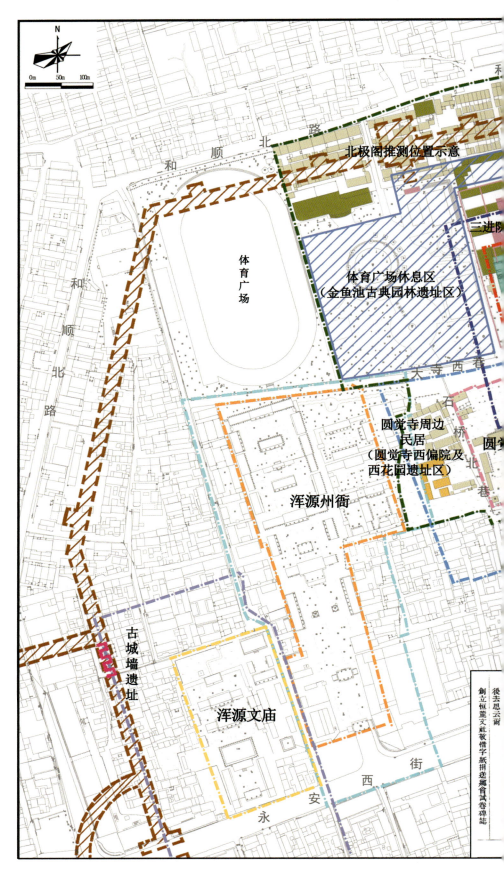

一 永安寺周边环境现状总图

清·乾隆版《浑源州志》州城全图

山西省 浑源县

浑源永安寺
文物保护规划

永安寺周边环境现状总图

说 明

永安寺位于浑源古城东北隅。所在区域文物古迹星罗棋布，历史遗存多样：

1. 周边文物建（构）筑物

寺西南的圆觉寺塔（国保）、浑源州衙（市保）、浑源文庙以及寺东北、寺东、寺西等多段古城墙遗址，明清时期，寺庙西侧和北侧曾有规模甚大的"金鱼池"古典园林与永安寺相互依存。

2. 传统历史民居院落

寺东南集中保存着数十处明、清、民国时期的传统民居院落，且集中成片，类型丰富，均为传统四合院布局，建筑形式以一层坡屋顶传统砖木结构为主。

3. 现代建（构）筑物

20世纪50年代至80年代以来，永安寺西侧及北侧修建了体育广场等建（构）筑物，虽然大部分建筑采用了四合院传统院落格局，但仍有少量建（构）筑物体量偏大、色彩艳丽与永安寺历史环境、建筑风貌不协调，对永安寺文物保护区的景观风貌带来一定的负面影响。

4. 历史街巷

规划范围内主要历史街巷有：南北向的北马庙巷、石桥北巷、鼓楼北巷、庆永兴巷及大石头巷等。东西向的有大寺东（西）巷、郭家巷、李家园巷，至今仍保持着原有街巷肌理和历史尺度。

图 例

- 永安寺文物保护范围（现状）
- 永安寺建设控制地带（现状）
- 永安寺规划范围　　古城墙遗址
- 圆觉寺塔文物保护范围（现状）
- 圆觉寺塔建设控制地带（现状）
- 浑源州衙文物保护范围（现状）
- 浑源州衙建设控制地带（现状）
- 浑源文庙文物保护范围（现状）
- 浑源文庙建设控制地带（现状）
- 文物建（构）筑物遗址可能埋藏区
- 永安寺核心区　　明清建筑
- 民国建筑　　20世纪50~70年代建筑
- 1980年以后至今建筑　　停车场
- 体育广场休息区　　公共建筑
- 金鱼池古典园林遗址区
- 古城墙及城台推测位置示意

山西达志古建筑保护设计研究院有限公司
SHANXI DAZHI GUJIANZHUBAOHUSHEJIYANJIUYUANYOUXIANGONGSI

2021年8月　　01

清·光绪版《浑源州续志》金鱼池记

清·光绪版《浑源州续志》金鱼池图

北极阁推测位置示意

三进院可

体育广场

体育广场休息区
（金鱼池古典园林遗址区）

大寺西巷

钟

楼

浑源州衙

圆觉寺周边
民居
（圆觉寺西偏院及
西花园遗址区）

石
桥
北

圆觉

巷

圆觉

1940年初金鱼池、浑源古城及恒山旧影

二　永安寺及周边地带主要建筑
年代简图

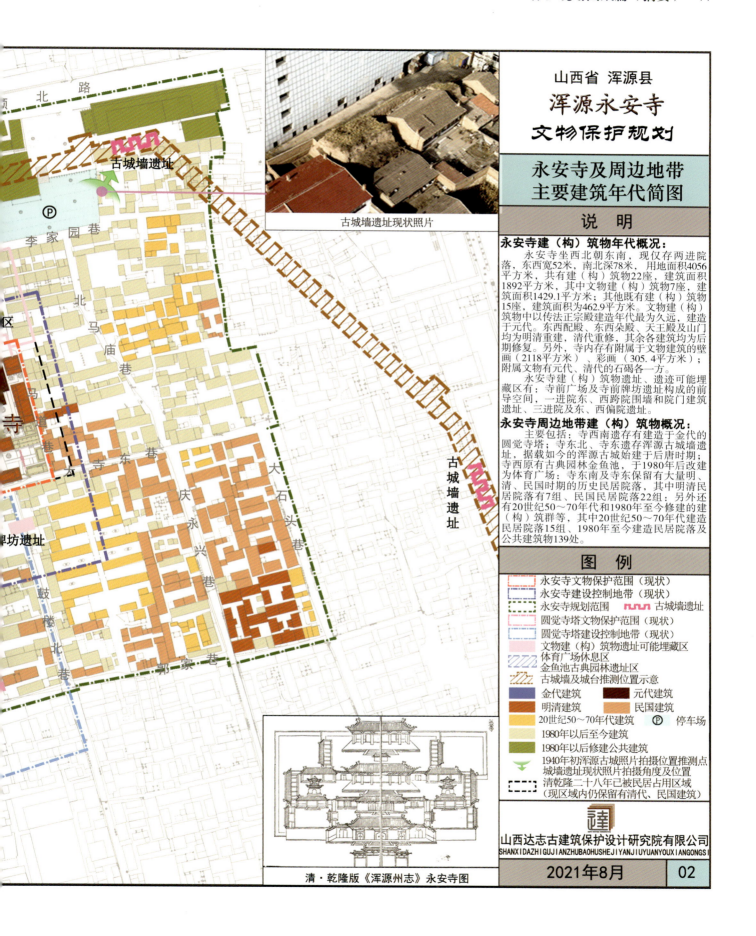

古城墙遗址

古城墙遗址现状照片

山西省 浑源县
浑源永安寺
文物保护规划

永安寺及周边地带
主要建筑年代简图

说　明

永安寺建（构）筑物年代概况：
　　永安寺坐西北朝东南，现仅存两进院落，东西宽52米，南北深78米，用地面积4056平方米，共有建（构）筑物22座，建筑面积1892平方米，其中文物建（构）筑物7座，建筑面积1429.1平方米；其他既有建（构）筑物15座，建筑面积为462.9平方米。文物建（构）筑物中以传法正宗殿建造年代最为久远，建造于元代。东西配殿、东西朵殿、天王殿及山门均为明清重建，清代重修，其余各建筑均为后期修复。另外，寺内存有附属于文物建筑的壁画（2118平方米）、彩画（305.4平方米）；附属文物有元代、清代的石碣各一方。
　　永安寺建（构）筑物遗址、遗迹可能埋藏区有：寺前广场及寺前牌坊遗址构成的前导空间，一进院东、西跨院围墙和院门建筑遗址、三进院及东、西偏院遗址。
永安寺周边地带建（构）筑物概况：
　　主要包括：寺西南遗存有建造于金代的圆觉寺塔；寺东北、寺东遗存浑源古城墙遗址，据载如今的浑源古城始建于后唐时期；寺西原有古典园林金鱼池，于1980年后改建为体育广场；寺东南及寺东保留有大量明、清、民国时期的历史民居院落，其中明清民居院落有7组、民国民居院落22组；另外还有20世纪50～70年代和1980年至今修建的建（构）筑群等，其中20世纪50～70年代建造民居院落15组、1980年至今建造民居院落及公共建筑物139处。

图　例

- 永安寺文物保护范围（现状）
- 永安寺建设控制地带（现状）
- 永安寺规划范围　古城墙遗址
- 圆觉寺塔文物保护范围（现状）
- 圆觉寺塔建设控制地带（现状）
- 文物建（构）筑物遗址可能埋藏区
- 体育广场休息区
- 金鱼池古典园林遗址区
- 古城墙及城台推测位置示意
- 金代建筑　元代建筑
- 明清建筑　民国建筑
- 20世纪50～70年代建筑　Ⓟ 停车场
- 1980年以后至今建筑
- 1980年以后修建公共建筑
- 1940年初浑源古城照片拍摄位置推测点
- 城墙遗址现状照片拍摄角度及位置
- 清乾隆二十八年已被民居占用区域（现区域内仍保留有清代、民国建筑）

山西达志古建筑保护设计研究院有限公司
SHANXI DAZHI GUJIANZHU BAOHU SHEJI YANJIUYUAN YOUXIANGONGSI

2021年8月　02

清·乾隆版《浑源州志》永安寺图

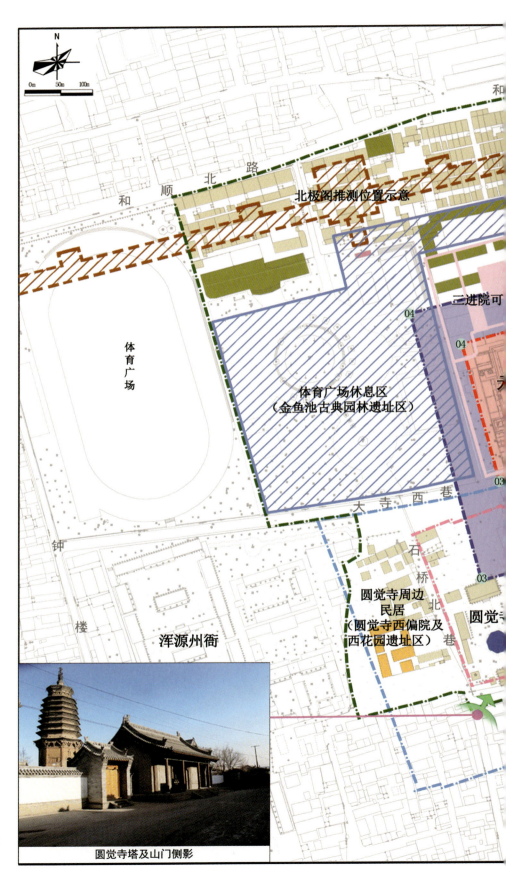

北极阁推测位置示意

体育广场

体育广场休息区
（金鱼池古典园林遗址区）

浑源州衙

圆觉寺周边
民居
（圆觉寺西偏院及
西花园遗址区）

三　永安寺保护区划现状图

圆觉寺塔及山门侧影

山西省 浑源县
浑源永安寺
文物保护规划

永安寺保护区划现状图

说 明

浑源永安寺现行保护区划：

　　保护范围： 东距寺东边墙2米，西距寺西墙5米，北距"传法正宗殿"后墙10米（现为学校占用），南距山门15米，占地面积为0.52公顷（5232平方米）。

　　建设控制地带： 东距寺东边墙20米，西距寺西墙30米，北距"传法正宗殿"后墙35米（现为学校占用），南距山门60米，占地面积为1.20公顷（11970平方米）。

保护区划现状评估结果：

　　一、现行保护范围未能全部覆盖永安寺文物建筑和历史遗存，其南侧未将寺前牌坊遗址纳入，北侧未将该寺三进院遗址纳入，东侧、西侧未将东、西偏院遗址全部纳入，永安寺的完整性未能得到全面保护。

　　二、建设控制地带需要保护管理和控制的区域不足，其北侧未能涵盖永安寺三进院历史范围，寺庙周边未与该寺相关的历史环境要素（圆觉寺、古城墙遗址、古典园林金鱼池、历史民居片区等）进行合理衔接，且存在边界生硬切割既有建筑群现象，导致实际管理控制时难以操控。

　　三、建设控制地带的划定与圆觉寺保护范围及其建设控制地带相互叠压，用地性质混杂，从而导致在管理实践中无所适从。

图 例

- 永安寺文物保护范围（现状）
- 永安寺建设控制地带（现状）
- 永安寺规划范围　古城墙遗址
- 圆觉寺塔文物保护范围（现状）
- 圆觉寺塔建设控制地带（现状）
- 文物建（构）筑物遗址可能埋藏区
- 体育广场休息区
- 金鱼池古典园林遗址区
- 古城墙及城台推测位置示意
- 明清建筑　民国建筑
- 20世纪50~70年代建筑　Ⓟ 停车场
- 1980年以后至今建筑
- 1980年以后修建公共建筑
- 照片拍摄角度及位置
- 清乾隆二十八年已被民居占用区域（现区域内仍保留有清代、民国建筑）

山西达志古建筑保护设计研究院有限公司
SHANXI DAZHI GUJIANZHUBAOHUSHEJI YANJIUYUANYOUXIANGONGSI

2021年8月　　03

永安寺传法正宗殿

编号	类别	坐标 X	坐标 Y	编号	类别	坐标 X	坐标 Y
01	文物保护范围	4396410.858	473062.116	01	建设控制地带	4396439.708	473073.413
02		4396324.876	473083.770	02		4396276.212	473114.587
03		4396309.581	473026.931	03		4396249.766	473016.310
04		4396395.764	473005.072	04		4396413.602	472974.756

永安寺现行保护区划范围拐点坐标

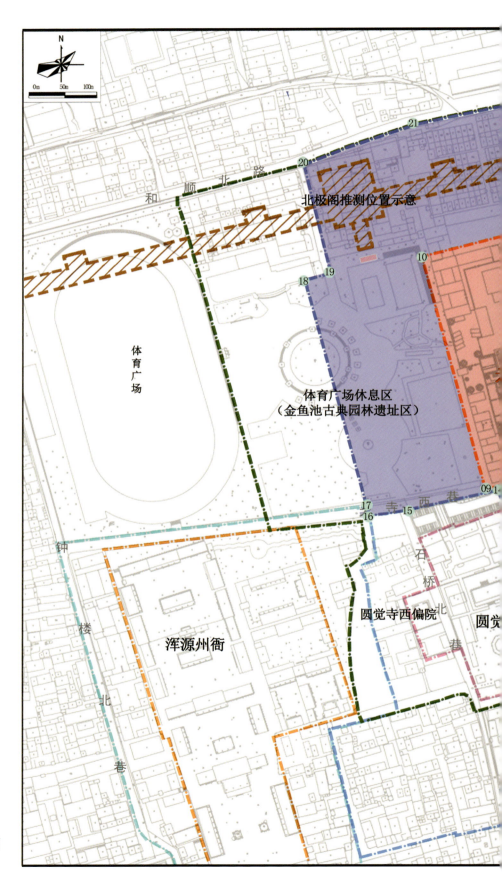

四 永安寺保护区划调整规划图

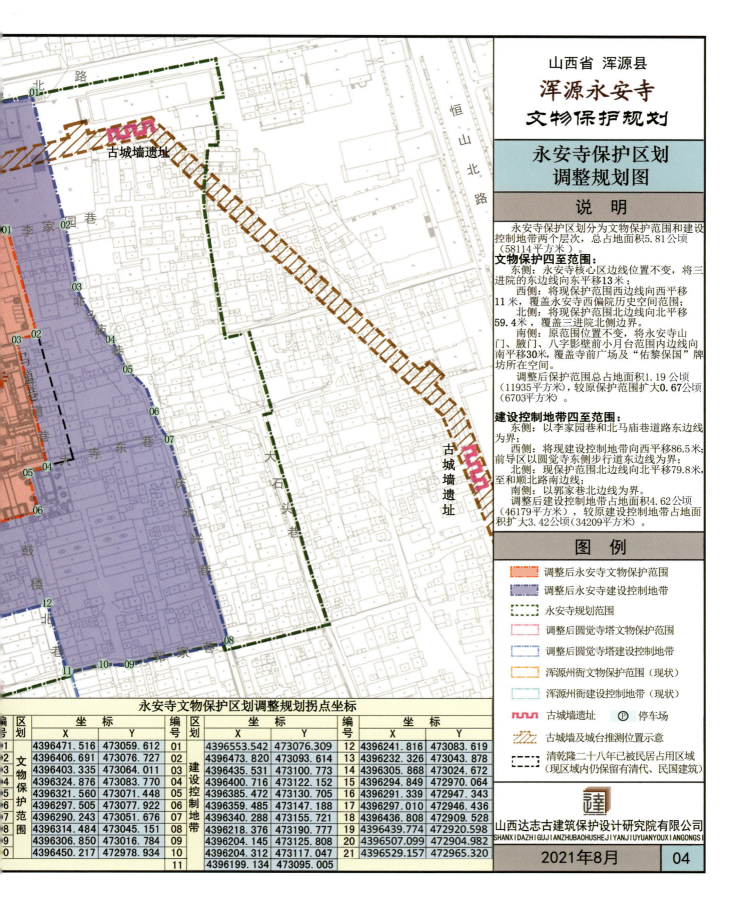

山西省　浑源县

浑源永安寺
文物保护规划

永安寺保护区划
调整规划图

说　明

永安寺保护区划分为文物保护范围和建设控制地带两个层次，总占地面积5.81公顷（58114平方米）。

文物保护四至范围：
东侧：永安寺核心区边线位置不变，将三进院的东边线向东平移13米；
西侧：将现保护范围西边线向西平移11米，覆盖永安寺西偏院历史空间范围；
北侧：将现保护范围北边线向北平移59.4米，覆盖三进院北侧边界。
南侧：原范围位置不变，将永安寺山门、腋门、八字影壁前小月台范围内边线向南平移30米，覆盖寺前广场及"佑黎保国"牌坊所在空间。
调整后保护范围总占地面积1.19公顷（11935平方米），较原保护范围扩大0.67公顷（6703平方米）。

建设控制地带四至范围：
东侧：以李家园巷和北马庙巷道路东边线为界；
西侧：将现建设控制地带向西平移86.5米；前导区以圆觉寺东侧步行道东边线为界；
北侧：现保护范围北边线向北平移79.8米，至和顺路北路南边线；
南侧：以郭家巷北边线为界。
调整后建设控制地带占地面积4.62公顷（46179平方米），较原建设控制地带占地面积扩大3.42公顷（34209平方米）。

图　例

- 调整后永安寺文物保护范围
- 调整后永安寺建设控制地带
- 永安寺规划范围
- 调整后圆觉寺塔文物保护范围
- 调整后圆觉寺塔建设控制地带
- 浑源州衙文物保护范围（现状）
- 浑源州衙建设控制地带（现状）
- 古城墙遗址　　Ⓟ 停车场
- 古城墙及城台推测位置示意
- 清乾隆二十八年已被民居占用区域（现区域内仍保留有清代、民国建筑）

山西达志古建筑保护设计研究院有限公司
SHANXI DAZHI GUJIANZHUBAOHUSHEJI YANJIUYUANYOUXIANGONGSI

2021年8月　　04

永安寺文物保护区划调整规划拐点坐标

区划	编号	X	Y	区划	编号	X	Y	编号	X	Y
文物保护范围	01	4396471.516	473059.612	建设控制地带	01	4396553.542	473076.309	12	4396241.816	473083.619
	02	4396406.691	473076.727		02	4396473.820	473093.614	13	4396232.326	473043.878
	03	4396403.335	473064.011		03	4396435.531	473100.773	14	4396305.868	473024.672
	04	4396324.876	473083.770		04	4396400.716	473122.152	15	4396294.864	472970.064
	05	4396321.560	473071.448		05	4396385.472	473130.705	16	4396291.339	472947.343
	06	4396297.505	473077.922		06	4396359.485	473147.188	17	4396297.010	472946.436
	07	4396290.243	473051.676		07	4396340.288	473155.721	18	4396436.808	472909.528
	08	4396314.484	473045.151		08	4396218.376	473190.777	19	4396439.774	472920.598
	09	4396306.850	473016.784		09	4396204.145	473125.808	20	4396507.099	472904.982
	10	4396450.217	472978.934		10	4396204.312	473117.047	21	4396529.157	472965.320
					11	4396199.134	473095.005			

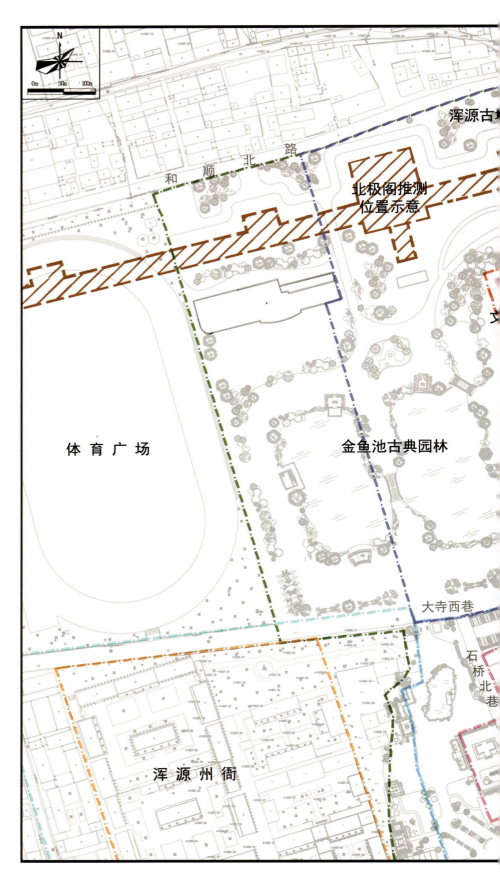

五 永安寺文物建（构）筑物及
　　遗址遗迹保护修复展示措施图

山西省 浑源县
浑源永安寺
文物保护规划

永安寺文物建（构）筑物
及遗址、遗迹保护修复
展示措施图

说　明

文物建（构）筑物保护措施：

规划各期，对寺内现存文物建（构）筑物加强监测与岁修保养维护工作；对东、西配殿墙脚局部轻度裂缝加强监测、及时修缮加固。

遗址、遗迹保护修复展示措施：

规划近期：在考古调查基础上科学标识展示永安寺第三进院的建筑遗址、遗迹；利用既有建筑在东、西偏院修建文物陈列展示馆、文物保护研究所及文化大讲堂；调查研究牌坊建筑形制，规划中远期对寺前导区牌坊遗址创造条件尝试展示性修复。

图　例

- 调整后永安寺文物保护范围
- 调整后永安寺建设控制地带
- 调整后圆觉寺塔文物保护范围
- 调整后圆觉寺塔建设控制地带
- 浑源州衙文物保护范围（现状）
- 浑源州衙建设控制地带（现状）
- 古城墙遗址
- 古城墙及城台推测位置示意

文物建（构）筑物保护措施：
- 保养维护　★ 安全监测
- 残损点整修

遗址、遗迹保护修复展示措施：
- 标识展示遗址　文化大讲堂
- 文物陈列展示馆
- 清乾隆二十八年已被民居占用区域（现区域内仍保留有清代、民国建筑）

山西达志古建筑保护设计研究院有限公司
SHANXIDAZHIGUJIANZHUBAOHUSHEJIYANJIUYUANYOUXIANGONGSI

2021年8月　05

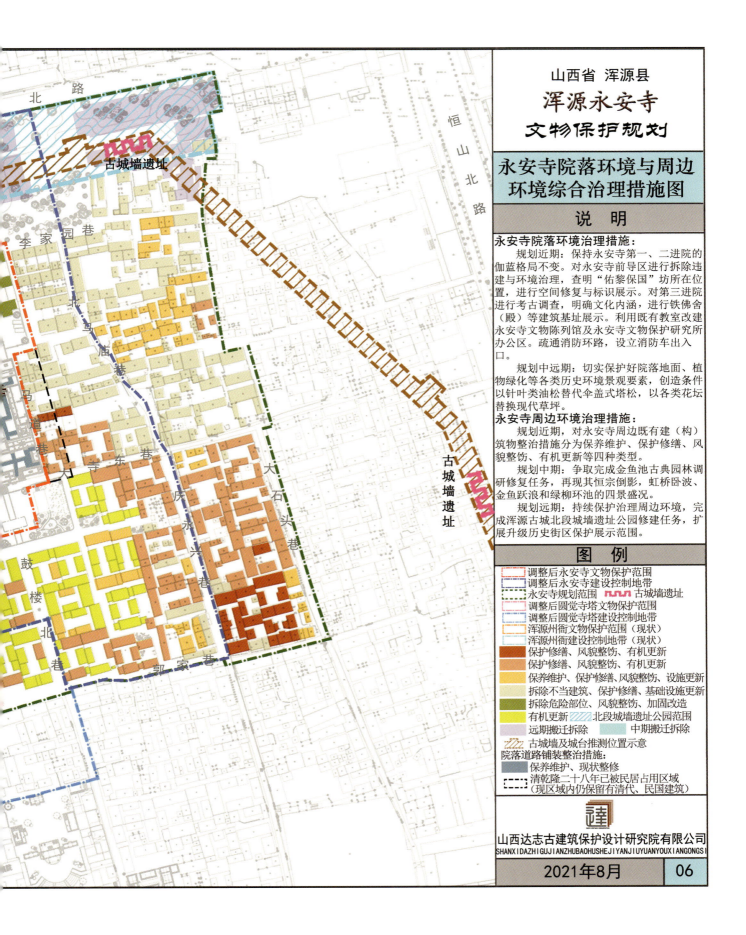

山西省 浑源县
浑源永安寺
文物保护规划

永安寺院落环境与周边环境综合治理措施图

说　明

永安寺院落环境治理措施：
　　规划近期：保持永安寺第一、二进院的伽蓝格局不变。对永安寺前导区进行拆除违建与环境治理，查明"佑黎保国"坊所在位置，进行空间修复与标识展示。对第三进院进行考古调查，明确文化内涵，进行铁佛舍（殿）等建筑基址展示。利用既有教室改建永安寺文物陈列馆及永安寺文物保护研究所办公区。疏通消防环路，设立消防车出入口。
　　规划中远期：切实保护好院落地面、植物绿化等各类历史环境景观要素，创造条件以针叶类油松替代伞盖式塔松，以各类花坛替换现代草坪。

永安寺周边环境治理措施：
　　规划近期，对永安寺周边既有建（构）筑物整治措施分为保养维护、保护修缮、风貌整饬、有机更新等四种类型。
　　规划中期：争取完成金鱼池古典园林调研修复任务，再现其恒宗倒影、虹桥卧波、金鱼跃浪和绿柳环池的四景盛况。
　　规划远期：持续保护治理周边环境，完成浑源古城北段城墙遗址公园修建任务，扩展升级历史街区保护展示范围。

图　例

- 调整后永安寺文物保护范围
- 调整后永安寺建设控制地带
- 永安寺规划范围　　古城墙遗址
- 调整后圆觉寺塔文物保护范围
- 调整后圆觉寺塔建设控制地带
- 浑源州衙文物保护范围（现状）
- 浑源州衙建设控制地带（现状）
- 保护修缮、风貌整饬、有机更新
- 保护修缮、风貌整饬、有机更新
- 保养维护、保护修缮、风貌整饬、设施更新
- 拆除不当建筑、保护修缮、基础设施更新
- 拆除危险部位、风貌整饬、加固改造
- 有机更新　　北段城墙遗址公园范围
- 远期搬迁拆除　　中期搬迁拆除
- 古城墙及城台推测位置示意

院落道路铺装整治措施：
- 保养维护、现状整修
- 清乾隆二十八年已被民居占用区域（现区域内仍保留有清代、民国建筑）

山西达志古建筑保护设计研究院有限公司
SHANXI DAZHI GUJIANZHUBAOHUSHEJI YANJIUYUANYOUXIANGONGSI

2021年8月　06

七　永安寺保护管理与展示服务功能分区调整规划图

序号	功能分区名称	使用功能	序号	功能分区名称	使用功能
01	寺庙前导服务区	售票厅	22	永安寺文物本体展示核心区	西配殿
02		管理用房	23		传法正宗殿
03		山门	24		东朵殿
04		文创产品展示交流用房	25		西朵殿
05		游客服务接待室	26	永安寺文物遗址、遗迹展示区	铁佛殿遗址、遗迹
06		多媒体演示厅	27		东配殿遗址、遗迹
07	永安寺游客服务接待区	小型会议室	28		西配殿遗址、遗迹
08		导游室	29	永安寺文物陈列展示馆	主展厅
09		茶水间与咖啡吧	30		次展厅
10		资料检索阅读室	31-34		文物展示工作用房
11		文物展廊	35		文化大讲堂
12-13		公共卫生间	36-41	永安寺文物保护研究所与文物保护管理办公室	文物保护研究办公室
14		天王殿	42		垃圾中转站
15		东腋门	43		厨房
16		西腋门	44		员工餐厅
17-18	永安寺文物本体展示核心区	文物展廊	45-46		临时文物库
19		钟楼	47		庙区综合监控室
20		鼓楼	48		职工夜间值班室
21		东配殿	49		员工办公室

（表题）永安寺各功能分区建筑使用功能一览表

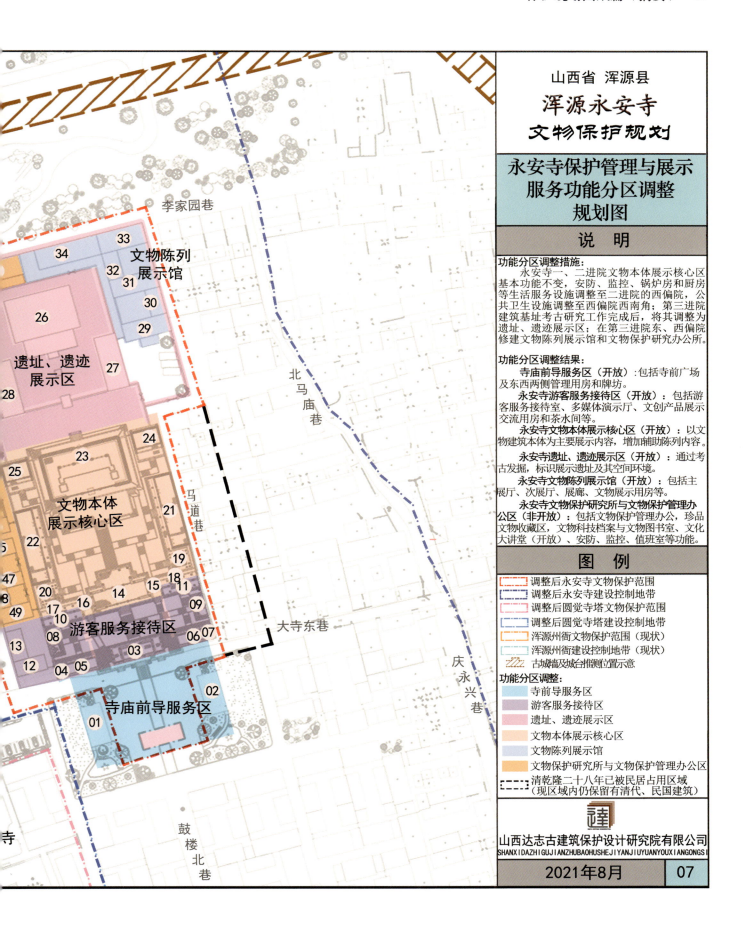

N

0m　50m　100m

浑源古城

和　顺　北　路

文

体 育 广 场

金鱼池古典园林

大寺西巷

石
桥
北
巷

浑 源 州 衙

八　永安寺对外开放展示线路策
　　划图

山西省 浑源县

浑源永安寺
文物保护规划

永安寺对外开放展示线路策划图

说 明

根据规划目标、功能分区及实施期限要求，永安寺的参观游览线路可分为基本线路和拓展线路：
规划近期（基本线路）：
进入永安寺山门→购买门票、检票→进入游客休息室或多媒体观看简介→由导游老师陪同或佩戴耳机进入第二进院落→重点参观传法正宗殿听取讲解说明→参观东西配殿和东西朵殿辅助陈列展览→参观其他建筑及景观艺术，拍摄照片留念→参观碑廊石刻陈列艺术→登上钟鼓楼远眺浑源古城周边景观→返回第一进院稍事休息，喝茶品茗、文创艺术品咨询交流，查阅资料等→结束参观。**全程需要2.5个小时左右。**
规划中期（拓展线路一）：
在规划近期参观路线的基础上，增加第三进院落金元建筑遗址展示区、永安寺文物展示馆、永安寺传统文化大讲堂和永安寺西侧金鱼池历史名园嘉景四处文物展示开放区，进一步完善文物展示宣传体系，不断提高游客服务综合水平，**全程需要3.5个小时左右。**
规划远期（拓展线路二）：
在规划近、中期参观线路基础上，待浑源古城北段城墙遗址公园修复开放后，永安寺的展示参观线路应与圆觉寺、浑源州衙等景点紧密互动，形成规模互补效应，**全程需要6.5个小时左右。**

图 例

- ⬚ 调整后永安寺文物保护范围
- ⬚ 调整后永安寺建设控制地带
- ⬚ 调整后圆觉寺塔文物保护范围
- ⬚ 调整后圆觉寺塔建设控制地带
- ⬚ 浑源州衙文物保护范围（现状）
- ⬚ 浑源州衙建设控制地带（现状）
- ⬚ 古城墙遗址
- ⬚ 古城墙及城台推测位置示意

对外开放展示线路：
- → 规划近期（基本线路）
- → 规划中期（拓展线路一）
- → 规划远期（拓展线路二）
- ⬚ 清乾隆二十八年已被民居占用区域（现区域内仍保留有清代、民国建筑）

山西达志古建筑保护设计研究院有限公司
SHANXI DAZHI GUJIANZHUBAOHUSHEJIYANJIUYUANYOUXIANGONGSI

2021年8月 08

文物保护篇

一   永安寺保护修缮工程勘测设计方案
跟踪优化工作概述

全国重点文物保护单位浑源永安寺的保护修缮工程，自1999年8月至2004年11月历时五年有余，其保护修缮对象涉及了古代建筑、壁画彩画、金石文物、非遗技艺等多种人文学术领域和工程技术领域的保护与传承难题，不愧为一项文物保护与文脉延续的科学技术系统工程。该工程不仅取得了"三明确、四订立、五落实"的文物保护修缮工程管理经验，而且创造了"四项考古新发现"与"五项文物保护修缮技术创新成果"。这些经验与成果的取得，究其原因，首先是在各级文物主管部门的正确领导下，始终坚持了正确的文物保护理念和工程技术策略；其次是始终坚持了让文物考古信息调查整理研究工作与文物保护工程勘测设计方案的跟踪优化工作贯穿于保护修缮（复）工程的全过程。

总结永安寺保护修缮工程的前期调查研究、现状勘察测绘与修缮设计方案编制工作，中后期持续跟踪调查、注重深入研究、补充调整与不断优化既有设计方案的全过程，可概括为如下内容：

（一）1992年10月《山西省浑源永安寺规划设计维修方案》

1. 背景说明

永安寺创建于金，元、明、清历代曾屡经兴废与续建。清代中后期时，永安寺发展为一座由三进院落五组空间组成的"浑源州城要寺"和当地民众的"岁祀丰穰"之所，参见图1-1-1。然而，时至1945年，其寺前牌坊及寺庙前导空间和第三进院落包括中央面阔五间的铁佛殿已经损毁无存。新中国成立后至20世纪50～70年代，永安寺又先后被县工读中学、城关二小、县剧团、粮食仓库（传法正宗殿）等占用，寺内的诸多塑像文物及钟鼓楼等先后被拆除，有些建筑则改建为民居、宿舍等使用。为加强文物保护管理工作，1980年6月传法正宗殿由浑源县文物局收回进行保护管理；1986年8月，永安寺被公布为第二批山西省重点文物保护单位。此后，对永安寺实施整体规划设计和分期保护修缮工程成为当务之急。根据山西省文物局的任务安排，1992年6月，受浑源县恒山管理局邀请，山西省古建筑保护研究所派出技术组对永安寺开展了第一次调查测绘工作，并于同年10月编制了《山西省浑源永安寺规划设计维修方案》。该方案由规划设计、维修方案、规划设计说明及工程估算三部分组成。

2. 技术组成员

所长（总工）：柴泽俊
业务副所长：刘宪武

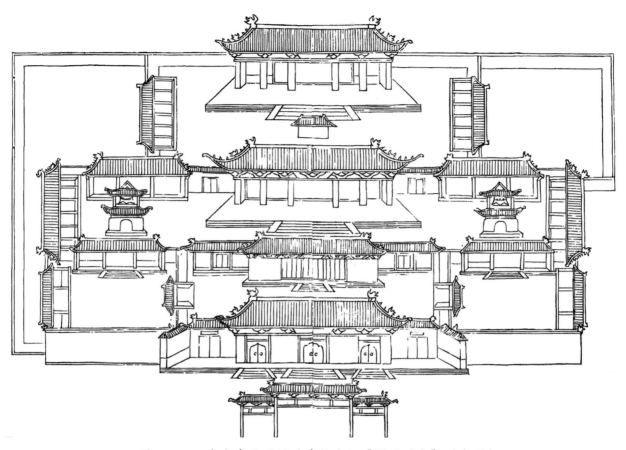

图1-1-1 永安寺平面图（清乾隆版《浑源州志》州城图）

审定（副总工）：张殿卿
测 绘 设 计 ：张福贵、李艳蓉等

3. 规划设计成果
（1）**规划图件共4张。**

包括：永安寺地形图（A1），永安寺鸟瞰图（A1），永安寺总体平面图（A1），永安寺总体剖面图（A1）。参见图1-1-2。

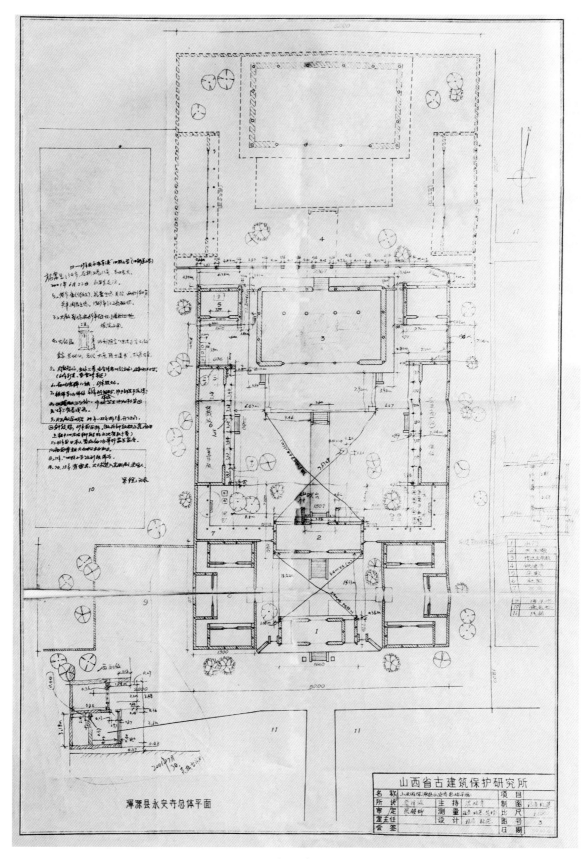

浑源县永安寺总体平面

图1-1-2　永安寺总体平面图

（2）规划设计说明

永安寺规划设计维修方案说明

永安寺位于浑源城内的东北隅，当地俗称为"大寺"。寺的南面是圆觉寺释迦舍利宝塔，西面曾是一池碧波的金鱼池。全寺建筑宏大、殿宇雄伟，是一组较为完整的元代建筑群。1986年被列为山西省级重点文物保护单位。

据《寰宇通志》载，寺始建于金代，后来一场大火，全部毁废，寺里的僧人也都四散一空。元仁宗延祐二年，云中招讨使都元帅、永安军节度使高定回归故里捐资重新建寺，因高定官职是永安军节度使，仕致归里后又号永安居士，故而寺也定名为"永安寺"。《浑源州志》载述，明太祖洪武年间又增建僧会司，连同报国寺修入，寺院因年久倒塌毁废，于清乾隆二十六年又进行了重修。重修后的永安寺，寺院轴线上总共五座主体建筑，规模宏敞、金碧辉煌、端重庄严，俨然是一州的雄伟建筑群。

寺院坐北向南，主要建筑沿中轴线组成一个主次分明、左右对称的建筑群。寺庙正面共开五门，中央山门面阔五间，瓦顶为琉璃瓦饰，开有三门，其两旁又各设有一砖券腋门。五门的两侧砌有琉璃八字墙，门前雄踞石狮一对，历史上曾设置牌楼一座。山门内雕塑哼、哈二将塑像。

历史上永安寺核心区分前、中、后三院，前院护法天王殿居上，东西朵殿一面是方丈室，一面是云堂，东西配房是库房，从护法殿两侧所设置的旁门（腋门）可入中院。中院是全寺的主要部分，正中是全寺的主殿传法正宗殿，面阔五间，进深三间。东西朵殿各三间，东西配殿各七间，分为观音殿、伽兰殿、霜神殿、关帝殿，配殿南端对峙着钟、鼓二楼。从传法正宗殿两侧可进入后院，后院主殿为铁佛殿，东西配殿分别为文殊殿、普贤殿。

随着历史的推移、朝代的更替，永安寺已是饱经风霜，虽然历史上已几经重新修缮，新中国成立后又多次采取相应措施保护这一珍贵古建筑群，但仍不可避免受到自然和人为的损坏。现今全寺后院已大部分为学校占用，山门前牌楼和中院钟鼓楼已经倒塌，其余大部保存基本较好，但木结构糟朽、劈裂，局部塌陷已很严重。

为了更好地保护这一古建筑，再现古老文化的艺术魅力，我们对永安寺进行了详细的勘查、反复研究，依据现状，拟定出永安寺规划设计意见。

总体平面：现存总体南北长124米，东西宽52米，占地6448平方米，依据现总体平面，规划设计为前、中、后三院。主轴线上分置山门、天王殿、传法正宗殿、铁佛殿。

山门：依据原状设计为五开门，中为面阔五间、进深两间的悬山顶，开列左、中、右三门，屋顶青灰简板瓦盖顶，三门两侧各置砖券门洞一个，完全雕以青砖仿木结构。五门的两边建八字墙，门前置石狮一对，不再设置牌楼。

前院：南北长22米，东西宽52米，共为1144平方米，以护法天王殿为主殿，面阔五间18.07米，进深两间8.60米，当心间前后安装板门，前檐次、梢间安装直棂窗，青灰简板瓦顶。天王殿东西两侧各建掖门一个。根据原前院东西各建小院，现院内东西依然各设置小院一处，西小院门设计为简式门一个，以协调寺庙布局，小院内三面建房，各置三间，均为硬山顶。

中院：南北长55.6米，东西宽52米，共为2891.2平方米。主殿为传法正宗殿，殿前有宽大月台，大殿月台宽22.06米，长8.21米，共181.1平方米。大殿台基宽29.67米，长19.79米。共为587.2平方米，原殿顶屋面琉璃瓦盖顶，并配琉璃脊饰。传法正宗殿两侧各设腋门一座，并置朵殿各三间，硬山顶，青灰筒板瓦布顶。中院东西两殿设配殿，面阔七间，进深三间，前置走廊，硬山顶，青灰筒板瓦盖顶。配殿南端设围廊与天王殿东西两侧相连，不再设置钟、鼓楼。

后院：设铁佛殿、东西配殿。

全寺院除东南角向外扩展1米以外，其余基本依原址不变。

在规划设计中除考虑主体建筑外，对其相应环境也作了规划设计。山门前道路东为3.5米，西为12米，为此，将东边拓宽为12米，寺院东西两侧分别拓宽4米，以便绿化。寺的西南辟停车场一处，为20米×20米。充分利用寺西金鱼池景色，以与永安寺相映成趣。

全部规划设计依据有三：

①参照《浑源州志》原永安寺布局的有关史料。

②依据现状，结合具体情况，在设计中对一部分单体建筑不予修复设计，如牌楼；一部分建筑适当进行变更，如不再设计建造原钟鼓楼，而设计为围廊。

③因寺院现有建筑分别具有元、明、清建筑特点，因而在设计寺院单体建筑时，在结构上除参照元、明、清时期的有关法式外，还结合了本地的建筑手法。

规划设计存在一定的不足之处，恳请专家、领导不吝赐教。

（3）规划投资估算

永安寺的初始规划设计估算投资为196.89万元，不包含第三进院落及寺前牌楼、停车场等建设项目。

（二）1993年4月《永安寺传法正宗殿勘察报告》与《永安寺传法正宗殿修缮设计方案图》

1. 背景说明

传法正宗殿是永安寺修缮保护工程的重点子项目，也是1992年6月现场勘测的重点内容。经过半年多的努力，勘测设计组于1993年4月完成了《永安寺传法正宗殿勘测设计图纸》及《永安寺传法正宗殿勘察报告》编制任务并上报文物主管机关送审。

2. 技术组成员

所长（总工）：柴泽俊

业务副所长：刘宪武

审定（副总工）：张殿卿

测绘设计：张福贵、李艳蓉

3．现状勘测与修缮设计方案图

（1）勘测设计图件（共21张）

现状实测图（共7张）：传法正宗殿平面图、正立面图、侧立面图、现状残破图1（屋顶、阑额、普柏枋）、现状残破图2（墙体、构架、斗栱）、纵断面图、"当心间"（采用早期建筑术语）横断面图。

图1-2-1 传法正宗殿设计方案

设计方案图（共14张）：传法正宗殿平面图、正立面图、当心间横断面图、侧立面图、纵剖面图、当心间梁架横剖面结构图、梁架仰视及屋顶俯视图、转角铺作图、柱头铺作与补间铺作图、装修大样图、藻井示意图、加固铁活图、次间横断面图、翼角大样图。参见图1-2-1，图1-2-2。

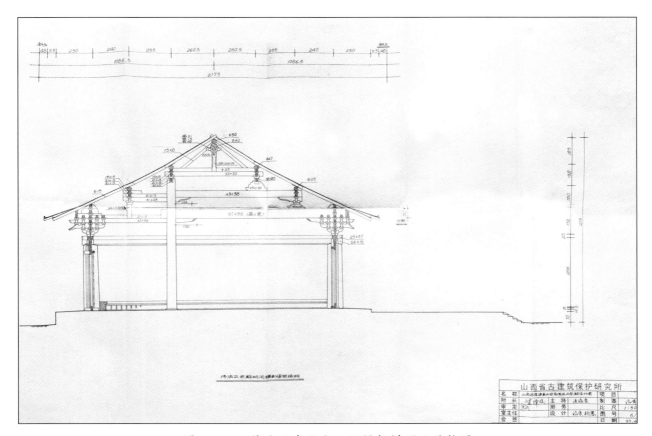

图1-2-2 传法正宗殿当心间梁架横剖面结构图

（2）勘察报告

永安寺传法正宗殿勘察报告

永安寺位于浑源县城内的东北，当地俗称大寺。传法正宗殿为该寺主殿，建筑宏大，气势雄伟，是一座较为完整的元代建筑。1986年永安寺被列为山西省级重点文物保护单位，1992年6月对该殿进行了实地测量与勘察，同时对该殿的结构、沿革、残破状况做了详尽的分析与研究。现将勘察情况分述如下：

一　寺院沿革概述

据《寰宇通志》所载，永安寺始建于金代，后来一场大火，全部毁废，寺里的僧人也都四散一空。元仁宗延祐二年，云中招讨使都元帅、永安军节度使高定回归故里捐资重新建寺，因高定官职是永安军节度使，仕致旧里后又号永安居士，故而寺也定名为"永安寺"。又据《浑源志》载述：明太祖洪武年间又增建僧会司，连同报国寺修入。清乾隆二十六年，又进行重修。

全寺院坐北向南，主要建筑沿中轴线组成一个主次分明的建筑群。

传法正宗殿面阔五间，进深三间，单檐庑殿顶。殿身坐落在高筑的台基之上，四周檐台宽阔，月台宽大。前檐明、次间为隔扇门，后檐设板门一道，殿身四周檐柱十六根，上置普、兰以承托斗栱，斗栱用材硕大，规整严谨，承载四椽栿、撩檐枋。殿内设金柱四根，四椽栿之上分别设置襻间铺作、驼峰以承托逐层梁架。当心间顶部施以精巧的天宫楼阁。屋顶覆盖琉璃瓦饰。殿内塑像已无，仅存四壁满绘之壁画。整个殿堂十分宽大，梁架用材规整，是一组既完整又有研究价值的元代建筑。

二　现状形制分析

1. 平面：殿身坐落在高0.85米的砖砌台基上，前、后檐台宽2.34米，东西檐台宽2.47米，现存檐台上的压沿石，宽窄不一，分别为16厘米×32厘米或14厘米×30厘米。传法正宗殿总面阔25.23米，总进深15.11米，其中当心间面阔5.98米，次间4.71米与4.77米，梢间4.98米与5.09米。

屋檐四周设置檐柱16根，当心间柱高4.56米与4.58米，次间高4.58米与4.56米，梢间高4.57米与4.50米，柱径分别为42厘米与43厘米，室内金柱四根，高8.61米，柱径分别为64厘米与65厘米，依据测量分析，该殿柱无升起与侧角。檐柱径高之比为1:10.8，金柱径高之比为1：13.4，参照金元时期柱子之形制，符合元代径高之比1：11～1：14。

前檐柱础为素面覆盆，覆盆径为45厘米，盆高3.5米或4.5米不等。从造型观察分析，柱础石当为元代原件。

殿内地面为新中国成立后学校占用时重新铺墁，原有地面全部被覆盖于下，厚度达0.36米。殿身前檐梢间、后檐次、梢间、两山砌墙，墙高3.80米，上部厚0.93米，下部厚0.97米。四角墙体做成八字形，这种做法在金元时期较为常见。

殿前设月台，高0.70米，宽8.21米，长22.60米，青砖砌成，四周置压沿石，十分残破。月台正面，东西两侧设青砖砌筑踏步，为后人补修时砌筑。

2. 梁架结构：大殿由16根檐柱与4根金柱组成，柱顶全部做成卷刹。构架为六架椽屋四椽栿后对乳栿用三柱、身内单槽式。柱间施阑额，柱头施普柏枋以承托斗栱。

四椽栿前端伸至斗栱之上截成方形，后端插于金柱之上。四椽栿共4根，断面为57厘米×56厘米，栿上设置驼峰、襻间斗栱、下平槫、三椽栿。

三椽栿共4根，断面为43厘米×38厘米，上置驼峰、襻间斗栱、上平槫、平梁。

平梁共4根，断面为32厘米×33厘米。平梁上施缴背，其断面为Φ23厘米，长度同平梁等长。缴背上置蜀柱、大叉手、丁华抹颏栱、脊槫。

后乳栿共4根，断面为32厘米×36厘米，前端为后檐斗栱上置耍头，后尾穿插于金柱之上交于四椽栿下，其上置蜀柱、襻间斗栱、下平槫、劄牵。

金柱顶部连接搭牵，承托襻间斗栱、上平槫、平梁。

次间内置推山构架，距当心间梁缝中线增出2.42米。

两山面各置丁栿2根，断面为30厘米×30厘米，前端交于斗栱之上，后尾置于四椽栿上，丁栿上部置驼峰、襻间斗栱、下平槫。

四个屋角安置抹角梁，其断面为43厘米×43厘米，与柱框成45°，斜置于梢间斗栱素枋之上，承托老角梁后尾、襻间斗栱、下平槫与续角梁。

在整个横向结构上，殿内梁柱、梁栿与梁栿、梁栿与各个檐槫交接点处均施襻间铺作以承托各层屋架，用穿插枋连接各个构件。

明、次间纵向构件及推山构架的纵向，除用槫作为联系的构件外，明、次间脊槫下采用隔架相闪。上、下平槫利用襻间枋作为构架的纵向联系构件。

举折与檐出：传法正宗殿举架宽大平缓。第一步架长（注：指脊步）2.61米，举高1.83米，合7举；第二步架长（注：指金步）2.55米，举高1.38米，合5.4举；第三步架长（注：指檐部）3.82米，举高1.52米，合4.6举。前后撩檐枋间距长度为16.87米，总举高4.73米，两者之比为3.56:1。对照宋元时期举折之制，殿堂廊屋举高为1:4或1:3，传法正宗殿与此制相同。

前、后檐槫均为26厘米，翼角椽为17根，椽出檐2.3米，飞出檐0.53米，檐出与飞出之比为1:4。老角梁断面为32厘米×24厘米，高宽比为4:3，从撩檐槫向外伸出3.25米；仔角梁断面为20厘米×20厘米，呈方形向外伸1.07米。翼角斜出4.5椽径，升起5.5椽径，屋檐的斜出与起翘较为显著，角梁的断面之比与元代形制相同。

3. 其他构件：阑额、普柏枋断面呈丁字形，普柏枋23厘米×37厘米，至角出头作踏头形，刻海棠线。阑额36厘米×15厘米，至角柱出头垂直截去。殿内的支承构件——驼峰采用掐瓣做法，基本保留了元代以前的做法。为了增加梁头减力，减少梁枋跨距，在四椽栿下前后端施加大雀替，脊槫下施丁华抹颏栱，蜀柱为1.28米×0.26米×0.26米，以15厘米×8厘米的叉手叉定，以稳固之。

4. 斗栱：传法正宗殿斗栱分布于四面檐柱之上，一周共设34朵。补间斗栱除当心间为2朵外，其余皆为1朵。梢间转角铺作与补间铺作做成鸳鸯交首栱，转角铺作以三个栌斗相互构成，上部全做成鸳鸯交首栱。斗栱总高1.99米，单材高21厘米，契高11厘米，足材高32厘米，为五铺作单抄单下昂里转双抄计心造做法，昂为琴面昂，并有假华头子。瓜子慢栱均为隐刻，耍头为蚂蚱头。整体形状简洁古雅，完全保留了元代斗栱的基本特点。

殿内当心间上部设置精巧之藻井斗栱，次、梢间无平棋，为彻上露明造。藻井顶部为八角形，中心为井底盖板，两层斗栱叠置承托；中层为天宫楼阁下加斗栱承托，底层又施以斗栱。

顶部斗栱为小木作雕刻而成，分为两层：第一层一周共有44朵，斗栱总高为32厘米，七铺作双抄双下昂；第二层一周共有24朵，斗栱总高为34厘米，七铺作重抄无昂，两层斗栱上承托井口枋，中心为八角形井口，当中雕盘龙井盖。

中层为小木作雕刻而成的天宫楼阁，正面仅设佛龛，龛下斗栱为小木作雕刻，共有14朵，总高38厘米，七铺作单抄三下昂；东西两边各雕刻庑殿顶3座，夹屋3座，天宫楼阁雕刻有普、兰、佛龛，柱顶安装小木作斗栱高34厘米，为八铺作双抄双下昂，全部藻井又置于下部小木作斗栱之上，下部斗栱总高27厘米，为六铺作三抄无昂。全部藻井斗栱形制完全仿照大殿之形制，均为元代风格。整个藻井宛如伞盖，结构玲珑，雕刻精致，精巧美观。犹如空中仙楼玉宇，使殿堂更趋壮美。传法正宗殿藻井当为元代做法。

5. 屋顶：屋顶布椽皆为圆椽铺钉，椽径为11～15厘米，布椽为乱搭头，椽上铺设望板，厚2厘米，支口相连，苫背上由筒、板瓦覆盖。筒瓦规格一种为长41厘米，径16厘米；一种为长26厘米，径11厘米。板瓦一种长37厘米，大头宽26厘米，小头宽22厘米；一种长21.5厘米，大头宽16厘米，小头宽14厘米。正脊为雕花脊筒，大吻高2.20米，宽1.26米，厚0.23米，六品鸱吻吻口吞正脊，吻尾上部为一升龙。正脊中部设脊刹，当中为狮驮宝瓶，左右各为白象驮宝珠。另在正脊上置仙人10个，为两武士与八洞神仙，均为后人补修所置。戗兽尾龙，现存四枚，除尾部残破外，其余仍保存较好。岔脊上各置嫔伽1个，套兽只有4个，其中两个为清式，另两个为早期形制。

6. 装修：隔扇仍为原制。前檐明、次间均为六抹隔扇，下为裙板，上为斜棂花格子，棂子上出双线。当心间共设六扇，高3.79米，宽0.85米；次间有六扇，高3.79米，宽0.65米。后檐设置板门一道，门框外加宽大的立颊，宽23.5厘米，厚11厘米，破瓣双混平地出双线，做工精致，为金元时期常见手法。

7. 壁画：殿内四壁满布着高3米、长36米、共计108平方米的巨幅工笔重彩壁画，画有各种人物882个。后壁上画的是十大明王，巨状诡怪。殿门两旁壁上，画着佛道合一的水陆神王图。东壁和东南壁画，长18米，画有各种神像474个，画分天、地、人三层，上层是天界四方天王和日、月、金、木、水、火、土诸星君像；中层是天干、地支、二十八宿及北斗诸星君像；下层是人间帝王宫妃、文武百官、黎民百姓、僧尼道姑以及贤儒烈女、孝子贤孙等人像。西壁和西南壁画，长18米，画有各种神像373个，上层是五岳圣帝，四海龙王及五湖百川，风、雨、雷、电诸龙神像；中层是十殿阎君及地府诸官像；下层是十八层地狱及人间各种惨死的六鬼神像。整个壁画，笔力遒劲流畅，色泽绚丽协调，人物刻画细致，表情栩栩如生，经中央文物考察团现场考证，为元代作品，是极为珍贵的古代绘画法作。

殿内正中原砌筑有砖台须弥座，上塑三世佛像，东西两旁塑四菩萨和二天王像，可惜均被后世捣毁。

三　残破情况及原因

虽然传法正宗殿曾经数次修缮，但其主体仍保存了元代形制特点，所以说该殿为元代建筑确证无疑。

永安寺重修于元仁宗延祐二年，明、清时期又屡有修葺，由于时代变迁，现今传法正宗殿残破不堪：

1. 西面墙体外部从上至下出现一道弯曲裂缝，宽为1～3厘米，前檐两角柱与墙体裂开。

2. 阑额、普柏枋垂弯，普柏枋接口处脱榫。当心间前、后檐普柏枋已出现劈裂。由于上部用材较大且重，长期受压致使普柏枋垂弯，局部劈裂。

3. 前檐撩檐枋严重移位，由于前檐出檐深远，椽飞糟朽，撩檐枋受力不均，移位滚动。

4. 斗栱虽然局部残破，但其形制尚未改变元代风格。

5. 当心间东西的四椽栿中部裂缝，宽为1～2厘米，次、梢间下平槫向外滚动移位。

6. 天宫楼阁残破、掉落，神龛内已遭到严重损坏。

7. 殿内壁画下部画面模糊，高度达50～70厘米，皆因潮湿、酥碱使墙体表面受到影响。

8. 地面为后人重新铺墁之物，经勘察，是在原地面上又加厚了36厘米重铺墁。

9. 当心间中部两扇隔扇门与后门板门均被反安装在门额与地栿之外。有4扇上部棂窗遭受损坏。

10. 前檐已露于外面的4个础石仅露覆盆上面二分之一，其余大部分被覆盖于重铺的地面砖下，未见其详。其中明、次间有3个覆盆已风化严重，仅有轮廓。

11. 后屋檐有9平方米屋面已塌落，椽、飞、望板已全部露出。四面屋檐只有西面较好，其余三面飞头糟朽，屋檐已呈波浪形。屋面筒、板瓦有两种规制，瓦垅松脱、长草、凹凸不平，脊筒花饰参差不齐等，均为后人维修所致。戗、套兽残破，风铎已无存。

12. 殿前月台为清代重修，四周压沿石风化严重。

通过对这一元代珍贵建筑的勘察可以说，传法正宗殿是集元代建筑特点与绘画艺术于一体，是一座十分有价值的元代佳作，现存建筑已残破严重。为了保护好这一珍贵建筑，第一，急需对整体构架落架修缮；第二，立即对殿内壁画进行加固、保护处理，以便使这一古迹文化遗产得以保护。

（三）1998年8月《永安寺传法正宗殿补充设计文件》

1. 背景说明

根据山西省文物局《关于对岩山寺、永安寺补充设计的通知》（晋文物通字[1998]第27号）要求，山西省古建筑保护研究所派牛郁波、李海英二位技术人员在本所1993年4月编制的《浑源永安寺传法正宗殿勘测设计方案》基础上进行了补充勘测设计工作。经过几个月的努力，于同年8月完成了这项补充勘测设计任务。

2. 技术组成员

所　　长：李　彦

审　　定：张殿卿

测绘设计：牛郁波、李海英

报告执笔：牛郁波

3. 补充设计成果

（1）设计图件（共5张）

包括：金柱及壁画主要残损点实测图、柱子沉降现状图、梁架斗栱柱子加固设计图、柱子基础设计图、壁画保护架设计图，参见图1-3-1。

（2）设计说明

图1-3-1　传法正宗殿补充设计文件

浑源县永安寺传法正宗殿维修工程补充设计说明书

一　概述

永安寺坐北向南，主要建筑沿中轴线依次为山门、天王殿、传法正宗殿、铁佛殿（已不存）。传法正宗殿是永安寺主殿，面阔五间，进深三间，庑殿顶，前檐装隔扇门三间，后檐当心间设板门。

平面：大殿面阔五间，通面阔25.53米，通进深15.11米，下檐出2.07米，台明高92厘米，长29.67米，宽19.79米；月台高70厘米，长22.06米，宽8.21米。月台前沿当心置如意台阶，殿身设置檐柱一周，内设后金柱四根，内外皆木质直柱造。金柱下为料石素平柱础，前檐当心间为素覆盆柱础。

斗栱：五铺作，单抄单下昂计心造。中心线上施泥道栱和泥道慢栱，上叠架柱头枋三层，枋侧隐刻令栱。补间前檐自大斗出一跳华栱，二跳施下昂，昂上施耍头，上置衬枋头，后尾则出二跳华栱，上施耍头；柱头斗栱耍头后尾作菊花头，梁头至撩檐枋里皮。转角斗栱在距坐斗中心仅88厘米处施补间铺作，两朵斗栱的泥道栱、泥道慢栱、瓜子栱、令栱皆作鸳鸯交首栱，与附角坐斗做法相似，旨在扩大转角处作用面，增大对翼角屋顶的负荷能力。枋材宽15厘米，高21厘米，契高11厘米，足材高32厘米。

梁架：除当心间前槽施藻井外，余为"彻上露明造"。前槽四椽栿后尾插于金柱中，上施驼峰，上承三椽栿，其后尾插于金柱中。三椽栿上施驼峰，金柱上施大斗，上施平梁，平梁上施脊瓜柱、襻间枋、随檩枋、替木、叉手、承脊檩。后槽施乳栿，后尾插于金柱中，上施瓜柱及搭牵，上承下平槫。山面施丁栿，后尾架于四椽栿上，上施驼峰大斗，重栱承檩。转角后尾施抹角梁，上承大角梁，后尾交金墩上承续角梁。三椽栿上施额枋，上施顺爬梁，上承续角梁。举高与前后撩檐枋中心距的比为1:3.6，第一架四六举，第二架五四举，第三架七举。

瓦顶：圆椽上施飞椽，飞椽上施望板，然后抹泥瓦瓦。瓦顶筒板布瓦覆盖，前坡为黄琉璃筒瓦，山面及后坡为黄、绿、蓝琉璃筒瓦杂色相间，正脊施脊筒子，端设大吻，　中央置宝刹；戗脊端设戗兽，　岔脊端坐仙人，　其后立走兽三枚。翼角处翘起58厘米，斜出48厘米，仔角梁下各衔风铎一枚。

装修及壁画：前檐三间装隔扇门，每扇六抹，装绦环板和裙板，上部棂花剔透，不设横坡。后檐当心间施板门，下设地栿，上施门簪三枚。殿内四壁满绘壁画。殿内外上架皆施彩画，斗栱间栱眼壁内外双面也绘壁画。

二　残损状况

大殿年久失修，残损状况是比较严重的：

台基及月台：地面条砖、方砖杂墁且多有破损不全，砌砖风化严重，散水已失，雨后基础渗水现象难以避免。

柱及柱础：整个大殿基础不均匀沉降，经抄平，以东南角平柱为准，其余三角相应沉降16～17厘米，　整体向西北倾斜，室内东次间金柱向西倾斜35厘米，金柱下部糟朽高64～80厘米，深及柱心。墙内檐柱腐朽高达50厘米，覆盆柱础破损严重。柱子劈裂较甚，墙体内外皆有通裂缝。

斗栱：前后檐部分普柏枋压裂，后檐当心间压弯达12厘米，斗栱部分构件折断，压裂和残缺小斗多有所见，斗栱向外倾斜达15厘米，脱榫现象严重。

梁架：脱榫现象严重，各承重构件几乎均有劈裂，东次间四椽栿、三椽栿及乳栿均有通裂缝。

瓦顶：各坡檐部破损严重，尤以后檐及东山檐为甚，椽飞折断及露明于外者各有15根，东梢间数根花架椽折断，屋顶漏下雨水沿内墙冲刷而下，严重地损害了壁画。殿顶杂草密布，琉璃釉面剥蚀严重，椽、飞、望板槽朽严重，勾头、滴水多有不存，屋面呈凸凹不平之状。

装修及壁画：东次间隔扇门转轴折断，上部棂花多有残损成洞处，合角处也多有脱榫、开裂现象。由于基础不均匀沉降，凡檐柱处壁画皆有自上而下不规则通裂缝。殿顶漏下雨水对壁画的损害以东次间最为严重，致使自上而下、宽1.5米的壁画面目全非，西山墙壁画在2.5米宽范围内也有数十道自上而下的雨水痕迹；下部约50厘米高的壁画已完全剥落不存。内檐上架彩画尚清晰可见，外檐上架彩画则剥落、掉色、起皱严重。栱眼壁壁画残损严重，多处已完全不存。

三　保护措施

根据上述对传法正宗殿的现状勘测结果，本着"抢救第一，保护为主"的方针和"不改变文物原状"的原则，为保护大殿和墙上珍贵的大面积壁画，拟定了局部落架大修的维修方案。详述如下：

1. 基础不均匀沉降，但考虑到大殿基础的下沉历时久远且相对静止，故归安平整各柱时在各柱础下部原则上可不做磉墩，但在施工中应进一步逐柱仔细探测，必要时须另作技术处理，确保坚固耐久万无一失。

2. 因为墙体和壁画现状基本完好，所以原则上墙体和壁画不动，但要封护加固壁画画面，所谓的局部落架维修即指此而言。因此归安平整墙内各柱时就采用在外墙开八字口的办法。两山墙外部在确保安全的前提下也可采用把外皮砖全部拆除重新砌筑的方法进行施工，但内部土坯墙体只能采用开槽探查的办法找平和加固柱子。

3. 为保护壁画，除在紧贴壁画加软垫层和护板外，沿内墙需搭一整体保护架。

4. 台明及月台台帮砖风化严重，要采用淌白撕缝砖造法重新砌筑，并铺设散水，以保障走水畅通。现在乱条石堆积如意台阶，故要用剁斧料石重新砌筑。

5. 地面方砖规格按元代遗物变更为37厘米×37厘米×6厘米，殿内墁地面时在原神台下部外沿条砖扎边，体现神台部位。地面墁方砖，丁字缝、方砖修边细墁。

6. 殿内金柱及东北角墙内檐柱下部腐朽严重，予以填充墩接并加固；前檐平柱及次间柱劈裂严重，予以填充并加固。各柱础原则上继用。阑额、普柏枋整修后加固使用，原则上不予更换。

7. 基础沉降、柱子倾斜、整个大殿向西北倾斜，造成斗栱、梁架构件损坏严重，劈裂现象尤为严重，东次间一缝梁架构件劈裂几成普遍，大梁为通裂。落架后视具体情况区别对待，或加固后继用，或照旧补齐。斗栱构件纵向承重栱折断者予以复制更换。

8. 后檐板门修理后继用，木门枕腐蚀严重可复制更换。前檐隔扇门修理加固使用，折断或严重变形构件复制更换，棂条残坏者按原规格复制接补。前后檐装修地栿严重损坏应复制更换。

9. 椽、飞、望板残损严重，尤为后檐、东山檐头部分暴露于风雨之中，多已糟朽，东梢间数根花架椽折断，其余部分由于殿顶漏水，也多有糟朽。故施工中进行逐一检查，不能继用者照原规格制作补齐。每间使用2~3组拉杆椽以增加屋盖的稳固性。

10. 据再次勘测，瓦顶筒瓦、勾头原设计规格有误，统一变更为直径14.5厘米，长32厘米。殿顶前坡以黄色琉璃瓦覆瓦，孔雀蓝勾头、滴水剪边。后坡以孔雀蓝琉璃瓦覆瓦，中部嵌黄色斗方，两山以孔雀蓝筒瓦覆瓦。殿顶底瓦材质沿用现有做法。

11. 栱眼壁壁画采用揭取加固的措施予以保护。内外檐上架的彩画也要进行封护，拆卸和安装时用细纸、棉花包装，草绳束紧，以防磨损。为防腐，所有更换构件全部刷生桐油一次，油饰、断白部分一律作旧，以与大殿原貌协调一致。凡加固、修补的木构件必要时均应考虑辅之以铁活加固措施。为保护壁画，揭瓦后即需搭一防雨保护大棚。

施工中应采用严格措施，禁烟、禁火、禁游人，以保证安全施工，发现问题及时纠正，如有新的发现和改进，或实际情况与本设计有不相适应的地方，请及时报告主管部门，予以研究修改。

本说明书中不妥之处，欢迎批评指正。

（3）工程投资估算

据重新测算，传法正宗殿保护修缮工程投资概算为1633066.28元（不含壁画、彩画保护工程费用）。

（四）1999年5月《浑源县永安寺天王殿勘察报告及修缮工程设计方案》

1. 背景说明

根据山西省文物局1999年3月《关于下达与永安寺维修任务的通知》（晋文物通字[1999]第12号）的要求，决定对永安寺山门、天王殿进行落架维修。省古建所接到通知后，立即派出技术组调查编制了永安寺天王殿、山门等二期项目的勘测设计文件，上报省文物局提请审批。

2. 技术组成员

所长：彭谦

审定：张殿卿

设计：牛郁波、陈海荣

3. 设计成果

（1）设计图件（共8张）

包括：天王殿正立面图（A2），天王殿侧立面图（A2），天王殿平面图（A2），天王殿横剖面图（A2），天王殿纵剖面图（A2），天王殿门窗大样图（A2），天王殿斗栱大样图（A2），天王殿构件大样图（A2）。参见图1-4-1。

图1-4-1　天王殿勘测设计方案

（2）规划设计说明书

浑源县永安寺天王殿勘察报告及修缮工程设计方案说明

永安寺位于浑源县城的东北隅，1986年被列为山西省重点文物保护单位。全寺坐北向南，中轴线上主体建筑依次为山门、天王殿、传法正宗殿及铁佛殿（已不存），东西依次有对称的八字墙、配殿及耳殿。

天王殿是永安寺中轴线上第二座主体建筑，现存粗大的柱子（高3.52米，直径42厘米）和繁密矮小的斗栱（明、次、稍各间施三朵，材高8.5厘米，材宽6厘米的三层假昂五踩计心造补间斗栱）以及梁架形制均实物地印证了史料所载的重修于明、清的情况。

天王殿为小悬山顶，从山面梁架中线到博风板里皮距为72厘米。面阔五间，进深一间四架椽，总面阔17.61米，总进深5.5米，建筑面积99平方米，五缝梁架皆抬梁式。柱底施素覆盆柱础，上施普柏枋、栏额，施三假昂五踩斗栱，斗栱上施正心檩及撩檐檩，上施四架通梁，大梁上施垫墩，上示平梁，施随檩枋及金檩。平梁上施合踏、脊瓜柱及叉手，瓜柱上承脊檩，随檩枋及丁华栱，各缝梁架间施襻间枋以加强联系。在襻间枋和随檩枋间施花形小垫墩。比较特别的一点是角柱上斗栱作了较大的调整，为加强对山面悬出去的檩枋的支托能力，纵向出了三跳。两山为封护墙。圆椽上采飞，屋顶用灰筒板布瓦顶，施正、垂背及大吻和垂兽。

由于年久失修及人为破坏（永安寺曾作为粮库和居民住宅使用），天王殿的现状不堪入目，残破损坏情况极为严重，分述如下：

1. 基础不均匀下沉，东北角柱比前檐当心间西柱下沉达16厘米，柱头水平最大高差达18厘米，致使后檐梢间墙成为荷重墙，随之斜线下沉，形成一自上而下通裂缝。

2. 台基部分散水不存，后檐压沿石全失，前檐台明被现住户完全改造成水泥通台阶；为方便车人进入，原台阶也改成现礓磜式斜慢坡。地面墁砖残缺不全。

3. 墙体及装修之窗户部门，均被改造成现代住宅式，当心间前檐板门完全不存，后檐隔扇门仅存上槛，另外当心间两缝梁架下均建起了封护墙。

4. 五缝梁架均为抬梁式，基本完好，但构件的开裂、损坏及拔榫现象甚为严重，基础的不均匀下沉也造成了梁架的扭闪，当心间四柱均有开裂现象。

5. 斗栱部分基本完好，但构件压裂现象严重，也多有折断构件，缺失散斗约占散斗总数五分之一。

6. 屋顶正脊、垂脊及脊兽均不存，灰筒板瓦损坏者达三分之一，檐头勾头、滴水损坏、缺失几占一半，山面排山勾滴也损坏严重，惹草不存，悬鱼、博风板风化糟朽严重。

综上所述，天王殿的残破情况是极为严重的，因此为了保护这座珍贵的古建筑，本着《文物保护法》中"不改变文物原状"的原则和"抢救第一，保护为主"的方针，根据天王殿的现场勘察情况，拟定了落架大修的修缮方案，具体如下：

1. 拆除现有水泥台阶，恢复原有的砖砌台明及条石台阶，为保护基础免遭因排水不畅而造成的破坏，要做出泛水及散水。台明边施压檐石，地面墁方砖。

2. 基础部分原则上不动，但要抄平柱子，并用适当化学材料灌注柱上大裂缝后用铁件加固柱头、柱脚。

3. 拆除当心间两缝梁架下住户所砌隔离墙，山面及梢间墙体依旧制恢复。前檐当心间施板门，后檐当心间施隔扇门，前后檐次间施破子棂窗。

4. 梁架及斗栱部分拆下后逐一对构件进行检查，尚好者继用，残破较烈者加固后继用，无法加固及残缺构件依原件及现存其他构件制作补齐，一律断白作旧。

5. 屋顶部分也要逐一对拆下构件进行检查，能用者继用，残坏较轻者加固后继用，实在残破严重无法加固及缺失者照现构件之制新做补齐。恢复脊兽及正、垂脊。

6. 对拆下构件要做好记录、编号、拍照等档案工作，搭置专门保护大棚。施工现场严格遵守安全施工条件，做出隔离围护，严禁非施工人员进入，加强防火、防破坏、防意外事故的安全意识，做到万无一失，同时加强质量意识，保障施工质量。

由于现场勘察时条件所限，一些内部情况难以确切了解，因此在施工拆除中如有新的发现或与本设计不符处，应即时报告有关部门，予以协商解决。

水平所限，不足乃至错误处难免，望批评指正。

（五）1999年7月《浑源永安寺传法正宗殿保护维修工程技术交底会会议纪要》

1. 背景说明

1999年3月，经国家文物局批准，山西省文物局对山西省古建筑保护研究所和恒山风景名胜区管理局发出了《关于下达永安寺维修任务的通知》（晋文物通字[1999]第12号）。正式拉开了浑源永安寺保护修缮工程的序幕。按照文件要求，1999年5月24日省古建筑保护研究所研究决定由副所长、高级工程师吴锐担任该工程项目负责人，负责全面组织管理和推进该工程有关事宜，设计处史国亮工程师任工程技术负责人，参见图1-5-1。经认真准备和多方协调，于同年7月27日，会同业主单位恒山管理局召集该项目工程设计、工程施工、技术监管等相关人员正式召开了传法正宗殿保护修缮工程施工前的技术交底会议。会议期间全体与会人员对文物保护维修对象的残损现状再次进行了实地踏勘和全面复查，对各类既有勘测设计文件的技术要求进行了认真分析，对施工中存在的问题进行了深入研讨，再次补充和细化了缺漏内容，进一步明确了永安寺第一阶段保护维修工程的总体目标和工程质量监管方式，由此形成了更加具体可行的保护维修技术措施与工程质量监督管理办法。

会议决定，本次技术交底会议纪要将作为该保护修缮工程设计方案的重要组成部分，供工程管理和施工各方使用。

图1-5-1 《关于下达永安寺维修任务的通知》（晋文物通字[1999]第12号）

2. 会议纪要

浑源永安寺传法正宗殿保护修缮工程勘测设计方案
技术交底会会议纪要

　　依据国家文物局和山西省文物局的要求，1999年7月27日，浑源县恒山风景名胜区管理局副局长郝维和，山西省古建筑保护研究所副所长兼永安寺修缮保护工程项目负责人吴锐，召集永安寺文物保护维修工程有关部门和主要技术人员在永安寺工地进行了传法正宗殿文物保护工程正式施工前的技术交底专题会议。参会各方在实地踏察传法正宗殿残损现状的基础上，对既有设计方案和施工方案进行了细致分析与认真研究，对需要解决的残损病害和计划采取的保护修缮技术措施进行了深入探讨与技术交流，同时重点讨论明确了该工程的内在质量与观感质量监督管理方式及将要执行的技术规程操作细节。为彻底根除文物建筑上存在的各类病害，决定对既有设计方案和施工方案再次进行如下优化变更和调整：

　　1. 考虑到大殿基础的不均匀下沉现象较为严重，存在继续发展的可能，为保护元代建筑基础的原真性不受损坏，各柱础下部原则上不应另做磉墩，既有设计方案需要优化。在施工中应进一步探查检测，在此基础上编制详细的保护工程技术方案，以保护元代基础原真性不受损坏为原则实施补强围固技术处理。

　　2. 考虑到元代柱础石也是文物保护对象，檐柱础石原则上应继续使用，极个别破裂损坏严重者方可复制置换。置换后的旧件须认真保存供日后研究展陈使用。

　　3. 地面方砖规格应按殿内元代遗物统一变更为370毫米×370毫米×60毫米规格，旧件保护继用，缺者复制补配。殿内铺墁地面时应认真查明埋入地下的佛坛边界，并用条砖扎边，准确展示和体现原佛坛的平面形制。佛台上部地面细墁方砖，丁字缝、青油灰丝缝。

　　4. 根据现场评估，阑额、普柏枋应整修加固后继用，原则上不予更换。

　　5. 殿宇后檐木制板门虽已破损严重，但仍可修理继用。木门枕腐蚀特别严重者，可复制更换。

　　6. 前后檐装修地栿严重损坏，为适应长久使用要求可复制更换。

　　7. 斗栱构件劈裂者原则上应加固继用，纵向承重栱如有折断，以加固补强及复制更换两种措施酌情处理，但均需内部报批许可。

　　8. 各部位隔扇宜修理加固继用，不得更新。折断或严重变形及缺失的部件应织补修复。

　　9. 檐椽能继用者继用，缺者按早期遗存者原样复制归安。

　　10. 橑檐枋应加固使用，端部连接点应采用铁件拉接稳固技术措施。

　　11. 各柱腐朽劈裂严重部位应采用墩接加固的办法继续使用，尽量保持其原真性不受损坏。

　　12. 槫类构件能用者继用，断裂、弯曲严重无法修复者须经指挥部研究会商认定后方可更换。

　　13. 琉璃正脊、垂脊脊筒应根据脊饰构图特征认真分析、合理拼图、纠错补缺，重新编号安装，科学地体现清乾隆二十六年（1761）原初屋脊雕饰图案的完整性及其文化内涵。

　　14. 殿顶前坡以黄色琉璃瓦为主覆瓦，孔雀蓝勾头、滴水剪边；后坡以孔雀蓝琉璃瓦覆瓦为主，中部嵌以黄色斗方；两山面则以孔雀蓝筒瓦覆瓦。殿顶底瓦材质沿用现有做法。

15. 两山墙外部在确保安全的前提下，应采用剔槽修补的方式进行内部大木结构加固和墙体裂缝修复。其内部土坯墙体加固处理，墙体内柱墩接整修和基础加固、柱身抄平和顶升处理应同步完成。

16. 该殿明清以来的琉璃瓦件釉皮脱落、胎体剥蚀者众多，施工过程中应仔细排查，凡能加固继用者均用通过修补胎体。二次施釉等技术手段修复继用，严禁轻率更新。

17. 据查，殿前月台、台明台帮应采用淌白丝缝砌造法保护维修，上置压沿石封边。

18. 在本次现场踏勘时发现了传法正宗殿殿内壁画及油饰彩画保护维修工程经费等1998年现状调查时未涉及但必须进行保护维修的工程内容，应尽快编写报告提请省文物局增加工程项目内容，列入后续工程投资总预算。

19. 本次会议还重点讨论了永安寺传法正宗殿保护维修工程的质量监管方式，工程管理委员会的具体工作职责，质量监督管理办法，以及各参建单位内部质量控制模式等问题。相关文件完善后颁布实施。

参会人员：

恒山风景名胜区管理局副局长、建设单位项目负责人：郝维和

恒山管理局文物科科长：常学文

山西省古建筑保护研究所副所长、永安寺保护维修工程项目负责人：吴　锐

技 术 负 责 人：史国亮

设 计 负 责 人：牛郁波

驻现场工地代表：韩建喜

施 工 队 队 长：王建伟等

1999年7月27日

（六）1999年12月《传法正宗殿岩土工程勘察报告（详勘）》与《传法正宗殿元代基础加固补强工程设计方案》

1. 背景说明

在永安寺维修保护施工过程中，经复测及探查发现，传法正宗殿各主要承重柱均存在明显的不均匀沉降，最大沉降量差高达17厘米，并有多块柱顶石被压裂损坏。这正是造成该殿大木构架倾斜歪闪的重要原因之一。经1999年10月31日工程例会研究和专家组反复论证，为确保本次维修后的传法正宗殿基础安全可靠、历久弥坚，决定采取三项工程技术措施：一是委托山西省地质勘察院协助开展工程地质专项勘察，得出科学可靠的工程地质勘查结论；二是在确保该殿元代基础不受损坏的前提下研究编制元代基础加固补强设计方案，经广泛论证并报上级文物主管部门批准后实施；三是运用建筑技术史的视角和考古学的方法，探查清楚该殿元代建筑基础的营造技术手法，记录清楚传给后人。

上述工作完成后，传法正宗殿元代基础加固补强方案按程序上报了省文物局，2000年2月25日，山西省文物局签发了《关于浑源永安寺传法正宗殿地基基础加固方案的审核意见》（晋文物函字[2000]第5号）同意所编报的设计方案付诸实施，参见图1-6-1。

2. 工程领导组成员

业主负责人：郝维和

省古建所长：彭　谦

项目负责人：吴　锐

3. 补充勘察成果《永安寺传法正宗殿岩土工程勘察报告（详勘）》

（1）项目组成员

山西省地质工程勘察院

院　　　长：张明晨

项目负责人：沈　可

报告编定人：沈　可

总 工 程 师：闫世龙

（2）勘察报告（节选）

图1-6-1　《关于浑源永安寺传法正宗殿地基基础加固方案的审核意见》（晋文物函字[2000]第5号）

浑源永安寺传法正宗殿柱基土，柱下和柱间垫层土岩土工程勘察报告（详勘·节选）

一　工程勘察概况

浑源县永安寺传法正宗殿位于浑源县城内，传法正宗殿占地面积 26.5×16.5平方米，木质结构体系，据测算，单柱竖向承载力250千怕左右。该殿始建于金，后遭大火焚毁，重建于元代延祐二年，距今700年左右。由于该殿年久失修、破损严重，山西省古建筑保护研究所受命对该殿进行整修。在维修过程中，发现传法正宗殿柱基存在不均匀沉降，最大沉降量差17厘米。受山西省古建筑保护研究所委托，我院承担了传法正宗殿柱基土及垫层土的岩土工程勘察工作，为传法正宗殿建筑地基基础维修加固设计提供岩土工程地质资料。本次岩土工程勘察与评价主要有以下列规范为依据：

《岩土工程勘察规范》（GB50021-94）

《建筑地基基础设计规范》（GBJ7-89）

《建筑抗震设计规范》（GBJ11-89）

《湿陷性黄土地区建筑规范》（GBJ25-90)

《浑源永安寺传法正宗殿工程勘察任务委托书》

依照上述规范及委托要求，本次岩土工程勘察的主要目的是：

1. 查明传法正宗殿柱基土及垫层土的岩土类型，地层结构；

2. 查明传法正宗殿柱基土及垫层土的物理力学性质，并提供指标值；

3. 提供传法正宗殿柱基土及垫层土的承载力；

4. 判定地震效应与湿陷性；

5. 判定地下水类型与腐蚀性；

6. 对柱基下沉原因进行论证；

7. 对地基基础提出加固方案建议。

本次勘察为详勘阶段，主要采用探井、现场原位测试和室内土试验相结合等方法进行综合评价。根据场地及勘察特点，本次勘察共布设探井7个，其中柱基土探井2个，柱下垫层土探井1个，柱间垫层土探井4个。轻便触探孔12个，其中柱基土轻便触探孔4个，柱下垫层土轻便触探孔4个，柱间垫层土轻便触探孔4个。各钻孔类型、深度、工作量及分布状况详见勘察工作量统计表（表1-1）和岩土工程勘察工作量布置图。参见图1-6-2。

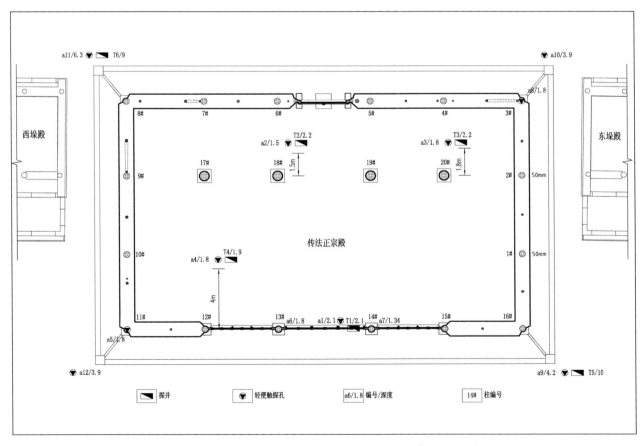

图1-6-2 浑源县永安寺大殿地基岩土工程勘察工作量布置图

外业探井采用人工挖掘。现场原位测试，土工试验执行国家标准。整个外业原位测试与取样工作于1999年11月10日至11月15日完成。

表1-1　勘探点工作量一览表

工程编号：1999-018　　　　　　　　　　　　　　**工程名称：浑源永安寺传法正宗殿勘察工程**

勘探点编号	勘探点类型	钻探深度（米）	探井深度（米）	地面标高	坐标 x（米）	坐标 y（米）	取样个数 原状样	标贯（次）
T1	取土试样探井	2.10	2.10	100.00			4	
T2	取土试样探井	2.20	2.20	100.00			11	
T3	取土试样探井	2.20	2.20	100.00			8	
T4	取土试样探井	1.90	1.90	100.00			7	
T5	取土试样探井	10.00	10.00	100.00			10	
T6	取土试样探井	10.00	10.00	100.00			9	
d1	标准贯入试验孔	2.10	2.10	100.00				7
d2	标准贯入试验孔	1.50	1.50	100.00				5
d3	标准贯入试验孔	1.80	1.80	100.00				6
d4	标准贯入试验孔	1.80	1.80	100.00				6
d5	标准贯入试验孔	1.80	1.80	100.00				6
d6	标准贯入试验孔	1.80	1.80	100.00				6
d7	标准贯入试验孔	1.50	1.50	100.00				5
d8	标准贯入试验孔	1.80	1.80	100.00				6
d9	标准贯入试验孔	4.50	4.50	100.00				14
d10	标准贯入试验孔	4.00	4.00	100.00				13
d11	标准贯入试验孔	5.20	5.20	100.00				17
d12	标准贯入试验孔	4.00	4.00	100.00				13
Zx1	取土试样探井	1.80	1.80	100.00			8	
合计		62.00	62.00				57	104

二　场地与工程地质条件

1. 地形、地貌

永安寺传法正宗殿位于浑源县城内，地形平坦，永安寺传法正宗殿地面与自然地面高差0.72～1.10米。

场地地貌单元属大同盆地东部山前倾斜平原。

2. 场地地基土的构成与分层特征

本次勘察，柱基土探井最大深度10米，柱间垫层土探井最大深度2.2米，柱下垫层土探井最大深度1.8米。从地层揭露情况来看，柱基场地土主要由素填土和粉土组成。柱间和柱下垫层土主要由素填土和杂填土组成。属人工堆积和第四系松散堆积物。其岩性特征详见地基土分层岩性特征综合表（表1-2）。柱基场地土、柱下和柱间垫层土物理力学指标统计分析结果见表3、4、5。

3. 场地地下水

传法正宗殿场地在勘察深度内未见地下水位。

表1-2　地基土分层岩性特征综合表

位置	层序	岩性	底面埋深（米）	平均厚度（米）	颜色	湿度	密实度	压缩性	包含物及其他特征
柱基土	①	素填土	0～3.6	3.6	褐黄	稍湿	稍密	高压缩	以粉土为主，含砖屑、煤屑和少量灰渣，具湿陷性
	②	粉土	3.6～10	6.4	褐黄	稍湿	密实	中压缩	以粉土为主，其中含少量煤屑和砖屑
柱下垫层土	①	素填土	0～1.8	1.8	褐黄	稍湿	稍密	中高压缩	以粉土为主，其中含有少量白灰、煤屑和砖屑，并以砖瓦砾为骨料夹杂其中
柱间垫层土	①	素填土	0～2	2	褐黄	稍湿	稍密	高压缩	以粉土为主，含少量煤屑、砖屑和灰渣，砖瓦砾夹杂其中

三　场地与天然地基岩土工程评价

1. 地基土承载力评价

柱基场地土、柱下和柱间垫层土承载力确定，是依据《岩土工程勘察规范》（GB50021-94)和《建筑地基基础设计规范》（GBJ7-89)。经对地基土、室内土工试验指标和外业原位测试资料进行统计分析，综合确定。详见地基土承载力标准值计算成果表（表1-3）。

表1-3　浑源县永安寺传法正宗殿柱基、垫层（柱下、柱间）土承载力标准值计算成果表

位置	层序	岩性	底面埋深（米）	土工试验						原位测试				建议值（kPa）
				e	w	Es	f0	Ψ	fk	N10	f0	Ψ	fk	
柱基土	①	素填土	0～3.5	0.994	16.8	4.42	120	0.78	93	30	135	0.9	121	95
	②	粉土	3.5～10	0.872	22.9		142	0.86	122	84			0.8	130
柱下垫层土	①	素填土	0～1.8	0.928	13.9	27.20								250
柱间垫层土	①-1	粉土	0～0.4	1.008	11.0	3.16	89	0.84	74	22.3	111	0.72	80	80
	①-2	粉土	0.4～0.8	1.121	12.0	6.31	151	0.65	98	46.5	170	0.88	149	125
	①-3	粉土	0.8～1.2	1.213	13.6	3.58	102	0.84	85	22.5	120	0.93	111	111
	①-4	粉土	1.2～1.6	1.200	16.6	4.10	117	0.77	90	28.3	129	0.86	111	111
	①-5	粉土	1.6～2.0	0.989	15.5	4.76	130	0.69	89	37	152			120

注:表中e—天然孔隙比;w—天然含水量(%); Es—压缩模量(Mpa);N10—经杆长修正后的轻便触探标贯击数平均值(击);f0—承载力基本值(Kpa);Ψ—统计修正系数;fk—承载力标准值(kpa)。

2. 场地地震效应

(1) 场地土类型与建筑f0场地类别

按山西省地震烈度区划图,浑源县划归为Ⅶ度地震烈度区。根据《建筑抗震设计规范》(GBJ11-89)规范,按岩性判定,该场地土类型为中软场地土,建筑场地类别为Ⅱ类。

(2) 场地地震液化趋势分析

传法正宗殿场地在10米深度内未见地下水位,根据《建筑抗震设计规范》(GBJ11-89)初判条件,可不考虑液化影响。传法正宗殿场地为不液化场地。

3. 地基土湿陷性评价

据柱基土T5、T6探井取土做湿陷性分析,一般湿陷系数介于0.001~0.036, 自重湿陷系数介于0.002~0.042。依据《湿陷性黄土地区建筑规范》(GBJ25-90)判定,传法正宗殿场地为湿陷场地。进一步计算总湿陷量为5.5~11厘米,自重湿陷量为2.2厘米。据此判定,场地为非自重湿陷场地,湿陷等级Ⅰ级(轻微)。湿陷最大深度3.6米。湿陷层位为柱基土第①层素填土。

4. 场地地下水腐蚀性评价

在勘察深度内未见地下水位,可不考虑地下水对传法正宗殿的腐蚀影响。

四 柱基下沉原因分析及处理方案

受条件所限,本次勘察仅在一个柱下探井取土,取土深度为整个垫层厚度1.8米,取土间隔0.2米。共取原状土样8件,从探井揭露情况来看,柱下垫层土以人工填制的粉土为主,其中含有少量白灰、煤屑和砖瓦屑,并以砖瓦砾为骨料夹杂其中。我们对柱基下沉原因采用两个物理指标进行分析,即压缩系数和压实系数,前者反映柱下垫层土的可压缩性,后者反映柱下垫层土的压实程度。经统计分析,柱下垫层土的干密度平均为1.4克/立方厘米;压缩系数平均为0.296/兆帕,压缩模量平均为27.22兆帕。计算该层压实系数为0.864。上述结果表明,传法正宗殿柱下垫层土具中高压缩性,并且没有完全压实(经计算,完全压实后最大干密度应达到1.62克/立方厘米,压实系数一般要求达到0.94~0.97)。这是造成柱基下沉的主要原因。

为了避免该殿在本次维修保护后柱基继续产生不均匀沉降,建议对柱下垫层土进行加固处理,处理方法可采用围固或挤密法。

1. 围固法

在柱基周围采用掏孔法插打两排灰土桩，桩径20厘米，桩材料采用3:7灰土填制、夯实。这样可以起到对柱下垫层土的围固和挤密作用。处理深度不小于3米。

2. 挤密法

在柱基中心采用直径15～20厘米　钢管夯入柱下垫层土，钢管中心用混凝土灌实。这样可以起到对柱下垫层土的挤密和提高承载力的双重功效。处理深度不小于2米。

五　勘察结论与技术建议

1. 勘察结论

（1）永安寺传法正宗殿位于浑源县城内，地形平坦，该殿地面与自然地面高差0.72～1.10米。

（2）传法正宗殿柱基场地土主要由素填土和粉土组成，柱间和柱下垫层土主要由素填土和杂填土组成，属人工堆积和第四系松散堆积物组成。场地土类型为中软场地土，建筑场地类别为Ⅱ类。

（3）该地区地震烈度划归为Ⅶ度。地基为不液化地基。

（4）拟建场地为非自重湿陷场地，湿陷等级Ⅰ级（轻微），最大湿陷深度3.6米。湿陷层位为柱基土第①层素填土。

（5）拟建建筑场地在勘察深度内未见地下水位，可不考虑地下水对建筑物的影响。

（6）传法正宗殿柱下垫层土具中高压缩性，并且没有完全压实，这是造成柱基下沉的主要原因。

2. 技术建议

（1）对传法正宗殿柱下垫层土进行加固处理，处理方法可采用挤密或围固法。挤密法处理深度不小于2米；围固法处理深度不小于3米。

（2）加强传法正宗殿周围的排水和防渗措施，以免由于湿陷引起不均与沉降。

《传法正宗殿元代基础加固补强工程设计方案》

1. 设计组成员

山西省古建筑保护研究所

所　　　长：彭　谦

项目负责人：吴　锐

设　计　组：张建奎、吴　锐、任毅敏、王溥慧

2. 设计文件

（1）设计说明。

地质概况：根据山西省地质工程勘察院提供的《浑源县永安寺传法正宗殿柱基土、柱下、柱间垫层土岩土工程勘查报告（详勘）》，场地土为素填土，成分以粉土为主，内含煤屑、砖块瓦片等杂物，地基承载力标准值：柱间土为80千帕，柱下土为250千帕，相差较大，软硬不均匀。现场实测，原柱础沉降不均匀，沉降量差高达170，并有几块柱顶石被压破，柱础尺寸为1000毫米×1000毫米×600毫米，经初步计算，柱子传给柱础的荷载为250千牛，地基软弱，柱础较小，各柱传来的荷载不等是造成各柱不均匀下沉的主要原因。

地基处理：经比选研究，决定采用灰土挤密桩加固地基，桩径200，桩长3米，间距、位置如设计图所示。灰土体积配合比为3:7，土料用黏性粉土，不得含有松软杂质，并应过筛，其颗粒不得大于10毫米，白灰宜用新鲜的消石灰，其颗粒不得大于5毫米，灰土施工含水量控制在最优含水量Wop±2%。桩成孔用洛阳铲，灰土夯填后压实系数λc≥0.97，充盈系数≥1.8，干容重≥1.55克/平方厘米。质量检验及施工要求按照JGJ79-91建筑地基处理技术规范第七章有关规定施工。

为增加柱下土承载力，建议采用打牮顶升法施工。首先把原柱顶石提升归位，其次在原来柱础石之下增设一块1500毫米×1500毫米×300毫米石垫块（其下以手工小夯头夯实柱下垫层土）。

（2）设计图纸。参见图1-6-3。

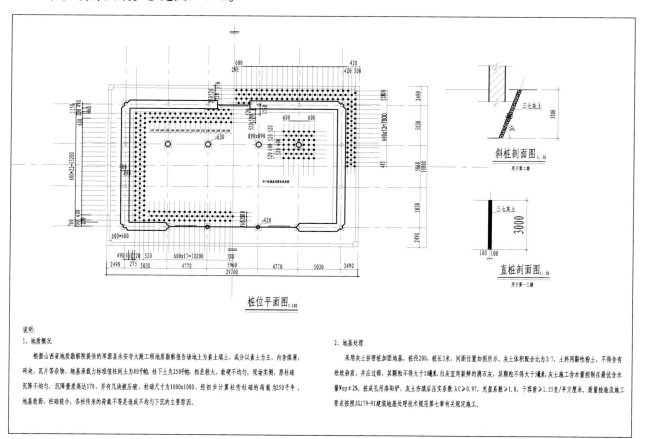

图1-6-3 永安寺传法正宗殿灰土桩围固法基础保护补强工程设计方案图

（七）2000年3月《传法正宗殿台基、月台、踏跺残损现状评估及修缮加固项目补充设计文件》

1. 背景说明

1999年10月31日，现场核查发现：传法正宗殿台基与殿前月台存在台帮裂缝空鼓、砖砌体酥碱风化、台面下沉积水、铺砖碎烂、压沿石损坏严重以及踏道损坏、构件缺失等残损问题，而既有勘测设计文件缺乏可行的针对性保护修缮技术措施及设计图纸。工程例会研究决定，由设计单位尽快补充深化该殿台基、月台残损现状调查成果，在尽量减少对原结构拆修干预的原则下，拟定台基、月台等的维修工程补充设计文件，报经工程质量监督管理委员会例会讨论认可后，提交施工单位付诸实施。

2. 勘测设计组成员

所　　长：彭　谦

审　　定：吴　锐、郝维和

勘测设计：吴　锐、赵鹏图、韩建喜

3. 勘测设计文件

（1）台基、月台、踏跺残损现状复查评估结果

经现场复查、局部探查和讨论分析，传法正宗殿台基、月台、踏跺残损现状及其原因可概括为如下几个方面：

①台基与月台台帮先天薄弱，损坏严重：该殿台基和月台的青砖台帮存在不均匀下沉裂缝、局部空鼓外闪、局部风化缺失、台基下部被掩埋、四周散水不存等问题。其主要原因有三个方面：一是原台基的封护台帮厚度不足（仅370毫米厚），在台基和月台台心夯土长期侧压力影响下（主要是由于四季冷热交替时台心土冻胀和台面附加荷载骤增下沉时发生的侧压力所导致）出现了台帮向外倾斜问题；二是台基和月台的台帮基础太浅（土衬石下仅300深即为原土夯实基础），受四季冻胀起伏和周边雨水侵袭导致基础不均匀沉降；三是不知何时传法正宗殿台基和月台周边院落被垫高300～500毫米，且台基周边散水亦被后人挖除，其基础防渗屏障被破坏，局部积水加重了台基台帮的不均匀下沉量和残坏程度。

②台基与月台台面填土不匀，沉陷严重：该殿台基与月台的台面明显存在不均匀下沉，所铺青条砖碎裂严重，局部排水不畅，遇雨有积水现象；四周压沿石残破风化严重，月台中央铺有宽6米的甬路，以青条砖顺砌丁字缝，殿内原有地面被后人附加的铺地层所覆盖（厚约360）。究其主要原因也有三个方面：一是该殿台基及月台的台心人工填土系由碎石瓦砾、破碎砖块、炉渣、杂土、素土、煤硝等为原料不分层不规则夯填而成的，不仅夯填材料不均匀，而且夯实密度较差，防水性亦差，遇到雨水下渗，特别是冬天雨雪天冻胀季节自然出现局部下沉、侧壁鼓胀等现象，也极易导致地面铺砖冻融碎裂损坏。二是该殿台基和月台周边的压沿石，不仅规格不同（断面有180毫米×340毫米、160毫米×320毫米及140毫米×300毫米等多种规格，长度也不尽一致），而且石质不同（主要有青条石、麻子石及

泛黄的砂条石三种）。推测为后人维修时将其他殿宇的旧石料拼凑使用于此所致。因年久失修，现存压沿石剥蚀风化及残损破碎较为严重。三是铺装于台基及月台上的地面方砖和条砖的质地与规格较为杂乱（主要有370毫米×370毫米×60毫米、280毫米×150毫米×55毫米与320毫米×160毫米×60毫米等几种），经对比分析认为370毫米×370毫米×60毫米的青方砖和360毫米×180毫米×60毫米的条砖应为元代旧砖，而其余规格的铺砖应为明清以后维修时增补的铺地砖。

③台基与月台踏跺后人修改，原制损坏：该殿正面月台的东西两侧分别设有单垂带式条石踏跺五步，正面中央设有双垂带式条石踏跺五步，但主台基背面则设为内凹式踏跺一组，以青砖砌造而成。由于近几十年来，永安寺曾先后用作学校、粮仓、工厂及居民大杂院等，故大殿踏跺多有被后人用青砖改砌的痕迹。经局部探查，该殿月台正面原为七级双垂带式条石踏跺，其土衬石及下两级台阶被垫高的院面所掩埋；月台东西两侧的条石台阶原为七级单垂带式条石踏跺，其下部亦被院面所掩埋；主台基背面正对当心间处原本亦为高七级的双垂带式条石台阶（后院院面较前院地面高约170毫米）。参见图1-7-1。

（2）台基、月台、踏跺修缮加固补充设计要求

根据上述勘察结果，经反复研究确定了如下保护修缮加固原则与针对性技术措施：

保护修缮加固原则：首先要尽量保护现有各时期有价值的文物本体不受损坏，避免拆除重建；其次要针对台基、月台、踏跺遗存本体的残损病害原因采取有效的加固补强措施，力求使其去除病根，延年益寿，长存不毁；第三要依据发掘探查资料采取保护对象本体所体现的传统营造材料、营造方法及外观形制实施保护加固修复工程，做到修旧如旧。

保护修缮加固技术措施：

①台基、月台台帮修缮加固措施：首先要系统检查并修缮治理好既有台帮的局部坍塌、严重风化、局部外闪和空鼓等病害（坍塌处按原制修复，风化者加固剔补，歪闪和空鼓等病害局部进行拆修归正处理）；其次要采取外包与内衬相结合的办法加固补强原有台帮本体，消除基础太浅易下沉、墙体薄弱易歪闪等先天性结构缺陷。所谓"外包"指要在原有台基、月台台帮墙的外部沿用旧墙砌造方法包砌一层厚150毫米的青砖墙，砌造时使这层外包墙与原有台帮墙之间暗设梅花丁砖，使外层砌体与原有台帮相互咬搓、融为一体，同时使其基础

图1-7-1　修复前传法正宗殿埋入地下的台基与月台

向地面以下延伸，作为原有基础的加固外包体，旨在有效消解基础薄弱问题强化止水功能。所谓"内衬"，就是要在维修原有台帮的过程中，于原有台帮的内侧加设一层厚370毫米的内衬墙体，与原台帮咬搓砌造，同时每隔2.2米至2.5米另出丁字形、长≥750毫米的肋墙伸入台心的夯土之内，如此内外并举，可有效地解决好传法正宗殿台基、月台原有台帮所存在各类原结构薄弱问题及由此出现的各类残损病害。施工过程中需要特别注意的是：台基、月台周边的土衬石务必要结合寺院的排水坡向认真抄平、放线，按图施工。

②台基、月台内部夯土的分区检查夯实处理及地面砖的铺砌措施：在勘察过程中发现传法正宗殿的台基和月台内部总体上是用炉渣、黄土、碎石瓦礴不均匀夯筑而成的，有些区域甚至夯填了建筑废弃物，因此其自身构成较杂乱、均匀性较差，湿陷性等级很不均匀。为了解决这一问题，要求施工过程中首先要全面揭取后人在地面铺墁的地砖，然后分区探查并加固夯实土薄弱区域（针对不同情况采取局部换填、夯实加固、补入挤密桩等不同措施），之后方可按照设计图中明确的工程做法和注意事项铺墁台面方砖。需要注意的是铺墁台基和月台地面方砖时务必要控制好台面泛水及排水坡向，确保月台顶面雨水能够快速分区排除。此外，铺地方砖应统一采用370毫米×370毫米×60毫米规格的仿元代方砖，以青油灰撕缝法细墁地面（月台台面中央不再布设中央甬道，宜采用丁字缝布置方法铺墁）。

③台基、月台、踏跺的原状探查与科学修复措施：经现场探查，传法正宗殿的月台共设有三组踏跺，均为高七级的垂带式踏跺，既与永安寺中轴线甬道相对应的垂带式踏跺、月台上手东西两侧的单

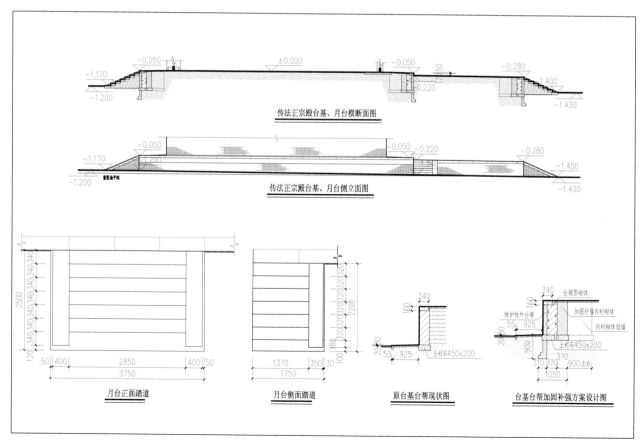

图1-7-2 传法正宗殿台基、月台、踏跺保护修复工程设计图

垂带式踏跺及大殿背面中央与主台基相交接处的高七步单垂带式踏跺。由于数百年来后人维修改造，现今这几组踏跺已部分变为青砖条石混合台阶。其土衬石及下两步台阶被埋入院落地面之下。所幸其下部土衬石及燕窝石等仍然保存至今，可资作为修复原貌的依据。该殿主台基较正面月台高一步，四周以压沿石封护，至转角处设角石，经发掘查证，其背面当心间现有高六步的凹入式踏跺是后人改造而成的，按现场发掘遗迹其原状亦为高七级的垂带式向外伸出踏跺。经研究决定按原制修复。

④台基、月台周边散水的修复铺墁措施：传法正宗殿台基及月台周边建成之初是以砖砌散水匝边的，经现场发掘探查可以找到其相关痕迹，因此决定按原制修复。为了防止因地下水上渗返潮而导致的台帮返碱风化剥蚀，施工过程中在外表砖下部应暗设土衬石一圈。散水采用两列方砖及一列条砖顺铺随前后院落地形坡势铺设法铺设（前后高差230毫米），丁字缝，其外边沿设立砖扎边，内侧则随基础放脚暗设挑台，防止日久下陷。

（3）设计图纸

永安寺传法正宗殿台基、月台、踏垛修复保护工程设计图，参见图1-7-2。散水泛水及工程做法，参见图1-7-3。

（4）保护修缮工程做法

①基本要求

a.台基前后加砌顺砖一道，每层用若干方砖拉结（保持全顺外观）或用铁钩锚箍，拉结砖数量依实际情况而定。

b.台基两侧做法同设计图所示，但顺砖可适当加厚，使两山下出檐与前后下出檐相同。

c.砌筑台基时，每隔2.5米其内部加"T"形砖朵（肋墙）一个，伸入台心深度≥75厘米，施工时依台心土质量酌情确定，肋墙宽45厘米，高随宜。

图1-7-3　散水修复

图1-7-4　修复后的台阶

d.保护和加固月台墙体，将现有台基、月台较好的压沿石施用于原位，月台墙基加设土衬石。按原材质、原规格、原工艺修复制安台基、月台缺失的压沿石。

e.修筑墙体用砖规格必须严格按照旧制，做法遵照"设计说明书"要求。

f.图中未详事宜，具体做法须征得甲方施工质量监管人员一致意见方可实施。

②工程做法

A.台基、月台修缮做法：

a.墙体看面按照设计图要求精选符合规格与材质要求的青条砖砌造。内部背里墙及肋墙采用糙砖墙做法。

b.采用白灰浆与白灰膏按传统丝缝墙工艺做法修复，砌造或剔补加固旧墙。

c.墙体内部以桃花浆灌实，白灰：黏土=3：7或4：6。

d.按照设计图要求及当地传统工艺流程准确抄平、放线、分步施工，注意与地面泛水、墙体收分及墙脚散水的合理衔接。

B.台基、月台地面方（条）砖铺墁方法：

a.按照细墁地面，青油灰撕缝，面层钻生做法组织施工。所采用的青砖（方砖及条砖）规格、灰浆品种、施工工艺须符合传统工艺规程和设计质量要求。

b.生桐油须有合格证书，掺灰泥宜用泼灰与优质亚黏性黄土配制，白灰：黄土=4：6。拌和8小时并经充分和匀后方可施用。

c.施工前应认真抄平、弹线、挂线、钉桩，准确控制地面排水坡向，认真预排地面墁砖的组合方式，检查确认台基垫层（台心夯土层）的施工质量及垫层的高度，确保其平整度符合设计要求。

d.主要工艺流程：垫层加固→抄平弹线→冲趟→样趟→揭趟浇浆→上缝→铲齿缝→刹趟→打点→墁水活→钻生。

e.施工质量须满足文物保护工程质量检验评定规程要求，灰泥结合层厚度应不小于45毫米，地面泛水应明确畅达。避免冬季施工，注意保护成品，最好在工程收尾阶段实施。

C.压沿石、角石修缮（复）工程做法：

a.依据传法正宗殿现存台基、月台压沿石等石作旧构件材质，本次修缮（复）工程，采用青色石灰岩料石制安修复该类构件。选料时，其颜色、质地、规格、质量必须符合材料品质优良、观感修旧如旧的设计要求。

b.压沿石、角石均应采用水平纹石料（卧茬），其外表看面应采用人工剁斧做法（不留金边）。

c.操作工艺：熟悉图纸要求→排列构件布局→制备各类构件（选料、打荒、弹线、加工、打底、砸花锤、粗剁斧等）→分类归安构件→检查处理缺陷→复查面层泛水→现场刷道（打旧道）。严禁裂缝、炸纹、风化现象。

d.施工时以细石掺灰泥砌筑，以生石灰浆灌浆，以青油灰浆勾缝（泼灰：面粉：桐油：烟煤=1：1：1：适量），不得使用熟石灰或白灰膏。

D.踏跺台阶石制安做法：

a.传法正宗殿踏跺土衬石、垂带石、阶条石等石作构件选材质量与台基和月台的压沿石相同。

b.各类踏跺石的看面也均须按照人工剁斧做法加工制安。

c.灰浆制备操作工艺、质量标准、注意事项亦与压沿石、角石修缮（复）工程做法要求雷同。参见图1-7-4。

（八）2000年4月《传法正宗殿42块栱眼壁画整体卸装与保护修复项目优化改进设计方案》

1. 背景说明

传法正宗殿檐头斗栱铺作之间共有42块栱眼壁画被列为保护维修对象。该殿大木构架需要在主体结构不落架的前提下，通过打牮顶升和纠偏拨正等技术措施使其恢复初始建成时的构架稳定状态。为避免大木构架纠偏顶升维修施工过程中对栱眼壁造成挤压损坏，这些栱眼壁画需要先期安全拆卸下来，妥善运入壁画保护棚实施保护维修，然后再进行原位归安。为满足这一工程目标，必须妥善解决两个技术难题：一是要通过分析研究找到整体拆卸和整体安装栱眼壁画的可行方法；二是要在保持其原真性和整体性不受损坏的前提下，找到科学保护与有效加固栱眼壁画残坏部位的技术措施。

按照原定设计方案，该殿栱眼壁画拟采用"揭取表皮进行维修封护""将土坯内心置换为木框并将其与栱眼壁原有泥层表皮粘合起来原位归安"的方法进行维修。在施工过程中，工程例会讨论认为：这种方式虽有永乐宫栱眼壁画等若干工程先例可作为借鉴，但按照此法施工不仅会对栱眼壁本体造成较大损伤，而且会改变栱眼壁原本内部土坯立砌的结构方式，也存在化学黏结剂年久老化、修复不可逆等现实问题，因此对原定设计方案进行改进优化是必要的和可行的。参见图1-8-1。

图1-8-1　栱眼壁现状照

2. 设计实验组成员

业主单位负责人：郝维和、常学文

项 目 负 责 人：吴 锐

方 案 设 计：吴 锐、韩建喜

现场施工代表：常学文、韩建喜、王建伟等

3. 优化改进设计成果

（1）优化改进保护策略

传法正宗殿栱眼壁的构筑方式为：先以麦草粗泥作为粘接材料，用土坯立砌方式砌造栱眼壁心，然后在其正背两面披抹麦草细泥一层作为地仗基层，之上再覆抹由白灰、棉花、细砂、黄土合成的细泥作为壁画地仗面层。因年久失修及构架变形挤压等原因，栱眼壁画普遍存在内部粘接泥层材料老化松散，土坯内墙局部变形与剥落残坏，部分内外地仗泥层空鼓脱落和画面脱色、画皮起甲、鸟粪污染等病害。参见图1-8-2。

鉴于上述情况，设计实验组经反复分析研究，最终形成了两项保护策略：一是要研究设计一组特制的栱眼壁整体卸装施工夹具，确保在拆卸与安装过程中栱眼壁本体不受人为施工损坏。二是要合理借鉴既有古建筑土坯砌体传统粘接泥层配伍良方，分析研究设计出由若干不同材料和不同配伍方剂组成的用于土坯立砌粘接及壁画地仗泥层回贴的新型传统材料混合黏结剂升级配方，经现场拉拔试验与破坏试验等程序比较后，确定最优粘接材料具体做法用于工程施工。

图1-8-2 栱眼壁画脱皮、起甲、污染等病害照片

图1-9-1　壁画蓝色部分由于用胶量大，胶结物老化造成龟裂、起甲

图1-9-2　特定范围内的颜料层脱落与白粉层的成分和用胶量有关

害，与结构有关的病害主要为裂缝。裂缝主要分布在东西两壁，呈从上到下的纵向裂纹，与柱子所在的位置相对应，个别裂缝最宽处达4厘米，且已造成壁画局部脱落。极个别部分有空鼓现象，但由于壁画地仗本身很坚固，无安全性问题。屋顶漏雨不仅冲刷壁画，造成颜料层污染、脱落（参见图1-9-3），而且是造成酥碱的原因之一。人为因素造成的病害主要是水泥的使用，"文化大革命"期间大殿用做仓库时将神台表面改为水泥台面，水泥的使用带入了大量可溶性盐分，由于屋顶漏水，雨水活化了盐分，使之通过毛细作用上升到壁画地仗中，造成酥碱（参见图1-9-4），酥碱发生的部位与漏雨的位置相同。水泥砂浆还被用做裂缝和壁画地仗脱落的修补材料（参见图1-9-5、1-9-6），不仅没起到修补的作用，而且自身开裂、脱落，并带下少量壁画材料。人为破坏还体现在对壁画形象有意识的破坏，如凿毁画像的脸部（参见图1-9-7）、在画面上涂写白色字迹（参见图1-9-8）、在壁画上钉木桩（参见图1-9-9）以及人为刻画（参见图1-9-10）。

　　自然因素造成的病害主要是表面多年的积尘固结在表面，在一定程度上遮盖了壁画的原貌。

图1-9-3　雨水冲刷造成壁画颜料脱落

图1-9-4　用水泥做神台台面造成酥碱

图1-9-5 壁画裂缝由水泥砂 图1-9-6 壁画地仗脱落部分由水泥砂浆填补，造成周围壁画酥碱颜
浆填补，造成破坏 料层脱落

图1-9-7 人为有意识损毁的传法正宗殿壁画人物 图1-9-8 在壁画表面乱涂乱画
形象

图1-9-9 在壁画上钉木桩造成的人为破坏 图1-9-10 人为刻画与机械损伤

3. 壁画的保护

（1）文献记录

保护处理前对壁画进行拍照记录，拍照时摄入色标以控制照片冲印时色彩的偏差，并用于在年久变色的情况下校正颜色，在拍照的同时做好文字记录，对重点病害进行细部拍摄，并辅以文字说明，所有记录存档备案。

保护处理过程中，对每一步骤所采用的方法、材料和配方都要进行详细的拍照和文字记录，并存档。

保护处理后对壁画再次进行拍照记录，用于比较处理结果并作为今后对壁画进行监测的依据。拍照时应参考保护处理前的规范，做到一一对应，便于比较。在可能的情况下，将所有的资料输入计算机，建立数据库并刻录成光盘，便于保存和交流。

（2）保护处理

表面积尘的清除：用橡皮擦及羊毛刷（笔）轻轻去除壁画表面积尘。

人为涂写字迹的清除：首先用手术刀将字迹尽量削薄、刮除，然后用橡皮擦擦除残余的字迹。

裂缝和地仗脱落部分的修补：用手术刀剔除裂缝和地仗脱落处的水泥填补块，用素泥进行修补。修补处可考虑用水彩色全色，使修补的部分色调与原壁画和谐，但不会破坏壁画的整体效果。应该强调的是，全色不是补画，只是将修补部分的色调进行一定程度上的晕染，使之有别于原壁画。

起甲的处理：首先用注射器在甲片背后注射3%的聚乙烯醇缩丁醛的乙醇溶液，待干后用湿棉球轻轻擦拭甲片表面，以清除污物并溶出一定量的胶结材料，最后再次在甲片背后注射3%的聚乙烯醇缩丁醛的乙醇溶液。

表面封护：在进行完以上步骤后，壁画表面遍喷一层2%的聚乙烯醇缩丁醛的乙醇溶液进行封护，封护的同时也加固了酥碱和粉化的部分。如上所述，目前出现的酥碱问题，是由于神台改为水泥台面加上漏雨的共同作用造成的。由于永安寺壁画所处的环境十分干燥，并且壁画部分不存在毛细水上升将有害盐分带到壁画中造成酥碱的问题，因此，大殿维修后只要保持干燥，应该不会再次出现酥碱问题。

神台水泥台面的改造：对原来的神台台面的材料进行调查，将水泥台面重新改回原来的青砖台面。施工中尽量减少水的使用，避免过量的水分进入地仗，造成酥碱。

二　彩画部分

1. 彩画的分布

大殿内外檐上架建筑构件表面均绘有彩画，总面积约1892平方米。

2. 彩画的病害

彩画的病害主要是自然老化造成的。内檐彩画当心间东西缝四椽栿起甲严重，部分脱落（参见图1-9-11、1-9-12）；鸟粪污染彩画是内檐彩画的又一主要病害（参见图1-9-13）；漏雨造成了雨水对彩画的冲刷，导致颜色脱落、画面污染（参见图1-9-14）；木材开裂造成彩画随之开裂（参见图1-9-15）；长年积尘在一定程度上遮盖了彩画的原貌。

外檐彩画自然老化非常严重，造成了严重的起甲、龟裂、变色和脱落（参见图1-9-16）；加之长年积尘，大部分原貌已无法辨认。特别是西北方向由于是迎风面，彩画大量脱落。

此外，人为造成的损坏有在木构件上安装铁活，造成对彩画的破坏（参见图1-9-17）；人为刻画也在一定程度上破坏了彩画（参见图1-9-18）。

图1-9-11　明间西缝四椽栿，彩绘起甲

图1-9-12　当心间西缝梁四椽栿底部，彩绘起甲

图1-9-13　明间西缝后檐乳栿缴背，鸟粪污染状况

图1-9-14　明间西缝四椽栿箍头因漏雨造成彩绘脱落

图1-9-15　明间西缝四椽栿,木材开裂造成彩绘裂缝、脱落

图1-9-16　前檐西稍间西角柱至补间铺作一层柱头枋自然风化造成起甲、龟裂

3．彩画的保护

（1）文献记录：与壁画同，从略。

（2）保护处理

①内檐彩画的保护处理：

回贴起甲：在甲片背面注射2%的聚醋酸乙烯酯乳液的水溶液，用脱脂棉将甲片轻轻推回原位贴牢。

鸟粪的清除：用手术刀将鸟粪尽量刮削，然后用10%的乙醇水溶液将污染部位浸湿后用湿棉球擦除残余鸟粪。

雨水造成的污染的清除：用手术刀将表面污物尽量刮削干净，然后用橡皮擦将残余的污物擦除干净。

表面封护：表面遍喷一遍2%的聚乙烯醇缩丁醛的乙醇溶液。

图1-9-17　明间西缝四椽栿被机械损伤　　图1-9-18　明间西缝四椽栿因安装铁件造成的彩绘破损（尚存有部分悬塑祥云残件）

②外檐彩画的保护处理：

首先用软毛刷或毛笔扫除彩画表面浮尘，然后用浸有3%碳酸氢铵水溶液的脱脂棉敷在彩画表面约20分钟后取下，用湿棉球擦洗表面以清除表面污物。此后在甲片背面注射5%的聚醋酸乙烯乳液的水溶液，将甲片贴回，最后表面遍喷一层2%的聚乙烯醇缩丁醛的乙醇溶液进行封护。如果发现甲片在处理过程中有脱落的危险，应先在其背后注射5%的聚醋酸乙烯乳液的水溶液将其贴住，然后再进行清除表面污物和软化甲片、回贴甲片工作。

（3）日常维护

采取有效措施防止鸟类在大殿木架结构上筑巢。

三　施工操作规程

为确保传法正宗殿壁画、彩画保护维修工程保护对象现状资料采集建档规范完整，施工过程操作规范合理，保护溶液配制精准得当，保护对象与施工人员安全有保障，维修防护工作内在质量和观感质量均能达到设计要求，特制定如下11项施工操作规程，请严格遵照执行。施工过程中如发现需要优化调整或增补的内容，应提出具体调整建议，经设计和施工各方参加的工程质量管理委员会例会批准后方可施行。

1．壁画彩画保护工程实施规程

（1）保护处理前壁画彩画保存现状的拍摄存档

①标签的制作：a名称的确定：在山西省古建筑保护研究所现场工程师主持下确定每一个标签的名称。b标签的制作：按照《壁画彩画摄影标签制作规范》制作标签。c标签名称的再确认：请山西省古建筑保护研究所现场工程师复审确认标签名称是否正确。

②保护处理前壁画彩画状况的拍摄：按照《壁画彩画彩色摄影规范》开展工作。

③摄影记录：每拍摄一张照片都要在《永安寺传法正宗殿保护修缮工程摄影记录表》进行详尽的记录。

④照片整理：将照片按照顺序插入相册中，填好说明。不合格的照片要填写说明，进行重拍。

（2）壁画彩画保护技术处理

①溶液的配制：按照各种溶液配制规范在施工前配制好溶液。

②保护技术处理：按照以下顺序进行保护处理的各个步骤： 灰尘的清除→鸟粪的清除→ 起甲壁画彩画的回贴→画面封护。

（3）保护过程中的摄影记录

对施工的每一个步骤都要进行拍照记录，填写摄影记录表，将照片归档，并附以文字说明。

（4）施工日记的撰写

建立施工日记，在施工日记中详细记录每天的工作内容，施工的步骤、所用材料的种类、配比、发现的新情况以及改进想法、建议等。

（5）保护处理后壁画、彩画状况的拍照存档

参照保护处理前的彩色摄影照片，以同样位置、同样标签、同样角度、同样覆盖面积进行拍摄，做好摄影记录，将照片存档，做到保护处理前后照片一一对应。

2. 聚乙烯醇缩丁醛的乙醇溶液配制规程

（1）工具、材料

工具：天平、量筒、磨口瓶、玻璃搅棒。

材料：聚乙烯醇缩丁醛、无水乙醇。

（2）溶液的配制

以2%聚乙烯醇缩丁醛的乙醇溶液100毫升为例：

用天平称量2克聚乙烯醇缩丁醛置入磨口瓶中；

用量筒取100毫升无水乙醇倒入磨口瓶中；

用玻璃搅棒充分搅拌后放置24小时。

3. 聚醋酸乙烯乳液配制规程

（1）工具、材料

工具：量筒、滴管、烧杯或广口瓶或磨口瓶、玻璃搅棒。

材料：聚醋酸乙烯乳液、蒸馏水。

（2）乳液的固体含量

乳液的固体含量是指乳液中实际含有的溶质的量。聚醋酸乙烯乳液的固体含量为50%，意为100毫升的聚醋酸乙烯乳液中含有50克的聚醋酸乙烯。

（3）溶液的浓度

溶液的浓度是指单位体积溶剂中溶质的量。例如3%的糖水意为100毫升水中含有3克的糖。

溶剂：溶液中量多的组分。

溶质：溶液中量少的组分。

溶液的浓度=溶质的量/溶剂。

（4）聚醋酸乙烯乳液的配制

以3%的聚醋酸乙烯乳液的水溶液1升为例：

①计算

溶剂：蒸馏水，体积，1升。

溶质：聚醋酸乙烯乳液，体积：60毫升。

算法：根据上面的公式得出：1升溶液需要聚醋酸乙烯30克。由于聚醋酸乙烯乳液的固体含量为50%，因此，为得到30克聚醋酸乙烯，需要60毫升聚醋酸乙烯乳液。

②配制

用滴管在250毫升的量筒中加入60毫升的聚醋酸乙烯乳液，然后加蒸馏水至250毫升；

用玻璃搅棒充分搅拌；

将溶液倒入烧杯中；

量筒中加入250毫升蒸馏水，用玻璃搅棒搅拌后将溶液倒入烧杯中；

重复两次；

最后，用玻璃搅棒充分搅拌烧杯中的溶液。

4．碳酸氢铵水溶液配制规程

（1）工具、材料

工具：天平、量筒、磨口瓶、玻璃搅棒。

材料：碳酸氢铵、蒸馏水。

（2）溶液的配制

以3%碳酸氢铵的水溶液100毫升为例：

用天平称量3克碳酸氢铵置入磨口瓶中；

用量筒量取100毫升蒸馏水倒入磨口瓶中；

用玻璃搅棒充分搅拌。

5．壁画、彩画保护施工安全操作规程

（1）人身安全

壁画彩画保护工程属高空作业，施工人员必须系安全带、戴安全帽；

严禁穿拖鞋上架施工；

严禁五人以上聚集在一起施工；

脚手架上严禁说笑、追逐、打闹；

施工人员要求管理好自己的工具，严禁掉落；

施工时除注意本人安全外，也要注意他人安全。

（2）施工现场

施工现场严禁烟火；

脚手架须确保安全可靠，无架杆断裂、滑落、接合部分脱开等隐患；

脚手架所能承载的施工人员数量要两倍于实际操作人员的数量；

脚手架要求配有安全网；

现场照明用电灯、电线安全可靠，无火灾隐患，无造成电击伤人隐患；

由专人负责在施工结束后切断电源。

（3）材料存放

壁画彩画保护施工的部分材料属于易燃易爆材料，应单独保存于远离火源、热源和主体建筑的地方，并加强安全保卫，防止他人进入引起火灾。

（4）化学材料的操作

施工人员在配制溶液时应特别注意，防止引起火灾。

溶液配制时应注意通风，避免乙醇蒸气的富集。

壁画彩画表面封护时应注意通风，避免乙醇蒸气的富集。

6. 壁画、彩画彩色摄影操作规程

（1）彩色摄影的目的

用于壁画、彩画保护处理前、后状况的彩色记录、比较研究和科学存档。

（2）技术要求

照片须充分反映出壁画、彩画的状况。

建筑构件的每一个面均应拍摄一张照片。

如果画面太大，一张照片无法反映壁画、彩画细节，则应拍摄一系列照片分片记录，照片之间重叠10厘米。

保护处理后的照片的拍摄方法应与处理前的照片相同，即相同角度、相同覆盖面积、相同标签和相同曝光量。

（3）摄影器材

Canon EOS 500，Canon 28-85镜头，Panasonic CR123A 锂电池，3伏，两节，尽量使用数码相机。

（4）胶卷选择

Kodak Gold 100 彩色负片，100°。

（5）曝光条件

室外：使用光圈优先档曝光，光圈定位F11。

室内：使用光圈优先档曝光，光圈定位F8，尽量使用反光板。

（6）标签及色标要求

按照彩色摄影标签制作规范制作标签。

将标签套装在色标上。

将带有标签的色标置于照片取景框中的右下角与其他照片的重叠区。

（7）拍摄技术要求

①相机镜头垂直摄影对象表面。②拍摄前检查曝光条件，确保符合要求。③按动快门时相机要保持稳定。④为确保逆光拍摄时镜头避免强光直接射入，采取必要的遮挡措施。⑤室内拍摄时应避免杂光照射到画面，必要时采取遮挡措施。⑥室内拍摄时要求使用三脚架。⑦室内拍摄时采取措施固定色标，避免晃动。

7. 壁画、彩画摄影标签制作规程

（1）彩色摄影标签制作格式

①纸张：采用A4纸打印。

②文档格式：文档为Microsoft Word 97表格。

③页面设置：横向

④页边距：上下左右均为1厘米。

⑤表格及单元格规范：表格为3列，第一列单元格高度为160磅，宽度为1厘米；第二列单元格高度为160磅，宽度为20.6厘米，对齐方式为居中；第三列单元格高度为160磅，宽度为1厘米。

⑥字体：第二列字体为隶书，大小为72号。如果文字较多，则相应缩小到90%或80%，字符间距改为紧缩，对齐方式为居中。

⑦对齐方式：表格内对齐方式为底端对齐，左右对齐方式为居中。

⑧标签颜色：黑色。

⑨打印要求：采用喷墨或激光打印机打印。

（2）标签的制作

将打印的标签按照黑线裁开→将标签对折，字迹向外→在对折后的标签两侧粘贴透明胶带，使之成为一个套子。

（3）标签的使用

将标签套在色标上部进行拍摄即可。

8. 壁画、彩画表面灰尘清除操作规程

（1）工具、材料

吸尘器：1台。

毛笔：羊毫大楷20支，小楷20支。

油漆刷：3寸10把。

油灰刀：2寸4把。

簸箕或用于盛灰尘的容器：若干，视实际情况定。

2%聚乙烯醇缩丁醛的乙醇溶液。

（2）工作程序

①工作顺序：从上到下。

②工作原则：宁可残留一些灰尘，也不能损伤壁画彩画。

③首先用软毛油漆刷、毛笔、油灰刀将绝大部分灰尘收集到盛灰尘的容器中，尽量避免将灰尘扬起，造成二次污染。注意：清扫壁画、彩画表面时首先采用侧光观察壁画、彩画是否存在起甲现象，如果存在，则禁止清扫灰尘，待起甲回贴处理后再进行灰尘的清扫。

④在大部分灰尘清扫后用吸尘器除去残损表面浮尘。注意：清扫壁画、彩画表面时首先采用侧光观察壁画、彩画是否存在起甲现象，如果存在，则禁止吸尘，待起甲回贴处理后再进行灰尘的清扫。

⑤对于特别顽固的积尘应采用手术刀刮除或秃笔磨除的方法予以清除。如果壁画彩画强度低于积尘的强度，则采用2%聚乙烯醇缩丁醛的乙醇溶液进行加固，待加固部分充分干燥后再用手术刀将积尘刮除。

9. 壁画、彩画鸟粪污染物清除操作规程

（1）工具、材料

手术刀柄：4把。

手术刀片：若干。

羊毫大楷毛笔：若干。

50%无水乙醇的水溶液。

脱脂棉。

2%聚乙烯醇缩丁醛的乙醇溶液。

（2）工作程序

①工作顺序：从上到下依次开展工作。

②工作原则：宁可残留一些污染物，也不要损伤壁画、彩画。

③秃笔的制作：将羊毫大楷毛笔的笔锋剪去，留下长度分别为3、4、5毫米的毛。

④用手术刀轻轻刮除鸟粪，或用秃笔将污染物抹去。如果鸟粪非常坚硬，则用浸有50%乙醇的水溶液的脱脂棉敷贴在鸟粪表面10～15分钟，待鸟粪软化后再用手术刀刮除。

⑤注意：处理前首先采用侧光观察是否存在起甲现象，如果存在，则进行回贴起甲的处理，然后再进行鸟粪的清除。

⑥注意：清除过程中如果遇到画层的强度低于鸟粪的强度，则需使用2%聚乙烯醇缩丁醛的乙醇溶液加固，待加固部分干燥后再用手术刀刮除表面鸟粪。

10. 壁画、彩画起甲回贴处理操作规范

（1）工具、材料

工具：注射器、针头、脱脂棉软毛刷。

材料：固体含量2%聚醋酸乙烯乳液的水溶液。

（2）工作程序

①工作原则：回贴每一处起甲，均需做到不遗漏、不脱落、不再次起翘。

②照明要求：采用侧光照明作业。将日光灯尽量接近壁画彩画表面照片，观察时垂直壁画、彩画表面。不断变化照明角度和侧光方向以发现起甲壁画、彩画。

③回贴起甲：用注射器将固体含量2%聚醋酸乙烯乳液的水溶液注射到甲片背面，然后用脱脂棉球将甲片轻轻推回贴牢。

④质量检查：采用侧光照片对处理后的壁画彩画进行观察，以发现未处理的起甲壁画、彩画。

⑤质量回访：处理后24小时进行第一次质量回访，用侧光照明检查处理过的壁画、彩画，观察是否有再次起翘的现象，如果有，则再次处理；如果没有，48小时后进行第二次质量回访，如果合格，则可以进行封护处理。

⑥注意事项：注射溶液时量要小，避免溶液流到壁画、彩画表面。

11. 壁画、彩画表面封护工序操作规程

（1）工具、材料

工具：羊毫大、小楷毛笔、软毛刷、花喷。

材料：2%聚乙烯醇缩丁醛的乙醇溶液。

（2）工作程序

①工作原则：表面封护层要均匀完整，做到不遗漏、不产生玄光。封护前灰尘的清除：用干净的毛笔或毛刷将被封护表面清扫一遍，清扫时要求避免扬尘造成的二次污染。

②表面封护：用花喷在壁画彩画表面遍喷2%聚乙烯醇缩丁醛的乙醇溶液一遍。转角部分或喷涂无法达到的部分使用毛笔或软毛刷将溶液涂刷在表面。

③质量回访：封护材料干燥后观察是否产生了玄光，如果有，则用无水乙醇擦除多余的聚乙烯醇缩丁醛。

④施工安全：由于乙醇属易燃易爆材料，施工场地严禁明火。采取有力措施提高空气交换率，增加空气流动性。

（工作过程中，得到省古建所彭谦、吴锐两位所长、孙书鹏同志和恒山管理局孙海川、郝维和、常学文等领导的大力支持，谨致谢忱。）

（十）2000年11月《永安寺传法正宗殿修缮工程质量回访及第二期工程安排协调会纪要》

1. 工程质量回访

永安寺传法正宗殿修缮保护工程开工于1999年7月，主体工程竣工于2000年12月。2000年11月26日由浑源县恒山管理委员会邀请山西省古建筑保护研究所总工办专家及有关质量监督人员进行了内部验收，博得了好评，一致认为"工程质量优良"。

本着对国家负责，对历史负责，对后人负责的精神和不留任何工程质量隐患的原则，2001年4月10～12日，建设单位浑源县恒山管理委员会再次邀请该项目勘察、设计、施工单位的工程技术人员共同进行了全面细致的工程质量回访工作。经现场踏勘研究形成如下工程质量回访结论：

（1）传法正宗殿主体工程竣工半年来，经过冬冻春融和负重考验，建筑基础、建筑构架、殿顶屋面均未发现工程质量问题。总体上看：该工程设计有据、施工合理、技术可靠、质量优良，是符合国家文物保护法规要求的。

（2）该殿主体工程竣工以来，国家文物局、山西省文物局的各级领导和专家学者曾多次实地视察，一致认为这项文物建筑修缮保护工程的总体效果是令人满意的。

（3）该项目补配复制木作构件、琉璃构件，墙体裂缝剔补，油饰断白，做旧工程等的观感质量均达到了古朴典雅，修旧如旧，协调美观的设计要求。其文物保护技术成果值得充分肯定。

发现的问题与整改意见：

（1）大殿地面及月台台面有十余块方砖因冻融反碱作用及自身质量问题，出现了酥碱起皮和受压裂缝现象，应予仔细检查并更换弥补。

（2）大殿栱眼壁壁画揭修归安后，尚未堵塞周围缝隙，其画面也未进行相应的修补做旧和抗老化封护工作，应尽快组织完成施工收尾。

（3）大殿殿内当心间藻井中补配的小木作构件尚未进行做旧处理，在今后的彩画保护过程中应予完善。

（4）在后檐西侧外墙看面见到几条微小的砌体灰浆缝隙，应适当补浆，并进一步观察。

（5）大殿内外目前已见到新筑的蝙蝠巢穴及鸟类粪便，这对彩画保护是非常不利的。应引起足够重视，并拟定相应防护措施。

以上（1）～（4）项问题应在2001年5月底前限期完善修补，为正式组织工程验收做好一切准备。

此外，工程施工各方应通力合作，开始编制大殿第一期工程的竣工验收文件，争取于6月底邀请省文物局领导及专家组正式验收。

2. 第二期工程安排

永安寺第二期修缮保护工程主要包括：传法正宗殿壁画彩画封护工程；山门、天王殿保护修缮工程；八字墙、东西便门修建工程等内容。为了确保工程顺利进行，经研究形成如下意见：

（1）传法正宗殿壁画、彩画封护加固工程方案及工程预算已经国家文物局和省文物局批准实施。

中国文物研究所编制的工程预算为39万余元，上级要求用35万元限额完成。此工程应于6月初正式开工，现需做好各项前期准备工作。

（2）山门、天王殿等保护修缮工程，根据晋文物文函［2001］43号文件精神，山西省古建所应在5月底前编制上报施工方案及施工预算，请省文物局审批。创造条件于6月上旬正式动工实施维修。

（3）在建设单位、设计单位和施工单位用现有天王殿及山门勘察设计文件进行技术交底时，经现场勘察发现原设计文件中仍存在错误和不足。研究决定另行编报详细的《永安寺天王殿、山门保护修缮工程设计文件技术交底及方案变更纪要》对错漏缺点之处实施变更，此文件上报恒山管理委员会和省文物局批准后作为设计文件之一，组织指导施工。

（4）在永安寺修缮保护工程二期工程实施过程中，其工程管理、质量监督班子和工程施工队伍、工地技术代表、工程项目负责人、技术负责人、工程质量监管验收程序均与一期工程保持一致，不作调整。

（5）为了高质量地完成大型古建专著《浑源永安寺文物保护与研究》的编撰任务，在二期工程实施过程中，工程管理和施工各方均须认真做好文物保护工程资料收集整理工作。后院清除垫土层和修建消防工程时均须确保原寺庙建筑基址不受破坏，并收集记录好出土的各类文物残件，必要时应进行局部考古调查与现场发掘探查工作。

3. 参会人员名单

孙海川　浑源县恒山管理委员会主任

郝维和　浑源县恒山管理委员会副主任

常学文　浑源县文物管理所所长

戴忠德　浑源县文物管理所副所长

吴　锐　山西省古建筑保护研究所副所长、研究员

韩建喜　山西省古建筑保护研究所驻工地技术代表

王建伟　山西省古建筑保护研究所永安寺项目部工程队长

翟康志　永安寺项目部油饰彩画分项工程队长

（十一）2001年4月《浑源永安寺山门、天王殿修缮工程调整与补充设计方案》

1. 背景说明

由于1999年5月完成的永安寺山门、天王殿等勘测设计文件受条件限制未能采集到现场调查走访及倒座戏台建筑基址考古调查信息，所以工程实施过程中发现若干实际问题，无法合理解决。根据《永安寺传法正宗殿修缮工程质量回访及永安寺二期工程安排协调会纪要》，决定对原设计文件进行调整修改和补充修正。

2．技术组成员

所　　　长：张才东

项目负责人：吴　锐

设　计　组：史国亮、牛郁波、陈海荣

3．补充设计成果

（1）补充设计说明书

浑源永安寺山门、天王殿修缮工程补充设计说明书

永安寺山门、天王殿保护修缮工程设计文件调整补充设计是依据保护工作中发现的若干新资料、新信息和实际需要进行的。

调整和补充设计项目主要包括天王殿倒座戏台、山门东侧小便门和八字墙的复原设计及其整个寺院的总体规划等。

本设计说明书以1999年的勘察报告为基础，并在原有设计方案的基础上作了必要的修改及补充完善。

此次补充设计主要将天王殿装修及其倒座戏台、台明、碱墙等部分做了彻底变更。兹分述如下：

戏台本是天王殿的后檐倒座，后人将其拆毁，但其山墙及檩垫枋等遗迹尚存。经发掘，原有台基也已找到，为其复原提供了有力的证据。我们在参考研究当地同类型戏台建筑的前提下，拟定了这份修复设计方案。

戏台台基高与天王殿同，面阔三间，进深四椽，梁架五架梁通达前后，歇山卷棚式，无斗栱，柱间施雀替、阑额、普柏枋，面阔尺寸完全以遗迹为准，所有建筑手法和建筑材料均应以传统材料组织施工并保证质量。

在戏台施工过程中，与殿身主体交接部位的排水问题至关重要，必须做好防渗漏工程，使天沟排水通畅，确保建筑安全。

装修：天王殿原有装修式样已不存，仅残留部分卯口，1999年设计方案将其改为板门，经考察，我们认为有悖于永安寺现有建筑原貌。同时，倒座戏台的复原又对其提出了新的要求。为了真正反映其原有的建筑特性，这次修改后的设计与以前完全不同，明、次间前后均设六抹隔扇门，手法与风格以当地同时期建筑及所存榫卯遗迹为依据，详细数据请参阅装修大样图。

台基：天王殿现有台基前高后低，被后人改得面目全非，殿前踏步与礓磋并存，殿后地势较高，几乎与殿内地平相同，原有的戏台台基已埋入地下。经发掘证实，后院地平高度系人为回填所致，是生活与建筑垃圾日积月累的结果。待将来施工完毕，环境清理后即可恢复本来面貌。这次变更后的复原设计将拆除现存的水泥台阶，恢复应有的砖砌台基及条石台阶，同时，在台基四周做出散水，台明周边施压沿石，地面最后用方砖铺墁，要求达到应有的施工质量。

关于下碱墙：天王殿现存墙体并无下碱墙，1999年设计方案加做碱墙似无依据，以天王殿所具有

的建筑风格及时代特征判断，不做下碱墙更符合当地建筑习俗。

关于院内排水：永安寺坐北朝南，北高南低，水随地势而走，经过天王殿时需在西梢间台基下铺设管道排水（现在即如此）。施工过程中，要做好防渗漏，防堵塞工程，确保畅通，避免出现影响天王殿结构安全的隐患，确保万无一失。

关于油饰彩画：天王殿现存结构原有彩画，遗迹尚存，依稀可辨。此次修缮工程对天王殿及倒座戏台的基本要求是：下架油饰、上架彩画。原有的必须原状保留，新做部分必须依原有风格及画题设计绘制，并使其协调一致，浑然一体。

依据现存的色泽、图案等观察判断，天王殿彩画当属晚清旋子彩画，尽管很难辨别完整的纹样和色彩，但它属于文物彩画，将来施工过程中对其必须慎重对待。

施工时，首先将尘封的旧彩画进行除尘、清洗，然后视其具体情况，再进一步制定详细的操作规程和处理办法，应制定切实可行的化学保护和封护措施，经设计方认可后，付诸实施。就现状分析，该殿彩画损坏严重，剥蚀的部位应按原有彩色图案、色泽、用料等补绘复原后，适当做旧协调，在具体实施处理时，不能脱离实际一概而论。对有彩画构件施工时要避免雨淋和保护性破坏。

山门：因其年久失修、屋盖露天，致其多年来一直受风雨侵蚀，原有的油饰彩画剥蚀严重，已找不到较明显的痕迹，无法进行补绘，内檐部分还有几块红色油饰面，与天王殿内做法略同，据观察应为晚清旋子彩画。故本方案决定，按照殿宇构件上的遗痕和当地同期彩画做法设计绘制晚清旋子彩画，施工时应先行拟绘彩画小样，待论证认可后，再付诸实施。

山门的设计内容仍以省古建所1999年5月的修缮工程设计说明书为准；

山门的工程预算仍以省古建所1999年5月的预算书为依据；

山门修缮工程在省古建所1999年5月设计说明书和预算书的基础上，新增了有关油饰彩画的预算书。

修缮原则及质量宗旨：此次修缮工程必须坚持"不改变文物原状"的原则，本着"保护为主，抢救第一"的方针，切实做好各方面工作。施工过程必须坚持"质量第一"的宗旨，同时保持原有的结构式样，并最大限度地使用原有构件，做到传统建筑材料、传统建筑手法和传统施工技术与现代技术手段的有机结合，真正做到有效保护，合理利用。

永安寺山门两侧原为小便门和八字墙，呈东西对称格局，两者均为砖雕，上施三采斗栱和垂柱等，雕造手法洗炼，属砖雕小品式样，现仅剩西侧建筑，保存亦较完好。在整个寺院建筑的复原设计中，二者是不可或缺的重要组成部分，拟依现有规格式样进行设计复原，具体尺寸、式样请参照实物及设计大样图。

下列与此次修缮工程相关的其他项目，都未列入本设计方案的经费预算，应另行立项、设计，组织施工：

①天王殿两侧房屋依据省古建所1992年10月规划方案予以拆除，修建左右腋门；

②山门两侧房屋拆除后据左侧历史遗存复建右侧；

③整个围墙的修缮；

④后院取土后廊房台帮的加固；

⑤朵殿前月台的砌筑；

⑥前院西配殿的修缮，东配殿的复原；

⑦后院钟鼓楼台基的现状保护；

⑧寺院绿化，环境美化；

⑨传法正宗殿前消防暗井的设置。

（2）补充设计图件

天王殿正立面图、天王殿背立面图、天王殿侧立面图、天王殿平面图、天王殿明间横断面图、天王殿梁架仰视瓦顶俯视图、天王殿抱厦前纵断面图、天王殿装修大样图。参见图1-11-1。

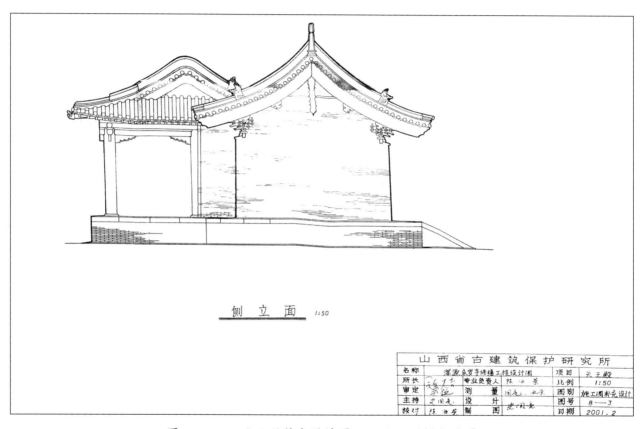

图1-11-1 天王殿补充设计图——天王殿侧立面图

（十二）2001年5月《浑源永安寺山门、天王殿修缮工程设计文件技术交底与方案变更纪要》

根据晋文物文函〔2001〕43号文件要求，浑源永安寺山门、天王殿保护修缮工程计划于2001年6月初正式动工。2001年5月11日，浑源恒山管理委员会会同山西省古建筑保护研究所的有关设计、施工人员，在认真阅读勘察设计文件和现场考察的基础上进行了技术交底。在工作实施过程中，发现了部分勘察设计文件中的错误及不足之处，经研究形成如下技术交底及方案变更意见：

1. 山门

（1）1999年4月工程设计图与2001年4月总体规划图，前檐台明做法不一致。施工时以规划图所示方案实施。

（2）设计文件中缺少瓦件大样图。施工时所缺瓦件，应以现场确定的瓦件规格补配、制作。

（3）设计图前后坡瓦垄数不一致（前68垄后67垄）依山西地区建筑阴阳习俗，应调整为前坡67垄，后坡68垄。

（4）山门前东西次间墙体保持尚好，为更好地保持文物原状，施工时该墙体不得整体拆除重砌。

（5）设计文件要求该建筑前、后墙均改为实心砖砌墙体。而现存实物的墙体内壁下部有砖坎墙上身为土坯墙，外墙面为顺身砖砌墙。在施工时应以传统做法复原修缮。

（6）山墙内外壁均应以局部剔补加固为原则进行修缮，尽量保留原物原构。

2. 天王殿与倒座戏台

（1）天王殿后檐东梢间墙面有"相"字印章和砖雕，在拆解前应进行拍照、拓片、编号，拆除后妥善保存，归安，砌筑时按编号各归其位。

（2）设计图要求将建筑墙体改筑为砖砌样墙体，不符合文物保护原则，修缮时应采用传统工艺做法认真保存原物原构。

（3）在天王殿台基标高现状不动的情况下，应依据现场发现的后檐倒座戏台建筑基址，加固和复原戏台基础，但必须提供相关的基础设计图和具体工程做法才能施工。开工前应补足完善。

（4）设计文件中的椽、飞均未注明规格尺寸，原设计者应参照现存实物规格补足完善。

（5）设计文件没有吻兽大样图，正垂脊为平板脊，按该寺内山门、配房都为花脊，经调查，天王殿正垂脊亦为花脊，请设计者尽快考察研究补充脊饰图案设计文件。

（6）天王殿东山花内现存的2平方米水墨壁画，原设计文件中未注明保护方法，施工时应参照传法正宗殿栱眼壁保护策略，以整体现状保护为原则组织实施。

3. 八字墙（影壁）

（1）新建东侧八字墙没有基础设计图，应参照发掘探查结果补充完善。

（2）西侧现存八字墙须弥座局部坍塌，墙身局部酥碱，但总体尚属稳固，修缮时应采取局部剔补法实施维修。

4. 油饰彩画

（1）根据现场勘察，天王殿前檐西次间及西梢间檐下檩、垫、枋及栏额、普柏枋上均保存有与该建筑同期的彩画遗迹，彩画纹饰较清晰、完整，可据此设计复原明间及东次间、东梢间部位的彩画图案。

（2）山门油饰彩画的原则：旧有遗存彩画部分，清理、封护、加固。无彩画部位，先设计出彩画小样，经上级审批认定后，再付诸实施，并进行适当做旧处理。

（3）最终的山门油饰彩画效果，要达到新旧彩画风格一致，用料及工艺做法一致，远观浑然一体，近看略有区别的效果。

（4）山门内檐构架虽残损严重，但从梁架上残存的枣红色油饰面上可以判定，同天王殿内檐做法是一样的，所以山门内檐油饰做法可依照天王殿内檐做法进行。

（5）天王殿内檐东山墙顶部发现有约两平方米的水墨壁画，施工时，应清理、封护、加固保护。

（6）山门背面外檐木构件上无彩画，经湿水后辨认，原刷饰为后人补饰的紫檀色，此次修复时应按原有彩画做法实施，并进行做旧处理。

5. 参会人员名单：

郝维和　恒山管理委员会副主任

常学文　恒山管委会文物科科长

吴　锐　山西省古建筑保护研究所研究员、项目负责人

韩建喜　山西省古建筑保护研究所驻工地技术代表

王建伟　山西省古建筑保护研究所永安寺项目部工程队长

翟康志　永安寺项目部油饰彩画分项施工负责人

（十三）2001年5月《永安寺消防工程设计方案》

1. 编制背景

随着永安寺文物保护修缮工程的不断推进，所有参建单位越来越感觉到永安寺消防安全配套设施建设工程急需开展。在国家文物局和省文物局的指导帮助下，浑源县文物局及时启动了立项申报工作，并委托专业机构于2001年5月完成了《永安寺消防工程设计方案》编制任务。同年8月获得上级文物部门批准实施，并专项资助了30万元工程经费。

2. 设计方案（节选）

方案名称：《永安寺消防工程设计方案》

设计单位：山西省东方建设发展公司设计室

完成时间：2001年5月13日

主要技术措施：

（1）消防管网

消防主干管呈环状布置，设置8个阀门井，将管网分成若干独立段，消防栓采用8×100-16型地下式消防栓，共8套。消防管道采用无缝钢管，管径均为DN100，管道接口处设135°混凝土基础垫。泵房内管道刷2道防锈漆，2道调和漆，埋地管道采用四油三布防腐处理。参见图1-13-1。

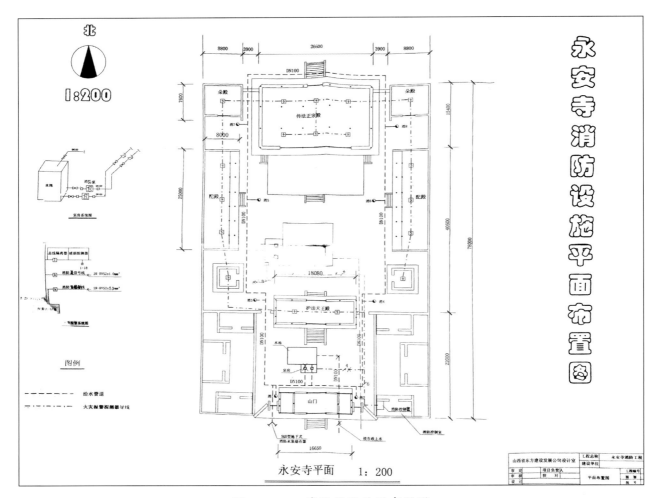

图1-13-1　消防设施平面布置图

（2）水压试验

系统安装完毕后，进行水压试验，压强为1.4兆帕；其压力保护2小时无渗漏为合格。

（3）消防自动报警系统

信号线及控制线管明敷时须刷防火涂料，施工时依据有关规范做好接地处理。

（4）安装用标准图集

立式阀门井、水泵（结合厂家样本）、室外地下式消火栓、消防用200立方米矩形钢筋混凝土清水池、柔性

防水套管，135°混凝土基础垫，均须引用上海市政工程设计院主编的专用标准图集（GJBT-417/96S826）。

（5）主要设备材料表

序号	设备、材料表	规格、型号	单位	数量	备注
1	水泵	XBD8/25-100-250型	套	2	上海、连城
2	消火栓	SX100-1.6	套	8	福建、天广
3	水泵结合器	SQX100	台	1	福建、天广
4	感烟探测器	JIT-GD-SD6600	台	18	北京、狮岛
5	总线隔离器	SD6010	台	1	北京、狮岛
6	火灾报警控制器	SD2000-127BL	台	1	北京、狮岛

3. 设计图（略）

（十四）2001年6月《永安寺现状总平面图测绘与殿宇名称及原貌状况调查记录》

2001年6月22日，为进一步查明永安寺近几十年的变化情况，吴锐、韩建喜对永安寺现状总平面图进行了再次详细测绘。同时走访了若干寺周老住户，邀请他们现场回忆与指认有关永安寺的历史故事、殿宇名称、供奉内容等。现记录如下。

1. 永安寺总平面图测绘记录

（1）前院

山门两梢间过门及两侧砖券掖门被封堵，其两侧分别改建为新式一面坡硬山顶的居住用房3组6间。封堵后的山门两次间及两梢间也分别改为两开间的套间，其前脸皆改为门连窗做法的现代居住用房装修。

前院两侧建有配房2间，一面坡筒板布瓦硬山顶，应为早先的僧舍用房，门连窗装修，西侧原有僧房消失，只建有杂物用房1间。

天王殿明间辟为通往中院的通道，东西次间和梢间也分别被改建为居住用套房。天王殿的东西两侧各建有两面坡硬山顶新式居住用房5间，其前檐坐北朝南装以门连窗现代装修，住4户人家，后檐均开方窗。倒数第2套房入户门朝向中院。天王殿前种有杨树两株，西侧建有凸出地面的水池一口。

（2）中院

中院传法正宗殿及其东西朵殿和东西配殿均依原制，但其使用功能均发生了改变：传法正宗殿被改为粮仓，东西配殿被改为教室，东西朵殿被改为教学管理用房。此外，在东西配殿的南侧原有钟鼓楼建筑基址之上，各建有若干新式居住用房（两侧2间，东侧4间），均为一面坡硬山式波纹片瓦屋顶，单开式门连窗装修。天王殿背面的倒座戏台被拆除，但戏台后场两侧的山墙尚存，基址被掩埋。参见图1-14。

 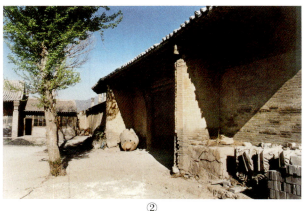

①   ②

图1-14　天王殿倒座戏台残存山墙遗迹（近景）
（①天王殿倒座戏台正面　②天王殿倒座戏台后台残存山墙及上部横额）

2. 当地老者走访记录

（1）受访人：杨福生，时年54岁，石桥北巷13号住户，土生土长，未曾外出居住，中学文化程度。王志军，当时50岁，永安寺东侧居民。

（2）调查时间：2001年6月22日上午。

（3）调查地点：永安寺内，实景回忆并指认。

（4）调查纪要：

①传法正宗殿的西朵殿俗称老爷殿，内有泥塑，主像为关老爷（关羽）坐像，两侧为关平和周昌立像，1969年被拆除。

②传法正宗殿内的塑像也是破坏于1969年，殿前悬挂的华带匾高近3米，宽近2米，内刻"传法正宗之殿"6个金色大字，蓝色底，板厚1寸有余，刻有元代题记。大殿内的佛坛上曾有主像3尊（坐像），其两侧各有侍者2位（立像），前方两侧有金刚和力士像等（注：此匾的形制及题刻宿白先生1951年《永安寺勘察报告》曾有详细记录）。

③永安寺曾有古碑8块，1969年被破坏（注：宿白先生1951年《永安寺勘察报告》对寺内古碑及经幢有记录清单）。

④永安寺第三进院曾有铁佛殿，1945年前后被毁坏。

⑤地藏殿（宿白先生《永安寺勘察报告》曾引：《万历重修地藏王堂碑记》上说："万历庚寅……重修"）位于西配殿的中部，其中主像为地藏王菩萨，两侧有闵公、道明等侍者，墙上曾绘有彩色壁画。

⑥天王殿背后的戏台是1984年至1985年间为方便居民出入，开设中门而被拆除的。

⑦钟楼鼓楼是1969年拆除的，当年站在中院西南角鼓楼上可以看到永安寺西围墙外的金鱼池及池水周边数十株直径1米左右的柳树，景观十分秀美。寺前也曾有粗大古老的松树和柏树。

⑧1975年永安寺曾遭受过一次雷击，火球进入东配殿，但没有伤到人。当年四联小学迁到铁佛殿院内至今。

⑨永安寺传法正宗殿的后围墙是1954年砌造的。

⑩永安寺东朵殿为罗汉殿，殿内曾有神台并塑18罗汉像，具体情况记不清了（注：此记忆与清乾隆二十七年（1762）知州桂敬顺《重修永安寺碑记》中所述的"左右为翼殿，塑大士关壮缪像"不一致）。

⑪永安寺中院东配殿分为三个部分：自北向南包括岳王殿（3间）、千手观音殿（3间）和东僧舍（1间）；西配殿也分为三个部分：自北而南包括地藏殿（3间）、北岳（王）殿（3间）和西僧舍（1间）。各殿均设有神台并塑有神像。

以上口述记忆是否完全属实，有待今后逐一查考澄清。

（十五）2002年3月　《永安寺天王殿及山门彩画、壁画现状勘察与保护修复工程实施方案》

1. 背景说明

为切实做好永安寺天王殿和山门既有残损油饰彩画和壁画保护工作，浑源县文物局和永安寺保护工程监督管理委员会共同决定聘请中国文物研究所郑军副研究员会同山西省古建筑保护研究所永安寺项目部，在深化现状调查的基础上编制详细保护工程实施方案，经专家评审批准后付诸实施。

2. 技术组成员

中国文物研究所：郑军（主持）

山西省古建筑保护研究所：吴锐、韩建喜、翟康志等

恒山管委会文物科：常学文、李鹏鸣

3. 勘察设计成果

永安寺天王殿及山门彩画、壁画现状勘察与保护修复工程实施方案

永安寺天王殿和山门为永安寺主体建筑的一部分，其中保存的彩画、壁画为整个永安寺文物价值的重要组成部分，按照文物保护法要求及恒山管理局决定，予以现状保护和织补修复。

一　彩画、壁画的分布和面积

1. 彩画

天王殿现存彩画包括外檐前檐和后檐东西梢间的阑额和普柏枋、挑檐桁、内外檐外拽枋及正心

枋、共70攒斗栱和24块栱眼壁板的内外两侧以及四块角科斗栱的栱眼壁的内外两侧等，彩画总面积126.85平方米。山门彩画仅存西次间和西梢间阑额和普柏枋外檐总面积6平方米的彩绘。

2. 壁画

仅天王殿东山面室内残存面积为4.56平方米（1.64米×2.79米）壁画。

二　彩画、壁画的保存状况和病害机理分析

1. 彩画

外檐彩画的自然老化是彩画的主要病害，其现象为起甲、龟裂、脱落、粉化和变色。由于常年暴露在外，阳光、风雨等各种自然原因和人为污染都对彩画造成一定破坏。其结果是彩画中胶结材料的老化、收缩，形成起甲和脱落（参见图1-15-①）。当胶结材料进一步老化降解，无力黏合颜料颗粒时，颜料层开始粉化，颜料颗粒在风的作用下脱落（参见图1-15-②）。彩画变色主要集中在特定的颜色范围，如绿色（参见图1-15-③）。通过观察，发现彩绘颜料采用的是矿物颜料，稳定性较好，因此颜料本身无变色现象。变色现象的发生伴随灰尘的富集，似为彩画绿色部位绘制完成后表面涂有有机保护层，或绿色部位颜料层中含有大量的胶结材料，这些有机材料黏结大量灰尘于表面，造成变色；同时，这些有机材料的老化同样是变色的原因之一。

造成彩画损坏的自然因素还有木材本身的断裂致使彩画开裂（参见图1-15-④）。

彩画损坏的人为因素主要是钉钉子（参见图1-15-⑤）和白灰涂刷表面（参见图1-15-⑥），以及缺乏维修保养，后期施工将部分彩画遮盖（参见图1-15-⑦）。

2. 壁画

由于结构沉降造成壁画右下角脱落，左下角向外歪闪，并产生裂缝，即将脱落。壁画表面除积尘污染壁画外，屋顶施工时泥水的溅落也造成了污染。壁画表面有轻微的粉化现象。

三　保护处理实验

对彩画和壁画的各种病害选择典型代表进行了回贴起甲、清除表面污染物、变色部分颜色的恢复、表面白灰涂层的清除等实验从而确定保护处理方案。

四　保护处理档案的建立

1. 处理前的摄影记录

处理前对壁画、彩画的现状进行摄影记录。拍摄前制作各部位的标签拍摄时拍入色标及标签用于确定照片位置及校正颜色。

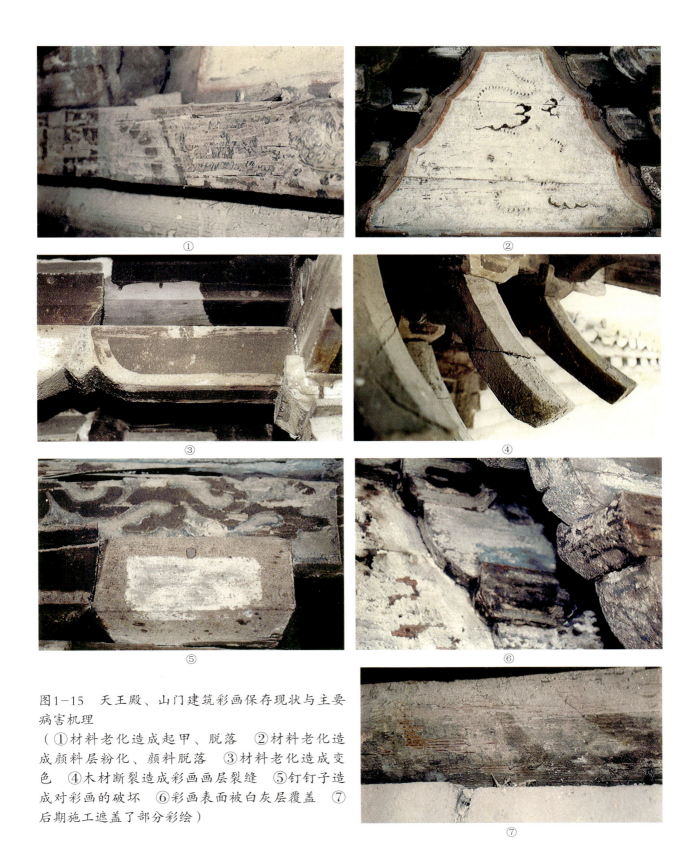

图1-15　天王殿、山门建筑彩画保存现状与主要病害机理
（①材料老化造成起甲、脱落　②材料老化造成颜料层粉化、颜料脱落　③材料老化造成变色　④木材断裂造成彩画画层裂缝　⑤钉钉子造成对彩画的破坏　⑥彩画表面被白灰层覆盖　⑦后期施工遮盖了部分彩绘）

（十六）2003年3月《永安寺第三阶段文物建筑保护修缮工程实施计划及技术交底会纪要》

根据国家文物局、山西省文物局和大同市文物局的文物保护修缮工程计划安排，2003年3月24日，浑源县恒山风景名胜管理局孙海川局长、浑源县文物局郝维和局长，会同山西省古建筑保护研究所吴锐副所长共同召开了永安寺第三阶段文物建筑保护修缮工程实施要求与技术交底专题会议，会议由两个板块组成：第一板块（上午）在孙海川局长办公室召开，主要讨论了工程范围、保护理念、工程经费和进度计划等问题；第二板块（下午）在永安寺工地现场召开，主要针对相关保护修复对象所存在的残损病害、修缮方法、油饰彩画、组织管理等问题进行研讨并形成决议。

1．工程范围

2003年度工程范围主要包括中院东西配殿、东西朵殿及寺院围墙保护修缮工程；2004年度工程范围包括天王殿东西掖门、东西碑廊、中院钟鼓楼、前院东西两侧僧舍院修复项目以及寺院内部环境综合治理等内容。

2．保护理念

必须严格遵守《中华人民共和国文物保护法》及现行文物保护工程管理规程要求，在现场调研基础上采用当地传统工艺和工程做法，尽最大努力保护好原有构件及所有历史遗迹、遗物、遗存，遇有构件补配时，须严格按照原材料、原形制、原工艺、原做法科学复制。所有施工材料严把质量关，杜绝以次充好，施工过程中须按设计要求全程做好资料记录、照片拍摄、整理归档工作。

3．工程经费

2003年度维修工程项目经费核定为38.98万元，2004年度修复工程项目经费核实后另行申报确定，工程经费以实核算，施工时须认真统计，差额找补。

4．进度计划

2003年度项目4月上旬开工，9月30日前竣工；2004年度项目4月上旬开工，10月30日前竣工。

5．残损病害与修缮方法

经保护修缮施工各方联合现场复查研讨认为：①东西朵殿修缮项目：东西朵殿主体结构保存较好，虽装修缺失，瓦顶漏雨，但可以按设计要求采取现状整修和局部拆修方式进行修复。②东西配殿修缮项目：东西配殿其实际残损程度较勘测设计时评定的残损等级严重，东配殿北山墙及后檐墙严重倾斜，基础下沉，墙身通裂，必须拆修，方可根治所见病害；殿前垂带式踏步已被后人拆除，应首先进行发掘，查明原状做法后据以修复；大木构架不均匀下沉且歪闪较严重，必须抄平拨正，前檐门窗装修均已改为教室适用的方块形玻璃窗，需在拆修过程中查明原状，有据修复。后墙上开设了若干教室用采光玻璃窗，殿顶脊饰吻兽已经后人改制，且局部漏雨；西配殿东西山墙残损严重，整体倾斜，基础下沉伴有通裂和鼓闪，应进行基础加固和整体拆修，大木构架向西倾斜严重，中央三间构架损坏严重，明间和南次间、南梢间的大梁折断需更换（因改为教室时加设了通间苇秆纸质顶棚，初次勘测时未能准确查明构架残损状况）；殿顶瓦件虽局部残坏，但各部位原有雕花屋脊、吻兽基本齐全，为东配殿脊饰瓦件的修复也提供了可靠依据，其门窗装修也被改为适宜学校教室适用的方形玻璃门窗。后墙上也开设了若干条形采光玻璃窗。基于上述评估结论，决定将原定现状整修工程修正为局部落架大修工程。③寺院围墙修缮项目：鉴于东朵殿前的东围墙基础存在下沉问题，且墙体下部酥碱严重，决定进行拆修，而西朵殿和传法正宗殿后部的围墙虽保存较好，但墙身未进行披泥工序，墙帽也存在缺陷，决定进行现状整修。④天王殿东西掖门、东西碑廊和钟鼓楼复建工程：在这几座建筑中，除钟鼓楼外均有设计文件，但中院碑廊的转角廊是建在钟鼓楼基址上的，经反复研究认为这样做不仅会导致钟鼓楼基址被破坏，而且也使得永安寺缺失了两座重要的功能性建筑物。因此，会议决定在认真发掘钟鼓楼建筑基址，搞清柱网平面格局和尺度的基础上参照乾隆《浑源州志》永安寺图中所体现的钟鼓楼建筑形式予以设计修复。会议强调，施工过程中必须严格按照相关规程认真做好所有建筑基址的考古发挥工作，做好记录，认真保护。⑤前院东西两侧僧房院及永安寺环境综合治理项目：会议要求依据国家文物局和省文物局批准的设计方案进行施工，施工中如发现重要建筑遗址，经上报批准，可优化调整，同时应结合公共卫生间、会议室、售票管理用房、控制室、办公室、厨库屋等不同使用功能配备相适应的水、电、暖气等基础设施。⑥寺院环境综合治理项目：包括院落排水、院落铺装、院落绿化等内容，施工前须编制实施方案，报县文物局批准后实施。

6. 油饰彩画与随色做旧项目

永安寺第三阶段所涉及的建构筑物，凡是被列为文物保护对象的均须对建筑构件上残存的油饰彩画进行清污和保护，对于局部补配大木构件和门窗装修，应依原制进行织补性修复，并进行随色做旧处理。对于修复建筑，均须现行编制油饰彩画设计方案，经专家论证优化，行政审批许可后方可施行。

7. 组织管理

会议再次强调了安全管理、质量管理、进度管理等文物保护工程管理的有关规律和具体要求。特别部署了切实做好非典（SARS）防控的管理要求，制定了定期消毒、测量体温、禁止随意外出、分区食宿、外出登记和疫情背景下的请销假等管理制度。成立了非典防控管理机构，要求确保文物、人身双安全，按期完成文物保护修缮施工任务。

参会人员：

恒山风景名胜区管理局局长：孙海川

浑源县文物局局长：郝维和

浑源县文物局文化科科长：常学文

山西省古建筑保护研究所副所长：吴 锐

山西省古建筑保护研究所永安寺项目部驻工地代表：韩建喜

项目部建筑本体保护施工项目负责人：王建伟

油饰彩画保护施工分项负责人：翟康志

二　永安寺壁画、彩画保护技术及其相关问题研究

（一）工程项目概况

全国重点文物保护单位——浑源永安寺坐落于浑源县城东北的古楼北巷。原称"神州大永安禅寺"，俗称"大寺"。该寺坐北朝南，原状五重院落，现仅存第一、二进院占地面积6000余平方米，为浑源县境内规模最大的佛寺遗存。据史籍记载，永安寺史建于金代，不久毁于火灾，元初开始复兴再建。在其现存的寺庙建筑文物中，除寺内主殿传法正宗殿的主体结构仍为元延祐二年（1315）时的原构外，山门、天王殿、东西朵殿、东西配殿、碑廊、屋舍以及钟鼓二楼（仅存基址）等均为明清时期的遗物或遗迹。

长期以来，永安寺建筑文物除因价值斐然而广受重视外，伴随着这一古代建筑组群所保存着的明清时期巨幅古代壁画与殿堂彩画亦闻名遐迩，备受珍视。

为使永安寺文物建筑长存于世，1999年3月起，在国家文物局、山西省文物局、大同市文物局的关怀与支持下，在浑源县文物局主持下拉开了历时5年的永安寺全面保护与科学维修工程的帷幕。永安寺壁画、彩画保护项目就是这一整体保护工程的重要组成部分。此工程于2000年6月在现场详细勘察调研的基础上编制了维修保护方案，其保护对象涉及永安寺传法正宗殿与天王殿的275平方米的古代壁画及传法正宗殿、山门、天王殿的1892平方米梁栿彩画。工程实施方案经国家文物局和省文物局批准后，2001年6月付诸实施，2002年9月工程圆满竣工，取得了令人满意的保护效果。

本工程的建设单位是山西省恒山风景名胜区管理委员会与浑源县文物局；保护方案编制与技术指导单位：中国文物研究所；工程施工单位是山西省古建筑保护研究所与山西丹宇古建筑艺术有限公司；工程监理与质量监督任务由本工程相关单位专家、领导、技术人员共同组成的"浑源永安寺修缮保护工程质量监督管理委员会"承担。工程成果由浑源县文物局组织相关专家进行了专项验收。2002年11月5日专家验收组形成的《浑源永安寺传法正宗殿壁画、彩画保护及山门、天王殿、八字墙等修缮保护工程验收意见书》，对本工程给予了充分肯定与高度评价，认为在许多方面具有借鉴意义。建议在全国同类工程中予以推广。

总结经验，发现不足，为今后的同类文物保护工程提供实例参考，是本文的写作初衷，借此机会诚恳地希望诸位专家和同行批评指教，以利于今后此类工作的进一步提高。以下分别叙述之。

（二）壁画、彩画保存现状及主要病害原因分析

1. 壁画、彩画保存现状

（1）壁画保存现状。本保护项目涉及的壁画仅为永安寺传法正宗殿和天王殿的壁画。传法正宗殿

的室内四壁及栱眼壁内外表面均绘有壁画，其中殿内四壁壁画面积有186.9平方米，栱眼壁内外表面壁画有88.1平方米，共计275平方米（参见图2-1）。其中东西南三壁绘有儒释道神鬼人物125组，共824身，依身份按照上中下三列排列。每一组由一人执幡，上书该组神佛鬼怪的名称；下角榜题上书写供养人名（参见图2-2）。北壁绘十大明王，胯下神兽由鬼卒牵挽。内檐小栱眼壁墨画宝珠云纹等图像；大栱眼壁则画各式墨龙戏珠。内檐小栱眼壁墨画宝珠云纹等图像；大栱眼壁则画各式墨龙戏珠。外檐小栱眼壁残存几何图案和彩色线条；大栱眼壁可见墨龙和彩画佛像（参见图2-3）。天王殿仅东山面室内残存壁画，其面积为4.56平方米。

图2-1   永安寺大殿壁画、彩画

图2-2   大殿西壁上行左数第八组彩画

图2-3   传法正宗殿西梢间内檐栱眼壁画

传法正宗殿四壁壁画的制作是在土坯墙体表面制作一层厚约2～5厘米的粗地仗，主要成分为黏土和麦秸（参见图2-4）。在粗地仗上制作一层细地仗，主要成分为黏土、麦草、麻纤维和麻纸（参见图2-5）。在细地仗表面施白粉层为底色，在其上起稿作画。

（2）彩画保存现状。本保护项目涉及的彩画为永安寺传法正宗殿、山门和天王殿的彩画。传法正宗殿内外檐上架建筑构件表面保存有总面积1892平方米的明代旋子彩画，图案华丽，种类繁多，是我国彩画史上极为

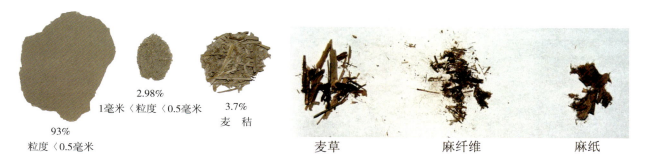

图2-4　壁画粗地仗组成分　　　　　　　　图2-5　壁画细地仗有机添加物

珍贵的实物遗存。山门彩画仅存西次间和西梢间阑额和普柏枋外檐总面积6平方米的彩画。天王殿现存彩画包括前檐外檐和后檐东西梢间的阑额和普柏枋，挑檐桁，内外檐的外拽枋及正心枋，共70攒的斗栱，24块栱眼壁的内外两侧和4块角科斗栱的栱眼壁的内外两侧等总面积126.85平方米的彩画。

彩画的绘制为常见的无地仗做法。首先将木材表面用腻子处理平整，然后施彩作画。

2. 主要病害及原因分析

（1）壁画的主要病害及原因。传法正宗殿壁画的病害主要源于建筑结构问题、人为因素和自然因素以及壁画的制作技术。

与结构有关的病害主要为裂缝，分布在东、西两壁，呈从上到下的纵向裂纹，与柱子所在的位置相对应，个别裂缝最宽处达4厘米，且已造成壁画局部脱落。极个别部分有空鼓现象，但由于壁画地仗本身很坚固，无脱落的问题。屋顶漏雨不仅冲刷壁画，造成颜料层污染、脱落（参见图2-6），而且是造成酥碱的原因之一（参见图2-7）。

图2-6　大殿壁画裂缝局部（修复前）

图2-7　雨水冲刷造成颜料脱落和酥碱

　　人为因素造成的病害主要是水泥的使用。"文化大革命"期间大殿用做仓库时将神台表面改为水泥台面，水泥的使用带入了大量可溶性盐分，由于屋顶漏水，雨水活化了盐分，使之通过毛细作用上升到壁画地仗中，造成酥碱。酥碱发生的部位与漏雨的位置相同，证实了这种推断。用做裂缝和壁画地仗脱落的修补材料的水泥砂浆不仅没有起到修补的作用，而且自身开裂、脱落，并带下少量壁画材料（参见图2-8）。人为破坏还体现在对壁画形象有意识的破坏，如凿毁画像的脸部（参见图2-9）、在画面上涂写白色字迹（参见图2-10）和烟熏污染（参见图2-11）。另外，在壁画上还发现了木钉（参见图2-12）。

图2-8　画像脸部造人有意损毁

图2-9　用水泥修补壁画细部

图2-10　壁画上人为涂写痕迹

图2-11　壁画上烟熏污染痕迹

　　自然因素造成的病害主要是画面有多年的积尘固结在表面，在一定程度上遮盖了壁画的原貌。同时，鸟类的蹬踏和排泄物对壁画造成一定破坏。

　　此外，壁画的制作技术也是病害产生的原因之一。就传法正宗殿壁画而言，主要有三种类型：第

图2-12　木钉损伤壁画痕迹

一种是壁画中几乎所有深蓝色部分都存在着起甲、龟裂的现象（参见图2-13），这与蓝色颜料的使用有关。通过现场显微观察发现，蓝色颜料似为石青。石青是一种粒度决定颜色的深浅的颜料，粒度越大，颜色越深。作画时因为颜料粒度较大，所以用胶的量也要相应增大。但随着时间推移，大量的胶结物所形成的膜老化收缩、变脆，使蓝色部分出现起甲、龟裂、脱落，个别部分脱落时甚至将地仗也粘下一层。

第二种是某种特定红色颜料的粉化脱落则是由于绘制该颜料时用胶量过小，随着胶结物的老化，胶结材料无法固着颜料，导致颜料层粉化脱落（参见图2-14）。第三种是壁画的另一主要病害——画层脱落似也与制作技术有关。这种现象主要发生在有较厚的白粉底层的部分（参见图2-15）。当地长期以来广泛采用滑石粉作为白色颜料和粉刷墙壁的涂料，观察中发现颜料层脱落处露出的白粉底层表面十分细腻光滑，且存在着粉化现象。因此，可以推断，制作壁画时也有可能使用了滑石粉作为白粉底层。由于这层底层的粉化，使表面的颜料层无法附着，因此产生脱落现象。

天王殿壁画的病害原因主要是由于结构沉降造成壁画右下角脱落，左下角向外歪闪，并产生裂缝，即将脱落。壁画表面除积尘污染壁画外，屋顶施工时泥水的溅落也造成了污染。壁画表面有轻微的粉化现象。

图2-13　壁画画面起甲细部

图2-14　画层粉化脱落状况

图2-15　画层大面积脱落状况

（2）彩画的主要病害及原因。传法正宗殿内檐彩画的病害主要为起甲、龟裂、脱落、粉化和变色五种类型，是自然老化所致。内檐彩画当心间东、西缝梁四椽栿起甲严重，部分脱落；鸟粪污染彩画是内檐彩画的又一主要病害；翅膀扑扇造成起甲画层脱落；漏雨造成雨水对彩画的冲刷，导致颜色脱落、画面污染；木材开裂造成彩画随之撕拉开裂；长年积尘在一定程度上遮盖了彩画的原貌。

传法正宗殿外檐彩画自然老化非常严重，造成严重的起甲、龟裂、变色和脱落，加之长年积尘，大部分原貌已无法辨认。特别是大殿西北方向由于是迎风面，彩画层大量脱落，所剩无几。彩画变色主要集中在特定的颜色范围，如绿色。通过观察，发现彩画颜料采用的是矿物颜料，稳定性较好，因此颜料本身无变色现象。变色现象的发生伴随灰尘的富集，其原因似为绿色部位颜料层中含有大量的胶结材料，这些有机材料黏结大量灰尘于表面，造成变色。同时，这些有机材料的老化同样是变色的原因之一。造成彩画损坏的自然因素还有木材本身的裂缝（撕裂、劈裂等）致使彩画随之开裂。彩画损坏的人为因素主要是钉钉子和白灰涂刷表面所致，以及缺乏维修保养，后期施工时将部分彩画遮盖等。此外，在木构件上安装铁活对彩画造成了损害，人为刻画也在一定程度上破坏了彩画。

山门及天王殿外檐彩画的病害与传法正宗殿彩画的病害类同，描述分析从略。

（三）壁画、彩画保护工程设计原则与保护程序

1. 壁画、彩画保护工程设计原则

《永安寺壁画和彩画保护方案》在调研编制过程中，始终以《中华人民共和国文物保护法》和《中华人民共和国文物保护法实施细则》为依据，贯彻了《中国文物古迹保护准则》的精神，参考了《威尼斯宪章》《奈良文件》和其他相关国际、国内文物古迹保护宪章和公约。其设计原则包括：就地保护、消除病因、原状保护、可逆性和可再处理性以及最低程度介入原则。材料的选择遵循和谐性和兼容性的原则。要求建立完整的保护档案并遵循科学的保护程序。

（1）就地保护原则：该殿因基础下沉、构架歪闪、墙体沿山柱位置出现通体裂缝。为了全力实现就地保护壁画又要拨正加固殿宇构架体系的工程目标，制定了外墙掏槽施工方案，从而达到"结构纠偏不落架，墙体修复不揭画"的综合修缮技术。

就壁画而言，现场勘察发现虽然壁画局部空鼓，但一方面因空鼓面积小，另一方面壁画本身质地较好，并无大面积脱落的隐患，因此决定不揭取。就梁架彩画而言，就地保护也是唯一的可行办法。

（2）消除病因原则：除自然老化外，壁画和彩画的主要病因是结构不稳定和漏雨。通过建筑保护

措施能够消除这些病因，就能达到有效保护的目的。鸟类的出现对壁画和彩画造成很大的破坏。待壁画和彩画在保护处理后增加一些防止鸟类进入殿内以及防治鸟类在梁架间筑巢的措施是十分必要的。

（3）原状保护原则：永安寺的壁画和彩画是古代艺术家的杰作，其真实性和完整性是其价值所在。本次保护处理时不考虑对壁画和彩画补画、重画事项，以保持其真实性和完整性。考虑到壁画的美学价值，脱落部分可以用与壁画地仗质地颜色相近的材料填补。

（4）可逆性和可再处理性原则：所有的保护处理不追求一劳永逸，而尽量做到可逆。在达不到完全可逆的情况下力争做到本次保护处理不妨碍以后的处理，从而为未来的保护保留余地。

（5）最低程度介入原则：对壁画和彩画仅做必需的保护处理，将处理范围和程度降到最低，从而最大限度地减少对原作的干扰。例如，现场勘察发现虽然壁画局部空鼓，但并无安全之虞，且因对建筑本体保护时已经消除了病因，因此决定对此病害暂不做处理，只做定期监测，确定其是否继续发展，以便采取相应措施。

（6）材料的选择遵循和谐性和兼容性原则：从而使介入的保护材料的物化性能尽量接近原作，达到两者的完美结合。

（7）建立完整的保护档案：旨在为保护处理结果的评价提供依据，也有助于对壁画和彩画状况的监测，为壁画和彩画的研究以及未来的保护提供翔实的资料。

（8）保护处理遵循科学的保护程序原则，从而使保护处理工作循序渐进，稳妥有效。

2. 壁画、彩画保护处理程序

（1）壁画的保护与修补程序。壁画的保护处理主要有表面积尘的清除、人为涂写字迹的清除、裂缝和地仗脱落部分的修补、起甲的部位处理以及壁画、彩画表面封护等。

表面积尘的清除：用橡皮擦及羊毛刷轻轻擦除壁画表面积尘。

人为涂写字迹的清除:首先用手术刀将字迹尽量削薄、刮除，然后用橡皮擦擦除残余的字迹。

裂缝和地仗脱落部分的修补：用手术刀剔除裂缝和地仗脱落处的水泥填补块，然后用素泥进行修补。对于已酥碱的地仗，如果表面颜料层已经脱落，则用软毛刷将表面松散部分扫除。因这部分材料富含可溶性盐分，将其清除就在很大程度上消除了酥碱继续发展的隐患。

起甲部位的处理:首先用注射器在甲片背后注射3%的聚乙烯醇缩丁醛的乙醇溶液以加固甲片，防止其在软化处理时破碎。待干后用湿棉球轻轻擦拭甲片表面，以清除表面污物并溶出一定量的胶结材料，降低甲片因胶结材料造成的张力,使其"软化"。待甲片干燥后再次在甲片背后注射3%的聚乙烯醇缩丁醛的乙醇溶液，并用脱脂棉将其推回原位贴牢。

壁画表面封护：在完成以上步骤后，于壁画表面遍喷一层2%的聚乙烯醇缩丁醛的乙醇溶液进行封护。封护的同时也加固了酥碱和粉化的部分。如上所述，目前出现的酥碱问题是由于神台改为水泥台面加上漏雨的共同作用造成的。由于永安寺壁画所处的环境十分干燥，并且壁画部分不存在毛细水上升将有害盐分带到壁画中造成酥碱的问题，因此，大殿维修后只要保持干燥，应该不会再次出现酥碱问题。

（2）彩画的保护与处理程序。内檐彩画的保护主要包括回贴起甲，鸟粪的清除，雨水造成的污染物的清除和彩画表面封护。外檐彩画的保护主要包括灰尘的清除，老化产物的清除，回贴起甲和表面封护。具体做法见相应的工作规范，兹从略。

（四）施工管理质量保证体系及其规范规程的编定与执行

1. 施工管理质量保证体系

高标准的施工质量不仅是保护方案得以妥善实施的重要条件，更是壁画和彩画价值得以长久保存的根本。为此，本项目建立了一套科学的综合施工质量保障体系。

该体系从施工人员的筛选、技术岗位培训与考核、工作规范规程的制定、现场监督和监理分期质量验收等方面严格把关，以确保实现工程目标。

（1）施工人员的筛选组队。施工人员的素质是施工质量得以保障的根本。因此为选择施工人员制定了如下标准：施工人员必须责任心强，严守纪律，具有一定的专业知识水平，渴望学习掌握新知识和新技术，心灵手巧，对传统壁画和彩画的制作工艺有一定的认识。

人员选定后，要求施工单位在本项目完成之前不得更换人员，因为一旦更换人员，就要对新人选再次进行技术培训。同时施工人员之间的默契配合对保证施工质量十分重要，而这种配合需要经过一段时间才能重新建立，这样就会在一定程度上影响施工的质量。

施工单位按照上述要求选派了一支年纪轻、技术好的施工队伍。6名技工平均年龄23岁左右，有3至6年从事彩画施工与绘制的实践经验。

（2）施工人员的岗位技术培训与考核。对施工队伍进行技术培训是确保施工质量的又一有效措施。施工人员在没有经过岗位技术培训、没有经过专业考试合格前是不允许接触壁画、彩画文物保护工作的。

首先对施工人员讲解最基本的文物保护原则和注意事项，对保护处理所涉及的每一项技术进行讲解培训，包括电脑及相应的软件、打印机、扫描仪、摄影器材的使用，现状记录的方法，溶液的配制，壁画、彩画保护工具的使用，每一种病害的保护处理技法。最后对每一名施工人员进行了技术考试。

为使施工人员熟悉对各种病害的处理，选择东西配殿和朵殿残存彩画作为实践场所进行处理，直到方法熟练，技术过硬，考试合格。由于这些彩画的制作方法与病害产生的机理和将要处理的传法正宗殿彩画相同，实践证明这种实验练习对施工质量的保证十分有益。

在处理壁画病害的培训中，由于没有练习对象，在配殿墙壁上制作了模拟病害，供施工人员练习，直到方法熟练，技术过硬，考试合格。在下达施工任务时，特别强调如果遇到技术培训和工作规范以外的问题时须立即停止施工，待技术指导人员到场后解决。

考虑到施工人员虽然经过严格培训并通过了考试，但大都未曾进行过壁画、彩画的保护工作，为稳妥起见，彩画保护的第一阶段选择了西梢间内檐。该处彩画重要性较当心间和次间彩画低，且病害种类齐全。由技术指导亲自带领施工人员对每一种病害进行保护处理，直到每一名施工人员都能够独立操作，并达到设计标准。外檐彩画和壁画的保护采用同样的方法。另外，每次下达任务时，技术指导和施工人员对将要处理的每一部分进行现场讨论，确保施工人员充分了解各个部分的处理方法和技术要求。

（3）工程现场的监督与监理。在施工过程中，施工监理人员始终按照工作规范规定的各项内容负责现场监督抽检，从而保证了施工过程中的质量控制，使本工程达到了原定质量目标。

（4）分期质量的检查与验收。为了适应文物保护工程要把科学研究与技术改进贯穿于施工全过程的工程特点，面对永安寺壁画、彩画保护对象，我们根据其保存特征与质地状况，事先将其分成了若干个工程阶段，施工过程中对每一个阶段进行了分期质量验收（参见图2-16）。工作方案规定：只有在该阶段的施工质量达标后才可进行下一阶段的

任务批次	实施期限		实施班组
工作内容			
实施方案			
签 发 人		签发时间	
工作结果			
验收意见			
验 收 人		验收时间	
备　　注			

图2-16　永安寺传法正宗殿壁画彩画保护任务分期实施、验收图

施工。这个措施有利于及时分析发现问题及时研究解决问题，不仅可保证每一部分工程的质量都能达标，同时可有效避免将上一阶段的问题或不足带到下一个阶段而没有及时扭转的现象出现。

（5）施工安全规章制度。为确保施工人员和文物的安全，事先对施工人员进行了施工安全教育，并制定了《彩画保护施工安全条例》，还特意对施工人员进行了施工安全考试。壁画保护的施工安全参照了《彩画保护施工安全条例》。

2. 工作规范的编定与执行

为保证施工质量，针对每一项施工中涉及的专门技术制定了工作规范，每一名施工人员人手一册，作为工作指导。技术指导人员事先还为施工人员详细讲解了工作规范，从而使他们能够充分领会工作程序和质量要求，并要求他们严格按照工作规范条款进行保护处理。本项目实施前，主要制定了如下工作规范与规程（参见表2-1至表2-5），并在实践过程中执行了这些规范、规程，同时作了必要补充与修订。

表2-1 永安寺壁画、彩画修缮保护项目——施工安全管理章程

2001年5月16日

施工人员安全管理	文物本体安全保护	施工现场安全管理	使用材料安全管理	化学材料安全使用
本工程坚持"安全第一，预防为主"的安全生产方针。施工过程中应切实做到以下五点： （1）壁画、彩画保护工作多属高空作业，施工时必须身系安全带、头戴安全帽，严禁穿拖鞋上架施工 （2）为防止意外事故发生，严禁5人以上聚集在施工架的同一架板上施工 （3）施工时严禁在脚手架上说笑、追逐、打闹 （4）施工人员务必管理好施工工具，严防物品掉落、抛飞，消除不安全因素 （5）施工时要定期检查架木安全，定期维护与加固，排除隐患，确保安全	壁画、彩画文物本体是本工程的主要保护对象，施工时需贯彻以下规定： （1）严防各类施工架木与施工器械碰撞壁画、彩画文物本体，杜绝文物损伤事故发生 （2）修缮保护施工作业时，须严格按照事先拟定的操作预案与工作流程施工，不得盲目追求进度，不得违反程序野蛮施工，不得托靠蹭刮文物本体，消除一切可能对文物本体带来损害的不安全因素 （3）在对壁画画面进行清污除尘或修补封护时，不得对文物本体带来任何新的损伤 （4）近距离面对壁画、彩画作业时，不得使用强光灯，避免对画面颜料造成损害 （5）壁画、彩画修缮保护工程中规定使用的各类优质防护品与器械设备不得任意改用或替代，杜绝各类不安全行为对文物本体带来损害	为了消除不安全因素，确保安全生产，施工人员必须遵守以下现场管理规则： （1）施工现场严禁烟火，施工人员不得携带火种进入施工现场 （2）脚手架要确保安全可靠，其结构性能、刚度强度均须满足要求，不留隐患 （3）脚手架的布置须合理有序，满足施工作业要求，其外侧须配有安全网，杜绝不安全因素 （4）现场照明用电灯、电线要求安全、可靠，安装电器漏电保护装置，消除火灾隐患，消除电击伤人隐患 （5）施工过程中要确定专人负责施工现场的安全管理工作，每当工作结束均由专人负责检查，杜绝一切隐患	为防患于未然，壁画保护材料的存放管理，须按以下规定办理： 壁画、彩画保护工程所用部分材料属于易燃易爆物品，应单独保存于远离火源、热源和文物建筑的地方。并需加强安全保卫，防止他人进入。严防雷电起火	为防止和杜绝化学材料的氧化、自燃、易燃、毒性、腐蚀等现象发生，施工时，应注意如下事项： （1）施工人员在配制溶液时应特别注意按照相关规程操作，严防火灾发生 （2）溶液配制时应注意保持室内通风，避免乙醇蒸气的富集 （3）彩画表面封护时应注意施工场地通风，防止日晒雨淋，避免乙醇蒸气的富集

表2-2 永安寺壁画、彩画修缮保护项目——化学溶液配制规程

2001年5月16日

化学溶液名称	工具与材料	溶液配制规程	配制方法举例
聚乙烯醇缩丁醛乙醇溶液的配制	工具：天平、量筒、磨口瓶、玻璃搅棒 材料：聚乙烯醇缩丁醛、无水乙醇	以2%聚乙烯醇缩丁醛的乙醇溶液100毫升为例： (1)用天平称量2克聚乙烯醇缩丁醛置入磨口瓶中 (2)用量筒取100毫升无水乙醇倒入磨口瓶中 (3)用玻璃搅棒充分搅拌后放置24小时	
碳酸氢铵水溶液的配制	工具：天平、量筒、磨口瓶、玻璃搅棒 材料：碳酸氢铵、蒸馏水	以3%碳酸氢铵的水溶液100毫升为例： (1)用天平称量3克碳酸氢铵置入磨口瓶中 (2)用量筒取100毫升蒸馏水倒入磨口瓶中 (3)用玻璃搅棒充分搅拌	

续表

化学溶液名称	工具与材料	溶液配制规程		配制方法举例
聚醋酸乙烯乳液的配制	工具：量筒、滴管、烧杯或广口瓶或磨口瓶、玻璃搅棒 材料：聚醋酸乙烯乳液、蒸馏水	乳液的固体含量	溶液的浓度	聚醋酸乙烯乳液的配制
		乳液的固体含量是指乳液中实际含有的溶质的量。聚醋酸乙烯乳液的固体含量为50%，意为100毫升的聚醋酸乙烯乳液中含有50克的聚醋酸乙烯	溶液的浓度是指单位体积溶剂中溶质的量。例如：3%的糖水意为100毫升水中含有3克的糖 溶剂：溶液中量多的组分 溶质：溶液中量少的组分 溶液的浓度＝溶质的量/溶剂的量	以3%的聚醋酸乙烯乳液的水溶液1升为例： (1)计算 溶剂：蒸馏水，体积：1升 溶质：聚醋酸乙烯乳液，体积：60毫升 算法：根据上面的公式得出：1升溶液需要聚醋酸乙烯30克。由于聚醋酸乙烯乳液的固体含量为50%，因此，为得到30克聚醋酸乙烯，需要60毫升聚醋酸乙烯乳液。 (2)配制 A.用滴管在250毫升的量筒中加入60毫升的聚醋酸乙烯乳液，然后加蒸馏水至250毫升 B.用玻璃搅棒充分搅拌 C.将溶液到入烧杯中 D.量筒中加入250毫升蒸馏水，用玻璃搅棒搅拌后将溶液到入烧杯中 E.重复D两次 F.最后，用玻璃搅棒充分搅拌烧杯中的溶液

表2-3　永安寺壁画、彩画修缮保护项目——彩画保护工作程序

2001年5月16日

工作程序／项目名称／彩画类别	彩画的摄影记录	彩画的保护修复	保护工作过程的摄影记录	施工日志的记录建档	保护处理结果的拍照记录
永安寺建筑（以传法正宗殿为例）外檐彩画保护工作程序	（1）标签的制作： A.名称的确定：在山西省古建筑保护研究所驻地工程师的指导下确定每一个标签的名称 B.标签的制作：按照《彩画摄影标签制作规范》制作标签 C.请山西省古建筑保护研究所工程师韩建喜确认标签名称是否正确 （2）保护处理前彩画状况的拍摄：按照事先确定的《大殿彩画彩色摄影规范》实施拍摄 （3）摄影记录：每拍摄一张照片都要在《永安寺传法正宗殿彩画摄影记录表》进	（1）溶液的配制：按照各种化学溶液配制规范在施工前配制好备用 （2）保护处理：按照以下顺序逐一完成保护处理的各个步骤： A.灰尘的清除，要严格按照《灰尘清扫工作规范》进行操作 B.鸟粪的清除，要严格按照《鸟粪污染物清除规范》进行操作 C.表面浮土的清除：先用橡皮擦轻轻擦除表面浮土，然后用软毛刷清扫表面直至达到既定要求 D.起甲彩画的回贴，按照《起甲彩画回贴处理工作规范》进行加固	对施工过程的每一个步骤都要进行拍照记录，填写摄影记录表，将照片归档，并附以文字说明	在施工日记中须详细记录每天的工作内容，施工的步骤、所用材料的种类、配比、发现的新情况以及改进设想、工作建议等	参照保护处理前的彩色摄影照片，以同样位置、同样标签、同样角度、同样覆盖面积进行拍摄，做好摄影记录与照片归档工作，做到保护处理前后照片一一对应

续表

工作程序 \ 项目名称 \ 彩画类别	彩画的摄影记录	彩画的保护修复	保护工作过程的摄影记录	施工日志的记录建档	保护处理结果的拍照记录
永安寺建筑（以传法正宗殿为例）外檐彩画保护工作程序	行详尽的记录 （4）照片整理：将照片按照拍摄顺序插入相册中，同时填好说明。对于不合格的照片要填写说明，并进行记录，重新拍摄，补齐资料	E.画面的封护，按照《彩画表面封护工作规范》清除老化产物。按照《外檐彩画老化产物清除工作规范》进行画面封护，如有必要，按照《彩画表面封护工作规范》进行封护			

表2-4　永安寺壁画修缮保护项目——灰尘清扫等五项工作规范

2001年5月16日

规范名称	使用工具与材料	工作方法与标准
画面灰尘清理工作规范	（1）吸尘器：若干台，其吸力分强、中、弱三档 （2）毛笔：羊毫大楷笔20支，小楷笔20支 （3）油漆刷：3寸宽的10把 （4）油灰刀：2寸宽的4把 （5）簸箕或用于盛灰尘的容器若干，视实际情况选定 （6）2%聚乙烯醇缩丁醛的乙醇溶液若干	（1）工作顺序：从上到下依次展开工作 （2）工作原则：宁可残留一些灰尘，也不能损伤彩画 （3）首先用油漆刷、毛笔、油灰刀将绝大部分灰尘收集到盛灰尘的容器中，尽量避免将灰尘扬起，造成二次污染。应该注意的是：清扫彩画表面灰尘时，首先采用侧光观察彩画是否存在起甲现象，如果存在，则禁止清扫灰尘，待起甲回贴处理后再进行灰尘的清扫 （4）在大部分灰尘清扫后用吸尘器除去残存表面浮尘 （5）应该注意的是：清扫彩画表面时首先采用侧光观察彩画是否存在起甲现象，如果存在，则禁止吸尘，待起甲回贴处理后再进行灰尘的清扫 对于特别顽固的积尘可采用手术刀刮除或用秃笔磨除的方法予以清除。如果彩画强度低于积尘的强度，则采用2%聚乙烯醇缩丁醛的乙醇溶液进行加固，待加固部分充分干燥后再用手术刀将积尘刮除
鸟粪污染物清除规范	（1）手术刀柄：4把 （2）手术刀片：若干 （3）羊毫大楷毛笔：若干 （4）50%无水乙醇的水溶液 （5）脱脂棉若干 （6）2%聚乙烯醇缩丁醛的乙醇溶液若干	（1）工作顺序：从上到下，依次展开工作。 （2）工作原则：宁可残留一些污染物，也不得损伤彩画 （3）秃笔的制作：将羊毫大楷毛笔的笔锋剪去，制备的长度分别是3、4、5毫米的笔头 用手术刀轻轻刮除鸟粪，或用秃笔将污染物磨去。如果鸟粪非常坚硬，则用浸有50%无水乙醇水溶液的脱脂棉敷贴在鸟粪表面10～15分钟，待鸟粪软化后再用手术刀刮除 （4）需要注意的是：处理彩画表面污物前，应首先采用测光观察彩画是否存在起甲现象，如果存在，则进行回贴起甲的处理，然后再进行鸟粪的清除 （5）清除污物过程中如果遇到画层的强度低于鸟粪的强度，则需使用2%聚乙烯醇缩丁醛的乙醇溶液加固，待加固部分干燥后再用手术刀刮除表面鸟粪

续表

规范名称	使用工具与材料	工作方法与标准
外檐彩画老化产物清除工作规范	（1）容器 （2）蒸馏水 （3）3%碳酸氢铵水溶液 （4）Arbocel BC 1000 木材纤维 （5）竹签、竹片 （6）毛刷	（1）工作顺序：从上到下，依次展开工作 （2）工作原则：宁可残留一些污染物，也不得损伤彩画 （3）将木材纤维放于容器中，加入蒸馏水并不断搅拌，直到木材 （4）纤维充分湿润，达到手握后用力挤攥能够有少量水滴下，根据上述方法用3%的碳酸氢铵水溶液浸润另外一批木材纤维备用 （5）对于彩画表面老化产物少，颜色不太黑的部分采用蒸馏水浸润的木材纤维敷贴3小时，厚度约3毫米；对于老化产物集中，颜色很黑以至无法看清彩画图案的部分，采用碳酸氢铵浸润的木材纤维敷贴3小时，厚度约3毫米 （6）用竹片将木材纤维轻轻挑下，然后用竹签剔除残存的木材纤维 （7）干燥后用毛刷轻轻扫除残存的木材纤维
起甲彩画回贴处理工作规范	（1）医用注射器若干 （2）注射器针头若干 （3）脱脂棉若干 （4）固体含量2%聚醋酸乙烯乳液的水溶液若干	（1）工作原则：回贴每一处起甲彩画，做到不遗漏、不脱落、不再次起翘 （2）照明要求：采用侧光照明作业。将日光灯尽量接近彩画表面照明，观察时垂直彩画表面。不断变化照明角度和侧光方向以发现起甲彩画 （3）回贴起甲：用注射器将固体含量2%聚醋酸乙烯乳液的水溶液注射到甲片背面，然后用脱脂棉球将甲片轻轻推回贴牢 （4）质量检查：采用侧光照明对处理后的彩画进行观察，以发现未处理的起甲彩画 （5）质量回访：处理后24小时进行第一次质量回访，用侧光照明检查处理过的彩画，观察是否有再次起翘的现象，如果有，则再次处理。如果没有，48小时后进行第二次质量回访，如果合格，则可以进行封护处理 （6）注意事项：每次注射溶液时用量要小，避免溶液流到彩画表面或其他部位
彩画表面封护工作规范	（1）羊毫大、小楷毛笔若干 （2）大、中、小号软毛刷若干 （3）2%聚乙烯醇缩丁醛的乙醇溶液若干 （4）大、中、小号花喷若干	（1）工作原则：表面封护层要均匀、完整，做到不遗漏、不产生炫光 （2）封护前灰尘的清除：用干净的毛笔或毛刷将被封护彩画的表面清扫一遍，清扫时要求注意避免扬尘造成的二次污染 （3）表面封护：用花喷在彩画表面遍喷2%聚乙烯醇缩丁醛的乙醇溶液一遍。转角部分或喷涂无法达到的部分使用毛笔或软毛刷将溶液涂刷在其表面 （4）质量回访：封护材料干燥后观察是否产生了炫光，如果有，则用无水乙醇擦除多余的聚乙烯醇缩丁醛 （5）施工安全：由于乙醇属易燃易爆材料，施工场地严禁明火。同时注意采取有效措施提高空气交换率，增加室内空气的流动性

表2-5　永安寺壁画、彩画修缮保护项目——资料档案建设规程

2001年5月16日

规范名称	工作规程与具体要求
壁画保存现状记录规范	壁画保存现状记录的目的是准确记录壁画处理前的病害状况，为壁画保存和处理的措施制定结果作科学依据评价 1. 底图的制作 按照《壁画彩色照片拍摄规范》拍摄壁画图像，存入计算机中并打印成A4大小备用 2. 病害名称与定义 （1）地仗脱落：指壁画一层或多层地仗从支撑体或其下层地仗脱落，造成画层破坏的现象 （2）画面钉子：指壁画由于人为贯入铁钉等异物而造成的地仗脱落的现象 （3）木钉木楔：墙体中因人为贯入木钉、木楔等异物而造成壁画地仗脱落的现象 （4）画面起甲：指壁画画面涂层起翘但仍有部分连接的病害现象 （5）画壁酥碱：指壁画地仗和/或其支撑体内聚力丧失从而造成的材料破损与病害现象 （6）烟熏污染：指壁画表面沉积烟尘，致使壁画原貌及其美学价值受到影响与损坏的现象 （7）机械损伤：指因硬物对壁画撞击或刻划所造成的画体破坏现象 （8）白灰砂浆修补：指前人用石灰麻刀砂浆对壁画裂缝及脱落部分的修补现象 （9）水泥砂浆修补：指前人用水泥砂浆对壁画裂缝处进行过修补的现象 （10）画层粉化脱落：指壁画画面涂层呈点状脱落，严重部分脱落连接成片的损坏现象 （11）颜料脱落：指由于雨水冲刷所造成的壁画颜料层的颜料和胶结材料局部脱落的现象，这种现象往往使壁画看上去苍白一片 （12）画体裂缝：指壁画画体存在的裂缝现象，通常与墙体的裂缝相对应 （13）人为涂写：指壁画表面人为涂写的各色字迹或划痕 （14）画层脱落：指壁画颜料层脱落，但地仗保持完好的现象 （15）泥水污染：指由于殿堂漏雨，雨水将泥水带到壁画表面造成的污染现象 3. 记录方法 （1）先将底图置于书写板上 （2）再在底图边缘以外右下角处写明照片编号与记录时间等 （3）以底图为根据，依据壁画病害状况和本规范规定的图例标出病害类别与残损程度，然后再用碳素笔描绘出简图 4. 档案管理 （1）将现状记录扫描到计算机中储存备用 （2）制作硬、软拷贝各一份保存备用 5. 壁画病害绘图图例 （1）地仗脱落　　（2）画面铁钉　　（3）木钉、木楔　　（4）画面起甲　　（5）画壁酥碱 （6）烟熏污染　　（7）机械损伤　　（8）白灰砂浆修补　　（9）水泥沙浆修补（10）画层粉化脱落 （11）颜料脱落　　（12）画体裂缝　　（13）人为涂写　　（14）画层脱落　　（15）泥水污染

续表

规范名称	工作规程与具体要求
彩画彩色摄影规范	1. 彩色摄影的目的 将古代彩画保护处理前、后状况进行真实的彩色记录，用于科学研究与长久检测 2. 要求 照片须充分反映出彩画的保存状况 建筑构件的每一个面均需拍摄照片 如果一张照片无法覆盖整个画面或接缝处一张照片无法反映彩画细节，则应拍摄一系列照片力求准确反映其远景、中景、近景，细节内容，照片之间应重叠10厘米 保护处理后的壁画照片拍摄应与处理前的照片保持相同角度、相同覆盖面积、相同标签和相同曝光量 3. 摄影器材 Cannon EOS 500 Cannon 28～85镜头 Panasonic CR123A 锂电池，3伏，两节；或数码相机 4. 胶卷 Kodak Gold 100 彩色负片，10° 5. 曝光条件 室外：使用光圈优先档曝光，光圈定为F8 室内：使用光圈优先档曝光，光圈定为F8，可使用闪光灯 6. 标签及色标要求 按照彩色摄影标签制作规范制作标签 将标签套装在色标上 将带有标签的色标置于照片取景框中的右下角与其他照片的重叠区 7. 拍摄技术要求 相机镜头垂直摄影对象表面 拍摄前检查曝光条件，确保符合曝光条件的要求 按动快门时相机要保持稳定 为确保逆光拍摄时镜头避免强光直接射入，采取必要的遮挡措施 室内拍摄时应避免杂光照射到画面，必要时采取遮挡措施 室内拍摄时要求使用三脚架 室内拍摄时采取措施固定测表，避免晃动
彩画摄影标签制作规范	1. 彩色摄影标签制作格式 纸张：采用A4纸打印 文档格式：文档为Microsoft Word 97 页面设置：横向 页边距：上下左右均为1厘米 表格及单元格规范：表格为3列，第一列单元格高度为160磅，宽度为1厘米；第二列单元格高度为160磅，宽度为20.6厘米；对齐方式为居中；第三列单元格高度为160磅，宽度为1厘米 字体：第二列字体为隶书，大小为72号。如果文字较多，则相应缩小到90%或80%，字符间距改为紧缩，对齐方式为居中 对齐方式：表格内对齐方式为底端对齐，左右对齐方式为居中 标签颜色：黑色 2. 标签的制作 将打印的标签按照黑线裁开 将标签对折，字迹向外 在对折后的标签两侧粘贴透明胶带，使之成为一个套子 3. 标签的使用 将标签套在色标上部用于拍摄
壁画、彩画摄影记录方法	详见附件一
壁画、彩画摄影标签制作方法	详见附件二

附件1 永安寺传法正宗殿壁画、彩画摄影记录表

胶卷编号： 胶卷品牌： 显影定数： 摄影人：

照片编号	图片名称	所在位置	绘画内容	照片特征	备注事项	摄影时间
1						
2						
3						
4						
5						
6						
7						
8						
9						
10						
11						
12						
13						
14						
15						
16						
20						
21						
22						
23						
24						
25						
综合说明						

附件2 永安寺传法正宗殿壁画、彩画拍照摄影标签制作要求

标签编号	部位名称或构件名称或绘画图案名称	标签使用方法
001	永安寺传法正宗殿梁架西南角续角梁腹部中段彩画	拍照时与色标同时使用
002		

（五）对本工程若干问题的理论思考与对策分析

1. 关于壁画、彩画材料的机理分析及其选择

（1）彩画老化产物的清除采用了敷贴的方法，这在国内并不多见。这种方法的优点是通过将浸有溶液的载体敷贴在彩画表面，从而保持溶液停留在老化产物表面，使其有充分时间与老化产物反应，达到有控制地清除老化产物的目的。敷贴载体的性质对清污效果至关重要。载体选择有三个最主要的条件，其中首要条件是载体的表现性质，即不与敷贴对象和溶液反应，且不带入不利成分（如颜料或可溶性盐分）。其次，由于清污过程是载体和敷贴对象争夺溶液最终达到平衡的过程，载体的选择必须考虑清污对象的毛细性质（争夺溶液的能力）。再次，由于敷贴载体在完成清污工作后将被清除，其清除的难易程度对载体的选择也很重要。对于木结构彩画的清污，国际上有两类主要载体：纤维类和胶体载体。纤维类载体是通过调节纤维长度达到理想的毛细性质。纤维越短，载体保持溶液的能力越强，但残存载体的清除工作越难；纤维越长，保持溶液的能力越弱，但残存载体较易清除。胶体载体能使溶液最大限度地保持在表面。由于木材具有很强的夺取溶液的能力，一般情况下采用胶体作为载体。但是，对于永安寺彩画的清污，由于胶体的清除非常困难，而残存的胶体对彩画的长久保存不利，因此只能选择纤维类载体。

国内当时普遍采用脱脂棉作为载体，但一方面成本高，另一方面使用不便。特别是大面积敷贴彩画表面时，由于脱脂棉纤维很长，不利于保持溶液，使上面的溶液容易流到下面，造成上面过干，下面过湿，清污效果不均衡；脱脂棉打湿后纤维纠缠在一起，很难在彩画表面形成厚度均匀的敷贴层。

在充分考虑了上述因素的基础上，参考了国内外有关资料，决定采用Arbocel作为清污载体。Arbocel是一种纯净的木材纤维，其成分与脱脂棉相近，但纤维较短，有利于保持溶液，克服了上面过干，下面过湿的问题，达到了均衡的清污效果。同时由于纤维比较短，不会纠缠在一起，应用时十分便利。Arbocel有一系列产品，纤维长度各异，作为载体保持溶液的能力也各不相同。通过一系列选择试验最终决定选择了Arbocel BC 1000，这种型号具有最佳的纤维长度。采用这种敷贴载体清除外檐彩画的老化产物效果好、效率高，十分理想。本项目引进了Arbocel BC 1000 木材纤维用于清除外檐彩画老化产物的载体，不仅在山西，而且在全国尚属首次。

（2）壁画补泥材料的选择应符合和谐性和兼容性原则。和谐性和兼容性是指壁画保护材料与壁画原材料的性质相同或相近，介入材料和原材料和谐、兼容。材料的不均匀性和不兼容性是壁画病害产生的主要内因。壁画所处的环境因素经常改变，如果介入材料与壁画原材料性质相差很大，则对环境因素改变的反应差别也就很大，这样就会在介入材料和原材料之间的界面上产生应力。例如，如果补泥的密度与原地仗相差很远，则两者对于震动的反应相差很大，每次震动就会在新旧材料的界面处产生应力。当这种应力大到足以破坏它们之间的结合力时就会产生断裂。另外，黏土随湿度的增加而膨胀，随湿度的降低而收缩。浑源县降水主要集中在短暂的夏季，湿度变化频繁，如果补泥对湿度变化的反应与地仗差异很大，则将在界面处会产生应力，成为断裂的原因之一。

为使补泥与原地仗物化性质和谐且兼容，对原地仗的物化性质应有充分的了解。本工程实施过程中首先对壁画地仗的残片进行了粒度分析和有机添加物的分析。同时，对永安寺周围常用取土地点的

黏土以及建筑维修过程中淘汰的原墙体土坯进行了采样分析，发现土坯的粒度与壁画地仗的粒度最吻合。可以推断，壁画墙体土坯和地仗的取土来自同一地点。因此决定采用淘汰下来的原墙体的土坯作为壁画补泥的基本材料。由于这些残损土坯含有大量可溶性盐分，直接使用将会给壁画带来酥碱的隐患。为此，将收集的土坯碾碎后用蒸馏水反复漂洗4～5遍以清除可溶性盐分，晾干备用。对壁画地仗的分析发现粗地仗和细地仗的有机添加材料种类不同、比例各异。粗地仗中含有3.7%的麦秸，而细地仗中则含有更高比例的麦秸、麻纤维和麻纸。与原材料相似的麦秸和麻纤维相对容易找到，但麻纸则比较难找。为此，对浑源县及附近的市场进行了全面普查，最终找到了与原材料极为相似的麻纸。据说这种纸的做法已经延续了上百年，材料和工艺始终没有改变。在选定所有材料的基础上，地仗补泥是严格按照原地仗的比例制备的。

在此基础上，正式修补壁画残破部位的地仗前，还针对许多配方不尽相同的地仗模拟进行了其色泽、质感、黏结情况、裂纹情况等感观指标的优选评定，这都为画面修补的具体实施提供了良好条件。

（3）封护材料的合理选择与应用。如前所述，本文认为对于古代壁画、彩画封护材料的选择应遵循以下原则：可逆性和可再处理性，相似性和兼容性，不改变文物本体的化学性质，介入材料应作为牺牲材料，不含有害成分，抗生物侵害。作为封护材料，其光学性质对封护结果十分重要。浑源县光照充分，紫外线强度较高，对封护材料的抗紫外线老化能力要求较高。另外，浑源县特定的气候条件对封护材料的玻璃化温度的要求十分苛刻。该县冬季漫长寒冷，年平均气温仅为6.2℃，所选择的封护材料的玻璃化温度应适应这种气候。玻璃化温度过高，则封护材料在低温环境下变脆，很小的外力就能够使其破碎。而浑源县季风强，风沙大，对玻璃化温度高的封护材料破坏力很强。玻璃化温度过低，则封护材料会软化而固着尘土，造成表面污染。

在充分考虑以上因素的前提条件下初选了几种封护材料，包括Paraloid B72的丙酮溶液、明胶的水溶液、聚乙烯醇缩丁醛的乙醇溶液等，进行了一系列不同材料和浓度的对比试验，最终选择了2%的聚乙烯醇缩丁醛的乙醇溶液。这种高分子有机材料具有出色的耐老化和光学性质，使用时不需介入水分，从而避免激活壁画中的可溶性盐分，溶液易于配置和使用，价格低廉。以聚乙烯醇缩丁醛作为壁画和彩画的封护材料，在山西古代壁画、彩画保护工程应用尚属首次。

2. 文物保护工程应合理兼顾壁画、彩画的文物价值、观感效果与内在质量

（1）对永安寺壁画缺损部位的修补不仅是防止壁画已破损边缘继续扩大蔓延的有效手段，同时也是保护其观感效果与美学价值的手段之一。为保持壁画的原真性，对壁画缺损部位不进行补画是目前学术界广泛接受的保护原则之一。但壁画是艺术品，修补时应该考虑其美学价值。如何在达到保护目的的同时又照顾到壁画的美学价值？国际上最常见的做法有两种：一种是对修补部位全色，即用水彩或其他可逆性颜料将修补部分晕染成与周边壁画和谐的色调，避免远看时修补部分"跳"出来。（这里讲的对修补部分全色不是补画，而是使色调和谐）。另一种方法就是用彩色泥修补，将素泥加入颜色，使其颜色与周围壁画和谐，然后用这种颜色的泥修补缺损部位。本项目原设计采用的是前一种方法，但经过反复测试，认为后者综合效果更好（参见图2-17）。实际操作中，还进行了适当"做

图2-17 地仗补泥试块颜色纹理对比试验　　　图2-18 壁画地仗缺损部位修补效果

旧"，目的是使补泥的色调具有一定的沧桑感。为避免补泥的部分"跳"出来，在修补完成但补泥未干之前将表面处理成"麻"面，从而降低其"抢眼"程度。通过这种处理取得了良好的效果（参见图2-18）。

（2）永安寺的传法正宗殿当心间梁架中的楼阁式藻井是异常珍贵的元代小木作艺术精品。由于人为原因，该藻井的65块彩画天花盖板，在维修时已有49块缺失不存，呈现出破败不堪的现象（参见图2-19）。本次维修保护时，基于不仅要最大限度地保护其全部文物价值，而且要科学有据地恢复其艺术观感效果和结构安全质量的文物保护理念，对照正方形、长方形、三角形等不同造型规格与不同彩画纹样的天花盖板，精心绘制了修复设计图纸。研究并采用传统技法和传统材料按照传统纹样与传统色调，修复补配了所有缺损盖板，从而使殿内藻井恢复了原来的造型面貌，再现了应有的艺术美感（参见图2-20）。

3. 建立健全工程技术档案，走可持续保护之路

完整的保护档案为客观地评价保护处理成果提供了依据。保护项目的实施为研究壁画、彩画提供了难得的机会。特别是一般情况下观测不到的部位由于有了脚手架，可以得到仔细观察。利用这次难得的机会进行全面的档案记录可以为以后的研究提供珍贵的资料。另外，全面的档案记录是对文物状况进行监测的基础。全面的档案记录不仅服务于这个保护项目，同时也为今后的科学保护工作保存了一套完整的资料。我们认为这看似与以前的做法只是量的差别，但反映出了保护观念上质的不同，其要点是：不刻意追求一劳永逸的做法，而是在有效保护过程中尽量少地干涉文物本体，尽量多地给以后的可持续保护提供准确信息。因此为后人保留完整的保护资料变得十分重要。然而在本项目实施过程中，建立完整的保护档案，对壁画、彩画进行保护处理前后的状况记录，以及全面记录保护过程对于施工队伍来说是一个全新的挑战。记录要使用电脑、打印机、扫描仪、摄影器材等，这些对于施工

图2-19　维修前的殿内藻井　　　　　　　　　图2-20　维修后的殿内藻井

人员来说都是首次接触，困难程度可想而知，但最主要的问题不是出在技术上，而是出在观念上。此次项目要求的是全面的档案记录，因此所投入的人力物力较多。虽然这种做法现在已经普遍，但在当时接受起来克服了许多困难。

4. 在文物保护工程实践过程中，既要十分重视多种保护方案的科学比选，还必须十分重视保护方案技术线路的创新研究与方案改进

这一认识使永安寺大殿100余平方米栱眼壁画的修缮保护颇受其益。永安寺大殿的栱眼壁是以土坯立砌为心，正反两面抹泥而成。由于年久失修，栱眼壁画存在两类问题：一是竖立砌造的栱眼壁心原有黏结层老化松散，土坯墙局部剥落，难以久存，个别部位的画面地仗也呈现剥落现象；二是栱眼壁画画面广泛存在着与前述大殿壁画类似的各类病害，急需保护加固。

按照原定设计方案，这100多平方米的栱眼壁画将采用"揭取加固""去除壁心""把土坯置换为木框"的措施进行修理保护。本次施工过程中经多位专业代表反复研究，决定优化原有方案，设计拟定了一套栱眼壁画整体卸装夹具，从而使栱眼壁画得以原状拆卸，搬运至壁画保护棚进行整体原状加固保护。在此过程中，经反复试验筛选还设计确定了科学可行的由特选黏土、细沙土、熟桐油、石灰膏等多种材料配制而成的混合黏结剂，用以黏结加固栱眼壁画立砌土坯。在模拟实验时，经拉拔试验、挑动破坏等多种试验证明其质量安全可靠。付诸实施后，栱眼壁画逐一原位归安，修旧如旧，达

到了令人满意的维修保护效果。在此基础上，采用本文所述方法对栱眼壁画画面进行了污物清理与画面封护，取得了良好效果。

（六）小结

本项目遵照《中华人民共和国文物保护法》和《中华人民共和国文物保护法实施细则》，充分贯彻了《中国文物古迹保护准则》的精神，实行了就地保护、消除病因、原状保护、可逆性和可再处理性以及最低程度介入、材料选择的和谐性和兼容性的原则，工程相关保护修理工作都是按照科学的保护程序进行的。

本项目建立了完整的壁画、彩画保护电子档案，为客观评估保护结果，壁画和彩画的长期监测以及今后的永久保护提供了可靠依据，为壁画和彩画的系统研究提供了珍贵的历史资料，这在山西文物保护史上具有创新性。本工程使用数码相机建立工程技术档案，极大地提高了工作质量和效率并降低了成本。

本项目创立了一个完善的行之有效的质量保证体系，特别是一整套工作规范的制定有助于工程质量的保证和工程目标的实现。

本项目在科学研究的基础上进行了合理的材料选择，聚乙烯醇缩丁醛首次引进山西进行壁画、彩画保护工作，而用Arbocel BC1000作为彩画清污载体的工程实例在我国为首例。

本项目实施过程中，我们特意培养了一批山西本地的青年壁画、彩画保护人员，从观念上和技术上武装了他们。相信这支队伍将会对山西的壁画、彩画保护事业做出新的贡献。

此外，本项目也存在一些可以改进的地方，例如壁画和彩画的勘察设计应在建筑项目设计阶段进行，通过双方设计人员的充分沟通，一些壁画、彩画的保护问题能够借助建筑手段更好地解决。虽然保护方案中曾建议对壁画和彩画的颜料进行分析检测，但这项工作因各种原因没能进行。

（本章节原载于2009年科学出版社《文物保护工程典型案例》第二辑，作者：郑军、吴锐）

三 永安寺传法正宗殿元代殿基做法勘察
及保护补强技术研究

永安寺位于山西省浑源县城内东北隅，俗称"大寺"。此寺始建于金代，后被火灾焚毁，元朝初年重建。寺宇坐北朝南，三进院落，占地面积6000余平方米，寺内传法正宗殿为元延祐二年(1315)遗构，山门、天王殿、东西配殿、东西朵殿等均经明清时期重建，参见图3-1。该寺1986年公布为山西省重点文物保护单位，2001年公布为第五批全国重点文物保护单位。

图3-1 保护修缮前的传法正宗殿

传法正宗殿是永安寺的主殿，位于寺内中央，建造于高大的台基之上，殿前月台宽阔，殿身面阔五间，进深三间，单檐庑殿式屋顶。此殿虽为元代建筑，但其梁架构造与细部做法体现了许多宋金建筑的传统规制，气势古朴壮观，堪称瑰宝。由于年久失修，至20世纪末，殿宇残坏严重，主要表现为：殿基下沉、台帮外鼓、柱网倾斜、梁架走闪、墙壁裂缝、壁画起甲、屋盖漏雨、彩画脱落等，亟待维修保护。为实施这一文物保护工程，1993年、1998年山西省古建筑保护研究所曾两次派员进行前期勘察测绘与方案设计工作。1999年3月，维修保护方案经上级文物主管部门批准付诸实施。

传法正宗殿殿宇基础保护加固项目是永安寺修缮保护工程的重要内容，在修缮保护工程实施过程中，通过对基础加固方案的优选改进及其实施，使我们深刻体会到：我国古代木构建筑的地下结构部分——殿宇基础发生险情后，只要想方设法积极努力，始终本着保护文物建筑的历史真实性和科学价值不受损坏的原则运筹决策，基础实物及其历史信息是可以得到妥善保护的，基础的受力状态及其丧失了的安全度也是可以得到有效补偿与恢复的。

（一）大殿结构形式及其整体变形状况

永安寺传法正宗殿为单檐庑殿顶建筑，殿身面阔五间：当心间宽5.96米，两次间各宽4.77米，两梢间各宽5.03米，通面阔25.56米。进深三间：当心间宽5.06米，两次间各宽5.03米，通进深15.12米。大殿主台基宽30.58米，深20.14米，总面积615.9平方米。主台基前沿高1.5米，后沿高1.2米，外观呈前高后低状。殿前月台宽22.64米，深8.08米，月台面积182.93平方米。该殿梁架为四椽栿对后乳栿，用三柱式，当心间顶部设天宫楼阁式藻井，其余部位为砌上露明造做法。殿内柱网布置用减柱造法，施有直径42厘米的檐柱16根，直径63厘米的后槽金柱4根，合计20根主柱。此外，施工过程中发现，殿宇墙体内部还有直径13～21厘米的柱间小撑柱（暗柱）和斜戗柱共计21根。殿身除前檐当心间及两次间设隔扇门、后檐当心间设板门外，其余部位均砌造厚1米左右的檐墙。墙外皮通身砌顺砖，墙心用土坯砌造，内壁抹棉花砂泥绘制壁画。

据测算，大殿屋盖总重量约为550吨，屋盖重量主要靠上述20根主立柱和21根柱间暗撑柱及戗柱系统支撑。经现场实测，大殿各主柱基础存在明显不均匀沉降，柱底最大沉降量差高达17厘米，并有多块柱顶石被压裂。由于柱基不均匀沉降和其他外力作用，殿宇构架出现了：柱子倾斜(东次间金柱柱头向西倾斜35厘米)、梁栿拔榫(当心间西四椽栿尾拔榫14厘米)、屋架位移(整体向西北方向明显位移)、墙壁裂缝等险情，参见图3-2。

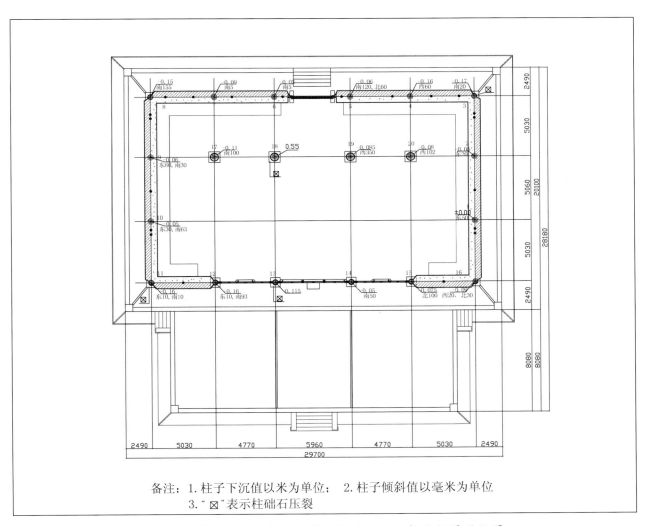

备注：1.柱子下沉值以米为单位；　2.柱子倾斜值以毫米为单位
　　　3."⊠"表示柱础石压裂

图3-2　永安寺大殿柱子编号、柱子下沉、柱子倾斜现状图

（二）大殿地基土的岩土工程特征

为准确了解该殿台基及大殿基础的岩土类型和地层结构，查明柱基下沉原因，1999年山西省古建筑保护研究所会同山西省地质工程勘察院对永安寺大殿的殿基场地土、柱间垫层土和柱下垫层土实施了岩土工程勘察(详勘)。由此得知：

1.殿基场地土由素填土组成，成分以粉土为主，内含砖屑、煤屑和少量灰渣。为非自重湿陷场地，湿陷等级Ⅰ级（轻微）。

2.台基内部(台心)柱间垫层土主要由素填土垫层和砖石炉渣垫层组成，其成分以粉土为主，内含碎砖瓦石、煤屑、瓷片及数层炉渣垫层等，其地基承载力标准值为80千帕。

3.殿身20根木柱的柱下垫层土，则以素土垫层和碎砖、瓦砾、瓷片、炉渣垫层隔层夯筑，且较为密实，地基承载力标准值可定为250千帕。

经统计分析，该殿柱下垫层土的干密度平均为1.4克/立方厘米，压缩系数平均为0.296兆帕，压缩模量平均为27.22兆帕。计算该层压实系数为0.864。计算结果表明：大殿柱下垫层土具有中高压缩性，并且没有完全压实(经计算完全压实后，最大干密度应达到1.62克/立方厘米，压实系数应达到0.94～0.97)，这是造成柱基下沉的主要原因。经初步计算，大殿各柱传给柱础的荷载平均约为250千牛，这说明就现状而言，总体上看柱子基础应力平衡状态的安全系数很小，但不小于1。此外，各柱柱顶石荷载不同，大小不一，也是造成基础不均匀下沉的重要原因。

为避免大殿柱基今后继续产生不均匀沉降，勘测结论认为应对大殿柱下垫层土(即柱基)进行必要的补强或加固处理，借以提高其安全度。

（三）大殿元代基础做法探查结果

永安寺大殿的元代基础距勘察时已有706年的历史，具有重要的文物价值，特别是科技史价值。为了查明该殿主台基内部柱间垫层土和柱下垫层土的具体构造及做法，勘察过程中，曾在殿内布设了三个柱间垫层土探井和一个柱下垫层土探井，前者探查深度2.2米，后者探查深度1.8米，参见图3-3。现以探井1（T1）与探井3（T3）为例，将探查所见择要简述如下：

1. 柱下垫层土做法

探井1（编号T1）紧依前檐东平柱柱础石后侧下挖，探井井口0.7米×1.6米，横向布置，掘至深1.65米时见到天然场地土(粉土)。从探井剖面上共见到11层人工垫土层，垫层分三类：第一类是素土煤屑间以少量白色炭灰的垫层，层厚10～30厘米不等；第二类是碎砖瓦炉渣间以少量白色炭灰块、煤矸石块垫

图3-3　传法正宗殿考古勘探现场

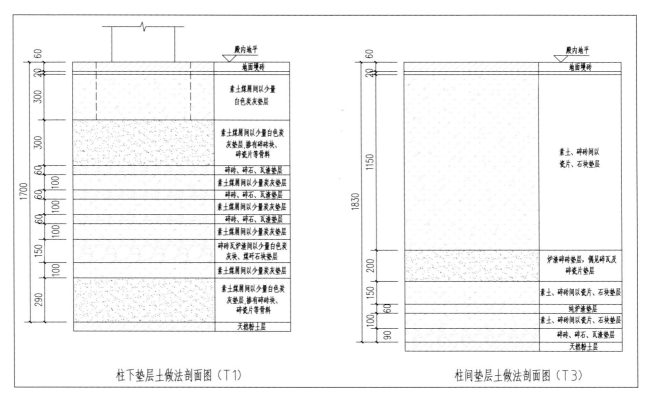

柱下垫层土做法剖面图（T1）　　　　　　　　柱间垫层土做法剖面图（T3）

图3-4　永安寺大殿元代基础做法剖面示意图

层，层厚一般为6厘米左右，其中有一层厚度为15厘米(瓦渣层)。第三类是在第一类垫层的基础上掺以较多碎砖块、碎瓷片等骨料，层厚30厘米左右（参见图3-4）。

在当心间东平柱柱础石下的夯筑基础上，共用了碎砖瓦炉渣垫层4层，其上下间以素土、煤屑、白色炭灰垫层。

2.　柱间垫层土做法

探井3（编号T3）位于殿内东次间金柱与后檐柱之间，井口0.7×1.4米，横向布置，掘至深1.75米时见到天然场地土(粉土)。

从探井剖面上共见到6层人工垫土层。垫土分为三类：第一类是素土碎砖间以瓷片、石块的垫层，层厚1米左右，位于台基上部；第二类是炉渣碎砖垫层，偶见碎瓦及碎瓷片，层厚20厘米左右；第三类是纯炉渣垫层，位于台基下部。层厚仅6厘米左右，与素土垫层隔层填筑。

综上所述，永安寺传法正宗殿元代基础做法的特点是：在柱础石下部筑有由素土、煤屑、少量白色炭灰垫层和碎砖瓦、炉渣、灰块垫层隔层筑打，层位分明的类礅墩式柱基，其夯筑密实度较强；而在柱下基础之外的部位则是以素土、碎砖间以瓷片、石块垫层和纯炉渣垫层隔层铺筑，且垫层厚度的随意性较强的垫土台心，其夯筑密实度较差。

笔者曾于1975年参加过五台山南禅寺唐建中三年（782）重建的大佛殿落架大修工程，经探查得知：该殿柱顶石与墙体之下的基础亦为黄土、碎石、瓦碴分层夯筑做法。由此可知，早在隋唐时期营造殿宇时就已使用这种柱下基础及台基台心人工夯筑基础做法。因此，永安寺传法正宗殿的柱墙基础

①

②

③

④

⑤

⑥

图4-10　五项保护技术创新组图
（①灰土挤密桩夯筑施工现场　②檐头斗栱复位前的检修试安装工序　③现场研究彩画保护方案　④梁头彩画除尘清污施工细节　⑤壁画局部补泥作业场景　⑥二次施釉复烧后的黄色琉璃筒瓦　⑦梁栿彩画临摹小样检查分析　⑧檐头斗栱彩画缩绘小样　⑨明间藻井平棋板修复施绘实样原件与复制件）

7. 竣工验收与验收结论

据统计，在历时5年的施工过程中，永安寺保护工程质量监督委员会共举行过26次内部专项检查验收会议，而且每年年底都会组织进行年度保护工程总结会暨下一年度工作计划部署会。2006年12月28日，山西省文物局组织专家组会同大同市文物局和浑源县文物局专门举行了永安寺保护修缮工程现场检查与总体验收会议。经详细检查和综合评议，一致认为该工程在勘测设计、调查研究、施工管理、保护技术等方面均取得了许多创新成果，符合《中华人民共和国文物保护法》和上级文物主管部门的文物保护工程立项批示要求，工程质量等级优良。在同类文物保护工程项目中，许多方面达到了省内乃至国内先进水平。建议尽快撰写发表保护工程研究报告，为该项目画上圆满的句号。

8. 工程质量回访与发现问题的保修

永安寺文物建筑保护修缮工程分为三个阶段完成，各阶段文物保护工程项目竣工验收之后，都会在半年左右举行由业主单位、设计人员、施工部门及有关专家参加的工程质量回访工作。通过现场踏查、会商讨论、照片拍摄、文字记录等手段形成工程质量回访结论，明确做出关于工程内在质量和观感质量的具体评价，对于所发现的少许问题，也明确提出限期修理弥补的要求，同时提出下一阶段保护修缮工程施工时应该引以为戒和高度重视的建议。这一工程管理模式不仅有效保障了工程质量，而且为永安寺保护修缮工程的竣工总验收奠定了良好基础。

9. 文物保护工程经费使用情况

永安寺保护修缮工程自1999年7月正式开工至2004年11月全面竣工，历时五年有余，在此期间，国家文物局和山西省文物局累计拨付文物保护维修工程专项经费314万元，浑源县人民政府自筹专项经费75.79万元，合计总投入文物保护工程经费389.79万元。该工程各期修建项目竣工结（决）算资料均按照国家有关法律、法规和省、市文物和建设管理部门有关规定，由山西省文物局和浑源县文物局委托山西高明审计事务所进行了专项审计。正式提交了工程结算审核报告，确认符合国家有关建设工程经费管理规定。参建各方均按照合同约定全面履行了各自的义务和职责。工程竣工交付使用后，施工单位山西省古建筑保护研究所也按照合同约定严格履行了工程质量回访与发现问题的保修维护义务。

10. 永安寺大修工程竣工庆典大会

2005年8月20日，浑源县委县政府，恒山管理委员会和浑源县文物局共同组织召开了"永安寺大修竣工庆典"大会。山西省文物局、山西省古建筑保护研究所，大同市人民政府、大同市文物局，浑源县委、县政府、县人大、县政协、县属各职能部门代表及当地社区居民满怀喜悦的心情参加了庆典大会，参见图4-11-①②③。恒山管委会孙海川主任主持大会，在此次大会上，永安寺大修工程项目负

①

②

③

图4-11　永安寺保护修缮竣工庆典组图
（①永安寺大修竣工庆典现场　②永安寺大修竣工庆典侧影　③永安寺大修竣工庆典嘉宾合影）

责人吴锐代表永安寺保护修缮工程管理委员会作了"葺古迹圆中华玉璧，积德行为子孙造福"为题的重点发言。省、市、县参会专家和领导对此工程均给予了充分肯定和高度评价。

（三）文物保护工程实践经验总结与问题思考

回顾为期五年的全国重点文物保护单位永安寺文物保护修缮工程实践历程，就文物保护工程管理而言，可以概括归纳出如下5条基本经验和思考：

1. 文物保护工程是一项不断出现保护修复难题，同时不断出现暗藏于文物本体内部文化信息的历史文化遗存调查研究、保护修复和传承延续过程，对此须有清醒的认知

我国现行《文物保护工程管理办法》规定："本办法所称文物保护工程，是指对核定为文物保护单位的和其他具有文物价值的古文化遗址、古墓葬、古建筑、石窟寺和石刻、近现代重要史迹及代表性建筑、壁画等不可移动文物进行的保护工程。"当一个有相应资质的单位和文物保护项目负责人接手一项文物保护修缮（复）项目时，自调研立项至竣工完成的全过程中，无论在前期准备阶段或者在工程实施阶段、回访保修阶段以及报告编撰阶段，都会伴随着如何正确识别好所发现的文物技术信息？如何妥善处理好所面对的保护技术难题？如何科学把握好拟开展的修缮或修复内容的"度"？如何使各类文化载体所赋存的文化科技价值得以长久延续并持续发展甚至古为今用、活用创新……许多复杂问题。而这些问题绝不是正式开工前确定的保护修缮工程勘察设计方案所能一次性涵盖解决的，必须依靠持续不断的后续调查研究与设计方案细化，甚至是改进、补充、优化过程，所面对的问题才能逐一迎刃而解。

所以，只有真正从本质上理解了文物建筑保护修缮（复）工程的工作特征、职责所在、使命与担当并全身心地投入到保护工程的全过程，才有可能不辱使命，创新工作，成就大业。

2. 文物保护工程保护对象多元融合，有许多需要贯穿始终、同步推进的工作任务，对此不可掉以轻心或有所偏废

"保护为主，抢救第一，合理利用，加强管理"是我国《文物保护法》确定的文物工作方针。单从文物保护单位中寺庙文物的遗产构成即保护对象视角看，就包括了遗产本体（如文物建筑、构筑物、塑像、壁画、彩画、建筑基址、题记石刻等）、遗产环境（如建筑空间、院落格局、古道、场院、月台、踏跺、古树名木、花卉藤萝、山野田园、河流沟谷等）、历史遗存可能埋藏区（如不同时代已损毁建筑群的遗址范围，古栈道或道路可能埋藏区、古代水系桥梁、井穴的古遗址可能埋藏区等）、可移动文物（如各类法器供器、典籍绘画、家居摆设、收藏珍宝）等不可胜数，这都应该纳入文物保护工程项目负责人及责任设计师的工作视野。总结永安寺文物保护实践经验，可以具体归纳为6项需要贯穿始终的文物保护主要工作内容及6项需要同步开展的相关工作事项，对此应该引起足够的重视。详见下表：

表4-2　浑源永安寺保护维修工程

贯穿始终和同步开展的文物保护与科学管理重点工作内容汇总表

类别	编号	具体内容
需要贯穿始终的 主要工作内容	1	对各类文物历史信息的采集记录与研究破译工作
	2	对文物真实性及其赋存价值的科学保护与病害治理
	3	对既定修缮（复）设计方案与保护措施的优化补充及技术难题的多学科联合攻关
	4	对各类文物保护对象的营造技术史和文化艺术史的跟踪调研
	5	对文物保护工程内在质量与观感质量的管理监督，杜绝建设性破坏
	6	对文物保护修缮（复）工程的全过程记录（文字声像等）与科学建档
需要同步开展的 相关工作事项	1	文物建筑组群历史人文环境的保护修复综合治理
	2	文物保护管理基础设施的问题评估与升级完善
	3	文物安全防范与文物消防设施的现状评估与配套建设
	4	文物开放展示陈列宣传教育与宾客接待设施的优化修建或升级配套
	5	文物开放价值阐释内容设计与展示陈列形式设计
	6	以出版《文物保护工程保护研究报告》为目标的资料编研与书稿编撰

3. 文物保护工程项目总负责人必须善于集众多专业工种的学养智慧及其技术力量为一体，方能克难攻坚，相辅相成，顺利推进工作

如上所述，文物保护修缮（复）工程与现代建筑建设工程特征有着本质的不同。因此，文物保护专业的责任设计师与现代建筑设计师的工作职责和所涉及的范围也有本质的不同。前者的职责范围不仅限定于前期调查测绘与方案设计阶段，而且还必须伴随着修缮（复）工程实施的全过程，研究解决所有发现的复杂问题，直至圆满竣工并写出保护工程研究报告；而后者则主要限定于依据业主要求及建筑设计规范要求完成设计任务，通过质量审查，进行技术交底，参与问题答疑和竣工验收。除此之外，文物保护责任设计师（特别是项目负责人）还必须善于根据实际需要，调动多专业多工种的专家学者和技术力量，研究解决好各类工程技术难题，实现保护工程目标。

可见，从本质上讲，文物保护责任设计师既是文物保护工程的总设计师，也应该是文物保护工程的总修复师，还应该是文物保护对象的主要研究学者。

在国际社会上公认的历史建筑与文化遗产保护修复项目中，可能参与其中的专业工种有哪些呢？早在1993年ICMOS公布的《古迹（遗址）保护教育培训导则》中明确有16个工种，即：a.业主与管理人员。b.考古学家。c.建筑师。d.艺术家与建筑史学家。e.承包商。f.历史建筑保护部门官员。g.历史建筑修复师。h.结构工程师。i.环境工程师。j.景观建筑师。k.手工艺匠人。l.材料学家。m.建筑经济学家。n.专业测量人员。o.规划师。p.博物馆馆长或策展人。

那么，浑源永安寺文物保护修缮工程所涉及的专业工种与上述16个工种有何异同呢？我国的历史

建筑与文化遗产保护修复工作有何个性特征呢？详见下表所列：

表4-3　浑源永安寺文物保护修缮工程所涉及的专业工种统计表

编号	《古迹（遗址）保护教育培训导则》16个工种		浑源永安寺文物保护修缮工程及其所涉及的21项专业工种与工作职责提要	
1	业主与管理人员	√	文物保护单位管理机构（业主）	文物保护管理 工程质量监管
2	考古学家	√	文物建筑考古学家	建筑基址调查 文物原状考察
3	建筑师	√	文物保护责任设计师	文物建筑调研 保护方案设计
4	艺术家与建筑史学家	√	艺术家与建筑史学家	建筑历史研究 图像艺术研究
5	承包商	√	文物建筑保护研究机构（有规划设计施工资质的责任主体）	参与工程管理 非盈利保护机构
6	历史建筑保护部门官员	√	国家、省、市、县各级文物保护主管机构	遗产保护管理 保护方案审批
7	历史建筑修复师	√	文物建筑保护工程施工单位设计师与技师	保护修缮施工 传统工艺传承
8	结构工程师	√	文物建筑保护结构工程师	结构缺陷加固 保护修缮补强
9	环境工程师	√	文物保护环境工程师	历史环境保护 现状环境整修
10	景观建筑师	√	文物保护景观设计师	历史环境保护 现状环境整修
11	手工艺匠人	√	中国古代建筑诸作营造修缮匠师	诸作修缮施工 传统工艺延续
12	材料学家	√	材料研究鉴定机构及相关专家学者	材料鉴定、检测、防护等
13	建筑经济学家	√	文物建筑保护工程造价师	文物保护工程预算、结算 工程造价管理
14	专业测量人员	√	文物保护工程测绘人员	文物建筑测绘 地形、地貌与考古遗址测绘
15	规划师	√	文物保护规划师	文物保护管理现状调研 文物保护规划编制
16	博物馆馆长或策展人	√	文物保护单位（博物馆）社会教育及展示陈列部门专家、学者和设计师	展示体系构建、内容设计、形式设计、社会教育活动开展
17	/		民俗学家	保护对象相关非物质文化遗产的调查认知与保护传承
18	/		宗教文化史学家	壁画塑像彩画室内陈设等宗教文物的文化内涵保护研究传承弘扬
19	/		化学与文物科技保护	壁画彩画石质文物等的科技保护修缮工作
20	/		保护对象数字化采集机构及人员	寺庙文物数字化智慧档案建设
21	/		文物建筑艺术构件复制雕造或烧制窑场	砖瓦制品、琉璃艺术品复仿制，砖、木、石三雕艺术品复仿制

　　由上表可知，①我国历史建筑和文化遗产保护修缮（复）工程所面对的学术和技术问题更加复杂多样，因此工程本身所涉及的专业工种也更加多元丰富。②我国的历史建筑和文化遗产保护修缮（复）工程在当今时期体现了保护理念更加先进，保护技术更加成熟，保护工作与研究工作同时并举的工作特征和时代特色。

4.　各级重要文物保护工程的实施均应推行以具有高级专业技术职称的文物保护责任设计师作为项目总负责人的多专业技术团队自始至终参与其调研保护修缮全过程的科学管理制度

　　我国新中国成立以来的各类文物建筑及文化遗产保护修缮（复）工程实践经验证明，其工程质量的优劣与科研成果的多寡，既与该项目文物保护责任总设计师的学识水平和敬业精神关系密切，也与文物保护责任总设计师主导下的多学科技术团队的构成关系密切。浑源永安寺为期5年的文物保护修缮工程同样证明了这一结论的正确性。我国现行《文物保护工程管理办法》（2003.5.1）距今已实行了18年有余。该办法由五章三十条构成，即：第一章总则九条；第二章立项与勘察设计七条；第三章施工、监理与验收九条；第四章奖励与处罚二条；第五章附则三条。其中对于文物保护工程贯穿始终的勘察设计单位与责任总设计师的全程动态跟踪服务和优化调整补充等职责及多学科团队科学研究与协作攻关工作规程尚没有清晰明了的管理要求。

　　2020年5月11日，习近平总书记在山西考察时指出："历史文化遗产是不可再生、不可替代的宝贵资源，要始终把保护放在第一位。"为进一步提高我国的文物保护管理与科学研究工作水平，建议修订《文物保护工程管理办法》时考虑增补上述有关内容。

5.　文物保护工程实施过程中应该特别重视文物科技信息的系统研究与各类技术资料的数字化全息记录及科学建档工作

　　众所周知，文物是不可再生的历史文化资源，也是所在地区历史文化传承发展的物质载体。由于在实施文物保护工程的过程中，许多文物本体的内在文物信息和技术资料都会随之被发现（如暗藏在大小木作结构体内的榫卯结构技术，暗藏在砖石等砌体结构内部的砖木或石木等混合结构技术，被覆盖在壁画、彩画等保护对象底层的早期壁画遗存、匠师题记、游人题记、木工墨线等）而往往又随着保护修缮工程的完成再次被封堵起来不为世人所知。倘若施工过程中对类似稍纵即逝的珍贵文物信息未进行全息记录和系统研究，则事后是无法弥补的。因此，作为文物科技档案中不可或缺的内容和历史文化资源长久保存的基础性工作，对文物保护工程实施过程中发现的一切有价值的历史文化信息资料均应进行数字化全息记录和系统化研究阐释。永安寺保护修缮工程虽然开展于20余年前，当时数字化影像、电脑运用方兴未艾，但是该工程实施过程中非常重视壁画、彩画保护和施工过程中数字化信息资料的采集归档工作，而且对于新发现的元代榫卯结构技术，古人墨书题记，庑殿顶"推山""假厝"营造技术信息等均进行了认真采集和深入研究，积累了许多珍贵资料，丰富了工程技术档案，取得了良好成效。

　　现如今，第五代通信技术和充满智慧的数字化生活时代已经来临，今后文物保护信息采集、档案建设和共享应用都将迎来更为广阔的空间。为使文物信息数字化建设工作跟上时代步伐，尽快制定颁行能够适应新形势的文物保护工程信息采集国家标准与文物保护工程技术档案编制规范，势在必行。

（四）　结　语

永安寺保护修缮工程不仅是"十五"期间国家文物局和山西省文物局确定的重点文物保护工程之一，也是浑源县现代文物保护历史上最重要的大型文物保护工程。施工期间，国家文物局原局长张文彬先生、国家历史文化名城保护专家委员会副主任郑孝燮先生，两院院士著名建筑学与城市规划专家吴良镛先生等曾带领中科院、中国工程院院士一行7人前来现场视察指导工作；国家文物局原副局长郑欣淼、国家文物局文物保护司领导杨志军、晋宏逵、许言先生曾经现场视察精心指导工作，并给予多方指导与大力帮助；著名古建筑学家、原国家文物局古建专家组组长罗哲文先生曾给予关怀支持、指导帮助，中国文物研究所杨朝权处长、文物保护专家郑军先生鼎力支持协助完成壁画、彩画保护项目；山西省文物局局长郭士星、施联秀、李福明、高可、宁立新，文物局总工程师柴泽俊，文物处处长董养忠、邓景雪、白雪冰，安全督察处处长王毅民、王健等同志均曾深入现场给予精心指导和大力帮助；大同市文化局文物科科长赵彧、张宏斌，大同市文物局局长吕生祉、刘建永、苏首义，浑源县县委书记柴树杉、县长雷学峰、宣传部长王维平曾经多次深入工地，关怀指导工作，排解施工困难；省文物局古建专家组乔云飞、白雪冰处长，杜俊奇、任毅敏、李会智、王峰等同仁曾组队深入现场检查指导工作并参加工程竣工总验收。总之，本工程倾注了许多领导、专家和众多专业匠师们的心血与贡献，在此谨致以崇高的敬意和深深的谢意。

永安寺维修保护工程全面竣工迄今已有20余年时间，人们欣喜地看到：全面整修后的永安寺，不仅殿宇更加巍峨壮观，格局更加整齐完备，环境更加古朴典雅，文物保护管理制度规范完善，文物展示开放活动蓬勃开展，社会文化教育活动也有声有色。

五   永安寺保护修缮工程技术报告

在国家文物局、山西省文物局、大同市文物局的领导和帮助下，通过全体参建单位工程技术人员的不懈努力，全国重点文物保护单位浑源永安寺保护修缮工程，自1999年8月正式开工，至2004年11月全面竣工，成果丰硕，颇受好评。

回顾历时五年的永安寺文物保护修缮工程漫长历程，不仅在保护理念、制度建设、进度管理、质量管理、资金管理等工程行政全过程管理方面取得了许多可贵经验（参见本书竣工报告），而且在残损病害勘测调查、设计方案跟踪优化、保护技术传承创新、文物信息系统采集、考古学研究同步开展等工程技术管理方面也取得了诸多成果，现总结归纳奉献于广大同仁，期望对今后开展的同类文化遗产保护工程提供有益参考，借以推进我国文物建筑保护工程科学管理水平不断迈向新的高度。现分述如下：

（一）技术管理要点与问题探讨

1. 严把施工前期残损病害核查确认关

以永安寺文物保护工程的实践经验看，做好这项工作事关文物保护工程的成败得失。具体说来，应从三个方面着手进行：一是要对照保护对象本体认真研读批准交付使用的现状勘察报告及保护工程设计方案，深入理解勘察结论、病害特征、保护理念、保护措施、工程做法等基本信息。核定与实际病情是否存在误判、误读现象，是否存在未查明或未列入的潜在病情或残损情形。二是要在全面核查残损病情的基础上，对已确认无疑的残损病情进行分级、分类详细统计，汇编病害统计图表和照片图册，做到精准把握，以便科学施策。三是要在前两步工作成果的基础上依据设计方案要求及病害特征状况列出针对性保护与修缮措施统计表，努力做到既对现状病害问题分级分类综合考量，又使修缮策略精准得当有的放矢，确保工程措施的可靠性、可行性与有效性。

值得注意的还有如下三方面问题：首先，对于残损病害的核查确认应认真把握好"五确定"原则，即：确定病害位置、确定病害范围、确定病害原因、确定病害性质、确定病害程度，这是能否正确筛选和研定精准恰当保护修缮措施的前提条件。其次，还应该注意综合分析研判是否存在潜在的其他病害，研究确定病害探查施工预案，以便施工过程中着重观察，妥善处理、消除隐患。第三，为防止施工操作过程中对文物本体及附属文物可能带来的负面影响（如拆解扰动、牵拉受损、构件碰撞、风雨、尘土、霉变等），还应制定切实可行的安全防护施工预案，确保文物和人身双安全。

2. 严把施工中期技术方案持续优化关

为了认真贯彻我国现行文化遗产保护理念，全面落实最小限度干预、有效精准干预等文物建筑保护修缮原则，在永安寺保护修缮工程实施过程中，我们始终坚持了根据保护对象病害特征的不同，对修缮技术方案进行动态调整和持续优化的工作方法。其技术要点主要包括：保护措施、施工程序、材料优选、工艺做法四个方面。具体说来：

（1）**保护措施的优选调整主要是通过现场研讨论证，找到最佳的保护技术方法，避免不当干预现象的发生。**

例如：传法正宗殿当心间东侧金柱根部腐朽严重，原定采用局部截断、墩接置换法修复。施工前经再次探查发现其腐朽残坏部位集中在原佛台包裹一侧，且朽坏面积仅为柱子断面的1/3左右，可以采用榫结包镶局部置换法修复。于是及时进行了保护措施的优化调整，既做到了最小限度干预，根除了木腐菌浸润腐坏区，又恢复了柱子的原有承载力，效果令人满意，参见图5-1-①②。

（2）**施工程序的优化调整主要是通过对保护对象诸多病害的综合研判，筛选出最佳的施工先后顺序，避免因施工顺序不当而导致人为破坏或返工浪费。**

例如：传法正宗殿大木构架柱网体系既有歪闪扭曲又有不均匀下沉病害，其保护修缮工程性质确定为揭顶不落架大修。施工过程中经地质工程勘察及局部人工挖孔探查，进一步查明了基础不均匀沉降的原因、沉降数量和墙体内部暗柱（地面以上0.8～1.2米范围内）普遍存在柱根高300～700毫米范围有70%～100%严重腐朽现象，必须墩接加固，方可使其恢复原有结构功能。面对结构纠偏拨正和整体抄平归位两项基本工程目标，制定正确可行的施工程序至关重要。优化调整后的施工程序为：搭设施工保护棚与防护架确保安全→揭除屋盖瓦顶为大木构架卸荷松绑→实施基础加固补强工程防止今后沉降→通过外墙开槽等方法实施暗柱（包括立柱及斜戗柱等）残坏部位墩接加固工程（同步考量柱侧角、柱升起、柱子顶升归位所需要的柱身真长尺度值）→实施大木构架打牮拨正、顶升归位和整体抄平工程，恢复大殿大木构架初始稳定状态→对阑额、普柏枋柱子节点进行加固，通过防变形辅助支撑构架锁定柱网体系→整修归安斗栱铺作层构架，对个别残坏部位进行加固整修，恢复铺作层原有结构状态→加固修复门窗装修→整修归安各翼角角梁、檩槫、椽飞、望板、暗昂，同步调整脊弧线和屋檐檐口弧线等，恢复该殿原有建筑艺术形态→铺设泥背调脊宽瓦，令建筑构架和柱网体系满负荷受力并适度形变至稳定状态→（2个月后）封护外墙所开维修槽口→安装栱眼壁画→铺设地面方砖……实践证明，只有施工程序科学合理了，工程质量才能得到根本保障，工程目标方可圆满实现。

（3）**关于材料品质的鉴定优选及保护措施，永安寺保护修缮工程坚持了如下基本原则：**

首先须查明文物建筑原结构的材料品种及其品质，这是修补构件时正确选材的基本依据。其次须查明残损病情与所用材料的品种或品质有无因果关系。如果有因果关系，则需认真研判有无原材料加固继用的可能性和必要性，在无法加固继用时方考虑谨慎地更换材料予以复制替换，同时消除相互关联的外来破坏因素；如果没有因果关系，则一般不考虑采用置换木材品种的方法进行修缮，而主要针对导致残损病害的外部因素进行妥善处理。例如：传法正宗殿压槽枋接口采用的是当地华北落叶松木以半银锭上下搭扣榫接法相互襻拉，但是由于长年撕拉扭闪等外力冲击个别节点出现了局部裂缝与翘曲现象，而且由于自身干缩变形等原因出现了榫卯拉拔松脱现象，此外由于瓦顶漏雨还导致部分压槽枋顶部轻度腐朽沤损，有些部位深度达30～60不等。综合分析可知：此处残损点主要因外力侵害使然，而不是材料自身缺陷所致。因此，保护维修技术措施要点确定为：剔除槽朽部位，仍以自身耐腐

图5-1   传法正宗殿金柱剔朽包镶加固与壁画修补泥作工艺试验优化
（①东侧金柱下部剔朽后状况   ②东侧金柱包镶加固后外观   ③按照试验配方制备泥料   ④泥料制备试块   ⑤按照优选试块泥料修补后的壁画画面）

性能较好的华北落叶松拼接修复使接口榫卯完形，采用铁套筒、木楔、铁箍、小扒锔、铁襻条加固修复构件端部榫卯后原位归安继用，恢复原结构的自身工作活力。

为了确保工程内在质量，杜绝不良建材被文物保护工程所采用，所有拟用添配建材正式使用前均需履行二次复检程序，并详细造表登记，存档备查。

（4）关于工艺做法的优化调整，事关添配修复构件的制作工艺和工程施工做法两个方面。

坚持正确的文物保护理念，遵循"不改变文物原状"的文物保护原则，切实保护好文物本体所承载的各类历史文化价值，让文物的真实性和完整性传续久远，这是永安寺文物保护修缮工程的工作宗旨，必须贯彻在施工操作的每个细节。在斗栱、耍头、椽飞、沟滴、脊饰等各类艺术构配件因缺失损毁需要复制添配或修补时，从其外观艺术形制的扩放大样到具体锛、斫、锯、镑、凿、挖、雕、磨、捏、塑等各类制作工艺的操作要领，包括不同传统工具和现代工具的选择宜忌，都事关保护对象自身结构功用、风貌形制、艺术美感、地域特色等的营造工艺传承延续效果。

永安寺传法正宗殿壁画残损孔洞地仗泥修补项目工艺做法的优化调整过程，让我们深刻地认识到：在文物建筑保护工程实施过程中，泥作、瓦作、木作、石作等13个工种的许多具体工艺做法都存在广泛的技术信息调查研究空间和保护修缮工程做法优化调整空间。那种不作详细调研、轻率地按照所谓"通行做法"行事的文物建筑修缮施工方法不仅不可取，而且常因新旧材料工艺和施工做法不相兼容、不相协调等原因而造成不可逆的建设性破坏，应该引以为戒。参见图5-1-③④⑤。

3. 严把保护修缮技术传承创新关

为了准确把握和认真贯彻《中华人民共和国文物保护法》《中华人民共和国文物保护法实施条例》等文化遗产保护法规中明确的文物保护修缮工程基本理念与基本原则，在浑源永安寺文物保护修缮工程实践中重点采取了如下三项修缮技术传承创新工作方法：

（1）注重正确认识并传承延续文物保护对象的优良营造方法，促进保护修缮技术创新

比如：永安寺的现存文物建筑均采用了以抬梁式大木构架为主要承重构架体系的减柱造营造手法，其外部围护砌体结构又均采用了以土坯墙心围护、外表封砌青砖槛墙或清水墙面的营造做法。仔细观察这种结构出现的主要病害，大致可归纳为下沉撕裂、局部错位、空鼓破损、构件腐朽、风化酥碱等五类问题。究其原因主要包括基础不均匀下沉、构架变形挤压或地震、大风等外力作用下的结构晃动撞击，以及土壤毛细水作用三种。如何根据上述病害原因与病情特征进行针对性保护修缮？原结构体系与结构方式是否科学合理？有无调整优化的必要？这是施工过程中系统查明病情与病因之后，进行多学科会诊并论证确定最终实施方案时必须正确回答的问题。经认真分析研究认为：永安寺各文物建筑的大木构架柱网体系由露明檐柱、墙内檐柱（暗柱）、墙内柱间支撑结构柱（包括立柱与斜戗柱等）、柱脚处地栿、柱头处阑额与普柏枋所组成，既有足够的结构刚度，遭遇地震或大风时也具有充裕的抵抗变形及回弹的能力，因此其结构体系是科学合理的。以土坯糙砌的柱间墙心与外侧及内侧下部包砌的青砖墙体混合砌筑围护体，具有"刚（外墙）柔（内里）相济"、相辅相成的结构特征，既为大木构架的轻微晃动提供了有限变形兼容空间，也为外部墙体的防碰防雨和内部墙体下部的防碰防潮提供了保障。因此，其结构方法科学合理，应当保护传承，不能轻率改变。至于所发现的上述五类病害，皆可通过基础加固与补强、结构加固与纠偏、裂缝拆砌与修复、阻止水盐运移通路等方法进行修缮修复。采取这样的综合性保护修缮措施正是在传承延续了千百年来我国古代建筑优秀营造技艺的基础上与文物保护新技术相结合后取得的可喜成果。

（2）注重调查研究并合理纠正文物保护对象的局部营造缺陷，改良后人不当干预造成的问题与瑕疵

永安寺始建于金，被火灾焚毁后重建于金末元初，元、明、清三代屡经修建，遂成州城"大寺"。依据地质勘查报告及现场分析可知，后人重建永安寺时各类殿宇大都建造于前代的建筑废墟或旧基址之上，正因为如此，永安寺现存文物建筑的大木构架不均匀下沉营造缺陷都与建筑基础总体较软弱且不均匀及场地加固处理不到位有关。浑源县位于山西地震带的北端，新构造运动比较强烈，元代以来曾多次发生较强地震，永安寺建筑构造的倾斜歪闪、墙面裂缝与此不无关系。此外，在漫长的历史进程中，由于后人根据当时客观需求改变寺院使用功能，分割院落使用空间，在原有院面上多次加铺垫层等原因，导致该寺院原有排水体系被阻断破坏，形成了若干排水不畅的积水区，这又导致了院面铺装的冬季冻涨与消融破坏和在土壤毛细水作用下对建筑台基、墙体、墙内暗柱、墙面壁画等带来的下沉、腐朽、起碱、剥蚀、风化等一系列次生病害的发生和发展。

基于上述调查结果和分析思考，在永安寺保护修缮过程中，研究决定优化调整原定工程设计方案，针对不同建筑病害特征及其发展程度因地制宜地采取了建筑基础加固补强、大木构架加固修复、毛细水运移通路阻断、院落排水体系疏导与院面铺装等修复工程技术措施，有效地解除和根治了各类病害。因此时过近20年后再次回访，仍然效果良好。

（3）注重文物保护难题攻关，通过多学科诊疗手段谋求系统性文物保护修缮技术的改进与创新

在永安寺文物保护修缮施工过程中，曾经遇到过许多需要攻克的保护修缮技术难题，都是通过多学科难题攻关方式妥善解决的。比如：传法正宗殿殿顶清代琉璃筒瓦及勾头滴水瓦因严重脱釉及胎体剥蚀，按照原定方案允许更换量达300余块。是否有办法进行修补重复施釉后继用呢？这是摆在保护修缮工程技术人员面前的一道难题。为了妥善解决这一问题，让轻度和中度破损的大量琉璃瓦得以修复继用，施工过程中主要技术人员曾经带着残损明代瓦件样本走访了多家琉璃瓦烧制厂家，与老工匠、老技师们研讨复烧施釉技术方案。鉴于传法正宗殿的残损琉璃瓦多为黄色釉，且瓦的胎体粒径较大，结构酥松，色泽泛红，这就对修复胎体和二次施釉带来了结构不易兼容、色泽不易和谐等技术难题。针对这些问题反复进行了烧制和工艺改进试验，调试釉料的配方及其浓度、密度，优化旧瓦复烧及二次施釉工艺流程，摸索复烧温度控制指标，虽然难以尽如人意，但最终取得了成功，实现了通过技术创新使这批早期琉璃瓦的真实性和完整性均得到了有效保护和修复继用的工程目标。

（二）工程施工方法与经验总结

1. 编制切实可行的施工技术方案

为确保永安寺文物保护修缮工程的内在工程质量和外在观感质量全面满足既定工程目标，施工过程中强制性要求各施工部门均须在深入调查研究的基础上事先编制施工技术方案，上报批准后方可施行。比如：《传法正宗殿保护维修项目施工技术方案》（1999年6月）、《传法正宗殿壁画彩画保护维修项目施工技术方案》（2001年6月）、《永安寺山门、天王殿落架大修项目施工技术方案》（2001年4月）、《永安寺山门、天王殿油饰彩画保护与补绘作旧项目施工方案》（2001年5月）等。施工技术方案的主要内容包括：保护维修对象的病害特征、治理病害的技术方法、技术信息的调查记录方法、拟用材料的品质与技术指标、施工方法与组织计划、机械设备选用方案、多工种协调配合计划、施工

程序与进度计划、施工安全保障措施等。

为保证施工技术方案切实可行，所有施工技术方案编制工作完成后均需申请永安寺工程质量监督管理委员会邀请相关专家审查讨论，正式批准后方可施行。

2. 搭设牢固可靠的施工防护设施

为确保文物本体和施工人员的双安全，依据工程施工的不同需要，永安寺保护修缮工程一般选择搭设五类安全防护设施：一是适应全揭顶并局部落架大修工程的文物安全防护大棚，主要作用是为保护对象提供防风、防雨、防尘等防止自然破坏因素的保护棚罩。二是适应壁画、彩画等附属文物原位保护要求的安全防护棚架，主要用于防尘、防雨、防霉变、防施工人为碰撞等破坏因素的发生。三是文物保护修缮施工脚手架、升降台、马道等，主要作用是为施工操作和构件、材料运输等提供安全保障。四是为适应各类建构筑物大木构架原位顶升、纠偏、修复、加固的针对性支戗架，主要用于纠正和治理大木构架的下沉、扭转、错位、偏移等残损病害。五是为适应构件检修、栱眼壁画保护、构件彩画维护、缺失构件补配等的保护施工工作大棚，这同时也是珍贵构件分类码放、暂存待用、确保安全的防护设施。

为使上述五类施工安全防护设施各得其所、安全可靠、互不妨碍，必须事先依据施工技术方案编制施工防护设施专项总平面布置图与施工技术总体方案。

3. 建立详细全面的勘测登记表册

永安寺现存文物建筑均采用了大木结构为主的砖木混合结构体系，每座建筑均由千百个建筑构件按照不同的方式巧妙组合而成。根据既定保护修缮方案，除山门和天王殿为大落架维修方式外，其余均采用全揭顶、局部落架的方法予以修缮。为了准确掌握拟拆卸建筑部件的具体名称、所在位置、构件材质、外观形制、详细尺寸、残损部位、残损程度、残损类型、残损特征、残损原因等问题，现场研究确定拟采取的最佳修缮加固或置换修复技术措施，落架前或过程中均认真填写了《建筑构件残损（缺）状况及维修措施现场登记表（册）》，详细测绘与拍摄记录了相关影像信息。值得注意的是，拆卸构件前须将统一制成的构件编号牌悬挂或标识于构件的某一位置，为构件下架维修加固和日后修复归安提供指引。这样的现场记录成果，不仅对建筑构件数量的精准统计提供了条件，也为构件分类（或分组）拆卸、精准统计提供了方便，为构件分类（或分组）检修、分类（或分组）保存、分类（或分组）归安和科学有序施工提供了有力支撑。实践证明这也是完善文物保护维修技术档案建设所不可或缺的重要技术操作工序。

4. 开展严谨认真的跟踪调研工作

经典文物建筑是古代哲匠精心创造的建筑技术与文化艺术的物化杰作，许多历史文化信息都是长期被暗藏在建筑结构体内部而不为人知，然而伴随着落架解体和保护维修的短暂过程，许多珍贵历史文化秘密得以呈现，而有条件被解读，诚为难得良机。有鉴于此，必须借机认真详细地对建筑构件外观形制、榫卯结构、加工技艺、古代匠师绳墨印记、初始营造编号方法、古人留存墨书题记、建筑构件材质材种、雕刻纹样的文化内涵和时代特征、残损病害程度及其原因等进行详细的全息影像记录、细部尺寸记录和跟踪调查研究。

　　这不仅是建筑史、技术史、文化史、考古学深入研究所不可或缺的第一手可信资料，也是深化文物价值评估、进行文物精准鉴定、开展文物科学保护管理所不可或缺的有力证据。

　　在永安寺维修保护施工跟踪调研工作过程中，就不失时机地获取了大量实物影像资料、构件测绘资料和文字记录资料，受益良多，收获颇丰。比如：在维修天王殿时，曾在其后檐东北角斗栱外一跳万栱的散斗上发现了"大清乾隆二十八年八月初十日修造人"墨书题记，为准确认定该殿的重建年代和历史沿革提供了直接证据。又如：在传法正宗殿东侧面当心间柱头枋顶面发现了墨书"東山"二字，说明"东山""西山"应是元代工匠用以表达建筑物东西两侧面的方位术语（详见本文第三节），而这一术语至今仍然鲜活地传承和使用着。

5. 落实井然有序的施工组织程序

　　从工程性质上说，永安寺的单体文物建筑主要分为落架大修工程（山门、天王殿）、全揭顶局部落架大修工程（传法正宗殿及东西配殿）、全揭顶不落架维修工程（东西朵殿）、原址修复工程（钟鼓楼）、文物保护管理设施建设工程（办公室、卫生间、配电室、东西碑廊等）五种类型。这五种类型的保护修缮（建）工程大都贯穿着壁画、彩画等附属文物的保护施工。而对待不同构造特征和残损问题的保护对象，实践中需要采取不同的拆解加固、病害治理和整修归安等施工程序，借以确保施工过程井然有序，互不妨碍。这样方可达到事半功倍、安全有序、提质增效的目的。现总结略如下表：

表5-1　永安寺单体建筑保护修缮（复）工程施工组织程序总结简表

工程类别	基本步骤	施工程序	注意事项
落架大修与局部落架大修工程（传法正宗殿、山门、天王殿、东西配殿）	复查记录与解体检修	→复查建筑病害，明确落架范围→复测技术数据，采集影像资料→登记构件表册，落实防护预案→谨慎局部解体，同步记录调研→分类妥存构件，逐一鉴定检修	缺失部件含严重残损无法继用的诸作构配件与局部缺失需要补配的构配件 修复大木构架时应认真校核原有柱升起与柱侧角 订制角梁橼飞须认真校核各翼角的檐伸出与檐翘起的对称协调性，确保屋檐翼角的曲线自然优美 壁画、彩画、塑像等附属文物的保护修缮工程应合理贯穿在建筑本体保护修缮过程之中 注意科学保护与标识展示各类历史遗迹、遗物
	病害整修与主体结构修复	→优化修缮方案，补配缺失部件→实施基础加固，抄平归安柱础→修复大木构架，戗固防止变形→归安斗栱铺作，整修大木构架→布钉角梁橼飞，铺设屋顶望板→调整连檐瓦口，优化造型曲线→装钉望栈博风，布设防滑楞木→铺设护板泥背，结瓦屋顶脊瓦	
	修缮围护结构与装饰装修	→整修内外装修→修筑围护墙体→修理壁画彩画，实施油饰断白→修复台基地面，铺砌周边散水	

续表

工程类别	基本步骤	施工程序	注意事项
全揭顶不落架保护修缮工程（东西朵殿）	病害复查记录与拆解屋顶构件	复查建筑病害，明确揭顶方式→复测技术数据，采集影像资料→登记构件表册，落实防护预案→谨慎拆解屋顶，同步记录调研→分类检修旧件，补配缺失部件	此类维修工程虽不允许主体构架解体落架，但许多屋面的残损病害与大木构架变形、檐槫位移滚动、构造节点损坏密切相关，往往随着屋面的揭除，内在问题昭然若揭，应实事求是，灵活处置记录调研过程中，除各类技术信息，还应特别注意题记、宝匣等暗藏文物的采集研究 文物建筑各部位的优美曲线，包括：屋面曲线、屋脊曲线、翼角曲线、博风曲线等等，都是由其内在结构所生成，又在施工过程中优化调整后所使然的，施工时务必引起高度重视
	结构整修与屋顶修复	→排查构架问题，优化修缮方案→整修大木构架，根除局部残损→归安椽飞博风，加钉连檐瓦口→铺设望栈泥背，覆瓦屋面瓦件→优化各部曲线，结瓦屋瓦脊饰	
	检修围护结构与装饰装修	→修理围护墙体，整修内外装修→保护壁画彩画，实施油饰断白→修缮台基地面，铺砌周边散水	
原址修复工程（钟鼓楼）及文物保护设施施工建设工程（办公室、卫生间、配电室、东西碑廊等）	学习掌握设计要求，确定施工方案	进行技术交底，查勘施工场地→明确修复（建）要求，编制施工方案→培训诸作员工，探查建筑基址→优化既有基础加固继用方案，解析上部主体结构设计方案→确定修复工程施工组织设计与技术设计方案	原址修复工程必须坚持既有基础不得拆除重做的原则，如需加固补强，须以最小限度干预但切实有效为原则，还需同步落实基址展示方案 检查验收砖瓦、木石等诸作构配件必须兼顾内在构件质量和外在观感质量两个方面，出色地体现当地某一时代特定建筑艺术风貌 大木结构的榫卯节点是否科学合理，事关建筑物整体的结构安全和耐久性能，须加倍重视
	预制诸作构配件验样备用	→精心选材备料，报验检、查记录→排除缺陷材料和生物虫害→放大样、验小样，制备各类构配件→查验榫卯，分部试装，确保无误→编号记录，分部自检，准备安装	
	保护修建基址与施工营造	→放线筑基，安装柱底础石→立架上额，调整升起侧脚→架设斗栱铺作及梁栿槫榫→抄平核查调整细部尺寸，戗固构架防止变形→钉制椽飞望板和连檐瓦口→调整优化外观艺术曲线→宽装屋面瓦件→砌筑围护墙体，安装门窗装修→实施油饰彩画（最好隔年风干后实施）	
工程管理与验收	工程管理总体要求	工程的施工程序既要遵守《文物保护工程管理办法》（2003）和文物建筑修缮工程施工控制操作、监测、验收等有关规定及规范，又应符合《建设工程施工现场管理规定》（1991）的有关要求，兹从略。值得注意的是，施工过程中应依据设计要求同步完成文物保护对象所必须配备的基础设施和安全防范等设施施工任务，避免返工浪费	应严格执行建设工程监理法规要求，注重事前、事中和事后监管，确保工程质量 在文物保护工程管理行政和技术管理过程中，应该特别注意各类资料的分类整理和科学建档工作，争取建立工程档案数字化系统
	分部分项验收要求	1.各类需要补配的构配件，特别是砖、木、石等雕饰件，均须事先在专业负责人指导下雕造样板送审，批准并封样后方可批量营造安装 2.施工过程中，须按照有关规定严格履行工程质量自检、互检、抽检和分部分项验收工作，并建立健全有关记录档案，为单位工程和总体工程质量验收奠定扎实基础 3.当附着于文物建筑之上或之内的不可移动文物（如壁画、塑像、彩画）等需要保护修缮时，应将相关修缮项目合理贯穿于建筑保护施工过程之中或之后	

6. 注重内外环境的综合修复治理

永安寺的环境治理工作，根据保护修缮工程的进度计划，是分两步实施的。首先是施工前期开展的"拆除违建"和"三通一平"准备工作，主要着眼于拆除寺内新中国成立以来所不当添建的各类住房以及厨房、库房、水池等建构筑物，一方面为文物保护施工提供场地，另一方面为日后修复寺院内部历史环境清除障碍。其次，是在施工后期开展的寺庙院落地面整修、排水体系修复和绿化植物种植、复壮工作。施工过程中通过试掘探查找到了被掩埋的早期院落地面，结合基址保护和庙院排水的需要对各院落甬道、散水、排水沟等进行了综合整修和环境修复。寺院外部环境的保护修复和治理工程（如寺院西侧和西北侧的金鱼池以及寺院北侧的放生池等外部环境历史景观、寺庙前导区牌楼及广场等），则因不在获批工程计划之内和经费不足等原因暂未开展。

7. 落实基础设施的优化升级改造

永安寺的基础设施升级改造工程主要包括既有水、电设施的升级改造和消防扑救设施与安全防范设施建设两类工程。相关工程是由浑源县文物局委托有资质的专业机构伴随着施工过程有机穿插配套完成的。

（三）保护工程项目与修缮技术述要

1. 第一阶段：传法正宗殿局部落架大修及殿内壁画彩画保护维修工程（1999.7～2002.10）

该工程分为两个时段，传法正宗殿落架大修工程自1999年7月开始至2000年12月完毕，历时17个月；传法正宗殿内的满堂水陆壁画（186.9平方米）及殿宇彩画（1892平方米）、栱眼壁画（88.1平方米）的清污去尘与科技保护工程，自2001年6月开始至2002年10月完成，历时16个月，其主要保护修缮技术按照先后顺序报告如下：

（1）正式开工前的各项准备事宜

保护施工相关单位共同对传法正宗殿残损病害进行了全面复查，对修缮设计方案进行了再一次可行性研讨，组织开展了设计方案技术交底，研究确定了保护技术措施要点和补充设计要求。施工负责人进驻现场研究编制保护修缮施工方案，组织搭建修缮工程保护大棚与全揭顶局部落架施工脚手架，依据拟拆卸结构范围研究确定拟拆卸建筑构配件编号登记表册，制备编号牌与编号贴纸。绘制施工平面图，明确构件摆放分区位置，搭设重要构配件维修施工大棚。配备了消防安全设施与相关器具，建立了工地安全防范管理制度。自1999年7月27日至8月9日，历时14天，上述各项准备工作全部完成。

（2）解体揭顶、残损记录和局部落架项目

按照审核批准的施工方案，第一阶段的解体拆卸内容主要包括：屋面瓦顶、椽飞翼角、檩槫角梁、斗栱枋木和栱眼壁画五项内容，第二阶段则针对施工实际情况研究确定需要局部拆卸的其他构件与涉及范围。施工过程中始终坚持了"少解体、少落架、少干预和有利于拨正顶升修复大木构架、有利于综合根治各类残损病害、有利于全息记录分析各类文物信息"的文物保护施工原则。解体拆卸过程中，对屋顶筒板瓦件、脊饰吻兽件及其初始或后续工程做法都进行了编号标记、尺寸测量与摄影记录，对椽飞、望板、连檐、瓦口、大角梁、仔角梁、隐角梁、庑殿顶推山做法、大木构件榫卯形制等技术信息也逐一进行了仔细分析、尺寸测量及摄影记录。经过分类鉴定与详细统计，形成了完好构配件、缺失构配件、残损构配件统计汇总表，为即将跟进开展的构件整修工作提供了科学依据。

按照设计技术要求，栱眼壁需整体拆卸，首先须精心做好画面防护工作，然后采用了专门预制的栱眼壁拆卸夹具，在三脚架、手动滑轮吊机等辅助工具配合下，顺利地完成了整体拆卸施工任务，安全运到了壁画保护大棚，等待保护整修。

对于被解体拆卸至地面的砖瓦类构配件，均按照其保存状态和不同规格分类科学码放。对于具有特殊文化属性的勾头、滴水、屋脊、吻兽等构配件，则依据其所在位置和原装顺序排列摆放，以便于研究分析纹饰图案匹配错乱问题、残缺损坏缺失问题，分析确定补配整修计划。需要在地面修复室补配的缺失斗栱、驼峰、角梁、椽飞等大木构件均被逐一列入整修任务清单。

在传法正宗殿整体揭顶与局部落架工作基本完成的同时，为了安全有效地卸掉斗栱铺作层以上的荷载，给大木构架拨正修复施工环节提供有利条件，对保存较好可不落架的大木构件采取了原位支顶与柱顶卸荷技术措施。

传法正宗殿全揭顶和局部解体落架工作自1999年8月10日至25日，历时16天全部完成。随后砖、木、瓦、石等诸作构配件的整修加固补配工作正式启动。

（3）柱网结构变形状态探查及其初始构造做法分析

按照设计要求和施工方案，这一阶段有大木构架变形状态精测等6个施工技术环节需要逐一开展。自1999年9月2日开始至10月28日完成，历时57天。现分述如下：

①墙内柱网体系结构承载状态探查

完成传法正宗殿柱网体系打牮拨正与构架修复任务需要妥善解决三个问题：首先，所有施工措施均不得对殿身墙体的安全性和内侧墙面的古代壁画造成任何不当干预；其次，必须准确掌握大木构架柱网体系的残损变形状态及致病原因；第三，最终施工措施必须以现场实测数据分析计算形成的构架初始状态修复方案为依据，而不可盲目照图施工。

依据该殿外墙暗柱相应位置普遍出现3～6毫米通身裂缝及局部残坏险情初步分析，其内部必然出现了结构变形从而导致墙面外闪等问题。为准确掌握东西两山及后檐墙内8根暗设檐柱的受力及残损状态，决定首先对其施行外墙皮开槽探查工作，开槽时合理预留下一阶段构架加固修复操作所需的最小施工空间。

经探查，发现了该殿3个主要结构问题及营造特征：首先，8根内柱均与麦秸粗泥糙砌的土坯墙相互结构为一体，暗柱与土坯墙之间用瓦片、麻绳、木条等夹带孔隙的围护层间隔（厚约60～120毫米不等），其下部与外墙下部通风孔相连，上部墙肩上有细小孔洞可排风排湿，应该视之为木柱通风防腐和木柱常时微动的柔性防护层。而且在墙体之内、各柱之间设置有由立柱和斜戗柱、地栿等组成的为防止大木构架柱网体系过度晃动变形与过量倾斜扭转而设置的木结构暗支撑体系，至为可贵，参见图5-2-①②③及5-3。其次，所有墙内檐柱以及柱间暗设的辅助性支柱、斜柱大都存在下部30～80厘米范围内，严重受潮腐朽及柱子下部腐朽下沉伴基础不均匀沉降问题，大大削弱了其原有结构功能。

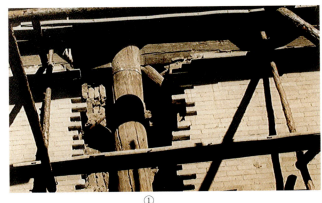

①

②

③

图5-2 传法正宗殿柱网结构中的暗柱支撑体系
（①西山当心间南平柱南侧暗设斜柱柱头与阑额
端部结构关系 ②西山当心间北平柱北侧暗设斜
柱柱脚微创探查 ③墙体内部暗设支柱及被截除
的朽坏柱根与微创检查口）

这也正是传法正宗殿外墙皮纵向裂通缝与殿顶构架沉降扭曲和倾斜歪闪的重要原因。第三，由于主要
柱子下部基础较轻弱，加之原设柱顶石厚度不足（厚200～260毫米不等），共有5个柱顶石受压破碎
（3#、7#、11#、15#、18#），亟待整修，参见图5-4-①②。

施工过程中为防止土坯墙局部塌落，采用麦草粗泥进行了临时性封护，对各部位残损情况进行了全
面记录，对拆卸的砖块进行了分区分组存放以备修复时原位归安。对柱网构架进行了安全防护支顶，防
止变形所导致的次生问题。

②柱网构架抄平精测及其变形现状图绘制

完成上述探查分析任务后，随即对传法正宗殿的柱网体系（自柱下基础至柱头普柏枋）进行了一
次详细抄平精测和安全体检，准确掌握了各部位详细尺寸，为制定科学修复计划提供了技术依据。

该殿由20根主立柱（包括金柱4根、明柱8根、暗柱8根）和12组柱间木结构支撑体、4组门字形支
撑框架共同构成了殿身外围柱网结构体系，为方便叙述，以基础下沉值最小的东山墙南平柱为1号柱，
逆时针方向编号，绘制了带有柱子编号的传法正宗殿柱网体系变形现状实测图，参见图5-5。

③柱下基础沉降状况及其上部构架变形基本规律分析

经实测，20根立柱均有不均匀沉降现象，最大沉降量差170毫米，参见图5-6。

A.平柱与金柱沉降量值稍小，数值在30～115毫米之间，除东山1号柱外，下沉量值大于50的柱子
多与角柱相邻（2#、9#、10#、12#柱）。

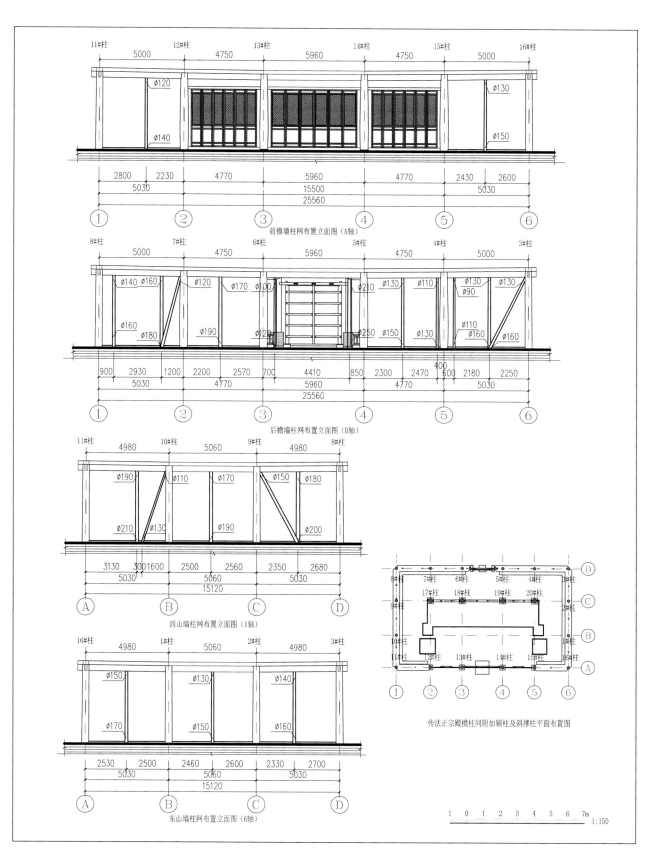

图5-3　传法正宗殿檐柱间的暗设支柱、戗柱布置图

移变形尺寸及因构件干缩变形所导致的局部空隙尺寸、因构件挠曲变形所导致的尺寸误差等虚假尺寸量值后，得出了该殿正面、背面和东西两山面的柱底与柱头各开间尺寸与总尺寸。再经综合分析，得出如下结论：

A.该殿正背面及东西山面当心间平柱均没有向左右方向的柱侧脚，向内则呈现出20～37毫米的倾斜侧脚。

B.该殿正背面东西两次间的阑额与普柏枋的实际尺寸较柱底开间尺寸短20毫米左右，同时也有向内倾侧值20～30毫米不等。

C.比较分析4根角柱的柱侧脚现状，加之综合分析其与相邻平柱间的柱底和柱顶中心距离差，可知，4根角柱在设计之初应向内45°方向倾斜约35～37毫米。

综上所述可以推定，该殿的柱侧脚在营建之初其四面当心间4根平柱柱侧脚仅向内倾斜50毫米；正背面次间外侧4根平柱的柱侧脚则即向内倾斜50毫米，又向"当心间"（采用早期建筑术语）方向倾斜20毫米；4根角柱向殿内45°方向倾斜70.70毫米。殿内金柱中的平柱为直柱造，没有柱侧脚，但两次间外边上的金柱则与相对应的前后檐柱保持轴线平直，向大殿内侧作适当倾侧（柱身总侧脚值约20毫米）。参见图5-7。

⑥柱网构架原状及其结构特征分析

综合以上分项调查结果可知：传法正宗殿柱网结构是由4根金柱和16根檐柱（明柱8根，暗柱8根）

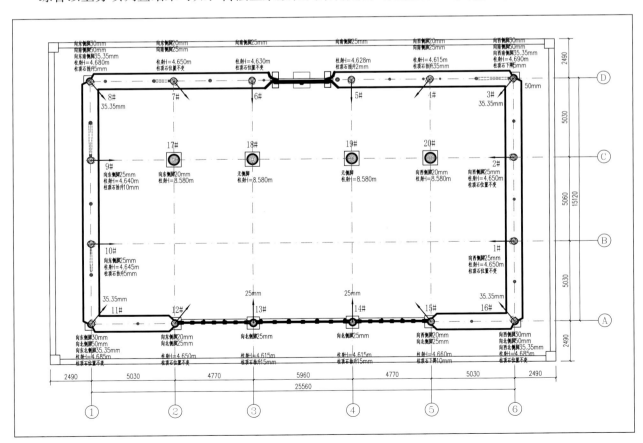

图5-7　传法正宗殿柱子侧脚与升起原状示意图

构成主体柱网构架,再由柱间立柱或斜戗柱及其柱头替木和下部柱顶石组成的12组墙内抗变形柱间辅助支撑体及4组门式支撑体(抱柱与门额等)共同组合而成的体系化抗变形柱网结构设计成果。其主体柱网构架体系、柱侧脚、柱升起规范有序,构架自身相互聚拢,不易离散,暗柱间的辅助支撑体既可起到辅助并强化竖向承载的功效,又兼有防止并抵御构架过度变形扭转的性能,明柱间的门式支撑体也有效地解决了上部阑额、普柏枋的竖向抗变形承载能力不足的问题。此类柱网构架体系本身形制古朴,传承有序,构造简洁,传力合理,受力愈大,为力愈坚,特色鲜明,堪称典范。笔者认为,此殿构架所发生的变形损坏现象主要是由该殿基础薄弱所导致的不均匀沉降、柱子根部腐朽下沉病害以及在强烈地震、大风等外力共同作用下所导致的。

通过以上分析研究,不仅准确查明了传法正宗殿柱网结构变形损坏的量值、程度、性质、特征及其原因,而且全面掌握了该殿柱网结构的初始营造技术方法及其设计技术指标与构造形态特征,为后续开展的大殿基础整修加固、大木构架打牮拨正与科学修复工程提供了准确可靠的理论依据,参见图5-8。

(4)殿宇柱下基础加固补强、抄平放线与柱网构件截朽墩接修复项目

综合上述勘察测绘研究结论可知,传法正宗殿的大木构架体系要想再续数百年而依然健硕不毁,首先必须根治殿宇基础密实度较差、承载力不足、整体性不强等问题,包括柱下垫层土压缩下沉、柱顶石受压碎裂、柱间垫层土压缩下沉等问题;其次就是要采取妥善措施治理和纠正柱网构架体系整体变形、

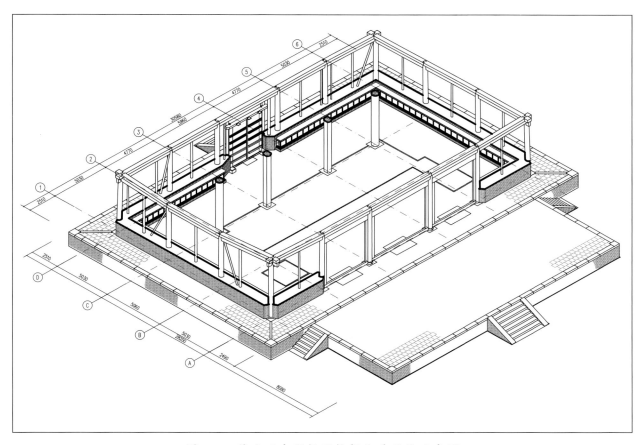

图5-8 传法正宗殿柱网构架体系原状示意图

不均匀下沉和扭闪歪斜等问题（包括相关构件的根部腐朽、局部裂缝、节点脱榫等问题）。

因此，柱网构架的基础加固补强及其拨正修复任务势在必行。其施工技术措施如下所述：

①殿宇柱下基础的加固补强与构架支护检修

A.项目概述：

据勘察，传法正宗殿柱下碎石瓦碴磉墩式基础是由10余层人工夯填土和碎石瓦碴垫层夯筑而成的，其顶部设以600毫米×600毫米×250～300毫米厚的石灰岩柱顶石上承柱身重荷。各柱下部磉墩式基础最大沉降量差170毫米，4根角柱沉降量尤甚。有5块柱顶石受压碎裂（3#、7#、11#、15#、18#）。

B.设计要求：

依据设计要求和现场核定的技术方案，施工全过程应在测量控制的前提下，通过打牮支顶技术措施卸除柱子重荷，在详细探查基础下部无异常后，用3:7灰土1至2步加固柱顶石以下部位并适当外扩承载面，继而加固或置换破损严重的柱顶石。施工时必须确保柱顶石顶面与设计要求的标高值相一致。

C.技术措施：

a.以750毫米×750毫米×400毫米厚的柱顶石置换被压碎裂严重的柱顶石，防止再次碎裂。精心选料，严防有暗水纹的原材料被使用。

b.以φ100～120毫米、长1200毫米的柏木桩（地钉）每组4根，分别钉入4根角柱的柱顶石下部，通过挤密有效增加角柱下磉墩式碎石瓦碴基础的自身强度，放线定位时让柏木地钉的中心与角柱根部外皮切点相距80毫米。

c.对柱顶石下的1至2步3:7灰土加固层的厚度不做硬性规定，视柱顶石下垫层厚度实际需要确定。必要时加垫50～100毫米厚钢板垫片取平。对白灰与土料进行过筛，剔除杂质，按3∶7比例搅拌均匀，控制最佳水量，遵照施工技术规范人工夯筑。施工前先行个案试验，成功后再广泛施行。

d.施工过程中，在最小限度干预的原则下，对12组大殿墙体内部暗支柱和斜戗柱的下部支承点进行了逐一探查和加固维修。

e.在柱下基础加固修复施工全过程，设计和业主代表坚持旁站监督，保证质量，全程记录，存档备案。

D.完成工程量：

本次施工，逐一完成了16根檐柱、4根金柱及12组墙内暗柱与斜支撑结构的柱下基础加固修复任务，同时完成了各柱位柱顶石顶面的抄平修复任务。此外，还为柱网构架的打牮顶升与拨正归位工程的施工操作拆解了部分砌体障碍，准备了必要的施工空间，参见图5-9-①②③④⑤⑥。

E.质量检测：

a.施工过程中坚持施工方自检与施工单位、设计单位、业主单位共同抽检相结合的方法，保证质量。

b.对柱下磉墩式碎石瓦碴人工夯土基础及其上部3:7灰土的夯筑质量，主要采用轻便触探法检查分析其施工质量，并填写施工记录与施工报告。

c.施工完成满足设计要求后，批准进行下一步工序。

图5-9　传法正宗殿柱网结构加固修复施工场景
（①在地震作用下，传法正宗殿四椽栿梁头向西、向前位移状况　②在地震作用下，传法正宗殿后檐乳栿尾穿越金柱向前位移状况　③传法正宗殿金柱打牮顶升复位用支护架　④传法正宗殿大木结构复位后的戗固防变形架　⑤传法正宗殿转角铺作检修试安装施工场景　⑥西次间西缝平梁前身环裂下沉，后人补强加固场景）

②柱网构件截朽墩接与残损节点的接补修复

A.项目概述

所谓柱网构件包括16根檐柱，4根金柱，12组约21根柱间辅助性暗支柱及斜戗柱，4组门字形抱柱（立颊）和门额及18组36根柱头阑额、普柏枋。这些构件巧妙合理地构成了传法正宗殿的殿身主体柱网构架体系，用以支撑檐部斗栱铺作与殿顶屋盖所有重荷已700余年时间，由于年久失修，柱网构架出现的残损问题主要表现为：因柱子根部腐朽压缩而失去原有承载能力（包括主柱和辅柱），因柱子端部榫卯劈裂变形而影响构造节点安全，由于不同部位柱子自身干缩变形差异和柱网变形扭转过程中所导致的部分柱子受力不均，支戗不力及节点损坏，以及阑额、普柏枋受压弯曲下垂、端头干缩、开裂松脱等。为了能够根本性消除这些残损病害，在打牮拨正修复柱网构架前，必须先期准确测算好各相关构件修复归安时所需要的尺寸规格、榫卯形制、构造方式、工程做法，制定切实可行的残损病害精准整修加固技术方案，切实做好构件加固整修工作。

B.设计要求

根据原定设计方案，结合现场残损病害排查分析结果和柱网修复计算结果，优化调整后的设计技术要求为：对于腐朽严重的柱根及柱头残损点采取适宜的榫卯形式进行截除朽坏与墩接置换；对于柱身劈裂较为严重、可能影响耐久年限的部位，采取镶嵌修补缝隙外加铁箍紧束的方法进行加固；对于榫卯拨开或榫卯损坏的残损点，视需要采取接补修复方式加固；对于普柏枋接口处榫卯受压变形损坏较严重的部位，则在其下部（檐柱顶部）增设托顶钢板（厚12毫米）进行承托面拓展补强处理，并在柱口底部设小铁箍紧束。此外，在普柏枋上部接缝两端也需暗设拉接钢板，加强整体性。

C.技术措施

a.对各部位柱子的腐朽程度及涉及范围进行逐一探查，根据不同残损特征，正确选择最适宜的墩接方法进行墩接修复，包括阴阳巴掌榫、抄手莲花瓣榫、螳螂头榫、局部镶贴上下齿榫、带木锁销的上下齿槽巴掌榫以及叠石接补等技术措施。对于出现中度和重度腐朽现象，严重影响柱子自身结构承载性能的区域，采取了局部置换法修复；对于轻度和轻微且范围较小的腐朽现象（腐朽深度在50毫米以内），对柱子自身承载性能影响甚小的区域则采取了去朽贴补法进行修复；对于墙内暗支柱和暗戗柱的朽坏柱根，为减小施工开口范围，多采取了去除朽坏、加设较大垫石隔离地下毛细水上移的方法进行修复。此外，根据需要，在柱子墩接的接缝处多增设了外侧帮板和围护铁箍两道的技术处理，借以强化其整体性。

b.对墩接柱子的内部及外表均进行生桐油攒生处理，并涂刷防腐油（克里苏油）进行隔潮防腐处理，回砌墙体时还在柱子外围通风孔处施用了防鼠药剂和隔离铁箅，以防鼠类打洞破坏壁画。

c.对各部位檐柱、角柱的柱头榫卯（包括阑额和普柏枋等）现状进行全面排查，凡出现榫头开裂或局部缺损问题的，分别进行了铁箍紧束加固与榫卯接补和木工胶粘接加固等修复处理，有效地恢复了其原有功能。上述事项参见图5-10-①②③④⑤⑥。

D.完成工程量

a.本次施工共墩接加固檐柱6根（1#、2#、4#、7#、9#、10#），剔补维修檐柱7根（3#、6#、8#、17#、18#、19#、20#），局部墩接贴补金柱4根（17#～20#），综合加固墙内暗支柱20根（略）。

b.所有柱类构件逐一进行了剔朽加固，所有阑额、普柏枋逐一进行了榫卯接头的接补加固处理，同时按照预先设计推算的理论长度进行了修复。

c.加固修复后的柱子依实际需要，在其柱头和柱子根部加设了铁箍，在对阑额和普柏枋接缝处榫卯接补修复的同时，预制了多种拉接铁活（铁板、铁箍、套筒等），待柱网拨正后加设施用。

d.柱网相关构件加固修复工作完成后，钻生桐油2次，施防腐油1次。

E.质量检验

上述施工程序完成、施工方自检合格后，提交永安寺工程质量监督管委会组织联合检查验收，质

图5-10　柱网构件截朽墩接与加固修复施工场景

（①逐一探查墙内暗柱的柱根腐朽和受力状态　②采用微创方式截除腐朽严重的柱根　③被截除的腐朽柱根　④采用垫托柱顶石的方式使暗柱恢复原有受力状态　⑤采用原工艺回砌修复的微创探查创口　⑥墩接修复后的墙内檐柱）

量合格，批准开展下一步工序。

（5）大殿柱网构架纠偏拨正与整体修复项目

①项目概述：

通过上述修缮技术措施与现场调研程序，传法正宗殿柱网构架的纠偏拨正与整体修复工程具备了充分条件。1999年11月14日，工地管委会召开专门会议研究本项目相关事宜，决定于1999年11月15日至25日间正式实施该项目，前后历时11天。

②设计要求：

按照不断研究优化与细化调整的修复设计策略，决定本着原物原位精心修复和适度补强的原则，采用传统木杉杆、三脚架和手动滑轮起重导链、牵绳等工具，以打牮顶升方法和斜撑杆支戗配合绳索牵引等传统技术手段，依据构架原状图尺寸逐一归安修复。施工过程中，始终以柱网空间位置监测仪器校核数据为引导，对殿身柱网构架修复效果进行校验认定，然后及时利用防变形支架进行支戗稳固，防止变形。待全部柱网构架修复任务完成后，对各构件榫卯节点又进行了复位后的加固修复技术处理。

③技术措施：

首先，对4根殿内金柱进行柱底定位调整，然后对大殿外槽4根角柱进行柱底定位调整，继而对12根檐柱进行柱底定位调整（此前加固柱下基础时已经先期对各柱子的柱顶石中线位置和柱顶石的顶面标高进行了定位预调整）。这种调整能够充分满足大殿柱网构架中柱侧脚的定位需求，而且正好可与柱子上部阑额、普柏枋的构件实际长度以及各柱头相互之间榫卯结构的客观现状与结构需求相吻合。详见表5-2。

表5-2　永安寺大殿柱底定位及其标高调整数据统计表

柱子编号	柱底定位调整方向与尺寸／毫米	柱顶石顶标高调整尺寸／毫米	柱子编号	柱底定位调整方向与尺寸／毫米	柱顶石顶标高调整尺寸／毫米
1	向东移50	设为±0.00点	11	向东移10，向南移10	提升175
2	向北移20	提升80	12	向东移10，向北移90	提升85
3	向南移20	提升150	13	保持原位	提升30
4	向西移60	提升40	14	向南移50	提升35
5	向西移60，向南移120	提升48	15	向南移100	提升10
6	向南移50	降低20	16	向西移20，向北移30	提升55
7	向南移50	提升40	17	向南移100	提升30
8	向南移150	提升175	18	保持原位	提升10
9	向西移60，向南移30	提升60	19	向西移150	提升25
10	向东移30，向西移60	提升60	20	向西移100	提升20
备注	通过柱下土筑加固和柱顶石适度升降，消除不均匀沉降现象，同时合理找补平衡各柱柱身干缩所造成的高度差。				

其次，在系统校核各柱底所在位置和柱顶位置，确保其均符合该殿柱网构架的柱侧脚、柱升起空间位置后，进行必要的支戗稳固，避免变形。然后逐缝归安各柱位上部的阑额、普柏枋，修复加固榫卯节点，再次抄平校核确保无误。

第三，检修加固12组墙内暗柱支撑系统和前后檐的4组立颊（抱柱）与门额组成的门字形支撑系统，确保其受力均衡、牢固可靠。检修过程中，为避免大面积拆修墙体，一般不允许移动暗柱柱身，但对所有支撑不力的朽坏点（柱根）均进行了托垫式接补，或在柱头加设抄手木塞使其均衡受力，对前檐3间隔扇外的门字形构架劈裂朽坏处进行了剔补加固。

第四，为防止在外力作用下的柱头榫卯开裂或阑额、普柏枋端头拔榫走闪，在柱子开口下部及其根部大都加设了防护性铁箍，在阑额与普柏枋的榫卯接缝处加设了防拔脱联结铁板。同时进行了防腐、防虫钻生处理。

第五，施工中发现，在传法正宗殿的柱头节点中，多处出现了由于柱头顶端与普柏枋底部集中受压而导致的柱头顶部嵌入普柏枋腹内的不可逆残损情况（参见图5-11-①②③）。如何才能实现既可消除病因，根治残坏，又可最小干预原件继用的工程目标？经分析计算，找到了有效措施和方法，解决了这一技术难题。其基本策略是：在柱头顶端与普柏枋接缝处置入一块集中承载力缓解扩散钢板借以从根本上解决由于应力集中所导致的构件局部破坏与节点功能削弱问题。经计算，置入这一钢板，可使原集中受力残损点的承压面积均匀地扩展3至6倍。参见图5-11-④。其具体措施是：首先对普柏枋受压损伤区进行剔除朽坏与创面清理（剔朽厚度≤15毫米，局部凹陷处进行必要填），其次，对清创后的普柏枋接头榫卯进行复位试安装及其连接性能检测和桐油钻生防腐。第三，在大木构架修复安装时置入预制好的集中承载力缓解扩散钢板（钢板的规格略大于或等于柱头斗栱栌斗底）。参见图5-11-⑤⑥⑦。传法正宗殿竣工已有21年之久，其间多次复查证明，这种根治性加固补强技术措施行之有效，获益匪浅。完全可作为国内同类文物保护工程中根治同类残损病害时参考与借鉴。参见图5-11-⑧。

第六，鉴于大殿后檐由立颊与门额构成的门字形构架与后檐当心间阑额、普柏枋间垫托关系不够紧密，中央部位弯曲较明显，决定在叠造横木之间增补垫片，令其共同受力，防止后檐当心间柱子上部阑额、普柏枋因受力超负荷而结构变形，参见图5-12。

④完成工程量：

施工过程中，对大殿柱网结构中的所有明柱、暗柱及门式支撑构架所涉及的构件均进行了纠偏复位与承载受力状态的复查和检修，对存在局部缺陷的构配件均进行了加固处理，对所有柱头榫卯节点均进行了预防性铁箍加固，在阑额、普柏枋之上暗设了拉结铁板（令铁板横向钉孔适度大于钉身断面，为其预留变形适应空间），适度强化了相互间的襻拉能力。

通过一系列技术措施，使传法正宗殿的大木柱网结构体系恢复了700多年前的初始构造状态，为进行下一步构架修复工序创造了条件。

⑤质量检验：

经参建单位联合检验，其工程质量既符合前期研究结论的相关技术指标，又符合本工程文物保护修缮目标和原则，同意开展下一步工序。

图5-11 综合治理柱顶集中受力薄弱残损点
（①柱头顶嵌入普柏枋底状况之一（平柱） ②柱
头顶嵌入普柏枋底状况之二（平柱） ③柱头顶嵌
入普柏枋底状况之三（角柱） ④柱顶与普柏枋间
集中承载力缓冲扩散钢板设计图及计算说明 ⑤
剔除普柏枋底部朽坏凹陷层施工场景之一 ⑥剔
除普柏枋底部朽坏凹陷层施工场景之二 ⑦剔除
朽坏层后试装缓冲补强钢板 ⑧置入缓冲补强钢
板后的柱头构造节点）

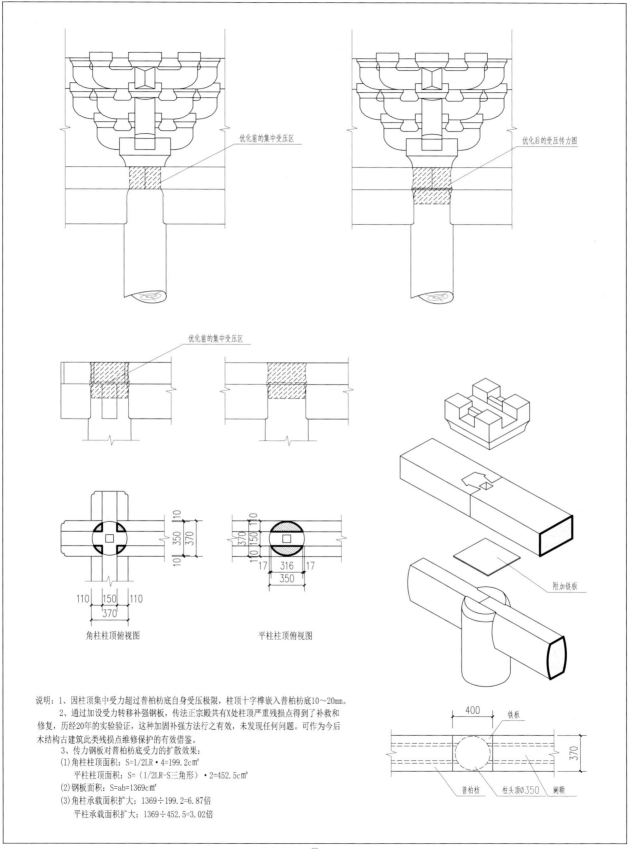

角柱柱顶俯视图　　　平柱柱顶俯视图

说明：1、因柱顶集中受力超过普柏枋底自身受压极限，柱顶十字榫嵌入普柏枋底10～20mm。
　　　2、通过加设受力转移补强钢板，传法正宗殿共有X处柱顶严重残损点得到了补救和修复，历经20年的实验验证，这种加固补强方法行之有效，未发现任何问题。可作为今后木结构古建筑此类残损点维修保护的有效借鉴。
　　　3、传力钢板对普柏枋底受力的扩散效果：
　　（1）角柱柱顶面积：S=1/2LR·4=199.2cm²
　　　　　平柱柱顶面积：S=（1/2LR-S三角形）·2=452.5cm²
　　（2）钢板面积：S=ab=1369cm²
　　（3）角柱承载面积扩大：1369÷199.2=6.87倍
　　　　　平柱承载面积扩大：1369÷452.5=3.02倍

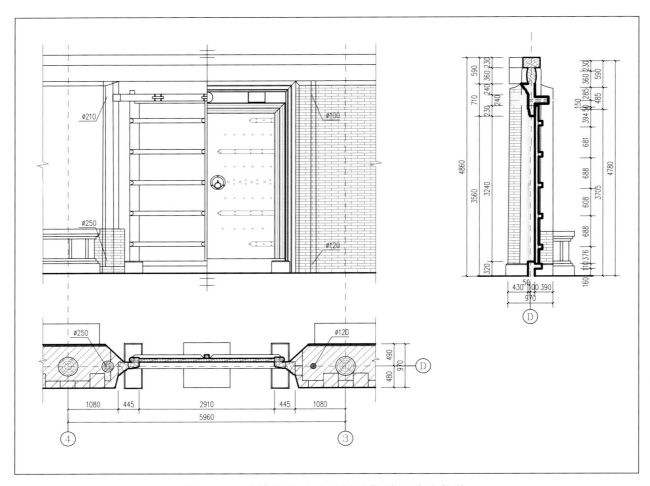

图5-12 后檐板门及暗设的结构补强传力构件

（6）大木构件检修加固与复原修配项目

①项目概述：

自1999年8月至2000年4月，历时8个月时间对传法正宗殿的所有大木构件逐一完成了残损变形状况排查检修与缺失件的修配任务。重点检修、加固、修配的大木构件近2000件（含该大殿柱网构架中的各类构件92件）。

②设计要求：

按照设计要求，大木构件保护检修与缺失件修配工作始终坚持"保护文物构件的真实性及其完整性不受损坏"的原则，对于局部残损构件，凡可通过接补加固而继用的绝不轻率更换；对于严重残损无法通过加固补修方式恢复其原有结构性能的构件，必须通过专家组专项分析论证，认定其采取置换法修缮才是唯一正确的选择后方可按原样复制替换；对于局部缺失的构配件，则依据同类构件的外观形制、构造做法和材料品质科学修配，同时标记修配标识，以示后人。

③技术措施：

本次传法正宗殿大木构件检修加固与复原修配工程，主要采取了如下技术措施：

A.截朽缴贴法

凡构件局部朽坏，经认真评估，构件主体并不影响其原始结构性能者，均采取了此法进行修缮加固。例如，个别檐头铺作压槽枋上部因屋顶常年漏雨，局部朽坏无法继用，但其下部2/3区域却保存基本完好，检修过程中将朽坏部位截去，按照原规格拼合补全上部朽坏部位，在拼合修复时视实际需要，暗设3至5个木销，防止其水平位移，同时使用木工胶进行黏合，令其新旧构件缴贴紧密，性能如初，参见图5-13。

图5-13 大木构件检修加固——截朽缴贴法

B.榫卯接补法

凡端部损坏或局部缺失完整性不良，但对其结构性能并无明显影响的构件，多采取此种方法进行维修接补。例如：斗栱铺作的昂头因人为原因被锯掉，视被锯口位置和切面特点的不同，采取半银锭卯上下搭套法进行接补，只要新接补的昂头料干、质优、榫卯严密，拼接时再辅之以木胶与铁质小扒锔锁扣加固，可使其历久不坏。再如，昂

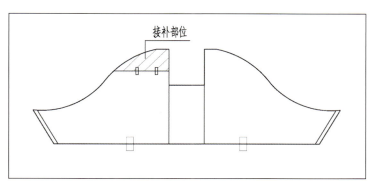

图5-14 大木构件检修加固——榫卯接补法

头、驼峰等构件因木材开裂等原因局部脱落缺失时，亦多采用此法接补加固，此类构件若因接面较小无法设置木销时，多暗设两入钉并辅之以木工胶加固黏合，参见图5-14。

C.拼合加固法

当构件出现横纹剪切脱落或局部损坏需要接补时，应采用这种方法进行修缮（复）加固。例如：纵向华栱一般开下口，其上部榫身两侧设子荫，在数百年受力变形过程中，因下口顶部剪切力而脱落的栱身就需要采用这种技法进行加固归安，其技术要点是，需要在剪切损坏交接面内暗设2枚木质暗销子，以防修复后在受力变形状态下再次出现剪切破坏。此外，必要时还应在其外部加设小铁箍束紧或用小型铁钯锔固定，防止其脱落，参见图5-15。

D.铁箍紧束法

凡大木构件存在斜纹开裂或扭纹开裂病害，有可能导致继续发展甚至折断的均应根据其病害特征采取适当加固补强技术措施。铁箍紧束加固法一般适宜于构件本身出现轻微或轻度裂缝以及预防出现裂缝的情形。当然，对于因裂缝年久缝隙内积尘严重的构件施加铁箍前还需对其内进行清污除尘、镶嵌缝隙等前期技术处理。如果是真昂、纵向承重华栱、45°斜栱、各类梁栿则需要根据构件本身的受

图5-15　大木构件检修加固——拼合加固法　　　图5-16　大木构件检修加固——铁箍紧束法

力状况采取包括局部钢结构辅助、缴贴拼合、贯注钢销等综合性加固补强措施，参见图5-16。

　　E.挖补镶嵌法

　　当大木构件的柱子、梁栿、枋木、板材等出现局部破损或朽坏现象但不影响其结构承载性能时，采取了镶嵌挖补整修措施。具体方法是首先剔除朽坏或破损部位，然后凿出需要挖补的洞口，采用与该构件材质相同的镶嵌体进行修补。嵌补时洞口与嵌体之间常暗设槽口并可视需要辅之以小扒锔及木工胶，防止日久脱落。最后进行表面随形刨光和拉毛做旧处理，参见图5-17。

　　F.铁件加固法

　　传法正宗殿大木构件保护修缮过程中除铁箍加固措施外还采用了用在普柏枋上部的拉结钢板（直板、45°角板、T形板等）用于连檐瓦口上的拉结铁活，用于檩条与椽子之间的防止檩条或屋面滑动的拉杆椽铁活（螺栓搭扣等），用于隔扇大边与抹头之间的角页襻条，用于小木作藻井天宫楼阁壁板上的大、小扒锔，用于屋顶琉璃脊筒子之间的加固扒钉，用于勾头瓦的蘑菇钉，用于椽飞钉制的拐盖钉等，类型繁多，功能有别，在此不一一赘述，参见图5-18。

　　G.修配复原法

　　对于损坏严重无法加固继用的栱件、斗子、要头等构件，采取这种方法进行修复和配装。这种情况下应遵循以下三个原则：以传法正宗殿西北隅转角斗栱正身第二跳华栱为例，首先，要认真分析该构件折断或损坏的原因，鉴于其折断现象主要是由其构件材质缺陷所致，应予更换，以便同时根除其自身隐患；其次，要认真量取其构件尺寸及相邻构件的弯曲变形尺寸，务必使该栱材与相邻构件的上下接面及斗栱节点安装后可以均匀地接触并形成共同受力，避免不均匀受力现象发生；第三，务必要严格按照其原有形制和神态、雕造工艺和手法配制该构件，确保其内转双卷头状要头和外转琴面昂能够忠实地体现其元代原构件的造型特色与艺术价值，参见图5-19。

图5-17　大木构件检修加固——
挖补镶嵌法

图5-18 大木构件检修加固——铁件襻拉加固法　图5-19 大木构件检修加固——修配复原法（清代宝瓶）

④完成工程量：

经过8个月的精心施工，按照设计要求全面完成了近2000件大木构件的逐一检查、存在问题构件的加固整修和缺失构件的添配修复等任务，为大殿构架修复与瓦顶修复等工序的开展做好了充分的技术准备。

在此期间曾经多次召开工程例会，研究解决大木构件的检修、加固、修复等施工过程中遇到的难题。大木构件整修加固与原状修配数量略如下表所示：

表5-3　永安寺传法正宗殿大木构件整修加固和添配修复数量统计表

构件名称	整修加固数量	添配修复数量	备注事项
柱础石	/	5块	3#、7#、11#、15#、18#柱底
柱子墩接	6根	/	1#、2#、4#、7#、9#、10#柱下
暗支柱、斜柱墩接	15根	/	柱根墩接（含柱头垫托）
柱身剔补	7根	/	3#、6#、8#、17#、18#、19#、20#柱身
普柏枋	16条	/	主要为端部整修接补和铁件加固等
泥道慢栱	6件	/	主要包括：脱落者归位加固，开裂者嵌补加固，榫卯损坏者加固补强，局部缺失者原样修复，损坏严重无法继用者原样补配等。椽头遗存旧彩画的16根继用，无法用为正身椽的改为花架椽继用或改为翼角椽使用
第二跳华栱及昂头补配	12件	2件	
瓜子慢栱	4件	/	
泥道栱	3件	/	
令栱	2件	/	
耍头	12件	/	
衬方头	8件	/	
交互斗及散斗	110件	27件	

续表

构件名称	整修加固数量	添配修复数量	备注事项
驼峰	3件	/	
斜昂与由昂	8件	/	
乳栿	1条	/	
四椽栿	1条	/	
仔角梁	/	4件	
续角梁	/	4件	
襻间枋	/	1条	主要包括：脱落者归位加固，开裂者嵌补加固，榫卯损坏者加固补强，局部缺失者原样修复，损坏严重无法继用者原样补配等。椽头遗存旧彩画的16根继用，无法用为正身椽的改为花架椽继用或改为翼角椽使用
升头木	/	8条	
正身椽子	/	244根	
翼角飞椽	136组	/	
飞檐椽	/	396根	
里口木	/	110米	
连檐	/	110米	
瓦口	/	110米	
望板	/	1050平方米	
飞檐上望板	/	90平方米	
推山空腔内二层槫材	4条	2条（φ280）	

⑤质量检测：

A.所有构配件在检修加固和修复添配之后，均经过了施工雕制小组自检、施工部门复检和工程设计代表再次检查确认后方批准交付使用。

B.所有斗栱组合及构造节点均事先进行了前期组装试验或局部尺寸与榫卯搭交状况实测校核，确保原位归安时可以顺利开展。

C.经质量自检，所有施工内容均满足工程设计要求。

⑥分项验收：

经业主代表与设计单位逐一验收，综合评定认为符合设计要求，满足开展下一道工序的条件。

（7）斗栱铺作、梁架结构和屋面望板修复项目

①项目概述：

A.梁架结构中存在的主要问题：

该殿梁架结构主要向西北方向倾斜，导致殿内金柱与前后檐柱的中线偏移差最大值达到200毫米；四椽栿、乳栿中线最大偏移120毫米，同时从金柱中拔榫长度最大值200毫米；殿宇阑额与普柏枋大多不均匀位移，最大值150毫米；前后檐撩檐枋多处向外翻转，最大值230毫米，两山面者最大100毫米，枋木端部的燕尾榫多处拔榫损坏，失去连接功能；绝大多数梁栿、枋木、槫檩、劄牵均存在不同程度的外力拔榫或强力嵌入柱体等结构变形问题（20～150毫米不等）；个别开间因结构变形、构件位移现

象而导致出现局部梁端荷载转移至斗栱之上的严重残损问题。仔角梁、续角梁、升头木等沤损严重。

B.斗栱、椽、望中存在的主要问题：

a.伴随着该殿梁架结构的位移、下沉和倾斜变形，檐头斗栱的倾斜、扭转、前倾及前出华栱和三跳昂也出现了部分折断或劈裂现象。散斗更是在结构变形过程中散落缺失27件，残损110件。

b.从结构上分析，在檐头斗栱的栌斗底与檐柱之间是由阑额和普柏枋垫托的。由于阑额和普柏枋的压缩与干缩变形以及柱子顶部与普柏枋底之间的承重接触面积太小、压强过大，有8处普柏枋底因局部抗压性能不足，被柱头嵌入10～15毫米不等。

c.该殿檐椽和飞椽，因年久失修、雨雪渗漏而侵蚀损坏严重，檐椽端头向下垂弯值达90～180毫米不等，无法回弹，难以继用。飞椽尾部大部分糟朽无法继用，而花架椽及脑椽跨度较小，保存较好，绝大部分可以继用。望板、连檐、瓦口、里口木朽坏严重，大多无法继用。

从上述各类问题综合判断，除自然老化等原因外，该殿的各类结构严重变形损坏问题大多是在强烈地震等外力作用下导致的。

②技术措施：

根据现场复查结果及优化调整后的设计方案，主要采取了如下措施：

A.复查已先期完成的殿宇柱网（含殿内金柱、墙内暗柱等）及其上部阑额、普柏枋的柱侧脚、柱升起、栌斗底标高等，检查其空间位置和各类金属连接铁活（阑额普柏枋接头处连接钢板、柱子顶部挑托钢板、构件约束铁箍等）是否规范严密。

B.复查被支顶抬升的四椽栿以上未落地梁架的高度和位置是否影响檐头斗栱归安复位及下落组合时的施工空间需要。

C.檐头斗栱原位归安：逐朵逐层归安檐部斗栱铺作（前檐斗栱至耍头顶，后檐斗栱至二跳华栱顶，两山面斗栱至耍头顶），为四椽栿、后乳栿及两山丁栿的下落归安提供条件。

D.金柱与梁栿构架原位归安：第一步：用华杆和手动导链葫芦通过支顶与牵拉的方式将金柱、四椽栿、乳栿以上部件整体顶升至一定高度，同时按照设计要求调整其空间位置，经校核无误后，将金柱落地并戗固防止其变形。第二步：利用四椽栿背和后乳栿背，立短华杆一组，将三椽栿、平梁和后尾剳牵顶起（包括四椽栿上驼峰和后尾乳栿上瓜柱），检修调整，原位归安。第三步：在四椽栿和后乳栿头部分别于金柱设牵拉绳，通过手动导链葫芦和人工辅助方式慢慢牵拉归位，消除地震作用所导致的榫卯拉拔和位移病害。第四步：去掉四椽栿上所立华杆，检修三椽栿和平梁构造节点，原位归安，恢复其初始结构状态。第五步：检修并原位归安两山丁栿及其上部驼峰、襻间斗栱与剳牵。第六步：自下而上逐一检修并原位归安抹角梁、太平梁、大角梁、续角梁以及各部位襻间斗栱、襻间枋、槫枋、升头木等。

在上述梁栿构件原位归安过程中，对各部位柱头间距进行了再次复查精准归位，对各部位槫条进行了归位修复，对于所有榫卯损坏的部位均进行了榫卯修补与铁件加固处理，确保相关构件的工作状态能够满足梁架结构安全持久工作的需求。

E.椽飞连檐与望板瓦口修复：该殿檐椽端部均有卷刹，当为元明时期的古制，因历年久远椽身下弯严重，瓦顶拆解后发现椽身背部普遍出现腐朽现象，望板腐朽严重，多数不可继用。各部位翼角椽的背部腐朽严重者深度近椽子直径的1/2，大多无法继用。保护修缮措施如下：

表5-4　传法正宗殿梁栿构架拨正归位与柱头间距科学修复概况表

构架位置	构件名称	修缮前总进深尺寸（A-D轴）	修复后总进深尺寸（A-D轴）	主要技术措施
当心间东缝梁架（4轴）	四椽栿与后乳栿等	15110毫米	15020毫米	将四椽栿尾向金柱口内退90毫米，消除拔榫现象
东次间东缝梁架（5轴）		15090毫米	15020毫米	将四椽栿尾向金柱口内退70毫米，消除拔榫现象
当心间西缝梁架（3轴）		15130毫米	15020毫米	将四椽栿尾向金柱口内退110毫米，消除拔榫现象
西次间西缝梁架（2轴）		15080毫米	15020毫米	将四椽栿尾向金柱口内退60毫米，消除拔榫现象

说明：
1、在调修各缝梁架向前位移拔榫变形现象的同时，校正与消除了各部位梁栿的左右偏移现象。此外还进行了必要的榫卯等加固处理。
2、在修复各缝梁架构造的同时，对传法正宗殿的各部位柱头开间尺寸也逐一进行了重新校正和修复加固。

表5-5　传法正宗殿殿内金柱纠偏做法一览表

柱子编号	柱子名称	柱位调整做法与数据	柱位调整后状态	校验结果
19号柱	当心间东侧金柱	柱头向南移60毫米同时向东移50毫米	柱身垂直，其轴线与4轴及C轴对正	合格
18号柱	当心间西侧金柱	柱头向北移80毫米同时向东移70毫米	柱身垂直，其轴线与3轴及C轴对正	合格
20号柱	东次间东侧金柱	柱头向南移70毫米同时向东移40毫米	柱身向东侧脚25毫米，其轴线与5轴和C轴对正	合格
17号柱	西次间西侧金柱	柱头向北移60毫米同时向东移110毫米	柱身向西侧脚25毫米，其轴线与2轴和C轴对正	合格

说明：在传法正宗殿柱网和梁架倾斜变形过程中，金柱的倾斜变形表现最为复杂也最为严重，因此，抄平纠偏是重要修复措施。

表5-6　传法正宗殿梁栿构架各部檩槫修复前后总长度尺寸比较表

檩槫名称	修缮保护前总长度	归安修复后总长度	主要问题	整修措施
屋顶脊槫	13750毫米（含槫头推山出际长）	13710毫米（含东西推山出际长各1500毫米）	槫条间缝变形拉开40毫米	检修榫卯原位归安

续表

檩槫名称		修缮保护前总长度	归安修复后总长度	主要问题	整修措施
上平槫	前檐上平槫	15520毫米 （含槫头推山出际长）	15460毫米 （含东西推山出际长各800毫米）	槫条间缝变形拉开60毫米	检修榫卯，原位归安
	后檐上平槫	15510毫米 （含槫头推山出际长）	同上	槫条间缝变形拉开50毫米	
	东山上平槫 （底层）	5060毫米 （槫中线间距）	5060毫米 （槫中线间距）	槫条间缝未发现拉拔变形	
	西山上平槫 （底层）	同上	同上	同上	
下平槫	前檐下平槫	20830毫米 （槫头未推山）	20750毫米 （槫头未推山）	槫条间缝变形拉开80毫米	
	后檐下平槫	20820毫米 （槫头未推山）	20750毫米 （槫头未推山）	槫条间缝变形拉开70毫米	
	东山下平槫 （底层）	10390毫米 （槫中线间距）	10350毫米 （槫中线间距）	槫条间缝变形拉开40毫米	
	西山下平槫 （底层）	10380毫米 （槫中线间距）	10350毫米 （槫中线间距）	槫条间缝变形拉开30毫米	
东西山推山处顶层上平槫	东山推山处二层上平槫及由戗 西山推山处二层上平槫及由戗	二层上平槫5060毫米，φ230～250毫米，二层45度由戗架设于上下平槫及上平槫与脊槫端部	同前项	未发现明显变形与损坏	

说明：
1. 在前期勘测与方案设计阶段，未能发现传法正宗殿庑殿顶两山推山使用了假厝空腔结构。揭顶修缮过程中，发现了这一独特营造技法，遂进行了认真测绘及其原状记录，并努力做到修旧如旧。
2. 该殿45度由戗分为两层结构：下层由戗架设于上下平槫和上平槫与脊槫的中线节点处，而上层由戗则分别架设于自下平槫节点处至上平槫推山端头及上平槫端头与脊槫端头处。这样就导致殿顶四条戗脊形成了向内及向上的抛物线形艺术曲线，这种将工程技术措施与建筑艺术创作相互融贯在一起的古建筑营造技法真是难能可贵。

　　a.利用损坏较轻的正身椽改制成翼角椽和花架椽，最大限度地保存和利用原有构件。

　　b.檐椽端头有清代八瓣莲花纹彩画痕迹的尚存有10余根，对此持慎重保护态度，尽量加固后继续保留在原装位置并采用元代拐盖方钉钉制。每间各步架装拉杆椽3组采取乱搭头法用特制螺栓与檩条及撩檐枋和压槽枋连为一体，借以有效地增强屋盖木基层的整体性，参见图5-20-①②。

①　　　　　　　　　　　　　　　　　　②

图5-20　椽头上的清代八瓣莲花纹彩画及元明以来各类方钉
（①椽头上的清代八瓣莲花纹彩画　②连檐瓦口和椽飞望板等固定时所使用的各类铁钉）

c.经认真检查，所有飞檐椽及飞椽头没有任何油饰彩画痕迹，多为后人再次更换过的构件，修配过程中参照形制较为古朴的典型构件复制添配，修复归安，用传统手工锻造的方形拐盖铁钉钉固。

d.望板采用优质落叶松按原形制置换，厚25毫米，依原制采用顺身柳叶逢连接法，交错铺钉，望板端部须在椽子中线上接头。为使屋面宽瓦时顺利找到屋坡理想囊线，钉望板过程中在上下平槫的上部进行了第一次初步垫囊处理。

e.翼角椽飞的修复钉制任务事关传法正宗殿的屋盖檐口艺术造型是否能够完美呈现，被列为重点施工环节，其施工技术要点可概括如下：一是认真规范地完成正背面和两山面正身檐椽和4个翼角的大角梁放线安装与加固钉制任务，要求相互对称，起翘一致，标高相同，挑出长度无误差。二是认真规范地安装各部位升头木和大连檐，重点是通过初步定型→拉拽调试→近景、中景、远景观察→再次微调→尺度控制等工序，将翼角大连檐既向外伸出又向上起翘的优美曲线呈现出来，确定下来。三是现场研究确定翼角屋椽的分布轴线位置并划定实样。首先应在大角梁的两颊及其后尾、升头木和大连檐的适当位置划定翼角椽的分位中线，要求翼角椽子为单数，其椽头间距略大于正身椽的间距，且均匀分布，而椽尾应于大角梁尾部与续角梁交点前分档标明翼角椽尾的分位交点。其次，根据实际需要制作特定的翼角椽锛制和劈尾卡具，进而自大角梁颊第1根翼角椽起向正身椽方向，用墨斗根据实际需要弹出劈尾边线，按椽头（与连檐相交）、椽腹（与升头木相交）、椽尾（与大角梁后尾颊部相交）的分位线逐一劈削锛制，反复试装嵌合，直至成型无误后正式钉制，确保各部位翼角椽形成扇骨状分布且呈现自然反曲逐渐向上的优美曲线。正身飞椽和翼角飞椽的钉制与上述檐椽钉制方法类似，钉制过程中要求杜绝出现马蹄椽头和马蹄飞椽头现象，参见图5-21-①②③④⑤。

F.屋顶推山暗厝（空腔）重点修复：传法正宗殿为面阔5间、进深6椽的单檐庑殿顶建筑，在前期勘察设计过程中未能查明庑殿顶两山推山构造的准确做法，在拆解屋盖时才得以发现其独特构造。其构造做法是：

第一步，在下平槫和上平槫之间的中部续角梁上以及上平槫和脊槫在踩步金梁正中上部节点之间的后尾续角梁两侧边线间铺钉底层望板，此时令上平槫端头伸出第一层屋面望板800毫米，令脊槫端头伸出第一层屋面望板1500毫米作为庑殿顶推山暗腔的基本骨架。

第二步，在下平槫节点之上至上平槫端头之间，复设一条由戗，再于上平槫端头至脊槫端头之间复设一条顶部由戗，同时在前后上平槫出头处架设一条顶层横向槫材。这时就形成了自下而上、坡度逐渐加大的折面和暗腔，两山面屋坡形成了较正身屋坡陡峻的坡势，由此该殿的四条戗脊由较为平直的45°斜脊生成了自下而上渐向内收的优美曲脊。这种构造技艺确实不愧为建筑技术与建筑艺术揉融并举的杰出创造，参见图5-22-①②③④⑤⑥。

第三步，依照传统方法，按原有规制在顶层槫材与由戗之上再次铺钉脑椽和腰椽，铺钉顶层望板，形成山面瓦顶所需要的曲面木基层。

第四步，为防止屋面出现滑坡现象，在必要的位置加钉断面为80毫米×140毫米（宽）的防滑木条，同时进行防腐处理。

③完成工程量：

按照设计要求和实际需要，共完成4组转角铺作、12组柱头铺作、18组补间铺作和4缝大殿梁架、4

图5-21 传法正宗殿殿顶椽飞、望板放线布钉施工场景
（①东南角翼角屋椽布钉场景 ②殿宇翼角升起与伸出曲线 ③利用废旧正身椽改制的翼角椽细部 ④檐椽、飞椽布钉场景 ⑤殿顶望板铺钉场景）

图5-22 庑殿顶推山暗厝空腔修复场景组图

（①庑殿顶东侧推山顶层望板揭除后乱搭头屋椽布钉状况 ②庑殿顶东侧推山顶层椽望揭除后的下部构架状况 ③庑殿顶东侧推山的底层脑椽布钉场景 ④庑殿顶推山东侧顶层椽子望板的承托构架修复场景 ⑤庑殿顶推山东侧屋面二层花架椽布钉修复场景 ⑥庑殿顶推山二层椽子望板布钉完成状况）

缝丁栿构架、4缝45°构架的全面修复归安任务；完成了所有屋面正身椽、翼角椽、飞檐椽以及连檐瓦口和望板铺装任务；完成了梁架结构重要节点的修复加固任务。

④质量检测：

施工过程中和施工完成后，业主和设计单位通过实际测量、局部剖析等多种手法，重点检测和抽查了柱网位置、柱侧脚与柱升起、斗栱铺作与构架间缝、襻间枋木与节点加固、构架举折与屋顶推山、翼角伸出与翼角升起等多个检测要点的内在施工质量和外在观感质量，综合评定合格，对于在部分落架情况下的构架打牮拨正及推山暗腔的探查修复施工过程中实施了技术创新工法，提出表扬。施工全过程进行了详细的工序记录和摄影记录，为科学归档奠定了基础。符合设计要求。

⑤分项验收：

经施工部门自检，业主单位、设计单位和专家组复检，认为工程质量满足设计要求，同意验收并开展下一道工序。

（8）大殿基础与台基外围灰土挤密桩加固项目

①项目概述：

根据《永安寺传法正宗殿岩土工程勘察报告（详勘）》结果及上级主管部门批准的《永安寺传法正宗殿元代基础加固补强工程设计方案》要求，2000年6月23日至7月14日完成了该殿基础加固补强工程。此时殿顶尚未宽瓦加荷，正是基础挤密加固的最佳时机。

②施工方法：

为有效避免施工振动，精心保护壁画彩画，该项目采用洛阳铲人工成孔和手工夯锤人工夯筑法完成施工任务。

③技术措施：

A.技术交底：熟悉设计要求，编制施工方案。

B.按照设计图要求放线确定桩位并复查无误。

C.按施工方案在正式开工前先行试桩，分析确定单桩填料量。

D.采用洛阳铲人工成孔，桩径、桩长、角度按设计要求执行。

E.对白灰和土料进行过筛，剔除杂质，按3∶7灰土比搅拌均匀并严格控制最佳含水量（随用随配，保持新鲜消石灰有一定的颗粒，但不大于5毫米，让灰土桩储存一定的后期膨胀内力）。

F.人工夯制灰桩时采用边填料边夯筑的方法施工，同时，认真记录每根桩的成孔深度和填料量，保证桩体质量。

G.施工完毕时进行干容重测试，检验是否满足设计要求。

④完成工程量：

传法正宗殿基础加固工程共完成灰土挤密桩905根，累计总长度2671.5延米，灰土总用量195.61立方米，平均每延米灰土用量0.073立方米。

⑤质量检测：

A.灰土桩长度：施工过程中有39根灰土桩因下部出现不明障碍无法清除未能打到设计深度，占总桩数的4.3%，其余灰桩长度均满足设计要求。另有35根桩由于与金柱柱顶石碰撞，决定取消。

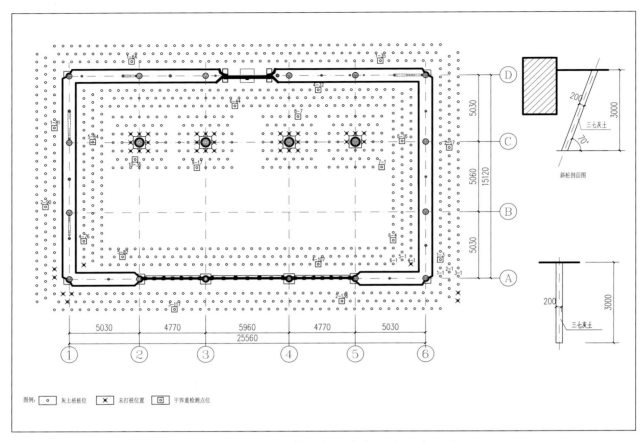

图5-23 传法正宗殿灰土挤密桩施工竣工图

B.灰土桩每米填料量：经计算，本工程灰土桩每米实际填料量0.073立方米，大于设计延米灰土用量（0.057立方米）。

C.桩体干容重检测：施工完毕后，在业主代表见证下，共选择20个均布检测点进行检测，桩体平均干容重为1.553克/立方厘米，满足1.55克/立方厘米的设计要求，参见图5-23。

D.压实系数：经计算，桩体平均压实系数为0.9706，满足0.97的设计要求。

⑥分项验收：

经质量自检与综合评定，传法正宗殿元代基础加固补强工程施工质量满足设计要求。此前该殿宇各柱顶石下基础及墙壁裂缝处的基础修缮加固工程已先期完成（详见有关章节），二者起到了相辅相成的作用。

（9）屋盖瓦顶保护修复项目

①项目概述：

该殿屋顶是采用孔雀蓝和黄色为主、局部绿色的琉璃筒板瓦与琉璃高浮雕龙凤缠枝花脊筒宽装的。据大殿中央脊刹背面的题记可知，殿顶琉璃大多为"大清乾隆二十六年立"，距今有260年历史，不是大殿元代重建时的遗存。

殿顶正面屋坡琉璃均为黄色琉璃瓦孔雀蓝勾滴剪边，其他三面屋坡以孔雀蓝琉璃瓦为主，局部间以少量绿色琉璃瓦及黏土布瓦，其中背面屋坡的中央镶有黄色琉璃斗方一组。勾头与滴水由黄、绿、蓝及青色布瓦四种颜色多种类型和多种规格的瓦组合而成，残坏较严重。殿顶各部位瓦钉大部尚存，但瓦帽无存，板瓦均为青色黏土瓦。屋面变形起伏不平且长有杂草，漏雨现象较广泛，尤以西次间和西梢间为甚，多处瓦顶漏雨已对殿内梁栿彩画和殿内壁画造成损害，水浸痕迹明显。殿顶四条戗脊，除东北隅戗脊为后人补配的黏土捏花脊筒外，殿顶正脊和其余三条孔雀蓝雕底色五彩高浮雕缠枝花戗脊保存基本完好，只有局部破裂。3个戗兽除尾巴缺失外保存也较完整。

②施工方法：

首先进行殿顶屋脊下部及望板和屋面防滑条的结构安全与施工质量复检；然后进行屋面顶板各部位的防腐钻生处理，继而实施防水护板灰和青灰背披抹施工；最后完成琉璃瓦覆瓦和各部位脊饰吻兽安装工序。

③技术措施：

A.对不同类型的瓦件分类鉴选与原样复制补配：经分类统计与鉴选，传法正宗殿屋盖用瓦数量为：琉璃筒瓦8046件（其中黄色2993件；孔雀蓝色5053件），黏土板瓦10804件。可以继用的黄琉璃筒瓦为2050件，去除通过二次施釉方法加固继用的脱釉严重但胎体尚佳的釉面残损瓦520件，需补配残损严重的破损筒瓦423件。孔雀蓝琉璃筒瓦可以继续使用的有4185件，需补配残损严重的破损瓦868件。需补配残损严重的黏土板瓦2700件。

B.屋顶脊饰吻兽检查加固与原貌修复：殿顶正脊吻兽、脊刹和脊筒保存较好，原物继用，主要进行了若干局部残损点的裂缝修补和环氧树脂粘接与铁扒锔修补加固处理；研究修复了东北隅琉璃戗脊1条，包括19块脊筒和戗兽1件。补配了琉璃套兽2件，戗兽尾巴2条，加固处理了脊刹和脊筒缺失残损点12处。此外，部分寺内发现的原大殿琉璃脊饰瓦件也归安到了原先位置。

C.正当沟与斜当沟琉璃瓦补配修复：该殿在后人翻修瓦顶时不知什么原因未使用当沟瓦，而代之以灰泥抹面简易做法，这种做法不仅无法耐久，而且不符合当地寺庙殿堂琉璃瓦顶的通行规制。经慎重研究，决定参照局部保存的清代乾隆时期琉璃当沟瓦样式和色彩惯例修复。

D.对所有屋面板瓦首先进行审瓦挑选，去除带有裂缝、砂眼、局部残损、变形等缺陷的瓦件，同时逐块用瓦刀敲击检查，去除有微裂及哑音的瓦件。然后进行8%青灰浆液体浸泡沾浆防水处理备用。

E.苫背、宽瓦与屋脊吻兽修复归安：

a.苫护板灰：苫护板灰前首先对屋顶望板进行检查清理和补缝处理，采用木条补缝、油灰补缝等方法消除望板瑕疵。然后在望板上抹一层月白麻刀灰，厚15～20毫米。

b.苫滑秸泥背：待护板灰稍干时分2层披抹滑秸泥背，泥背厚度60～80毫米。第一层泥背披抹后，待八成干时，拍打令其密实，同时用特质工具划出细密的划痕，以便使第二层泥背与其密切结合。第二层泥背披抹完后，同样拍打密实，表面亦划出细密划痕，充分晾晒。

c.苫青灰背：在滑秸泥背上用大麻刀青灰泥苫青灰背，厚15～20毫米。每披抹一段，待软硬适宜时即行拍麻刀，在青灰背干燥硬化过程中适时维护赶轧，并以有微小凹凸点的拍板拍打，令其密实无裂缝，但存有微小凹陷（深≤3毫米，φ≤20毫米），旨在使上层泥背与青灰背密切结合。披抹过程中将屋面防滑条进行了封堵和包护。

d.晾灰背：为防止快速晾干而出现裂缝，对阴干后的灰背进行了认真复查，对出现的局部裂缝进行了麻刀灰补缝和刷浆赶轧处理。

e.分中、号垄、排瓦当与钉瓦口：以正面和背面勾头坐中，东西山面滴水坐中为原则，按照原貌做法和设计要求，进行分中和号垄作业，据此排钉四向檐头瓦口位置，并在四条戗脊和正脊的相应位置号明每垄瓦的位置。

f.找囊线、瓦中垄和边垄：依据大殿屋盖举折特征和望板坡势，进行大殿各坡屋面中垄、正脊边垄和翼角边垄的冲垄宽装工作，形成屋面瓦关键部位的坡面抛物形艺术曲线大势。施工时仍按原状前坡用黄色琉璃瓦宽装屋面，孔雀蓝琉璃瓦勾滴剪边，后坡用孔雀蓝屋面色中央设黄色琉璃瓦斗方，两山面均用孔雀蓝色琉璃瓦覆瓦。

g.瓦檐口勾头、滴水：宽装时用控制线严格校准其向外伸出和向两侧升起的整体韵律，在操作过程中，不仅现场须切实做好尺寸控制，而且地面上始终由技术员进行远、中、近不同视域的实景效果观察，出现问题及时调整。

h.铺宽屋面板瓦和筒瓦：按照既定瓦当中线和囊势控制吊绳，自下而上用掺灰泥（白灰：黄土=3：7）宽装底瓦（滴水小头朝上，板瓦大头朝上），底瓦密度一般压四露六，檐头和屋面顶部则视屋顶坡度，以"稀宽檐头密宽脊"的原则合理调整。底瓦两侧以灰泥填实并用麻刀灰扎缝，令其填满底瓦"边翅"且适当起凸，为筒瓦宽装打好基础。宽装筒瓦时令瓦尾朝上，瓦头向下，先依两板瓦之间的瓦垄中线打好瓦垄底泥，再于筒瓦的两侧边上铺抹月白麻刀灰，于瓦尾处挂抹熊头灰，从下往上依次宽装。每宽装一垄均应同时整体检查筒瓦垄身是否顺直，屋面曲线是否流畅，确认之后及时清扫底瓦。

i.捉节、夹垄：运用捉节夹垄灰对筒瓦接头缝隙及两腮部位进行逐一压抹，赶光压实。然后再次清理瓦面，擦净污染。

j.安装正脊、戗脊和四翼角叉脊：首先核查校正正脊的脊升起、脊弧线以及戗脊和翼角叉脊的脊弧线是否符合原貌做法及设计要求，确认后挂设安吻、立兽、调脊时所需要的辅助施工控制线，继而钉立各部位吻兽与脊筒中的暗设柏木桩及小铁桩。之后分别安设正脊下的正当沟与戗脊下的斜当沟（务必使正脊两端的吻下当沟与四面屋坡的斜当沟相互交圈），黄色琉璃瓦屋面用黄色当沟瓦，孔雀蓝琉璃瓦屋面用孔雀蓝色当沟瓦。在此基础上宽装五条大脊的包口瓦且使之相互交圈。戗兽位于撩檐枋的上部，分别由19块脊筒子组成，自下而上按原来花饰图案构图顺序依次归安，但脊顶端的戗脊吞口兽需待正脊和正吻安好后方可归安合口。正脊修复施工时，在琉璃脊座和当沟挂瓦全部安装无误后，首先依据盘好的尺寸安装中央脊刹和东西正吻，然后自中央向两侧按照其花饰构图原状顺序依次归安正脊筒子。相邻的正脊筒和戗脊筒之间用小麻刀灰粘接，其内暗设柏木串杆将其连为一体，并以木炭、白灰渣填实。待脊筒位置校正之后，适当灌以麻刀青灰浆，使之相互连接，固为一体，待晾干后再覆以扣脊筒瓦和仙人走兽。大殿4个翼角叉脊的最前端两侧分别设有割角滴水，于向前后坡稍偏斜的40°线上设勾头瓦，其上设以傧伽、瑞兽、狎鱼、飞马各一只。翼角套兽安装于仔角梁端部，兽头向上起翘，藏于翼角45°勾头瓦及割角滴水之下。每日施工收尾时，均随时用小麻刀灰做好脊饰瓦件的勾缝、打点和表面清理擦拭工作，上述施工过程参见图5-24-①②③④⑤⑥⑦⑧⑨⑩⑪⑫。

① ② ③ ④ ⑤ ⑥ ⑦ ⑧

图5-24 传法正宗殿屋盖瓦顶修复施工场景

（①人工和泥并通过上泥台逐层搅拌传输至殿顶施工场景 ②传法正宗殿前坡宽瓦场景 ③传法正宗殿后坡宽瓦场景 ④东北角弧形饯脊底座修复工程基本完成 ⑤东北角弧形饯脊侧影 ⑥前坡瓦顶宽装施工场景 ⑦前坡东侧正吻安装场景 ⑧西南角钱兽、走兽、宾伽、套兽及勾头滴水 ⑨西端正脊、正吻、吞口兽和饯脊顶部 ⑩东侧正脊、正吻、背兽和饯脊修复后正面 ⑪正脊脊刹正面 ⑫修复后的传法正宗殿侧影）

④完成工程量：

按照上述修缮措施共完成了1100平方米的殿顶宽装任务，通过二次施釉方法保护继用了脱釉严重原定替换的520块黄色琉璃筒瓦，此外还原貌修复了东北隅琉璃饯脊，补配修复了366个当沟瓦、260个正脊下部卷云挂瓦16块正脊脊座，530个瓦钉帽，6个走兽，2个武士，2个套兽。

⑤质量检验：

施工过程中，重点针对原有筒瓦板瓦、脊饰吻兽等文物构件的内在质量和观感质量及损坏或缺失筒瓦板瓦、脊饰吻兽等修复构件的内在质量和观感质量进行了逐项检查验收，未经核准不得使用。此外，还对各工序的泥浆配比、操作工艺和逐日完成内容的施工质量进行了严格检查，做到发现问题及时整改，不留隐患。

⑥分项验收：

在屋盖瓦顶修复施工过程中，由业主质量监管相关负责人和设计单位工地代表始终旁站跟踪管理，依工程开展时序及时进行分部分项质量检查验收，该阶段施工过程中和任务全部完成后又聘请省文物局古建保护专家组进行了现场巡视和阶段验收，认为施工质量合格，满足设计要求。

（10）台基、月台、踏跺修复和地面铺墁与佛台遗址展示项目

①项目概述：

按照施工程序和工期计划，传法正宗殿的台基、月台、踏跺以及地面修缮（复）加固工程是在主体建筑修缮施工完成后，于2000年8月10日至9月18日实施的。

②施工方法：

由于此前完成的该殿基础灰土桩挤密加固工程，不仅有效地提高了殿宇各柱位下部基础和四周墙体基础的承载力，而且对台基周边的台心夯填土也起到了有效的挤密围固作用，彻底消除了拆修加固台帮时可能对柱墙基础造成的失稳等负面影响。按照设计要求，本工程对台基和月台采取了分组分段修缮加固施工作业。

③技术措施：

A.现场技术交底，进一步优化工程技术措施，编制施工方案报备。

B.分组分段再次进行病害探查和"四原"（原结构类型、原建筑材料、原砌筑工艺、原外观形制）状况调查记录。

C.发掘揭露主台基后檐踏跺及殿前月台三组踏跺的下部遗存，分析优化修复设计方案。

D.依据调查结果及设计要求调整核定台基各部位标高体系，细化施工方案，为修复工程创造条件。

E.逐一挑选、检查黏土青砖的内在质量与观感质量，检查砌体灰浆原材料、配合比及制作成品，确保符合文物保护工程质量要求。首先按照设计技术要求分组分段砌筑台帮整修样板段，然后进行初验。

F.初验合格后，按样板段质量标准组织完成施工任务。

G.拆修台基和月台过程中，注意分析鉴别后人在不同时期维修加固时遗留的痕迹，认真记录归档保存，台心夯土中所埋藏的有一定文物价值的砖瓦、瓷片、器物等均认真编号、记录采集实物，移交文物主管部门长久保存。

H.传法正宗殿内地面采用370毫米×370毫米×60毫米砍磨青砖细墁法铺墁。对于殿内中央所发现的扇面墙与佛台平面基址，均按照设计要求在殿内铺砖过程中，采用条砖横砌走边法进行了准确标识。施工过程中对佛台下部基址采取了填埋式保护措施，参见图5-25-①②。

I.主台基地面及月台地面亦用370毫米×370毫米×60毫米的砍磨青砖细墁法施工，台明泛水取50毫米，月台泛水取80毫米。主台基及月台台帮采用砍磨砖叠涩收分砌筑方法施工，收分30毫米，月台台帮收分20毫米。

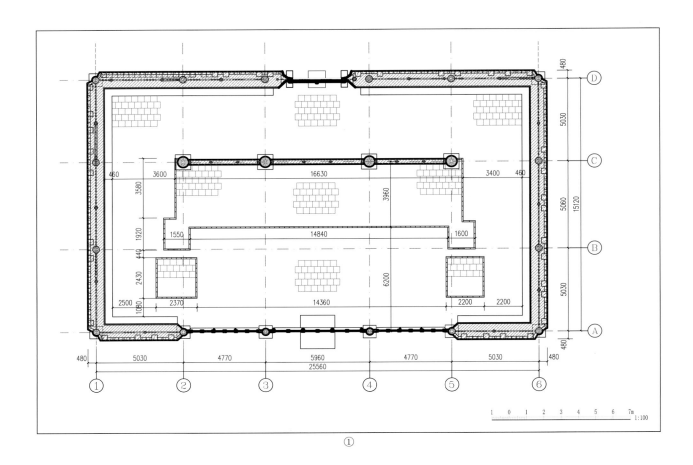

①

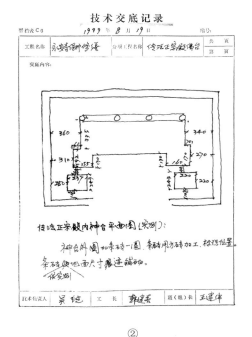

②

图5-25 传法正宗殿神台标识展示
（①传法正宗殿殿内神台标识展示平面图
②传法正宗殿内神台实测平面图）

J.台基、月台的压沿石和土衬石、各部位踏跺的垂带石、踏步石等均采用青石以人工细剁斧看面做法施工。

④完成工程量：

本工程按照设计要求共完成主台基台帮修缮砌筑工程101.4延长米，殿前月台台帮修缮砌筑工程38.72延长米，同时完成了台心夯土排险加固及土衬石、压沿石、角石制安工程。完成了主台基后檐中央垂带式踏跺一组及前檐月台垂带式踏跺三组的修复施工任务。主台基地面铺砖420.6平方米，月台地面铺砖169.2平方米。

⑤质量检验：

A.旧台帮的保护加固：修缮过程中发现主台基台帮有多个区域虽然后人以外表砖300毫米×150毫米×53毫米青条砖用白灰膏顺砌做法，但其内里却利用不规则杂拼旧砖干摆背里，墙体厚度330毫米至450毫米不等。不仅相互不咬槎，整体稳定性也很差。研究决定利用旧砖重砌并局部加固背里砖墙，以有效增加其稳定性和耐久性。

B.垂带式踏跺修复：施工过程中，各部位踏跺均依据考古探查时所发现的基址痕迹以及垂带石和侧面象眼台帮处的原有槎口进行了工程做法的设计调整，努力做到修复有据，修旧如旧。

C.经自检，殿内佛台位置标识展示、台面泛水、台基收分、台基散水以及砌筑体和地面铺墁体的内在质量与观感质量均满足设计要求。

⑥分项验收：

施工部门提交该分项工程竣工验收报告后，经永安寺质量监督管委会综合评定，工程质量符合设计要求，同意验收。

（11）殿宇墙体保护剔补修复项目

①项目概述：

A.保存现状：传法正宗殿外墙皆为满面顺砌青水砖墙，四角柱抹八字墙柱身露明1/3而内壁在槛墙之上的土坯墙体上抹白灰棉花纱泥施绘满墙水陆壁画，前檐东西次间边柱也抹八字墙柱身露明1/2。后檐当心间板门两侧立颊之外的内侧为直角造，外侧抹八角。墙体内部皆为土坯混砌墙心（与外侧裱砖咬槎砌筑），所有柱子外部皆在柱脚处设通风孔洞，在柱身处设蝶形拉接铁钉，防止外裱砖剥离外倾。墙身收分明显但所有柱位的外墙面裂缝、下沉、错位病害严重，急需整修。

B.设计要求：通过外墙局部开槽探查方法明确各承重柱存在的病害和下沉位移状态，对柱网体系进行针对性加固补强和科学修复，通过局部拆修剔补方法对外墙裂缝及风化严重的局部残损面进行剔补修复；修理殿身墙肩，使之与大殿柱网严密交融，仅柱头上部稍留缝隙，以方便湿气吐纳，防止内柱腐朽。

C.拆修过程中的几点发现：其一，外墙面清水顺砖与内心土坯墙咬合做法技艺考究，别具特色：在墙面区域采用相同规格的条砖与方砖混搭砌造，每隔7至9层条砖施用一层方砖（条砖320毫米×160毫米×65毫米，方砖320毫米×320毫米×65毫米），在适度收分的情况下，使得土坯墙心与外裱砖咬结紧密，不易分离，虽曾历经多次地震考验仍然历久不毁，很少出现空鼓及外闪现象；其二，在靠近柱位的地方采用方砖砌造的砖柱收头（宽320毫米，深650毫米），使得每间的外裱砖墙不但设齿槽与土坯墙咬合，而且以砖肋收边，异常坚固耐久。其三，在内檐柱位置的墙柱结合方式，谋略深远、技法非凡，古制犹存：首先，所有暗设檐柱均在其柱子下部留有通向柱身的通风洞口，防潮防腐；其次，柱子周围用板瓦，局部用草绳或麻绳缠绕形成有50～80毫米厚的含空腔隔离层，土坯墙心与之虽相互依存但并非全接触式紧密结合，也未相互固为一体，为大殿大木构架和柱网体系的轻微晃动及轻度沉降预留了塑性空间，客观上也起到了一般情况下保护外墙整体不受撞击、减少裂缝与坍塌的作用。这种构造技术手法此前在平遥慈祥寺、洪洞广胜寺等宋元建筑实物中均有先例可循，但其营造技法更显成熟巧妙且独具匠心。堪称传承有序、刚柔相济砌墙手法的典范。其四，各檐柱之间普遍设有暗支撑柱网体系，有效强化了外墙木结构承重柱网的结构刚度、抗变形能力和综合承载能力。经探查发现各檐柱之间的暗设支柱包括直柱和斜戗柱两种类型，但其组合方式及支戗方式较为灵活多样，柱子的直径多在150毫米至210毫米之间，但都是以不同方式支戗于柱间阑额的腹部或端部下方。使得每间的柱、额之间植入了若干三角形支戗结构体，从而起到了既有效增加阑额荷载能力，又有效防止柱网整体抗变形能力的作用，参见图5-26-①②③④。

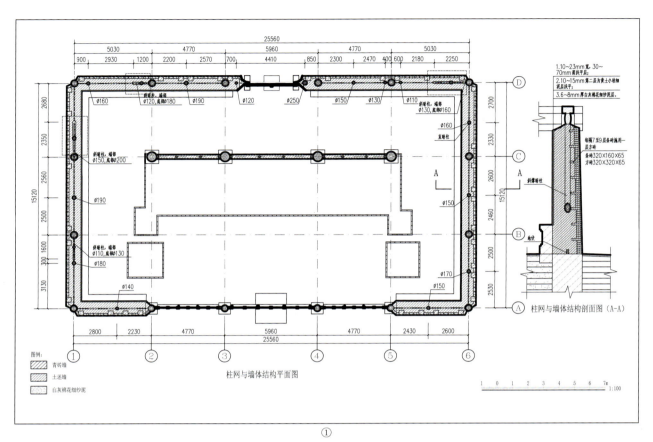

图5-26　传法正宗殿柱网平面及与墙体的独特结构方式

（①传法正宗殿柱网与墙体的独特结构方式平面图、剖面图　②东山墙北平柱外裱砖墙伸入土坯内墙的肋墙　③后檐西次间檐柱边上的附加暗支柱　④东北角柱处看到的外裱砖墙每隔五至七层伸入土坯墙的丁砖）

②技术措施：

根据现场发现的传法正宗殿墙体构造特色、各部位残损病害类别及其残损程度，以及调整优化后的修缮策略，主要措施如下：

A.檐柱周边围护隔离层的原状回砌和外墙裂缝的修复：首先对修复后的檐柱进行二次防腐处理（遍刷生桐油两次），其次自下而上用板瓦和草绳围护柱身（确保柱下通风孔与柱周板瓦保持通风透气状态），与此同时，按照传统做法回砌修复外墙裱砖，每隔7层用方砖一列与内墙土坯咬槎砌造（使土坯墙与柱身外部瓦片等隔离层处于槎口接触状态，避免生硬围护）。施工过程中在既定位置随设外墙拉接蝴蝶铁钉（铁钉后尾用小铁箍与柱身连为一体，每柱3枚纵向布设）。回砌的柱位拆修墙体与柱子两侧暗砖柱密切咬槎，连为一体，防止变形。施工所用青砖均采用原砖、原位、原砌筑工艺进行回砌，缺失砖块按原制补配。

B.墙体内部暗柱探查和维修孔的回砌：对于这类为探查与加固墙内暗柱而出现的微创小孔，其回砌修复方法和工艺略如上条，兹从略。

C.外墙下部局部风化剥蚀严重部位的剔补修复：对于墙体下部个别风蚀严重的部位，根据其残坏程度和残坏范围，在最小限度干预和必要性干预的原则下，分别采取了剔除风化剥蚀层（条砖的1/2厚，约80毫米），采用砖条回嵌修复法和整体取出残坏条砖原状修复法等剔补修复措施，同时在该殿台基的外围散水之外采取了必要的阻止毛细水运输通路的技术措施，从而实现了去除病害、修旧如旧的目标。

D.墙面做旧随色处理：这是传法正宗殿外墙维修工程的最后一道工序，做旧材料主要有5%～7%木工胶稀胶水及陈土粉、红土子、土籽粉和旧砖粉等材料依据周边区域色调质感等特征进行模拟设计，调配出配伍方剂不尽相同的多种做旧随色料液，经过反复实物刷饰与喷涂比选后，以选定的方案

图5-27 传法正宗殿墙面随色做旧处理比较图（①西南角柱八字墙随色做旧处理前 ②西南角柱八字墙随色做旧处理后）

①

②

施行随色作旧处理，最终达到远看浑然一体、近看略有差别的外观效果，上述修缮施工过程参见图5-27-①②。

③完成工程量：

本次施工共对4根角柱的八字墙、8根墙内暗柱的外墙裂缝和施工开槽区域及16处柱间支撑柱下部的施工探查加固微小开口进行了逐一修复与随色作旧，对273.5平方米的大殿外墙面进行了全面整修。

④质量检验：

施工过程中设计代表与业主质量监管负责人跟踪旁站、分部进行不间断的质量督查检验，一旦出现问题立即叫停整改，否则不允许进入下一道工序。

⑤分项验收：

本阶段施工任务完成后，施工方提出自检合格报告，经项目业主和设计部门现场检查综合评定认为，内在质量和观感质量均符合设计要求，同意验收并开展下一阶段施工任务。经回访，现今虽时隔20余年仍未发现明显问题。

（12）平棊藻井保护补残修复项目

①项目概述：

A.基本形制：传法正宗殿次间及梢间均为彻上露明造做法，仅当心间的扇面墙前至前檐入口处的上方设有天宫楼阁与平棊藻井。天宫楼阁与平棊藻井分为两层，均架设于当心间两侧的五椽栿、三椽栿及平梁之上，下层为天宫楼阁，位于四椽栿和三椽栿之间，上层为平棊藻井，位于三椽栿与平梁之上。下层天宫楼阁东西两侧各在平座之上设有3座主殿和3座夹殿，每座面宽3间共18间。平座与四椽栿等长，而天宫楼阁与三椽栿等长。上层平棊和藻井分为两个区域：在平梁两侧及其上部的前后上平榑之下设有斗八藻井一组，与大殿当心间主佛坛尊像所在空间相呼应，在前坡上平榑和下平榑之间，朝主佛坛方向设有倾斜的斗六藻井一组，同时与广大信众祭祀叩拜中央空间相呼应。平棊板则围绕这两组藻井环列设置，相互融为一体。

该殿平棊藻井保护修复项目自2000年7月起至2000年10月完成。施工过程中发现现存平棊板中也存在元代以后补配的构件。

B.残损情况：

a.该殿当心间扇面墙及其上部的下层天宫楼阁现已无存，疑为"文革"期间所毁，1951年雁北文物勘察团前来考察时保存尚好，但因记载欠详，具体结构形式不明。宿白先生在《浑源古建筑调查报告》（1951年）中说："平棊藻井下，扇面墙和五椽栿上（注：应为四椽栿）起天宫楼阁……"这是该殿平棋藻井中最重要的局部缺损，导致东西两侧的下层天宫楼阁失去了联系与围合，当心间中央主尊佛像的上方宝盖出现了缺如。好在底层天宫楼阁上方的二层平座斗栱及其上部面宽三间的如意形佛龛仍然保存完好，值得庆幸。

b.现存的小木作天宫楼阁总体保存较好，但木雕椽子、斗栱、翼角、瓦顶等均存在变形歪闪、局部残损和构件缺失现象。西侧殿阁内部的佛龛壁板，即四椽栿与三椽栿间的隔架板每侧共有5块板（4大1小），4块大板全部丢失，仅留前檐下平榑节点处1块小板。东侧者也为4块大板1块小板，保存基本完整，北起第二块大板上方局部残缺。

c.顶层平棊藻井整体歪闪，部分栱眼壁板出现了裂缝、松动和位移现象，盖斗板、如意头形山花蕉叶多处缺损。最严重的是原有各类形制的平棋板总计67块，竟缺失了50块，完整性受到严重破坏，参见图5-28-①②。

d.八角井中央镶贴的木雕双龙的龙身、龙尾局部缺损。

②施工方法：

①

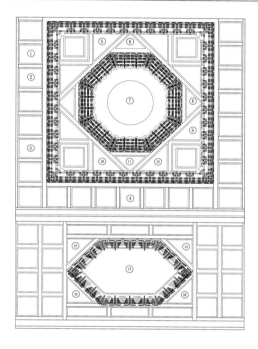

说明：图中标有数字的为原有平棋板，计17块；未标数字的为本次修复平棋板，计50块；总计67块。

②

图5-28 传法正宗殿明间平棊藻井保存现状
（①传法正宗殿平棊当心间藻井残损状态 ②传法正宗殿当心间藻井的平棊板补配修复位置示意图）

A.采取不落架保护整修和局部修复措施。首先，在施工脚手架上反复观察研究，测绘制图确定技术方案，施工过程中努力做到在纠偏归位的同时消除所有病害。其次是坚持局部修复和有据修复原则，凡是暂时无法查明原貌形制的决不随意添加。

B.对于原有平棊藻井上的油饰彩画和佛教尊像木板壁画只进行清污加固和封护处理，对于早期彩画和后期彩画重叠痕迹列为重点保护对象善加保护（清代彩画覆盖了元代彩画至为可贵）。

　　C.为体现平棋藻井的完整性而有据添配修复的构件，进行做旧随色处理，并在其背后用墨笔书写标识，避免后人混淆。此外，还专门书写了本次保护修缮工程纪要，让后人有据可查，参见图5-29-①②③④。

　　③技术措施：

　　A.对于当心间正中连接东西两侧的底层天宫楼阁，因缺乏准确的修复依据，暂不修复，仅对既有构件的节点进行纠偏归位和必要的加固。

　　B.对于东西两侧木雕天宫楼阁上局部缺失、歪闪、损坏的斗栱、翼角、瓦垄、套兽、勾头、滴水、屋脊、吻兽、檐椽、飞椽、栱眼壁板等逐一按原制进行精准维修加固、纠偏归位和有据修复（补配构件数量参见附表5-7）。

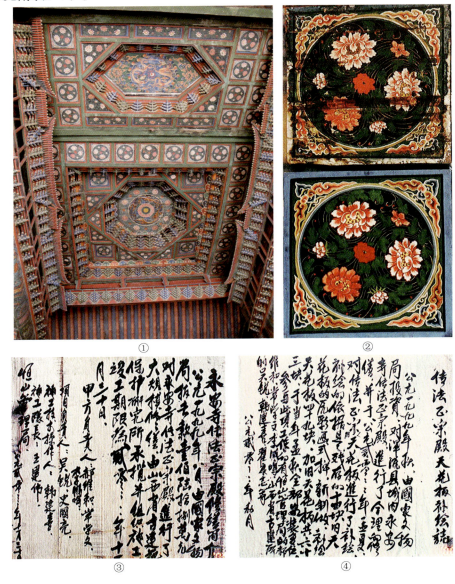

①　　　　　　　　　　　②

③　　　　　　　　　　　④

图5-29　传法正宗殿修复前后的平棋板比较及本次保护工程墨书题记

（①修复后的传法正宗殿藻井全图　②平棋板彩画修复前后对比图　③永安寺传法正宗殿修缮工程简介墨书题记　④传法正宗殿天花板补绘志墨书题记）

表5-7 传法正宗殿当心间藻井天宫楼阁修复与补配构件统计表

楼阁位置	椽子（条）	飞椽（条）	交互斗与散斗（个）	勾头与瓦垄(条)	檐柱修补（块／条）	备注事项
西南一号边楼	10	3	13	16		
西南二号夹楼	10		10	7		
西南三号明楼	43	7	6	28	1	
西南四号夹楼	5		4	7		
西南五号明楼	42	7	4	22	1	在采用与原藻井相同的木材和相同的工艺修复后，还进行了油饰彩画的随色作旧修复处理
西南六号夹楼	16	18	3	18		
东南一号边楼	20	7	6	14		
东南二号夹楼			3	4		
东南三号明楼		1	8	30	1	
东南四号夹楼				2		
东南五号明楼			3	16		
东南六号夹楼				6		
合计	146	43	60	170	3	

C.研究决定对东侧天宫楼阁的佛龛壁板局部残损点，按原规制选同样材料进行修复，其正面木雕贴烙的佛龛同时修复，但佛龛内及其背面的佛像却不轻率施绘，仅作随色作旧处理，待找到可靠历史图像资料或丢失的原物时再行修复处理。

D.对西侧天宫楼阁所缺失的4块大佛龛壁板参照东侧相应遗存及所存壁板榫卯等遗痕进行修复，其正面所贴烙的佛龛一并修复，也仅作随色协调处理而绝不轻率施绘佛像及纹饰。

E.由于顶层平棊与藻井的总体构架保存完整，所以主要进行的是纠偏归位和歪闪治理，然后对所有缺失的部件进行了认真修复，对板材裂缝及缺损部位进行了嵌补，对构造节点进行了加固。50块平棊盖板的完整性修复是该项目的重要内容，施工时主要把握了如下3项原则：首先是盖板的木材品质及加工工艺与现存实物保持一致（樟子松木板）；其次是在修复补配的盖板背后加注了墨书标识，以防后人混淆难辨；第三是盖板正面的彩画图案是经过长达一个多月的现场分析研究并在修复设计方案反复比选的基础上，再经过实样施绘，专家会评审之后最终确定的。

F.八角井中部的元代木雕行龙不作随意修补，保持现状。

G.现存于藻井两侧平棊龙骨和梁栿之上保存的历史上用于悬挂经幡或帐幔的滑轮均原位保存，严防脱落，供今后研究佛教仪轨等问题时参考。

④彩画修复与作旧：

据现场调查，虽然该殿平棊藻井的雕造时代与大殿同期，也为元代原作，但其外表现存彩画多经明清以来进行过重新施绘。不仅在一些彩画细部还隐约可见早期彩画的痕迹，即便是保存下来的17块天花板也不是同一时期的作品（从色泽、画法、平棋板质地等分析，晚期补配件仿早期件施绘）。本次彩画保护与修复做旧时，藻井平棊原有部件上的彩画只进行保护清污处理，不进行任何施绘作业，而斗栱、椽子、瓦垄、吻兽等局部修复构配件则以该构件所在位置应该施绘的色彩与工艺进行了修复性施绘和随色做旧处理，平棊板的彩画修复则以较早的彩画图案为依据进行图案复原施绘与随色作旧处理。努力使修复添配构配件的彩画不仅与平棊藻井的原有构件图案及色调协调一致，而且与当心间梁架上的现存彩画相互协调。

⑤完成工程量：

在该殿平棋藻井保护修复过程中，共添配修复平棋板50块，依旧制修补东侧楼阁内侧佛龛壁板（四椽栿与三椽栿间隔架板）1块，修复西侧者4块。此外还按照原貌形制，对所有平棋藻井和天宫楼阁上的局部缺失部件进行了认真修补，整体上恢复了其建造之初的健康状态，参见图5-30。

⑥质量检测验收：

保护修复过程中，设计和监理部门对每个构配件逐一进行了检测确认，保护修复工程完成之后，参建单位进行了总体质量检查，确认符合设计要求，同意进行下一道工序。

（13）前后檐隔扇和板门保护整修项目

①项目概述：

传法正宗殿前檐明、次间共安装有十八页六抹头隔扇门，后檐仅当心间安有双开式板门一组。前檐当心间和两次间隔扇的门额和抱框保存完好，当心间东侧隔扇门的裙板被后人改为进出仓库的小门，明、次间地栿损坏严重。西次间的正中两页隔扇，其两侧大边变形弓形弯曲严重。各间的双交斜十字方格棂条局部存在破损。后檐板门在该殿改为粮食仓库时，曾将板门拆下反向安装在原位，导致其下部地栿、门枕木、鸡栖木和门簪局部破损。该殿板门每扇设穿带五条，但外侧正面却设门钉七路，每路六枚。此外还设有铁页四条连接门轴板与门心板，铁页上下者较短，中间者较长，中间门钚丢失，但其痕迹尚存。板门局部破损，伴拼缝开裂。板门外侧的装饰性雕花抱框保存较好，其艺术样式显然承袭了宋金古制，至为可贵。

本项目施工自2000年7月15日至9月30日完成，历时45天。

②施工方法：

前檐隔扇：前檐明、次间隔扇地栿按原制更换，格心棂条缺失者进行织补式修复，被改动的裙板依原状修复，变形严重的隔扇大边更换修复，对局部裂缝处进行嵌缝修补。

后檐板门：对残破严重的鸡栖木、木门枕、木门簪、已缺失的门钉、门钚等进行补配修复，对板门本体的裂缝进行嵌补加固，将反向安装的板门按原制修复。

③技术措施：

施工时，所有补配的木料均与原构件材料保持一致（华北落叶松干料）。镶嵌拼缝时所用的粘接材料采用传统木工胶，禁止使用现代乳胶。修复补配的门钚、门钉、两入钉、小趴钉等均采用传统手工锻打的物件，禁止采用现代模制铁件。

在施工过程中探查得知，隔扇主体油饰原为暗红色，槛框及门额也为暗红色，格心仔边及棂条为

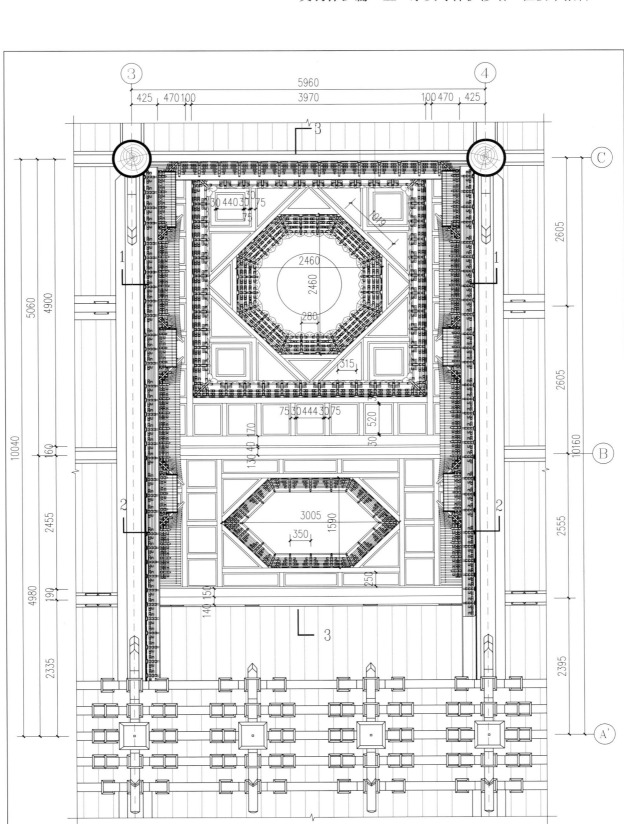

图5-30　传法正宗殿当心间平棊藻井保护修复项目竣工仰视图

①　　　　　　　　　　②

图5-31　传法正宗殿金柱油饰遗存保护修复前后比较图
（①保护修复前残损状态　②保护修复后健康状态）

绿色（背面为土红色）。经清污处理后，未进行重新油饰，而是在对修配及嵌补件进行随色作旧处理后，再以色泽协调的细贴骨灰对风化严重的部位进行一次保护处理，之后进行了桐油防腐处理。

后檐板门及殿内金柱为该殿创建时的原物，经清污处理得知，最初为红色油皮，其上另有一层红色油皮层，最上层才是现今所见的黑色油饰层。施工过程中，对干缩开裂严重部位进行了油灰补缝处理，对补配的构件进行了随色做旧处理。为保护原有古朴沧桑的观感效果，未做全面油饰处理，仅进行了熟桐油罩面封护和防腐处理，效果古朴典雅。参见图5-31-①②。

④完成工程量：

现状维修板门2扇，隔扇门18页，鸡栖木1条，补配修复地栿4条，门枕木2块，门闩穿带4条，隔扇边框2条，隔扇裙板2块，织补隔扇棂条破洞8处。完成了所有修配构件的油饰与做旧工序。

⑤质量检测与验收：

经施工单位自检，永安寺保护工程监督管理委员会复检，符合设计要求，同意验收。

（14）栱眼壁画的保护修复与原位安装

①项目概述：

传法正宗殿檐头斗栱之间共有42块栱眼壁（含转角铺作栌斗与附角栌斗间的8块小栱眼壁）。所有栱眼壁皆沿袭古代土坯立砌内心和内外双面分层披抹泥壁，然后绘以栱眼壁画的传统做法。栱眼壁的内侧均以随形绘制的水墨子母线作为画边，其内壁绘制生动多姿的水墨云龙图案，外壁前后檐者绘以五彩坐佛，东面者亦绘以水墨云龙图案（因长期受日光照射，多处漫漶不清），西面者多已被涂抹白灰泥皮，无画，且自北而南的第3块栱眼壁已缺失无存。

②施工方法：

根据设计要求，首先进行了栱眼壁画的信息采集、残损记录、安全评估和逐一登录建档工作。经统计，有5个画面表皮空鼓脱落严重，有4个画面局部碎裂严重，有5个画面局部缺皮严重，有4个画面已没有壁画画皮，有1个栱眼壁整体缺失。可以整体拆卸的栱眼壁仅有29块，其余需要分块卸至保护室进行修复。其次，按照设计要求认真细致地对所有栱眼壁进行拆卸前的除尘、清污和预保护处理。然后借助于特制的栱眼壁画整体卸装夹具逐一进行拆卸，运至保护棚进行保护和修复。室内保护修复任务完成后再次编号记录建档待安装。

该殿栱眼壁的原位归安是选择传法正宗殿所有项目施工任务完成后，又过了2个月等待该殿各部位构架的轻微变形完成之后才进行的，目的是避免因结构变形导致安装复位的栱眼壁受到挤压损坏。

③技术措施：

传法正宗殿栱眼壁画拆卸落地后，其保护修复施工主要分为两个阶段：一是清污除尘，修补加固和整体修复保护棚室内作业阶段；二是起吊归安、卡结固定和边缘修复室外作业阶段。现分述如下：

在室内作业过程中，按照设计技术指引，通过多次试验主要解决了3个技术问题：一是栱眼壁立砌新旧土坯间粘接泥料的试验和优选，实践证明，在垒坯墙用泥设计要求基础上调整为：淋灰20斤，细黏土65斤，胶泥土15斤，麦壳7斤，以浓度为8%的黄米和江米混合汤汁和桐油适量调制后综合评分较高。二是栱眼壁内外壁面麻刀中泥的试验和优选，实践证明，在打地仗用泥设计要求基础上调整为：淋灰30斤，黏土50斤，胶泥土20斤，麻刀2斤，细麦秸1.5斤，粗麻0.5斤，以浓度为5%的黄米、江米混合汤汁及桐油适量调制后综合评分较高。三是栱眼壁内外壁面棉花纱泥的试验和优选，实践证明，在栱眼壁抹泥层棉花纱泥设计要求基础上调整为：淋灰30斤，细沙土30斤，黏土25斤，胶泥土15斤，棉花4斤，以6%浓度的黄米汤汁调制综合评分较高。

在室外作业过程中，按照设计要求主要采取了如下技术措施：一是运用特制的栱眼壁画装卸夹具逐一将修复好的栱眼壁起吊归安于原位。二是采用楔形木塞、瓦片等硬物和垒坯墙用泥将栱眼壁卡结固定于两朵斗栱铺作和柱头枋与普柏枋之间。三是待第二年开春后，用栱眼壁地仗泥及棉花纱泥进行封填缝隙处理和表面修复，之后进行随色作旧处理和画面接缝衔接处理，参见图5-32-①②③。

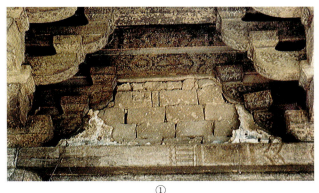
①

②

③

图5-32 传法正宗殿栱眼壁画修复安装场景
〔①修缮前栱眼壁画（外立面） ②修复后的栱眼壁画（外立面） ③对栱眼壁画的边缝进行补泥抹面作业〕

④完成工程量：

针对42块残损壁画的保护修复工程的室内作业自1999年10月至2000年8月完成，其室外安装施工作业自2000年10月5日至同年11月10日完成，但修补42块壁画边缘及随色做旧任务于2001年开春后开始至4月中旬完成。

⑤质检与验收：

在施工全过程中，业主、设计代表全程参与了技术指导和质量监管，确保各项施工任务均能满足设计要求和质量管理规定。竣工20余年来多次回访，至今未发现明显问题。

（15）壁画彩画保护补残修缮项目

传法正宗殿殿内壁画（186.9平方米）的原位清污保护维修及内外檐建筑彩画（1892平方米）和栱眼壁画（88.1平方米）的清污保护修缮工程，是2001年6月启动至2002年10月完成的。该工程由中国文物研究所进行保护工程方案设计，郑军先生担任施工期间技术指导。此项目曾专门撰写发表过保护技术研究报告，兹从略。参见本书第二章。

（16）中度残损清代黄色琉璃筒瓦"二次施釉"回炉复烧加固继用项目

在清理传法正宗殿屋顶瓦件过程中发现有500余块清代黄色琉璃筒瓦被列为中度残损瓦件，其特征是瓦件总体保存基本完整，但其背部釉面剥蚀严重，其中部分瓦件的胎体也出现了程度不同的剥蚀和脱落。究其原因主要是由历史上冰雹击打或暴晒条件下的太阳雨击打等外力原因使然。按照原定鉴选原则，出现上述问题且达到中度残损的应列为替换淘汰的瓦件。但维修保护工程监督管理委员会一致认为，为了保持琉璃瓦顶的原真性少受损失，应该通过"二次施釉"回炉复烧技术，让这些瓦件的残损病情得以转化和挽救，使其得以继用和延年获益。

该殿琉璃瓦件其胎体所用高岭土颗粒较多，色泽偏红，质地较松软，硬度较弱。二次施釉时应采取局部施釉还是整体施釉？施釉复烧后如何才能确保胎体依然坚固，且色泽不会变化太大？如何控制温度才能确保瓦的胎体不会产生形变？带着诸多问题，携带残损样品与山西的多个琉璃厂家及工匠、技师们进行商讨，达成了共识，展开了试验，取得了成功。

根据近20多年来的多次回访，所有被二次施釉复烧加固过的琉璃瓦件至今仍然完好无损，基本无脱釉现象，其耐久性和可靠性都是经得起时间考验的，参见图5-33。

永安寺殿顶黄色琉璃瓦的二次施釉复烧工作是20年前的事情。由于当时没有详细记录复烧工艺及其技术细节，故无

5-33　传法正宗殿二次施釉保护后的黄色琉璃瓦总体效果协调

法详加表述。2020年3月，恰逢平定县古陶建材有限公司受托为太原皇庙复烧和配制明代黄色琉璃瓦件，借此机会厂长郭完小根据设计要求就明代旧瓦二次施釉和复烧工艺进行了试验，取得了成功，并同意将该厂古代黄色琉璃瓦的二次施釉复烧工艺方法公之于众，抛砖引玉。

古代黄色琉璃筒瓦二次施釉烧制基本工艺：

第一步：对初选纳入二次施釉继用的瓦进行物理去污处理。

第二步：逐一进行轻轻敲击，依据声音辨别是否存在隐形裂缝或局部松解，去除声音沙哑的瓦件。

第三步：将选定的古瓦入窑进行除湿清污和胎体磁化加固初烧，缓慢升温，防止炸裂，炉温控制在800度左右（正负15度），避免残釉损坏或严重变色，避免胎体变形，烧制约72小时出炉。

第四步：对第一次初烧强化后的旧瓦再次进行筛选，去除残次瓦件，选定符合二次施釉的瓦件。

第五步：制备不少于五种仿古瓦高岭土胎体样板，尽量使其胎体的质感、色泽、原料颗粒粗细配比与拟二次施釉瓦件的胎体一致且兼容，调配与拟烧琉璃瓦件的色泽可能相似的釉料；逐批施釉，入窑试烧。炉内温度控制在1050度左右（正负15度），烧制24小时出炉。反复试验直至找到适合的试件，确定釉料配方。

第六步：以选定的釉料配方，在每件二次施釉瓦件的缺釉处均匀地填满釉浆，然后晾干准备复烧。

第七步：将上好釉料的古瓦均匀地入窑复烧，炉内温度控制在1050度左右（正负15度），烧制24小时出炉。这次烧制的目的是使瓦件表面的釉料熔解并与旧釉相互融合后使其与胎体紧密结合。二次施釉复烧时，应先少量试烧，总结经验，改进优化后再批量烧制。

值得记述的是：传法正宗殿屋顶上的孔雀蓝琉璃瓦件、鸱吻、脊兽、仙人等的修补复烧、添配工作也曾委托多家琉璃烧造厂家进行样品塑造，质量比选、优化改进、综合评比后才最终确定了烧制厂家，保证了工程质量，参见图5-34。

（17）建筑彩画临摹与彩画小样的缩绘项目

施工过程中发现，虽然传法正宗殿的外檐彩画因常年风吹日晒多已漫漶不清了，但其殿内的旋子彩画却保留基本完好，色泽异常亮丽。此外，从殿顶漏雨冲刷处还可以看到部分早期彩画的遗痕，真是弥足珍贵。为全面记录此殿建筑彩画的构图模式、用色方法、绘画技艺、纹饰构成、艺术特征，决定对其主要部位进行原大临摹、色标记录及小样缩绘，其成果不仅可供今后详细

5-34　传法正宗殿孔雀蓝琉璃瓦件保护添配修复后总体效果协调

研究使用，而且可以作为展示宣传的重要内容。

本次传法正宗殿的彩画临摹方法可概括为如下步骤：

第一步：填写拟临摹彩画记录单，详细记录有关信息，同时进行现状摄影记录，主要部位在清除表面浮尘的前提下，将标准色卡与彩画记录同时拍摄记录下来，用以存入档案。

第二步：用透明塑料纸轻轻地敷设在建筑构件之上，将彩画的各类线条和纹饰图案忠实地临摹记录于塑料纸上，同时标记用色类型、渲染方法、绘画特点等施绘技术和艺术要素。核对无误后统一编号，并记录构件名称、所在部位等信息。

第三步：对原大彩画临摹线稿进行拍摄，按一定比例缩绘于彩画起谱子专用纸上，对照标准带色标卡的摄影记录资料进行填色和摹绘，形成缩绘彩画小样。

第四步：通过扎谱子工艺将缩绘的彩画小样放样至三合板上，再次填色、摹绘，从而形成临摹缩绘彩画小样，参见图5-35-①②③④⑤。

图5-35　传法正宗殿建筑彩画临摹与彩画小样举例

（①依据临摹稿细化绘制平棊板彩画谱子　②依据临摹稿按比例缩绘梁栿额枋斗栱彩画图案　③内檐柱斗与补间铺作及阑额普柏枋彩画小样完成稿　④外檐柱头与补间铺作及阑额普柏枋彩画小样完成稿　⑤按遗存旧件修复补配的明间藻井长条形平棊板）

（18）诸作构件及其榫卯测绘与信息记录项目

首先，为了全面掌握传法正宗殿大木构架所有构配件的榫卯结构真实做法，作为今后深入研究其榫卯做法特征、设计模数制度及工艺技术内涵的可靠依据，施工过程中我们不失时机地组织专人对传法正宗殿的各类构配件均进行了精细实测与尺寸记录。本次木构件榫卯测绘工作遵循了以下五项守则：第一，测绘对象覆盖所有大木构件类型，相同构件如出现有规律的变化则采取备注补记的方法进行记录。第二，对于各类构件上所附加的卯洞、榫头或构件相交需要劈肩斫造时的斜面或弧面，以及外形卷刹、收分、隐刻等技术细节均列入测绘范围。第三，同类构件但外形不同者均逐一测绘记录。第四，除榫卯外雕饰纹样也列入构件测绘范围。第五，在实测和绘制草图的同时辅助照片记录确保真实可靠，参见图5-36-①②。

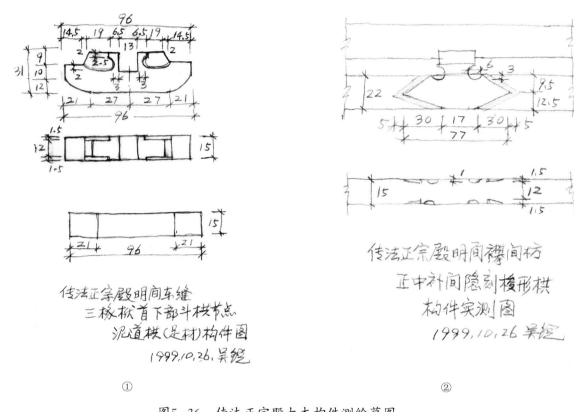

①
②

图5-36　传法正宗殿大木构件测绘草图
（①斗栱构件及其榫卯实测图　②隐刻翼形栱及相关构件做法测图）

其次，对传法正宗殿的砖石、瓦作和脊饰、吻兽等艺术构件也进行了精细绘制，准确记录了所有构件的基本尺寸和外观图像信息，为今后的建筑技术和艺术史研究提供了可靠依据，参见图5-37。

此外，还测绘了各类铁钉等、铁活的形制与尺寸，为全面掌握该殿传统大木构造技术提供有力帮助，参见图5-38。

（19）**保护修缮工程实施过程中发现的题记与文物残件**

施工过程中，我们非常重视各类构件上的墨书题记、诸作专业符号与标识以及暗藏于结构体中的文物残件的记录整理，我们认为，它不仅真实地反映了这座殿堂建造时的历史信息，更重要的是这些被暗藏于古建筑内部的发现，大都具有补充历史典籍记载之不足、破解未知历史之奥秘的价值和作用。现记录如下：

①外檐西北角转角铺作栌斗底墨书题记：

顿首启上

木匠□□□□□□□□

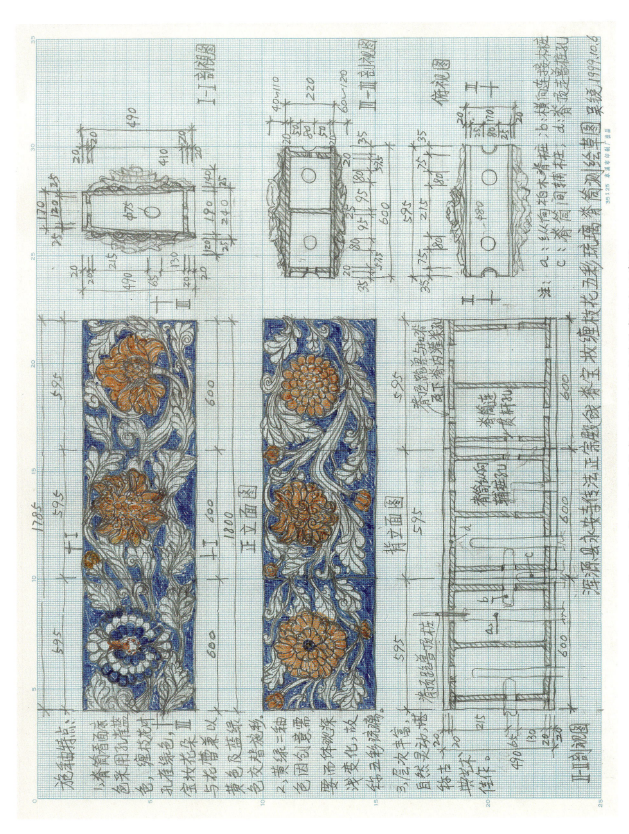

图5-37 传法正宗殿戗脊五彩琉璃捏花饰脊筒实测草图

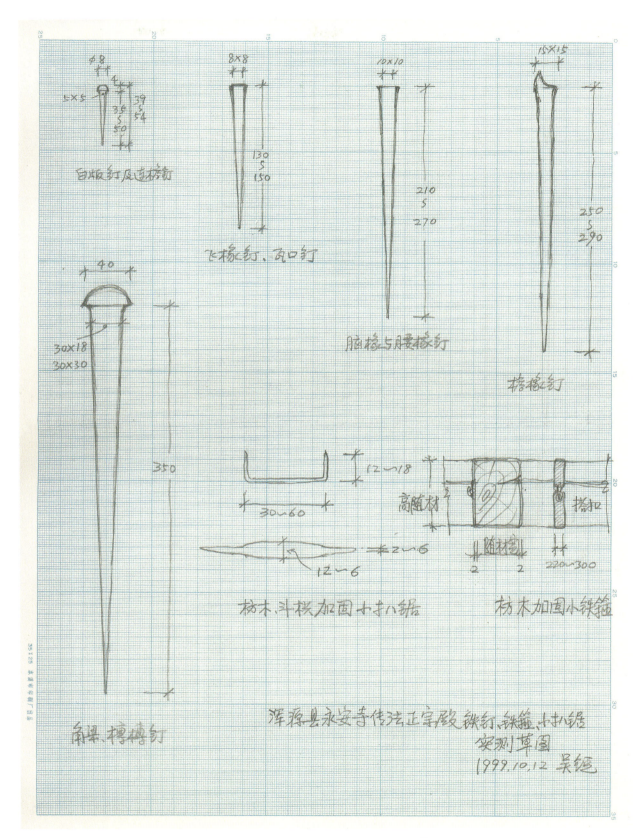

图5-38　传法正宗殿各类铁钉测绘草图

郭提控，王提控

两个□

两个□□□動

交木匠自揩来

再三啟

木匠左右□□□□顿首。参见图5-39。

说明：A.这条信息发现于1999年10月31日下午。B.墨书题记采用行楷书写方式，自上而下、从右向左纵列共8行，44个字，部分字迹难以辨识。C."提控"为宋金元时代的官名或对吏目的尊称。这条题记木工匠师采用了表奏敬语的书写文体。

②东山当心间柱头枋上面墨书题记：

東山

说明：此题记为墨书题记，题写于大殿东侧当心间柱头枋之上，由此可知，金元时期雁北一带将大殿东侧面简称为东山。由此可知，目前我国各地仍然行用的东山与西山这两个古建筑术语在民间源远流长。

③屋顶琉璃脊刹上的建年题记：

在脊刹中央宝殿正面当心间白底黄边题字牌上有赭色题字"天地三界十方萬灵真宰"十个字。

在脊刹中央宝殿背面当心间白底黄边题字牌上有赭色题字"大清乾隆二十六年立"九个字。

说明：此殿屋盖上的琉璃瓦件大都为乾隆二十六年（1761）揭顶大修时所更换的遗存，距今已有260余年的历史。这与该殿当心间悬挂的"传法正宗之殿"匾额西边所刻的"岢大清乾隆二十六年重创并修"记载是一致的，参见图5-40-①②。

④大殿后檐墙上的砖雕题字

在传法正宗殿后檐砖墙上有高3.8米高的"虎啸"（位于西梢间和西次间墙面上）和"龙吟"（位

图5-39　传法正宗殿西北角转角铺作栌斗底墨书题记照片

①

②

图5-40　脊刹题记
（①脊刹正面题记　②脊刹背面题记）

图5-41 传法正宗殿后檐墙上的砖雕题字

于东次间和东梢间墙面上）4个砖雕楷书题刻。参见图5-41。

⑤大殿前檐墙上的砖雕题字

在传法正宗殿的前檐东西梢间墙面上有高3.8米的"莊"（位于东梢间墙面上）和"嚴"（位于西梢间墙面上）两个大字。其题头为"古雅绝伦"闲章和"壬午夏月"四字。其落款为"太原龙山段士达"。此题字与南侧天王殿尽间后墙上

图5-42 传法正宗殿前檐墙上的砖雕题字

的"法相"二字相呼应，共同构成中院的宗教文化主题，参见图5-42。

⑥传法正宗殿台基垫层土中出土的文物残件：

A."永安寺"题记白瓷碗底

该瓷片出土于传法正宗殿殿内T4号柱间土人工探井之中，标本采集于1999年11月12日，为白釉碗的正中下底及其下部圈足，圈足外径80毫米，内径60毫米，内部高14毫米，外部高12毫米，中央均匀起凸1毫米，未施釉。碗壁厚9毫米，内壁满施微微泛黄的白釉。值得注意的是：这一残件的底部中央有墨书题记"永安寺"三字。另外，碗底约有1/3留有曾被炭火烧烤过的痕迹。依据其所在层位分析，应为金代传法正宗殿旧基础中的遗存，与该殿烧毁前的历史沿革相呼应，参见图5-43-①。

B."北堂"题记白瓷碗底

该瓷片出土于传法正宗殿殿内T2号柱间土人工探井之中，标本采集于1999年11月13日，为白釉碗的中部下底及其下部圈足，圈足外径76毫米，内径60毫米，内部高12毫米，外部高9毫米，圈足中央均匀起凸2毫米，未施釉，但从圈足外12～15毫米处可以见到碗壁外周蘸釉后的白釉遗痕。碗壁厚6毫米，内壁满施白釉。从残片断面观察，此件的胎体较"永安寺"题记碗底更加细腻、白净厚润。值得注意的是：在碗底的中央也有两个墨书楷体题字，字迹虽略显漫漶，可确认为"北堂"二字。应是金兴定四年（1220）稍后，"浑源州之永安第一代归云大禅师"在永安寺"开山古香积北堂"时的生活用具珍贵遗存。当时，在归云禅师的主持下，浑源永安寺曾得以重修复兴，从而出现了"栋宇重新，禅侣云集"的盛况（据北京潭柘寺塔院《归云大禅师塔铭》）。参见图5-43-②。

C.永安寺白瓷浮雕双狮法器残座

1999年11月10日至15日，在对传法正宗殿基础进行岩土工程勘察过程中，曾于T3号柱间土人工探井之中发现了一件白瓷浮雕双狮法器残座。该器物宽250毫米，高145毫米，厚100～150毫米，上部缺失，内部中空。其正面的左右两侧各有一只向外伸出的高浮雕狮首相对而卧，其中央有对称下垂的如意形雕饰纹样,造型古朴，意象生动，与五台县佛光寺东大殿前唐大中十一年经幢须弥座束腰上的唐代狮子有异曲同工之妙。其背面中部有一圆形孔洞，正面及两侧面施白釉，背面及下底不施釉，胎体微微泛红色，颗粒粗糙，应为民窑作品。有同仁将其鉴定为白瓷枕入藏当地文物库中，但笔者认为此件应是永安寺金元时代可以放置于供桌之上或壁挂于墙体之上的香薰等法器的底座，参见图5-43-③。

D.金代兽面纹瓦当残件

在对天王殿的台基进行基础勘查过程中，在台基外侧垫层土中发现了一件该寺殿宇上用过的兽面纹瓦当残件。该瓦当直径

图5-43　传法正宗殿台基垫层土中出土的白瓷碗底等金代文物残件（①金代白瓷碗底上的"永安寺"墨书题字　②金代白瓷碗底上的"北堂"墨书题记　③白瓷雕双狮瑞兽法器残座　④永安寺天王殿基址内出土的金代兽面纹瓦当残片）

165毫米，厚20～28毫米，黏土瓦材质，其中心部位饰以浅浮雕兽面纹，瓦当外边楞较宽，其上饰以宝珠纹。据其形制和尺寸推测，应为金代永安寺殿宇屋盖上的勾头瓦当遗存，至为珍贵。参见图5-43-④。

2. 第二阶段：天王殿及其倒座戏台、山门与东西掖门及八字影壁等保护修缮工程（2002年3月～2002年12月）

早在2001年4月，依据浑源县恒山管理局《关于抢修永安寺山门、护法天王殿的报告》（浑政恒管

字[2001]2号），山西省文物局签发了《关于下达浑源永安寺山门、天王殿维修任务的通知》（晋文物函[2001]43号），要求尽快做好开工准备，编报施工方案及施工预算。鉴于相关保护对象的保护修复范围及具体技术措施尚需进一步细化落实，经审慎研究，决定将其列为2002年3月至同年12月实施的永安寺保护修缮工程的第二阶段保护项目。在此期间，主要开展了：天王殿落架大修及其背面倒座戏台修复工程，山门及其东西腋门和正面八字影壁维修工程，天王殿、山门建筑彩画保护修复与断白做旧工程，永安寺消防设施建设工程。现分别报告如下：

（1）天王殿落架大修及其背面倒座戏台修复项目

①工程概述：

如前所述，此项目早在1999年3月，已被山西省文物局列为重点保护维修任务之列。2001年4月，省文物局再次发文批准落架大修。但是前期准备过程中发现已批准的勘测设计文件存在许多需要补充优化的工作内容，主要包括：天王殿背面原有倒座戏台的台基被埋入地下，未被列入保护修复内容，也缺乏必要的工程勘察设计文件；拆除室内遮挡物后发现，天王殿的部分油饰彩画保存状况较好，需要进一步细化勘察和临摹记录，同时制定针对性保护修复设计方案，指导施工；此外，天王殿山花尖上的水墨壁画和屋顶脊饰瓦件等也需要细化保护设计方案。因此，暂不具备当年付诸施工的条件。

②修缮（复）策略：

经恒山管理局和永安寺工程管委会研究决定采取如下保护对策：首先，对天王殿及其背后的倒座戏台实施考古探查，继而对县域内现存的同时期戏台建筑遗存进行系统调查分析，据以编制倒座戏台修复设计方案，经认真论证，上级批准后修复用于祭祀献乐的戏台建筑。其次，依据考古调查结果，补充和细化原设计方案及工程做法，论证批准后付诸实施。第三，借鉴传法正宗殿油饰彩画保护修缮工程方法及经验，编制天王殿与倒座戏台彩画保护、局部修复设计方案与施工方案，经评审论证并上报批准后付诸施工。

③技术措施：

A.台基墙体砌筑工艺评估。

在天王殿及其倒座戏台的营造工艺评估分析过程中，主要有如下几点发现：

a.天王殿原有墙体砌筑方法。

外墙顺砌包砖，下部设槛墙防潮，内侧以土坯干摆立砌墙体砌筑，中央设有夹填层的墙体。其外砌包砖为每7至9层顺砖另设1层丁砖的砌筑方法，这样的构造做法既可确保外墙砌砖不易空鼓外闪，还可确保墙体与中央夹层咬合紧密。其内墙立砌干摆土坯墙，有利于披抹用于绘制壁画的粗、细泥层，还可使墙内的潮气在适应室内一年四季和每日温湿度变化的过程中呼吸吐纳。可见古代匠师的良苦用心和独特技艺。

经仔细观察，此殿土坯内墙面共披抹有三层泥层，第一层为黄土大秸粗泥层（厚10～25毫米不等），令墙面打底初步找平并保持均匀一致的收分，泥的背后经压抹会均匀地嵌入土坯间缝之内（宽10～23毫米不等，深30～70毫米不等）。第二层为黄土小秸细泥层（厚10～15毫米不等），令墙面进一步找平，为披抹壁画泥面层做好铺底。第三层为白灰棉花细纱泥层（厚6～8毫米），用于绘制殿内壁画。

此外，内外墙之间以不规整土坯、砖块、瓦片等干垒填心做法营造。

综上所述，古代匠师在砌筑外围墙体时妥善解决了三个关键技术问题：一是外墙面采用砖砌清水墙有利于防潮防碰撞，二是内墙采用土坯泥墙有利于绘制壁画，三是中央夹层采用结构较松散的土坯碎砖瓦墙心与柱网构架结合，不仅有利于抵御地震破坏作用并可较好地适应大木构架的常时微动现象发生。其构造特征与传法正宗殿一脉相承。

b.天王殿台基现状做法。

由于后人不断维修和功能改造，天王殿平面现状是：明间改为前后院的中央通道，两次间和两梢间改为左右各两间的居住用房，殿宇两山墙外台基处仅留有5厘米的金边，倒座戏台被拆除，基座被填埋，后檐改为下出檐仅62厘米、高仅10厘米的小台明。而前檐虽然台明宽度没有修改，但明间改为坡道，两次间和梢间前均改为总高1.5米的5步水泥抹面的通长踏步，参见图5-44-①②。

①　　　　　　　　　　　　　　　②

图5-44　天王殿正立面与背立面现状
（①天王殿正立面侧影　②天王殿背立面正视）

B.建筑功能与台基原状探查。

天王殿及其背面的倒座戏台本是功能叠加的一座组合建筑物，但因戏台被后人拆除，基址被填埋，所以原有设计方案对戏台基址及其上部构造没有提及。施工过程中，经考古探查，有如下几点发现：

a.天王殿与倒座戏台台基的原状做法

首先，天王殿及其背面倒座戏台的台基呈连体凸字形做法，正面台基高1060毫米，背面挖掘至现状地面约500毫米时，发现残存台基，台基外表为条砖顺砌做法，其内每隔1500毫米左右分段设置宽300毫米左右的肋墙，肋墙之间砌筑糙砌背里墙，在天王殿的明间正中有一宽400毫米的砌体，应是正面拜石下的墙体，参见图5-45-①②。

b.天王殿两山台基的原状做法。

经发掘可知，天王殿东西两山面分别设有小台明（两山面台基边线距山墙外皮净距离350毫米），用以呼应上部悬山顶做法（俗称下出檐），而不是硬山顶应有的金边台基做法。

c.天王殿与倒座戏台的平面布置及其使用功能。

经基址探查，基本明确了该建筑的平面布置方式和功能分区特征：天王殿面宽5间，进深4椽，正

图5-45 天王殿及倒座戏台建筑台基原状
（①修复后的天王殿与戏台台基 ②包镶加固原台基）

面3间，各设2组隔扇门，但仅明间前方设有一组垂带式踏步（高7步）。背面明间亦设隔扇门2组，但东西次间却设有小山墙和隔扇门各1组。后檐倒座戏台为一面宽3间、进深3椽的敞亭式建筑，因此其正面中央不设踏道，而于东西两侧各设有1组垂带式踏步（高5步）。由此可知，天王殿的东西梢间是供奉四大天王和施绘壁画的空间，明间和两次间应为游人信众活动空间，而倒座戏台则为面对传法正宗殿演戏酬神和祭祀献乐的场所，传法正宗殿大月台和中院正是举行庙会活动的空间和观赏庙会乐舞的看场。庙会活动和日常管理的游人通道主要经由天王殿东西两侧的腋门满足需求，参见图5-46。

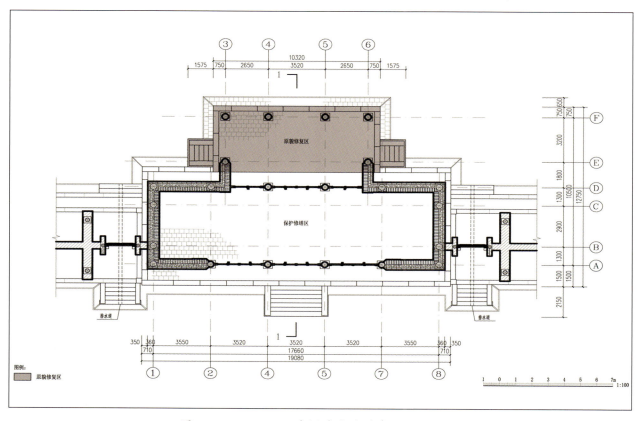

图5-46 天王殿及其倒座戏台修复工程平面图

d.天王殿东西掖门及其下部的排水通道。

经探查，在天王殿的西北角处发现一条踏跺的垂带石，其规格为950厘米×300厘米×180厘米，可见从天王殿两侧的掖门进入中院时设有垂带式踏步，其上部地面的标高与天王殿室内标高相差5步（约85厘米），这应该是天王殿两侧东西掖门后檐的底层台基地面。

在东西掖门的底层台基下方又发现了后院通向前院的排水通道。排水道宽300厘米，高250厘米，随势找坡，其底层以块石铺砌并用白灰浆灌缝防渗，其两侧以顺砌白灰膏砌筑，上部覆盖块石，再以覆土夯筑。

上述现状评估和考古探查成果，为天王殿及其后檐倒座戏台和两侧掖门的保护修复工程顺利开展提供了不可或缺的科学依据。

C.保护修缮（复）工程措施

以上述考察评估结果为依据，对天王殿及其背面的倒座戏台修缮设计方案进一步优化调整后，施工技术措施主要包括如下几个方面：

a.核查残损部位，编号有序落架。

因天王殿残损严重被批准落架大修，落架前的首要任务就是逐一核查登记残损问题，拍摄照片，存档备用，对既有构配件实施统一编号和有序落架，然后分类码放，以备检测残件和补配缺失构件。这一过程与传法正宗殿雷同，兹从略，参见图5-47。

b.基础加固与台基修复。

鉴于该殿柱网不均匀下沉现象严重，其最大沉降量差达18厘米（西北角柱下沉18厘米，东北角柱下沉11厘米）的实际情况，落架之后按照设计要求和传统做法对所有柱子的下部基础均进行了加固处理，对柱顶石进行了统一抄平，为大木构架修复提供了条件。

按照考古探查依据和修复设计要求，对天王殿及倒座戏台的台基进行了整体修复，恢复了各部位的原有室内空间、使用功能以及上下殿宇和戏台的踏道。在台基外围散水下部夯筑了3:7灰土防水垫层，铺设了四周散水。

c.构架加固与整体修复。

天王殿落架大修工程包括大木构架加固、缺失构件补配和倒座戏台修复三种类型。天王殿的梁架形式为四椽栿通檐用两柱的抬梁式结构，总体保存较好，但明间东侧的四椽栿前檐梁头却因腐朽严重无法与斗栱合理交接。为保持其真实性不受损坏采取了剔朽补残、榫卯修复、外加铁箍紧固的方法使梁头恢复了原有功能。

构架中所有缺失的斗栱构件皆依旧制制作归安，局部残损裂缝者进行了修补。天王殿倒座戏台的大木构架为面阔三间、进深

图5-47　天王殿斗栱构架编号情况

五架的柱梁式结构,其建筑形式为单檐卷棚式歇山顶建筑,当时戏台后部两侧小山墙上的檩、垫、枋等构件遗迹尚存,由此可知戏台本为柱梁做法,不使用斗栱。前后两组建筑的大木构架相互结构时,戏台明间三椽栿的前端搭在前檐普柏枋上,两侧安装当地清代戏台所时兴的双层垫檩,之上架设檐檩;其后尾则架设于天王殿明间后檐柱顶部的普柏枋上,与天王殿的明间五架梁尾相交。与此雷同,戏台的平梁尾也叠压在天王殿明间五架梁的后尾上。有所不同的是,由于戏台两次间较窄,其两侧的雀替和额枋,前端架于角柱头上,后尾架于山柱头及山墙之上,与天王殿构架并无紧密结合,参见图5-48-①②③。

天王殿倒座戏台都是采用当地优质落叶松,以当地清代榫卯结构方式加工制作立架修复的。

d.脊饰瓦件补配与瓦顶修复。

天王殿瓦顶残损构件缺失严重,屋顶脊饰吻兽均无存。经召集寺周老者座谈回忆,一致认为该殿原有脊饰瓦件的形制与中院东西配殿者基本一致,为捏花灰脊筒和布瓦顶。

研究补配脊饰吻兽过程中,首先立足于在永安寺范围内寻找有无历史遗存,经查找发现传法正宗殿背面东侧的戗脊是一条黏土捏花灰脊筒。从尺寸规格和艺术造型上分析,应为天王殿的正脊筒。遂决定将其恢复原位,在此基础上仔细寻找寺内残存的适宜作为天王殿垂脊筒和吻兽的残件,据以设计补配天王殿的垂脊和各部位吻兽。

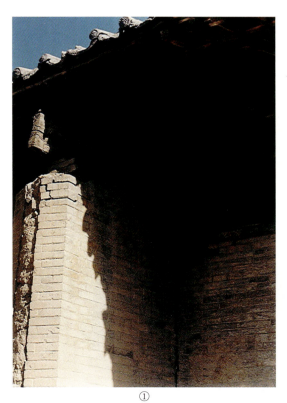

①

②

③

图5-48 天王殿及其倒座戏台构架修复状况
(①原有戏台后场两侧小山墙及墙头结构 ②天王殿与倒座戏台侧影 ③天王殿及其倒座戏台施工收尾场景)

天王殿的正身勾头、滴水和排山勾头、滴水的补配样本主要依据现存瓦件，经时代排序、规格协调、比选认定后按缺失数量进行订制和归安。

e.前后檐装修补配与修复。

经认真分析，天王殿明间东西两侧墙体、后檐明间柱子至戏台两侧边墙间的墙体及正面东西次间与梢间的门窗装修与窗台墙均为20世纪60年代城关二小和县剧团占用期间，辟为办公室时所添加之物。依据各部位柱子榫卯、抱柱以及发掘探查所见地面铺砖层位和槛墙工艺做法以及各部位使用功能分区的合理性分析，天王殿正面明间与次间各应安装六抹头隔扇4页，而通往戏台的后檐装修，明间应为六抹头隔扇4页，次间则各为六抹头隔扇2页。倒座戏台的后部边柱处应为演戏时悬挂后台幕布的位置，而前台幕布应该悬挂于戏台前檐柱的内侧两山檐额之间，演戏献乐时各类器乐伴奏者应位于戏台台口的两侧区域。重大庙会等节庆活动期间，天王殿后檐的隔扇门可以自由启闭，其殿内空间便可作为适应演戏道具置放和演员化妆出入的后台。

f.彩画壁画临摹记录、修复设计和施工方案优化。

为了切实做好既有清代天王殿油饰彩画保护工作，2001年5月起永安寺文物保护工程管委会安排专业人员历时近一个月对各部位油饰彩画进行了认真临摹，记录并标注了现存彩画的原有色泽、绘制方法，拍摄了照片，建立了档案。在此基础上研究编制了油饰彩画修复设计方案，绘制了油饰彩画修复小样，经专家组多次评审论证确定了实施方案。该方案包括天王殿既有油饰彩画除尘清污保护修缮项目和倒座戏台缺失油饰彩画的修复施绘与做旧处理项目两类内容。天王殿东山墙上部山花尖上残存的约2平方米水墨山水壁画也被列为整体揭取保护加固和原位归安内容，参见图5-49-①②。

g.油饰彩画保护施工与作旧处理。

天王殿油饰彩画保护修复项目的目标是：能保尽保，有据修复，新旧交融，适度作旧，远看浑然一体，近看有所区别。其施工工艺流程与传法正宗殿雷同，故此从略，其油饰彩画材料制备方法及做旧处理工艺依照过去的行业习惯，往往秘不宣人，但笔者认为应总结实践经验，正式发表出来，供广大同仁参考与活用。

①　　　　　　　　　　　　　　　②

图5-49　天王殿倒坐戏台彩画设计小样及施绘效果
（①彩画设计方案小样　②戏台上架彩画施绘效果）

●熟桐油的熬制方法。

配料：生桐油89%，土籽6%，红丹5%。

制法：先将红丹与土籽入铁锅炒干，然后不断搅拌，待生桐油入锅熬至滴油成珠状即可。

●油满的调制方法。

配料：取常温熟桐油50%，白灰粉15%，白面15%，清水20%。

制法：不断调制、搅拌和抽打直至成为均匀细腻的泥浆。

●头道猪血腻子的调制方法。

配料：先用草制搅棒将猪血搅拌使之松散，然后以细筛去除杂质漏入桶中，再加入10%清水并搅拌均匀后加入5%的细白灰面，继续搅拌均匀，等待1小时后再加入5%的细白灰面，进一步搅拌均匀，等待发酵成熟备用。

制法：取油满1份，发酵好的猪血2份，搅拌均匀，然后加入细沙1份，滑石粉1份，搅拌均匀直至干湿度恰当即可使用。

●修复施绘作旧彩画用色的调配方法。

在配制做旧彩画的色料时，应由基本色配以做旧色形成综合做旧彩画用色，用以施绘油饰彩画纹样。以下为经试验优选后确定的永安寺天王殿倒座戏台清代旋子彩画修复施绘做旧彩画用色配制方法，谨供参考。

第一步：基本色的配制。配料：红、蓝、绿、青等基本色料。制法：以60%的清水搅匀形成基本色。

第二步：做旧色的配制。配料：黄色45%，白色20%，红色10%，黑色15%，清水10%。制法：以清水10%（最好是蒸馏水）充分搅拌均匀，形成做旧色。

●做旧彩画用色的配制注意事项。

以60%基本色与40%的做旧色充分调配，正式施绘前还应酌情随宜调入需要校正的颜色，以求有效提升修复彩画的总体效果。

④ 施工过程中的考古发现。

A.天王殿牌匾题字

在天王殿明间后檐的横披板上有"天王殿"三个阴刻楷体大字，其中"天"字因木板钉反被上下倒置，可惜未见落款，但却有力证明了此殿的名称和属性，参见图5-50。

B.天王殿的创建年代

2002年4月2日落架修缮过程中，在天王殿后檐东侧角科斗栱外一跳万栱的散斗底上发现一则墨书题记："大清乾隆二十八年八月初十修造人"。由此证明，此殿的准确建造时间比传法正宗殿大修工程晚两年有余，参见图5-51。

C.天王殿后墙上的砖雕题刻

天王殿后墙东西两侧有2.3米高的砖雕"法相"两个大字，其落款位于天王殿东北角墙体上，因墙面下沉裂缝严重，修缮过程中对题刻内容进行了编号记录和拍照存档，顺序拆卸后入库保存，墙体修复时予以原位归安。其题刻内容为"张爕书""张爕之印"，下面的印章一时难以辨识，参见图5-52-①②③。

图5-50 天王殿前檐明间横披板上"天王殿"题刻　　图5-51 天王殿修造年代墨书题记

① ② ③

图5-52 天王殿东北角后墙上砖雕印章
（①砖雕所在位置 ②"张燧书"题记 ③天王殿后墙相字砖雕）

D.天王殿东侧建筑基址发现的覆盆式柱础

2002年4月，在拆除天王殿东侧后人加建的民房后进行基址勘探时，不仅发现了天王殿东西两侧腋门的台基，基址和穿过台基的前后院排水暗沟，还发现了5块覆盆式青石柱础石，可分为两种类型：一种是浅覆盆式柱础石，柱径约28厘米，覆盆外扩6厘米，覆盆高4厘米，无柱子管脚榫卯口。础盘总宽52厘米，础盘厚18厘米，从其外观形制特征分析，应为金末元初遗存，参见图5-53。

另一种是高覆盆式柱础石，柱径约26厘米，覆盆外扩8厘米，覆盆高8厘米，无柱子管脚榫卯口。础盘总宽49厘米，础盘厚16厘米。从其外观形制特征分析，应为明代遗存。

E.天王殿西侧建筑基址发现的高覆盆雕花柱础

在拆除天王殿西侧后人加建的民房后清理场地时，发现了一块高浮雕缠枝花覆盆式柱础石，柱径约26厘米，覆盆外扩7厘米，覆盆高12厘米，中央开设柱根整体嵌入式卯口，卯口深6厘米。础盘总宽48厘米，础盘厚16厘米，从其外观形制特征分析，应为明代遗存，参见图5-54。

图5-53　天王殿东侧建筑基址中发现的金末元初浅覆盆柱础石

图5-54　天王殿两侧建筑基址中发现的明代高覆盆雕花柱础石

（2）山门、东西掖门及其两侧八字影壁修复项目

①项目概述：

永安寺山门面阔五间，进深四椽，其明间及两梢间设门，次间则砌墙。早先在山门的东西两侧各建有砖券掖门一座。掖门两侧斜设八字影壁墙一堵（保护工程启动时东侧的掖门与八字影壁已无存）。总体上以山门、掖门、八字墙五座建构筑物中的1个正门、2个侧门和2个掖门构成了寺院门禁组合体系。东西八字影壁墙之间设通长的窄月台和3组垂带式踏步面向寺前广场。明间正中踏步的两侧立有元代石狮一对。

由于"文革"期间永安寺曾被改为其他使用功能，此时山门两梢间的侧门及其两侧掖门被封堵，不仅此门的东西次间被改为居住用房，山门两侧也改建成职工居住用排房。"文革"后期，山门渐被荒废，基础下沉，后墙倒塌，屋顶被拆除，年久失修，长期处于严重残损状态，参见图5-55-①②③④。

根据山西省文物局《关于下达浑源永安寺山门、天王殿维修任务的通知》（晋文物函[2001]43号）要求，决定对其实施落架大修工程。

②修缮（复）策略：

经认真讨论，施工中主要采取了三项修缮（复）保护策略：其一，先行拆除山门、东西掖门和

①　　　　　　　　　　　　　　　　②

③　　　　　　　　　　　　　　　　④

图5-55　山门、东西掖门及八字影壁修缮前残损状况
（①山门、掖门、八字影壁修缮前侧影　②山门修缮前背面侧影　③山门修缮前明间梁架　④山门修缮前檐额彩画）

东西八字影壁两侧加建的居住排房，为进一步探查其建筑基础和院落排水管沟等原貌状况提供必要条件。其二，对现存山门、西侧掖门和八字影壁进行残损状况的详细调查和信息记录，统计缺失构配件，开列详细清单，同时走访当地老者查问原貌状况，为修复缺失构配件、门窗装修等找寻更多可靠依据。其三，对山门构件上的残存油饰彩画进行初次架上清污和封护，同时对现存彩画图案、用色特点、工艺做法等实施逐一临摹记录和影像资料采集工作，为修复补配缺失的彩画提供设计和补绘依据。

③技术措施：

A.山门编号记录和拆解落架工作。

在拆除了山门西侧加建的民房之后，首先搭设脚手架对山门油饰彩画进行了逐一清污和表面封护工作，继而对山门等需要落架的大木构件进行了统一编号、残损状况记录和拆解落架工作。与此同时，凡是三雕构件及保存有建筑彩画的构件均分类放入了构件保护棚内，可以继用的砖、瓦构件均按不同规格品种分类码放备用，为各类构配件的加固维修和原样补配做好了前期准备。

B.建筑基础和墙体做法发掘探查工作。

经发掘和清理表面被后人覆盖的垫层，得知如下事项：

其一，山门后墙下沉和坍塌的直接原因是地下排水管破碎长期漏水问题。其二，永安寺前院的院落排水是由山门两侧东西掖门基座下暗设的排水沟排向寺外的。其三，山门各部位的墙体下部为条形砖砌基础，埋深五层砖（厚38厘米）的下部为掺灰泥砌筑的片石基础，而台明墙的基础则在地面上设有土衬石，其下设以片石基础。由于基础不均匀下沉，现状压沿石西高东低，相对高差13厘米。其四，山门明间中线与天王殿明间中线不在一条轴线上，向东偏斜约52厘米。其五，山门的墙体砌筑方法有三种：东西山墙的内外皆为7～9顺1丁的外包砖淌白撕缝墙砌筑方法，内部夹以土坯及碎砖干垒墙心；前后墙的外部砌造方法与两山墙一致，但其内壁则在砖砌槛墙上砌以土坯墙，外表面抹粗细麦秸泥和灰砂泥面层做法；建筑台基采用了30厘米×15厘米×5.2厘米青砖顺砌做法，其内与背里墙咬合，上施压沿石封顶做法。其六，经探查，找到了东侧已坍塌掖门和八字影壁的原有基础，为修复工程提供了准确依据。

C.山门既有彩画临摹分析与修复方案绘制工作。

为深入了解山门既有彩画的保存状况、纹饰特征、用色情况、施绘方法，首先对山门的现存彩画及油饰部位进行了详细统计和临摹记录，在此基础上依据既定设计方案研究绘制了油饰彩画修复部位的大样图（实施方案），编写了修复方案详细说明，为专家评审选优和永安寺修缮工程管理委员会研究决策提供了准确依据。与此同时，项目负责人吴锐、壁画彩画保护专家郑军共同选定位置，带领壁画彩画保护修复技术人员开展了正式动工前的彩画保护局部试验工作，旨在积累经验，进一步优化施工技术方案。

D.山门基础加固与地面抄平修复项目。

山门的基础加固与地面抄平修复工作针对不同病害采取了不同的措施：对于下沉最为严重的东北侧区域，在地面抄平修复的同时还进行了基础防湿陷处理。施工过程中，首先对重点区域进行了基础拆解和探查，先是下挖1.8米至2.2米找到基底，然后依据钎探结果进行了夯实处理，对承载力明显薄弱区域进行了扩脚并填充碎石瓦碴夯实处理，在此基础上加设了3∶7灰土垫层2步，改善基底承载力状态，然后依据抄平要求按照原基础砌筑方法，分别回砌条形片石基础和青砖基础（宽0.9米）至正负零处。对于保存较好的山门前墙而言，原有墙下片石基础基本未扰动，仅在符合地面抄平要求的基础上，仍然延续以五层青砖墙脚，埋入台基之内的原有做法（宽0.9米）砌至正负零处。而山门东西山墙和内部隔墙的基础加固与修复工程则同时采取了上述两种技术措施。此外，还重点针对各部位柱顶石下部基础的可靠性进行了逐一检查与加固处理。

E.山门台基、踏步与墙体修复项目。

永安寺山门台基呈东高西低状，沉降量差达13厘米，进深方向呈东窄西宽状，相差亦达10厘米之多。此次修缮砌筑台帮过程中，对其进行了抄平校正和尺寸调整。对东西山墙、前后檐墙及室内隔墙也依据前述发掘查明的原有做法进行了合理修复（外墙：以30厘米×15厘米×5.2厘米的青条砖顺砌，每隔1.8米用青方砖和条砖咬槎砌筑暗砖柱与内部土坯墙咬合；内墙：设青砖槛墙11层高，其上部回退30毫米后按收分要求砌土坯墙身，墙面披抹粗细麦秸泥和麻刀细沙灰泥压平为面）。此外，在修复回砌台帮墙时，参照天王殿台基做法，在泼灰膏砌筑的青砖台帮墙之内，每隔2米左右均暗设了肋墙，令肋墙与背里墙紧密咬合，确保坚固耐久。在山门台基的两梢间前修复了踏步，在台基的四周铺砌了散水，台基顶面铺砌了方砖。

F.东西掖门与八字影壁修复项目。

西侧掖门和八字影壁的主体结构现状保存较好，对其实施了局部拆解、现状整修措施，主要包括：去除了砖券掖门的封堵墙体，翻修了屋盖瓦顶，补配了脊饰吻兽，修复了掖门的抱框、门墩木、走马板和木板门（门钉4路，每路5枚,中央设门钵一对），补配了八字影壁的黄色琉璃二龙戏珠浮雕图案壁心。东侧掖门和八字影壁在基础加固工程完成后，是参照西侧现存掖门和影壁修复的。

G.山门现存油饰彩画保护与缺失部位修复项目。

山门正面外檐西次间和西梢间木构件上的彩画虽已老旧，且均出现了起甲、剥蚀、褪色、尘土包裹等残损问题，但总体保存尚属完整。施工时，参照传法正宗殿内外檐彩画的清污、回贴、封护等保护方法进行了现状保护。经现场分析，内檐构架上确认属于原有彩画的部位也按上述方法进行现状清污、回贴保护处理，而凡属后人维修时更换过的构件（均未进行彩画）以及其他内外檐大木构件上的彩画缺失部位，则依据设计要求编制彩画修复施工大样图，经起谱子、做小样、验实样等程序和论证批准后才进行了织补修复。为使新旧彩画色调协调，同时进行了随色做旧处理。

对于山门下架构件和门窗等油饰部位，则依据设计要求，认真探查了各部位残存油饰遗存的基底颜色、工艺做法、编制施工技术方案，进行了有据修复和随色做旧处理。

H.山门油饰彩画保护修复工程操作工艺流程。

a.落架前的油饰彩画清污封护：搭设脚手架，对油饰彩画进行首次清污、除尘、防护性回贴、信息登记等落架拆解前的预保护处理。

b.落架前的现状资料提取：在油饰彩画预保护之前和之后，对山门大木结构各部位的油饰彩画保护现状进行认真记录（包括位置、名称、尺寸、题材、色泽、病害特征等）和照片拍摄，供保护修复和研究工作参考。

c.落架前的油饰彩画实大临摹：采用临摹、拷贝、局部探查等方法对现存彩画进行全面摹拓记录，查明图案题材构图特征、用色方法、晕染攒退做法、纹饰节点工艺、文化寓意等内容，标注缺失彩画的具体部位，为编制油饰彩画保护修复施工方案提供切实可靠的依据。

d.研究绘制油饰彩画保护与修复方案小样，主要包括既有油饰彩画缺失部位的修复小样图、后人添配构件的油饰彩画修复施工方案小样图以及不同程度作旧处理后的效果图等。比选优化，论证审批，做好各项准备工作。

e.大木构架修复后的现存油饰彩画保护与织补修复：按照设计要求对现存油饰彩画进行再次清污、回贴和封护处理，对缺失区域进行织补修复和随色做旧处理。

f.对添配构件进行油饰彩画织补修复和做旧处理：首先应对添配构件的表面进行缺陷修补和基底处理，继而依据批准后的油饰彩画方案进行上架彩画施绘和下架油饰保护修复工序，最后进行随色做旧和表面封护工作。

g.聘请专家会同质量监督人员进行内部初验：依据发现的问题进行局部整改优化处理，做好收尾工作。

h.再次记录拍照，编写单项工程竣工报告和技术报告，申请验收，同时将前后两次的记录和照片资料及施工过程中的照片资料分类整理，归档保存。

i.迎接竣工验收，依据验收意见再次修改完善，之后移交分项工程成果给业主，竣工验收通过后，每半年还须进行一次质量回访，连续2年，遇到问题及时补救处理。

（3）施工记录与历史信息采集工作

2002年度实施的上述所有保护项目，均严格按照设计要求进行了施工各环节的详细记录，拍摄了照片资料，测绘了天王殿、山门大木结构的构件榫卯尺寸图和砖、瓦、石质构件测绘图纸，为今后开展深入研究奠定了基础。

前述所有修缮项目在联合现场复查论证与技术交底的基础上，均严格执行了事前编制施工技术方案并获得上级批准，事中跟踪优化并认真研定和记录变更优化内容且形成变更记录，事后综合检查验收并形成评价意见的工程操作规程，确保了档案管理的真实性和完整性。上述事项，参见图5-56-①②③④⑤。

（4）永安寺消防设施建设项目

为有效提升永安寺文物建筑群的消防安全管控能力，根据国家文物局、山西省文物局、大同市文物局的要求，在细化完善永安寺消防安全管理制度和正式成立永安寺消防安全管理机构的同时，浑源县文物局组织专业队伍于2001年完成了《永安寺消防工程设计方案》编制与报批工作（设计单位：山西省东方建设发展公司设计室），2002年完成了永安寺消防设施建设工程施工任务（施工单位：山西凯鸿消防工程有限公司）。该工程总投资30万元，主要内容包括：文物建筑防火保护区消防设施建设工程（寺内消防管网、消防泵房、消火栓、消防水池等）及消防自动报警系统的完善配置任务。工程完成后山西省文物局会同大同市文物局和浑源县文物局组织专家组进行了联合验收和消防演习，经综合检测符合设计要求，2002年11月15日起正式投入使用。

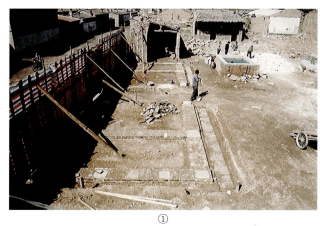

①

②

③

④

⑤

图5-56　山门、东西掖门及八字影修缮工程掠影
（①山门基础加固修复后　②山门东侧腋门及八
字影壁修复后　③山门檐部油饰彩画修复后　④
山门、掖门、八字影壁修复工程完成后侧影　⑤第二
阶段保护修缮工程内部验收场景）

3．第三阶段：中院东西配殿、东西朵殿、寺院围墙保护修缮及钟鼓楼等原有建筑修复和环境治理工程（2003年4月～2004年11月）

作为永安寺文物保护修缮工程的收尾阶段，2003年度主要完成了中院传法正宗殿的东西配殿、东西朵殿和寺院围墙保护修缮工程；2004年度主要完成了永安寺原有建筑修复工程（包括天王殿东西掖门、钟鼓楼、前院两侧僧舍院等），文物保护管理和展示用房修建工程（厨库屋、变电室、卫生间、东西展廊等）。完成了寺院内部环境综合治理工程。现分别报告如下：

（1）2003年度中院东西配殿、东西朵殿及寺院围墙等保护修缮项目

①项目概述。

按照《永安寺第三阶段文物建筑保护修缮工程实施计划及技术交底会纪要》要求，2003年度文物保护修缮工程范围主要包括中院东西配殿、东西朵殿及寺院围墙三项内容。

②保护策略。

为切实做好2003年度各项文物建筑保护修缮工程，主要采取了如下三项策略：首先，设计、施工和质量监督人员共同研读既有勘察（测）设计文件，同时共同复查保护对象中存在的残损病情，梳理出新发现的各类问题，研究制定出更加可行的设计优化补充措施和图纸。其次，要求施工部门根据现场调查数据编制切实可行的施工组织设计和施工技术方案，上报永安寺质量监督管委会批准后正式开工。第三，要求施工单位邀请脊饰吻兽和砖瓦作坊资深匠师前来工地，一方面指导他们深入了解西配殿清代高浮雕脊饰瓦件、悬鱼、墀头等的纹饰造型特征及其文化内涵，另一方面促使匠师们准确把握各类脊饰吻兽和瓦件的塑造工艺要求，这是文物保护修复工程中避免出现常见问题（如题材内容走样、工艺形制走样、质量色泽走样等）的重要质控环节。

③技术措施。

A.大木构架检测与修复。

经测量，中院东西配殿和东西朵殿的大木构架均存在基础下沉与柱网倾斜问题，其中东朵殿的构架保存较好，东配殿北梢间的问题最为严重，柱子下沉最大量差12厘米，柱身倾斜量值达21厘米……鉴于此，施工时采取了三项主要措施：首先，采取编号记录和揭顶卸荷措施，继而针对必须施行基础加固的部位进行超选择性墙体拆修，针对全部暗设柱子所在部位进行了掏槽探查和抄平计算，在此基础上施行基础加固处理和柱网体系的残损修复（墩接、加固、更换等）、打牮拨正与构架修复工作，包括比选研究和综合分析的基础上恢复其构架原有的柱升起和柱侧脚等，参见图5-57-①②③④⑤。

在东西配殿、东西朵殿四座建筑中，除西配殿的明间、南次间和南侧次梢间为了更换已折断的2根大梁（四椽栿）而局部落架外，均采用了不落架的打牮拨正修复方法。打牮拨正过程中针对不同情况采用了减荷顶升、柱身归位、加固柱基、接补修复、辅助补强、复查纠偏、戗固定位等技术措施，校正无误后，方批准进入钉椽宪瓦、墙体砌修、门窗修复等施工环节。

B.基础加固与墙体修复。

东西配殿与东西朵殿的基础加固与墙体修复项目是一项在最小限度干预原则下的超选择保护性加固修缮项目，具体说来包括：台基台帮及其下部基础的拆砌加固与修复，建筑墙体及其基础的拆砌加固与修复，台基前原有垂带式踏步及其下部基础的拆砌加固与修复，柱子下部磉墩式基础的探查加固与修复等分项内容。施工时首先开展被选定部位柱子下基础的拆修加固任务，当柱下磉墩式基础的基底被清出后，随即进行钎探评估和加固处理（适当扩脚后增加了碎石瓦碴夯筑层和三七灰土垫层两步），然后依原制砌筑青砖糙砌磉墩基础至柱顶石下。对于决定拆修的墙体及其下部的条形基础也需局部下挖至原墙基底，在钎探评估和基础加固的同时，为增强其抵抗湿陷的能力，在墙体基础的外部及散水的下方同步增设了三七灰土止水带。在整修加固这四座殿宇的台基和台帮时，按照永安寺元、明以来砖作传统做法，在沿用三顺一丁法砌筑台帮的同时，每隔1.8米左右令台帮墙向内伸出一个墙

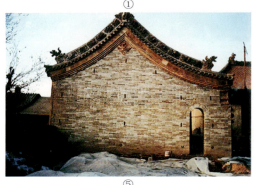

图5-57　西配殿构架修复及南山墙拆修项目施工掠影
（①西配殿局部落架大修场景　②西配殿南山墙墙脚损坏状况　③西配殿南山墙裂缝鼓闪损坏严重抢险支顶场景　④拆修西配殿南山墙构架与墙体施工场景　⑤修复后的西配殿南山墙）

肋使之与背里墙紧密地咬合连接为一体，防止外闪或空鼓现象的发生。此外，在选择性修砌外墙面的同时，东西朵殿与东西配殿的土坯内墙尽量保持原状，不予拆解，同时注重做好两者的咬槎与衔接。对于非基础原因导致的台基坍塌与墙面酥碱风化严重部位，采取了局部拆修和剔修嵌补措施。这四座建筑的各部位踏步，经考古探查，均找到了原有位置，得知了原初做法，获得了有据修复，参见图5-58-①②③④⑤。砖雕墀头、龙凤悬鱼、屋顶脊饰吻兽等均保持了原样，仅做残损点剔补和缺失部位原样修复，参见图5-59-①②③④⑤。

C.屋盖瓦顶整体修复。

东西配殿和东西朵殿的屋顶椽子均为乱搭头做法，修缮时仍保持原制，除更换了所有无法继用的椽飞外，钉椽时每间加设了拉杆椽一组。屋顶望板按原规制均为柳叶逢拼接做法，新配的构件均选用了一级落叶松材质。宽瓦时，严格按照设计要求，完成了护板灰、灰泥背、青灰背、底瓦泥、筒瓦泥、夹垄灰、捉节灰等施工工序。板瓦以压四露六为主叠压密度，按照"稀瓦檐头密瓦脊"的原则，视屋面坡度适度微调。屋顶脊饰吻兽西配殿顶保存较完整，其他3座建筑参照现有残存遗物及西配殿与天王殿上的脊饰吻兽风格和雕饰纹样补配修复。

D.门窗装修原状考察与修复。

在拆修东西配殿及东西朵殿时发现，20世纪50年代永安寺被改为学校时，为改建教室，曾把东西配殿和朵殿的木制隔扇式门窗拆除，用作修建教室顶棚的龙骨和楞木等，其中有大边、小边、隔扇心

图5-58　东朵殿及围墙基础加固与墙体拆修项目
[①修缮前的东朵殿（台基被填埋）与外墙　②
清理出来的东朵殿月台　③拆修东朵殿后墙皮场
景　④保护修缮后的东朵殿侧影　⑤　保护修缮后的
东朵殿外墙]

屉等，仅不同规格的心屉就保存有44块。经探查发现，东西配殿和东西朵殿的许多门窗装修部位还暗
藏着原有门窗装修的榫卯遗痕，其中西配殿南尽间还保存有原装修的槛框，经认真比对，各殿门窗装
修的原有形制均可有据推定，从而做到有据修复。据此，专门绘制了东西配殿门窗装修原貌修复工程
设计图，经现场论证和报批获得许可，恢复了原貌，参见图5-60-①②③④⑤⑥。

　　E.油饰彩画保护及防腐随色做旧处理。

　　经认真观察，东西配殿除梁架荷叶墩及雀替等雕饰构件上有些青绿彩画外，大木结构均为土朱色
油饰做法，因此，对旧构件仅进行了去污除尘和残缺部位的修补处理，对于新补配的构件则参照旧构

图5-59　西配殿砖雕与脊饰瓦件保护修复项掠影

［①修复后的西配殿瓦顶垂脊　②修复后的西配殿瓦顶与正脊（之一）　③修复后的西配殿瓦顶与正脊（之二）　④西配殿北山墙悬鱼（龙）　⑤西配殿南山墙悬鱼（凤）］

图5-60　西配殿门窗装修保护修复项目掠影

（①修缮前的西配殿外景　②西配殿明间老檐柱槛墙上的隔扇窗下槛卯口　③西配殿明间老檐柱槛墙上的隔扇窗下槛卯口　④施工中发现的西配殿隔扇心屉　⑤修复后的西配殿隔扇窗　⑥修缮后的西配殿外景）

件的油饰做法进行了外表油饰和随色做旧处理。施工过程中，对墙内暗柱，特别是开裂部位、朽坏部位和柱子下部及构造节点均进行了加固修补与钻生防腐处理。

东西朵殿上架施有晋系风土彩画，内檐者保存较好，外檐者因常年风吹日晒，损坏老化褪色严重，下架施以朱红色油饰面层，剥蚀褪色也较严重。对此均参照前述传法正宗殿油饰彩画做法，在郑军老师的指导下进行了清污处理、起甲回贴和表面封护处理，取得了令人满意的效果。

F.施工过程中的信息采集记录。

施工过程中，严格按照永安寺保护修缮施工管理规程拍摄了照片，记录了日志，测绘了构件榫卯图，绘制了考古基址图，并分类整理后归交了档案。

G.主要变更项目与竣工验收。

2003年度文物保护工程主要变更项目有：西配殿的中央三间由不落架整修变更为落架大修，更换了大梁2条；西朵殿由现状整修勾抿瓦顶变更为揭顶修缮、斗栱补配和后墙外褙砖重砌；东西配殿山花墙内皮的水墨壁画由现状保护变更为整体揭修。主要增加项目有：东西配殿山墙拆修及其基础加固项目，东配殿五间后墙拆修及其基础加固项目，东西配殿基于殿宇内部空间分割、使用功能修复目的下的门窗装修整体修复项目（东西各含两座三开间殿宇和一间僧房，隔扇门与槛墙窗相结合）。

上述项目2003年4月15日开工，同年11月15日竣工，经永安寺工程质量监督管委会和专家组联合验收，效果良好，质量合格。2003年11月20日，山西省古建筑保护研究所将永安寺已竣工的所有文物保护项目正式移交给了浑源县文物局接管。

（2）2004年度天王殿东西掖门、东西碑廊、钟鼓楼、东西僧房院修建项目及寺院环境综合治理项目

①项目概述

2004年度是永安寺大修工程的收官之年。经上级文物部门批准，业主单位恒山管理委员会和浑源县文物局决定，本年度主要实施三项收尾工程：一是依据此前考古发掘成果，按原规制设计要求修复中院钟鼓楼和天王殿东西掖门；二是为适应文物展示需要，在天王殿东西两侧修建东西展廊并完成永安寺一进院东西跨院各类文物保护管理用房修建任务；三是完成永安寺基础设施配套和内部环境的综合治理任务，包括地面铺装、绿化美化、文物保护标志、展示标识标牌配套等内容。

②工程策略

对于永安寺原有建筑修复项目，主要采取两项策略：

A.永安寺钟鼓楼和掖门修复工程要严格把握好三个要点：首先，这两类建筑的设计方案必须与现场发掘所发现的原有建筑基址的柱网格局完全一致，而且在施工过程中不得干扰与损坏旧基址，努力做到原物继用；其次，关于钟鼓楼和天王殿掖门的建筑形式，在设计方案形成之前，须对清乾隆《浑源州志》所载"永安寺图"中所表达的相关建筑形式进行准确把握，在此基础上对浑源及其周边县域同类寺庙的明清时期同类建筑进行全面考察和特征分析，力求准确把握该地区此类建筑传统构造手法和时代风貌特征，然后进行方案设计，设计方案形成后组织专家进行会审，不断优化细化，直至认可批准；第三，依据永安寺现存的仿古铸铁钟合理设计钟鼓楼二层使用空间与悬钟置鼓方式，较好地展现晨钟暮鼓的历史人文场景。

永安寺现存仿古铸铁钟一口，据钟腰下方铸造的铭文所载，该钟是"公元一九九六年夏"由浑源县神溪村"宋桂兰带领众善人"尚玉田、尚玉潢、尚学琴等65人"布施",经"金火匠人牛利、牛有志、牛晓、牛德良"铸造之物。在钟腰下方铭文区前部铸有阳纹"永安寺"三个大字。明确表达了铁钟的布施归属。

永安寺铁钟为圆弧形,总高1.35米,底部外径1.2米,由钟纽、钟顶、装饰带、钟腰、钟底五部分组成。其中:钟纽高0.16米,纽间距0.15米,钟纽宽0.3米;钟顶高0.21米,钟顶下底外径0.82米;装饰带高0.12米,装饰带底部外径0.87米;钟腰采用两段组合浇铸法铸造:上腰高0.26米,上腰底部外径0.95米;下腰高0.26米,下腰底部外径1.04米;钟底高0.34米,钟口外径1.2米。钟体采用剔地起凸的阳纹铸造法,各部位厚度略如下述:钟纽4厘米,钟顶3厘米,装饰带3厘米,钟腰3厘米,钟底最厚处达6厘米,最薄处3.5厘米,钟面纹饰最大起凸厚度1.2厘米。铁钟总重量约1096千克。

这口铁钟的外立面纹饰图案呈如下特点:钟纽采用连体双龙首艺术造型,在钟顶中部开设有φ8厘米的圆孔8个,为钟声悠扬的发声孔;钟顶与钟身间的装饰带采用了富有特定寓意的万字连续纹;在钟身的上腰部铸有阳纹大字,佛教用语"唵嘛呢叭咪吽"六字真言,而钟身下腰部则辟为布施人铭文区;这口铸铁钟的钟底采用了八耳波状口艺术造型,在八个钟耳之间用八组弧形凸弦纹连为一体,在凸弦纹交汇处的上部分别镶嵌了凸起的八卦纹,而在其下部,即八个钟耳的中心处相应地布设了八个圆月形钟凸(是木槌撞击发声的重要节点),此外还在钟耳的外边均匀地镶嵌了凸起的宝珠串联纹饰。

综上所述,永安寺现存仿古铁钟体现了晋北地区明清寺庙古钟的基本特征,不排除是当地金火匠师沿袭永安寺古钟的仿古复新之作。在此钟各部位均可见到分段,分片浇铸时,范缝等痕迹;不失为研究当地现代民间铸铁技艺的重要案例,参见图5-61-①②。

B.对于非文物建筑建设项目,主要把握两条原则:首先,一进院东西偏院的平面格局及建筑形式应与清乾隆《浑源州志》所载"永安寺图"保持一致;其次,办公管理、游客接待和文物展示用房内应该配备与之相适应的基础设施并为今后安装文物安防监控设施预留条件。

③技术措施

A.钟鼓楼和天王殿东西掖门修复项目:为确保工程质量,实现既定目标,主要在材料选购、制作工艺、构造节点、工程做法等内在质量和构件形制、柱子侧脚升起、屋檐起翘伸出、屋脊吻兽样式、建筑总体风貌等外在观感质量上进行了严格管控,取得了令人满意的效果。

B.天王殿两侧展廊及一进院东西偏院文物保护管理用房修建项目:严格按照经上级文物主管部门批准的设计文件组织施工,同步配备了上下水、强弱电、供暖等基础设施,完成了室内简装任务,确保各项工程质量符合设计要求。

C.永安寺各院落环境综合治理项目:在施工收尾阶段,对永安寺前院和中院再次进行了抄平实测,在此基础上完成了院面、甬道、散水铺装任务,形成了地下暗设排水沟管与地面明设排水沟渠相结合的院落排水体系,完成了寺院树木、花草等绿化美化种植任务,按照规范要求树立了文物保护标志和展示说明标牌。

D.各类建构筑物油饰彩画与随色做旧项目:第三阶段修复建筑与文物保护管理和展示用房修建工程主体竣工,并经通风晾晒两个月后,按照设计要求完成了油饰彩画和随色做旧施工任务。

①

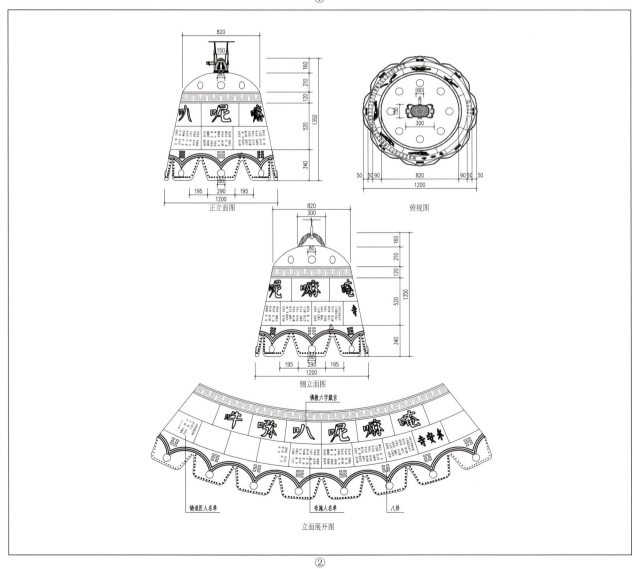

②

图5-61　钟鼓楼修复项目

[①修缮（复）后的西配殿及鼓楼外景　②永安寺仿古钟测图及题记]

E.质量监管与竣工验收：施工过程中，业主代表、设计人员、质量管理人员坚持旁站管理，耐心指导施工，严格抽检质量；施工人员认真负责，保质保量，齐心协力，圆满完成了各项保护施工任务。本年度各项工程自2004年4月3日开工到同年11月13日完工，经永安寺工程质量监督管委会联合专家组共同检查验收，效果良好，质量合格。11月23日，本年度所有修建竣工项目再次移交给了浑源县文物局正式接管。

（四）结　语

回顾五年多的永安寺文物保护修缮工程实践经历，我们不仅在工程技术管理、工程施工方法、保护修缮技术等方面取得了较好成绩，在文物保护研究方面也收获颇丰，感慨良多：既有经过认真思考、激烈争论形成优化方案及攻克和解决了文物保护技术难题后的无限欣喜，更有通过敏锐观察、谨慎研判，发现和破解了建筑结构内在奥秘，更多掌握了古代建筑艺术及其文化内涵与要义之后的巨大快慰……笔者常暗自思考，能有机会被山西省文物局和山西省古建筑保护研究所指定为永安寺文物建筑大修工程的项目负责人，有机会与业主单位各位领导和保护修缮工程多专业技术团队朝夕相处，齐心协力、不忘初心、认真开展并圆满完成了永安寺保护修缮施工过程中的所有任务，且广受好评，真是福缘有加，三生有幸。

①

②

③

图5-62　施工过程中领导和专家检查指导工作场景
（①国家文物局局长张文彬一行视察永安寺工地
②国家文物局局长张文彬一行视察永安寺工地
③国家文物局古建专家组专家视察永安寺工地）

　　回首过去，我们要真诚地感谢国家文物局、山西省文物局、大同市文物局、中国文物研究所、恒山管委会、山西省古建筑保护研究所领导和专家学者们的鼎力支持、耐心指导和具体帮助；真诚感谢永安寺保护修缮工程领导组以及所有参建单位和设计师、工程师、诸作工匠同仁们的敬业精神、负责态度和巨大付出；真诚感谢壁画彩画保护修缮项目、地质勘探和基础加固补强项目，琉璃脊饰瓦件修复补配项目等文物保护相关专业团队的协同攻关、无私帮助和奉献精神。谨向所有付出过辛勤劳动乃至心血与汗水的同仁们致以崇高的敬意和深深的谢意。参见图5-62-①②③。

　　由于水平所限，在以上报告中舛误和缺漏在所难免，倘若对学界同行们有所助益将不胜荣幸。

六　永安寺保护修缮工程大事记

1992年6月8日

山西省浑源县文物局为切实做好永安寺保护维修前期准备工作，委托山西省古建筑保护研究所派出技术组对永安寺开展第一次现状勘察测绘和维修设计方案编制工作。

1992年10月16日

山西省古建筑保护研究所完成了《山西省浑源永安寺规划设计维修方案》编制任务，该方案分为设计说明书、设计方案图纸和投资估算三部分内容。

1993年4月12日

根据山西省文物局的要求，山西省古建筑保护研究所指派技术组再次对传法正宗殿进行细化勘察，并在此基础上完成了《永安寺传法正宗殿勘察报告》《永安寺传法正宗殿修缮设计方案图》编制任务。

1998年6月23日

山西省文物局颁发了《关于岩山寺永安寺补充设计的通知》（晋文物通字[1998]第27号），要求尽快按照国家文物局的指示，针对所报送的永安寺勘测设计方案中存在的现状勘测、设计方案、工程预算有关问题进行补充完善，上报复审。

1998年8月12日

山西省古建筑保护研究所调整补充了技术组成员，深入实地补充完善勘测内容，完成了《永安寺传法正宗殿补充设计文件》编制任务，包括补充设计说明书、补充设计图纸、补充设计投资概算三部分内容。保护修缮工程投

资概算为1633066.28元（未含壁画、彩画保护工程费用）。

1999年3月10日

山西省文物局向山西省古建筑保护研究所和浑源县恒山管理局（以下简称恒山管理局）签发了《关于下达永安寺维修任务的通知》（晋文物通字[1999]第12号），明确提出：浑源永安寺保护修缮任务是1998年山西省文物保护工作计划任务，该工程由山西省古建筑保护研究所承担。本次维修的具体项目包括：山门、天王殿落架维修；传法正宗殿揭瓦修缮，柱子抄平，梁架拨正，保持原有风貌。要求山西省古建筑保护研究所尽快确定工程技术负责人，制定施工方案和施工预算，于1999年3月底前上报省文物局。

1999年5月21日

山西省文物局邀请恒山管理局和山西省古建筑保护研究所在太原召开了永安寺保护修缮工程甲乙双方相关工作安排协调会，进一步明确了文物保护工程实施的时间、进度计划、质量管理、注意事项等具体要求。

1999年5月24日

山西省古建筑保护研究所向省文物局报送了《关于确定永安寺保护修缮工程项目负责人和技术负责人的报告》。工程项目负责人吴锐（副所长，高级工程师），工程技术负责人史国亮（工程师）。

1999年5月28日

山西省古建筑保护研究所技术组完成了

《浑源县永安寺天王殿勘察报告及修缮工程设计方案》编制任务。上报山西省文物局提请审批。

1998年6月8日

山西省古建筑保护研究所副所长吴锐率领永安寺保护修缮工程项目部全体人员前往浑源县，会同恒山管理局孙海川局长和浑源县文物局郝维和副局长等相关负责人共同进行了永安寺施工现场踏查，系统评估了保护对象所存在的主要难题，认真研究了施工前急需解决的主要问题，研究确定了近期工作计划。开始编制施工组织设计和施工技术设计方案。

1999年7月27日

山西省古建筑保护研究所永安寺项目部全体人员再次前往浑源县，会同浑源县恒山管理局、浑源县文物局项目主管人员，在现场详细考察的基础上，进行了全面细致的设计技术交底工作，研究确定了工程设计方案中应该进一步调整优化和实施技术变更的事项，讨论明确了启动壁画、彩画保护等缺漏项目前期勘察和申请项目增补的工作计划。原则通过了提交审查的传法正宗殿施工组织设计和施工技术设计方案，决定于当年8月8日正式开工，正式会签了《永安寺传法正宗殿保护修缮工程技术交底纪要》。

1999年7月30日

山西省古建筑保护研究所上报省文物局《关于浑源永安寺大殿（传法正宗殿）修缮工程技术交底情况的请示》，同时报送了《永安寺传法正宗殿修缮工程施工方案及施工预算》，提请批复。

1999年8月3日

山西省文物局签发了《关于浑源永安寺传法正宗殿修缮工程施工方案及施工预算的审核意见》（晋文物函字[1999]第36号），批准了所报施工方案，批准的工程预算为168万元，超支不再追加。

1999年8月8日~31日

山西省古建筑保护研究所永安寺项目部主要工程技术人员及施工队伍正式进驻浑源县永安寺，搭设临时工棚、文物保护棚、施工围挡，用于传法正宗殿整体揭顶与局部落架的施工脚手架和殿身壁画、彩画保护架，开展评估核定各类材料采购清单等前期准备工作。

1999年9月1日~15日

按照施工计划，开始自上而下分部拆解瓦顶，跟踪评估记录内在病害及缺失构件。按既定施工操作程序拍摄照片资料，分类码放构件。

9月8日召开了第一次永安寺保护修缮工程监督管理领导组专题会议，工程业主：郝维和、常学文、李鹏鸣，设计施工：吴锐、史国亮、韩建喜、王建伟参加，进一步细化和明确了进度管理、质量管理、病害记录、档案管理、跟踪研究、施工日志、文物安全以及相关参建单位职责分工等事项。9日开始发掘探查大殿台基、月台、踏步、散水原貌状况。

1999年9月16日~30日

9月20日，在拆解传法正宗殿屋盖瓦顶过程中发现了庑殿顶推山时所采用的"暗厝"空腔结构独特技法，立即对其进行了详细测绘和记录。针对整体拆卸栱眼壁画的需求，研究制作整体拆卸和整体归安施工保护画框与夹具，经现场试验取得成功。

1999年10月1日~31日

拆除殿内改作仓库时加设的地面铺装垫层，同时仔细勘察记录殿内原有佛坛基础的分布痕迹，进行实测记录，为标识展示提供准确依据。

开始针对屋架整修工程实施打牮支顶和戗固大木构架，确保施工安全。按既定方案，依次挂装或钉制大木构件和栱眼壁画编号牌，并整体拆卸各部位栱眼壁画入库待修。

从东北角开始，逆时针方向分层、分段拆解斗栱组合与构架节点，填写拆解记录表，拍摄现场照片，拘绘测量构件草图。30日，工程业主：郝维和、常学文，设计施工单位：吴锐、任毅敏、史国亮、牛郁波、韩建喜、王建伟等联合检查工地，研究确定不落架的大木构件并予以顶升和戗固。在墙外开槽，力求准确查明柱网结构体系，全面掌握原状结构做法，吴锐现场参与并监督大殿基础人工探孔开挖工作方法研究，确定各部位木柱墩接加固、基础补强和柱网构架修复加固策略。

1999年11月1日～30日

按照现场研究确定的传法正宗殿柱网体系修复项目各部位柱子（包括明柱与暗设支柱）侧角，柱子升起及柱子真长尺寸修复设计要求，逐一进行检修墩接和补强加固。5日起在整体抄平控制条件下，开始对大殿各部位柱下基础进行加固处理，为强化4根角柱下部基础的承载力，分别采取了柏木桩贯注挤密加固措施。10日至15日，山西省地质工程勘察院技术组进行大殿基础岩土工程勘察（详勘），旨在准确判断大殿柱网不均匀严重下沉的原因。15日开始对大殿斗栱、梁栿、柱顶石、脊饰瓦件分别进行检修加固，为大殿主体构架修复归安做好充分准备。26日，吴锐、史国亮前来工地与郝维和、常学文等共同召开永安寺保护修缮工程监督管理领导组专题会，研究部署了防火、防盗、防事故，保精准、保质量、保安全等有关立架修复工程施工管理要求。27日起开始实施上部构架修复工作，要求在春节放假前完成外檐斗栱层修复、加固归安任务。

1999年12月1日～31日

继续抄平、加固、安装外檐柱上阑额、普

柏枋及檐头斗栱铺作；前往砖瓦琉璃烧制窑场指导验收各类补配和二次施釉加固的琉璃瓦与脊饰吻兽件等；整理各类建筑材料，清除施工废料和木屑，检查加固各类文物保护棚罩。10日，山西省地质工程勘察院完成了《浑源永安寺大殿柱基土、柱下和柱间垫层土岩土工程勘察报告》（详勘）编写任务。16日，山西省古建筑保护研究所设计组完成了《传法正宗殿元代基础外围灰土桩挤密加固补强工程设计方案》编制任务。18日，除工地看护人员外，收工放假，技术人员与管理人员编写年度总结报告。22日，彭谦、吴锐、史国亮前来与郝维和、常学文、韩建喜、王建伟等共同检查工地，部署安防值班制度，研究明年工作计划。

2000年1月18日

山西省古建筑保护研究所向山西省文物局报送了《关于浑源永安寺大殿地基基础勘察和加固方案的请示》（晋古建字[2000]第2号）。

2000年2月25日

山西省文物局签发了《关于浑源永安寺大殿地基基础加固方案的审核意见》（晋古建字[2000]第5号），批准实施所报方案。

2000年3月10日

山西省古建筑保护研究所永安寺保护维修项目部在施工中发现传法正宗殿的主台基和大月台的台帮鼓闪损坏严重，原有设计方案加固维修设计深度不足，措施不力。遂调研编制了《传法正宗殿台基、月台、踏跺残损现状评估及修缮（复）加固项目补充设计文件》，经永安寺保护修缮工程质量管理委员会邀请专家组论证认可批准实施。

2000年4月2日

山西省古建筑保护研究所永安寺保护维修工程项目部根据现场调查研究结果，编制了《传法正宗殿42块栱眼壁整体卸装与保护修复项目优化改进设计方案》，旨在使其基本构造的原真性、营造工艺的延续性、病害治理的可靠性、外部观感的协调性、新旧材料的兼容性都能得到保障。经专家组论证认可，永安寺工程质量监督管理委员会批准实施。

2000年4月9日～30日

2000年度传法正宗殿保护修缮工程复工，主要开展檐头斗栱上部构架的支顶拨正、恢复原位与构架节点的修复加固施工任务。同时组织技术人员为墙体修复，地面铺装而进行砖瓦件的磨制、加工及分类检修补配工作。20日，在殿内当心间西金柱基础内发现了一块金代白瓷碗底，其背面有墨书题记"永安寺"三字；其边缘可见火烧痕迹，推测与金代末年该寺院的那次火灾不无关系。为了实现大殿梁架在不落架前提下，分部、分组、自下而上实现水平位置及其上下位置的同步调整归位，施工过程中综合活用了"打牮拨正""戗拽结合""斜柱支护"等传统木结构修复技术，以及支柱、导链、绳索、千斤顶、三脚架等传统营造工具，全面实现了施工目标，取得了良好效果。

2000年5月1日～31日

本月5日国家文物局局长张文彬一行前来永安寺文物保护工地检查指导工作，陪同人员有：省文物局副局长高可，总工程师柴泽俊，副县长韩虎林，恒山管理局局长孙海川，副局长郝维和等。各位领导和专家对已完成的保护项目给予充分肯定，希望继续把调查研究工作贯穿于文物保护施工的全过程，多出成果。本月主要完成的施工任务有：继续校正和修复各缝梁架、四椽栿以上的构造节点及枋木檩槫；在地面上对所有屋顶琉璃脊饰瓦件和吻兽件进行预加固和预拼装；为大殿台基、月台修复施工统计和制备各种规格的砖料、石料及相关泥作材料。

13日下午，国家文物局局长张文彬、国家历史文化名城保护专家委员会副主任郑孝燮、两院院士著名建筑学与城市规划专家吴良镛实地考察指导永安寺保护工程。陪同前来的有省文物局副局长李福明，浑源县委书记柴树彬，县长雷学锋，大同市文化局长张佃生，恒山管理局局长孙海川，副局长郝维和等。张文彬局长一行对永安寺文物保护修缮工程给予高度评价，同时提出了要切实做好壁画、彩画和周边环境保护整治的要求。

27日，山西省古建筑保护研究所副所长吴锐带领工程师史国亮、孙书鹏陪同中国文物研究所壁画彩画保护专家郑军副研究员前来永安寺工地进行壁画、彩画保护项目现状考察。

2000年6月1日～30日

本月完成的施工任务有五项：一是调整归安与整体修复传法正宗殿各部位榑枋节点及四翼角的大角梁、仔角梁、续角梁、由戗等，为铺钉椽望做好前期准备；二是加工验收各部位椽飞望板和连檐瓦口，做好施工前期准备；三是开展补配椽飞望板的油饰彩画修复及做旧试验，进行专家咨询与优化比选；四是实施传法正宗殿各部位基础灰土桩围固补强施工任务；五是启动大殿藻井缺失天花板的添配修复制作项目。

6月20日，中国文物研究所郑军完成了《山西省浑源县永安寺传法正宗殿壁画彩画保护工程实施方案》编制任务，山西省古建筑研究所孙书鹏协助拍摄照片，编制预算。

6月28日，山西省浑源县恒山管理局向山西省文物局报送了《关于浑源永安寺传法正宗殿壁画彩画保护工程实施方案的请示报告》（浑政恒管字[2000]第12号），提请对传法正宗殿壁画、彩画的各类残损病状实施有效保护。

2000年7月1日～31日

7日至9日，省古建所吴锐、杜俊奇、韩建喜、王建伟、翟康志、登上传法正宗殿施工架之上详细检查保护工程施工现场，指导解决大木构架拨正归安技术难题，明确了油饰彩画修复做旧处理要求。本月完成的施工任务有七项：一是核查验收了殿顶大木构架整体归安修复成果，同意开展铺钉椽飞望板工序；二是开始实施正身边椽和翼角椽飞的放线钉制工作；三是正式启动了大木构架彩画纹饰的原大标色临摹工作；四是全面完成了大殿柱墙基础灰土桩围固补强施工任务；五是同步实施了殿顶椽头和飞头的油饰彩画修复施绘做旧项目；六是基本完成了殿内藻井缺失天花板的彩画复绘做旧任务；七是在铺钉花架椽、脑椽及其上部望板的基础上，同步启动了推山结构大木构架及推山暗腔和推山二层椽子、望板的修复铺钉任务。此外，本月下旬项目负责人吴锐及业主负责人郝维和主持召开了"文物三防（防风、防雨、防破坏）和质量安全专题会议"与"大木构件油饰彩画临摹技术要求交底会"两次会议。

月底，中国文物研究所郑军会同山西省古建筑保护研究所永安寺保护工程项目部技术人员，在现场实验的基础上补充制定了《传法正宗殿壁画、彩画保护施工操作规程》。

2000年8月1日～31日

月初，永安寺保护工程质量监督委员会吴锐、郝维和主持召开专题会议研究部署近期工程计划。

本月完成的保护施工任务有：大殿台基、月台、台帮基础的挤密加固以及局部拆修和保护修复任务；殿内藻井斗栱铺作，椽飞瓦顶残损部位补配修复任务；大殿台基台帮、土衬石、压沿石、角石归安及修复任务；大殿主体

结构的油饰彩画临摹任务；大殿周边墙体剔补部位墙面随色做旧任务和通风孔砖雕构件归安任务；大殿前后檐板门隔扇补修、复位、安装任务；台基、月台各部位垂带式踏跺修复归安任务。此外，部分人员制作屋顶瓦口及核查清点脊饰瓦件，为开展瓦顶修复工程进行前期准备工作。30日，按照永安寺项目部研究决定，撰写了"永安寺文物保护工程简介"并将其以墨书题记形式书写安装于当心间藻井天花板的背面，以备后人查考。

2000年9月1日～30日

本月主要完成了传法正宗殿庑殿顶推山二层构架空腔及屋面板的放线，订制修复任务；完成了殿顶琉璃瓦顶的苫装任务。继续进行大木构架彩画图案的分析记录与原状临摹任务。29日，举行了大殿苫瓦合龙口仪式。

2000年10月1日～31日

本月完成的施工任务有：局部拆除殿顶苫瓦用脚手架，同时搭设调脊用脚手架；测量核查并局部调修各部位屋脊座的脊弧线及其空间位置，为正式修复殿顶屋脊做好前期准备；放线钉制脊桩，精准归安了各部位脊饰、吻兽与脊顶小跑走兽。完成了殿宇内外地面修复任务及台基月台周边散水铺装任务。9日，吴锐、常学文主持召开会议，要求清除修理殿内周边小神台上的水泥抹面，恢复原状，同时在其上部搭设轻质壁画保护棚架，严防碰撞和尘土污染。月底，永安寺保护工程监督管理委员会，邀请专家对已完成项目，进行了分部分项综合检查验收工作。

2000年11月1日～31日

搭设专用脚手架，整体吊装归安已经修好的栱眼壁。10日，工地泥瓦工放假。25日，山西省古建筑保护研究所刘宪武、吴锐、任毅敏、杜俊奇、滑辰龙、史国亮、李玉民，中国

文物研究所郑军分别来到永安寺，参加恒山管理局组织的传法正宗殿文物保护工程质量联合检查验收会议，恒山管理局孙海川、郝维和、常学文、戴忠德、李鹏鸣、刘艳平及永安寺项目部韩建喜、王建伟、翟康志等参加。经专家组现场检查，听取汇报，查阅资料，提问答疑，讨论评审，一致认为本工程在施工管理、调查研究、保护技术、质量监督、文物原真性保护、壁画、彩画科技保护等方面都做出了突出成绩，工程质量优良，符合文物保护要求，应总结经验，在全省文物保护工程中推广。

2000年12月21日

浑源县恒山管理局总结编写了《浑源县永安寺传法正宗殿施工过程报告》，分别报送了浑源县人民政府，大同市文物局和山西省文物局。

2001年3月14日

浑源县恒山管理局向山西省文物局报送了《关于抢修永安寺山门、护法天王殿的报告》（浑政恒管字[2001]2号），因永安寺天王殿及其山门两侧腋门和八字影壁年久失修，损坏严重，岌岌可危。提请批准优化设计方案并拨款抢修。

同日，还向省文物局报送了《关于维修保护永安寺传法正宗殿壁画、彩画工程报告》（浑政恒管字[2001]3号），指出由于传法正宗殿壁画、彩画残损严重，但前期勘察深度不足，设计文件阙如。为使该殿壁画、彩画得到妥善保护，经国家文物局古建专家组推荐，已会同山西省古建筑保护研究所，邀请中国文物研究所派遣壁画、彩画专家郑军进行了详细勘察，制定了保护方案，编制了工程预算，提请批准方案并给予经费支持。

2001年4月1日～30日

18日，山西省文物局向恒山管理局发出了

《关于下达浑源永安寺山门、天王殿维修任务的通知》（晋文物文函[2001]43号），决定对永安寺山门和天王殿实施落架大修工程，明确其保护施工任务由山西省古建筑保护研究所承担，要求尽快制定施工方案及施工预算，申报批准后实施。同日，签发了《关于下达浑源永安寺传法正宗殿壁画、彩画加固保护任务的通知》（晋文物文函[2001]47号），通知指出：恒山管理局申报的壁画、彩画加固保护方案已经国家文物局审批并原则同意；明确此项工作由山西省古建筑保护研究所与中国文物研究所合作完成，保护工程经费35万元，要求施工过程中加强工程管理，遵守不改变文物原状的原则。要严格财务制度，争取年底完成。尽快前往省局办理施工审批手续。

25日，山西省古建筑保护研究所技术组在补充调查基础上完成了《浑源永安寺山门、天王殿修缮工程调整与补充设计方案》编制任务。

2001年5月1日～31日

经过冬冻春融和负重考验，10日，山西省恒山风景名胜区管理委员会（2001年4月28日后，浑源县恒山管理局正式改组为山西省恒山风景名胜区管理委员会，以下简称恒山管委会）组织永安寺保护修缮工程勘察设计，保护施工，质量监管人员针对建筑基础、大木构架、围护墙体、瓦顶屋面、门窗装修等共同进行了为时两天的工程质量回访检查，认为保护工程总体质量符合国家文物保护修缮法规要求，保护效果令人满意。同时针对发现的若干细节问题提出了保养优化建议。

11日，恒山管委会会同山西省古建筑保护研究所召开永安寺第二阶段文物保护施工项目工作安排专题会议，业主：孙海川、郝维和、常学文、戴忠德、李鹏鸣，设计施工：吴锐、韩建喜、王建伟、翟康志等参加会议，认真研究了传法正宗殿壁画、彩画保护项目，山门、天王殿落架大修项目及山门和天王殿东西腋门、山门两侧八字影壁保护修复项目的保护管理要求与施工进度计划。会议认为：施工调查中发现天王殿背面历史上曾有一座戏台与之相互融合，这是永安寺历史文化遗存的重要组成部分，而原设计方案并未对此提出技术措施和明确响应，许多技术细节无法指导施工，研究决定另行编制《永安寺天王殿、山门保护修缮工程设计方案技术交底及方案变更纪要》对发现的错漏问题实施补充和变更，此文件上报恒山管委会和省文物局批准后实施。

12日，浑源恒山管理委员会与山西省古建筑保护研究所召集设计、施工和质量监管人员共同召开了永安寺2001年度保护修缮项目设计方案技术交底会议，讨论明确了所有已发现问题的处理决定，形成了《浑源永安寺山门、天王殿修缮工程设计文件技术交底与方案变更纪要》，决定在科学发掘探查天王殿倒座戏台建筑基址和走访调研的前提下，原貌设计修复倒座戏台，创造条件尽快准备开工。

13日～31日，山西省古建筑保护研究所永安寺项目部吴锐、韩建喜会同永安寺文管所常学文、戴忠德等工作人员，运用民俗学方法针对永安寺天王殿、戏台、山门的原貌形制和使用功能等问题进行走访调查。施工技术人员翟康志等搭设脚手架开展寺内东、西配殿、天王殿、山门彩画的现场记录和图案临摹工作，完成了传法正宗殿栱眼壁画的嵌固补缝、图案修复、沥粉着色和随色做旧任务。

2001年6月1日～30日

全面完成了传法正宗殿栱眼壁画的补缝、修复、做旧施工任务。组织画工按照既定设计要求绘制天王殿、山门等建筑彩画修复施工谱子

及着色大样送审稿，为专家论证评审提供条件。

9日，山西省古建筑保护研究所向省文物局文物处和财务处报送了《浑源永安寺传法正宗殿壁画、彩画保护工程开工报告》（晋古建字[2001]第17号），《浑源永安寺山门、天王殿等建筑维修保护工程施工方案及施工预算送审报告》（晋古建字[2001]第18号），《关于建议对浑源永安寺传法正宗殿修缮保护工程第一期工程与第二期工程合并总验收并申请批准进行第一期工程结算的请示》（晋古建字[2001]第19号）。

11日～20日，为正式开展传法正宗殿壁画、彩画保护修缮工程而搭设施工脚手架。

吴锐、韩建喜带领技术人员补测了"永安寺现状平面图"，进行了永安寺原貌状况及其使用功能的民俗学调查。

21日上午，恒山管委会孙海川、郝维和、常学文会同山西省古建筑保护研究所吴锐，中国文物研究所郑军，在永安寺召开会议，讨论明确了壁画、彩画保护修缮工程的施工管理规程和质量管理要求，强调坚持工期服从于施工质量的基本原则。21日下午，吴锐、郑军召集韩建喜、翟康志等彩画保护技术组成员，召开了永安寺壁画、彩画保护施工技术培训会，详细讲解了资料采集、病害记录、照片拍摄、病害标注、日志撰写、档案编制、施工程序、药剂配制与使用操作规程、分部分项验收方法，施工安全及注意事项等要求。23日至30日，吴锐、郑军选好位置并指导壁画、彩画保护施工技术小组进行了各种病害的实际操作训练。永安寺项目组配备施工操作工具及电脑、相机、打印机、吸尘器、人工防护用品等工作设备，采购了所有化学材料。

2001年7月1日～31日

3日，吴锐、郑军、郝维和、常学文再次组

织有关人员召开了传法正宗殿壁画、彩画保护修缮工程施工操作规程培训会。会后技术组针对壁画、彩画存在的尘土污染、老化起甲等十余种主要病害选择隐蔽部位展开实验性保护操作。同时开展天王殿、山门油饰彩画保护实验。

9日，省文物局董养忠、邓景雪处长，山西省古建筑保护研究所张才东、彭谦所长，恒山管委会孙海川，郝维和局长陪同国家文物局文物保护司司长杨志军、副司长晋宏逵、处长许言前来视察永安寺工地，对于永安寺壁画、彩画重视前期资料搜集整理和过程技术实验研究的做法给予高度评价和赞扬。并提出了切实做好后续文物保护修缮工程的要求。

本月，除正常推进施工项目外按照规范要求，制作安装了永安寺文物保护单位标志碑。

2001年8月1日～31日

按照原定计划继续推进传法正宗殿壁画、彩画保护维修工程。为有效提高工程质量，彩画外檐保护清污基材由脱脂棉调整为德国进口的"植物纤维"。17日，中国文物研究所郑军前来检查第一阶段已完成工作成果，总体比较满意，但也提出了若干改进优化要求，之后签发了第二阶段施工任务书，明确了具体工作计划和要求。

18日，郑军老师再次来到工地，登上脚手架，认真检查了此前壁画、彩画保护成果以及施工记录和照片资料档案，在对此前工作成果给予充分肯定的同时，对发现的问题逐一指导修改。

27日～28日，吴锐、韩建喜对传法正宗殿藻井进行详细测绘，经认真观察有如下重要发现：首先，藻井彩画最少有两层，晚期覆盖早期（楼阁西北角斗栱的散斗上原有元代彩画曾贴金，北侧下层平座斗栱栱眼壁上有早期花草图案被晚期彩画覆盖，上层楼阁屋顶的勾头、滴水早期曾有贴金，藻井楞木表层天蓝色覆盖着的底色为深绿色），其次，藻井斗栱铺作类型多样，手法丰富，为探索晋北地区金、元时期木构建筑艺术和技术史提供了重要依据（包括上昂结构、下昂结构、插昂结构、平昂结构等）。

本月，分区分期完成了传法正宗殿内外檐斗栱铺作及大木构架彩画的清污除尘和病害保护工作任务。按照规范要求记录拍摄了保护前后的全流程技术档案资料。且已分类整理刻盘归档。

2001年8月10日～10月30日

在国家文物局与山西省文物局的支持帮助下，浑源县文物局主持实施了浑源永安寺消防安全配套设施建设工程。

2001年10月1日～31日

在传法正宗殿彩画保护清污施工的同时，穿插进行了重点部位彩画临摹工作，搜集了更多彩画纹饰、用色及其艺术细节真实资料，为今后深入研究奠定了扎实基础。本月完成了天花藻井油饰彩画的保护修复任务。

2001年11月1日～30日

为防止因壁画、彩画保护水溶液结冰而影响质量，决定5日前暂停传法正宗殿修缮施工，做好防护工作，待明年开春后继续进行。恒山管委会孙海川、郝维和、戴忠德、常学文，中国文物研究所郑军，山西省古建筑保护研究所吴锐、韩建喜、翟康志，共同对已完成的彩画保护项目进行了内部验收，一致认为工程质量符合设计技术要求，验收合格签字确认。

22日，恒山管委会郝维和、常学文、戴忠德、陈艳、刘艳平，山西省古建筑保护研究所吴锐、韩建喜、翟康志等共同召开了永安寺壁画、彩画保护工程年度总结会，会议就质量监督、组织管理、工程进度、资金管理等问题进行了回顾总结，并要求尽快完成年度竣工报告编写任务并入档保存，同时研究部署了下一年度的施工任务。2001年度，传法正宗殿内檐彩画保护修缮任务1300平方米，主体质量良好，尚有不足800平方米需要来年收尾。

26日，山西省古建筑保护研究所吴锐陪同国家文物局古建专家组专家沈阳、王立平、韩扬、黄滋前来永安寺参观指导工作。

2002年3月25日～31日

天王殿、山门等项目保护修缮施工队进驻工地，清理施工现场、进行前期准备，搭设施工脚手架，启动拆解屋盖大修工程。

2002年4月1日～30日

开始对天王殿进行拆解落架，同时对天王殿背后的戏台基址进行考古发掘探查，分析评估其上部戏台的格局、体量与建筑形式。4月2日，在拆解天王殿梁架斗栱时发现了该殿的建造年代："大清乾隆二十八年八月初十日修造人"墨书题记。

3日上午召开了"永安寺第二期文物保护工程施工任务部署会议"，决定在大修天王殿的同时，修复倒座戏台。参会人员：郝维和、常学文、吴锐、任毅敏、王建伟、韩建喜等。24日，传法正宗殿彩画保护任务完成，壁画保护架拆除。28日，吴锐再次前来工地检查指导工作，召开现场各专业联席会议研究解决山门、朵殿等项目施工中遇到的疑难问题。29日起，天王殿明间彩画修复施绘工作启动。

2002年5月1日～31日

天王殿及倒座戏台，山门及两侧掖门和八字影壁等保护维修工程持续推进，建筑彩画保护与修复工程同步穿插开展。期间，永安寺保护修缮工程质量监督管理委员会曾多次召开现场技术分析会解决现场问题。郑军，孙书鹏曾

来工地检查指导工作。

2002年6月1日～30日

本月完成了天王殿及倒座戏台、山门及两侧掖门和八字影壁等项目主体构架修复归安任务的60%，启动了墙体、台基的回砌归安工作。油饰彩画保护修复项目同步推进。

2002年7月1日～31日

全面完成了天王殿、山门等保护工程项目的大木主体结构、墙体围护结构和基础台基地面的保护修复任务，全面启动了钉椽、宽瓦、调脊施工任务。油饰彩画保护修复工程同步跟进。施工过程中，在天王殿基础下部外侧发现金代兽面纹瓦当一块（残），直径160毫米，厚28毫米。史证价值重大。

2002年8月1日～31日

启动了天王殿、山门等工程项目的门窗装修和栱眼壁画的保护归安工作；磨砖备料，为地面铺装修复工作做准备；壁画保护与油饰彩画保护修复项目同步跟进。15日，吴锐副所长、郝维和副局长会同彩画队翟康志队长及施工技术组，检查传法正宗殿壁画保护工地，针对所发现的问题，明确提出如下壁画保护修复原则：

1.对于画面表层酥碱，壁画面层已脱落，但其基底细泥层尚未彻底剥蚀的病害，不进行修补，只可进行清污除尘和化学封护，确保其沧桑感及其真实性不受干预破坏。

2.由于人为原因导致壁画面层及其下部中层泥局部损坏，甚至露出底层粗泥或墙内土坯的病害，应在认真分析试验的基础上，采用传统材料，传统工艺进行保护性修补（复），修补部位的色泽、质感、兼容性须与相邻区域浑然一体，不得进行画面着色与壁画施绘。

3.为防止湿气、尘土及虫鼠侵入，墙面裂缝处应采用传统工艺进行填补修复，但不得进行

着色处理。

4.针对不同残损点和不同部位的病害治理，泥料须事先进行配方及工艺优选模拟试验，并将结果报送质检负责人评验，正式批准后方可用于施工。

5.施工中出现的瑕疵，尽快整改优化。

2002年9月1日～30日

天王殿及倒座戏台、山门及两侧掖门和八字影壁等项目的保护修复工程全面完成，壁画和油饰彩画保护修复与随色做旧任务跟进收尾。

2002年10月1日～31日

完成了各保护项目隔扇门和木板门的检修归安任务，完成了各保护项目的内部工程质量自检与收尾任务，完成了天王殿倒座戏台油饰彩画修复做旧与质量自检和档案资料整理归档任务。

2002年11月1日～20日

工地拆架打扫卫生进行收工准备。6日，恒山管委会郝维和、常学文、戴忠德、李鹏鸣、刘艳平，山西省古建筑保护研究所吴锐、任毅敏、滑辰龙、史国亮，中国文物研究所郑军，永安寺项目部韩建喜、王建伟、翟康志等共同检查工地，评估保护修缮效果，进行了系统认真的工程质量内部检查验收工作；通过现场踏查，资料查阅，听取汇报，提问讨论环节，得出如下工程验收评价：1.传法正宗殿壁画、彩画保护项目自2001年7月开始至2002年11月6日结束，严格遵守了"原址保护，原状保护""最小程度介入""可逆性""兼容性"和"完整的档案记录"等保护原则。各种保护手段和保护材料的确定都是在充分实验研究的基础上进行的，有很强的科学性。档案记录工作采用数字化手段，确保了工作的高效率和高质量。保护处理前后以及保护工作过程进

行了完整的摄影记录并将数字化档案资料存储于电脑硬盘和光盘之中。工程开工前对壁画、彩画保护操作工艺流程和材料配制方法都制定了明确的技术规范，确保了工作质量。施工人员本着对文物高度负责的态度精心施工。采用总体把控，持续优化，分阶段验收的工程管理方式，确保了各阶段成果的内在质量。总体评价：质量良好。2.山门、天王殿及其倒座戏台、八字影壁等保护修缮（复）项目自2002年3月26日开工，至2002年10月30日竣工。该工程施工时严格按照"修旧如旧""不改变文物原状""考古调查原貌研究与设计方案持续优化贯穿施工全过程""细化管理，确保质量""最大限度加固继用原有构件"等文物保护原则组织施工。各类构配件解体前采取了编号拍照，残损记录等技术措施，施工过程中注重内部榫卯结构信息记录和墨书题记采集，针对残损病害采取了针对性保护加固措施，严格贯彻了分部分项验收合格后方可进行下一道工序的质量管理验收方式，保证了工程质量。施工结束后，编制了规范系统的工程技术档案，总体评价：质量良好。验收组认为永安寺实行的正式验收前，先行组织内部验收的做法，在省内属于文物保护工程管理创新模式，具有行业借鉴推广价值。

2003年3月24日

浑源恒山管委会会同山西省古建筑保护研究所共同召开了"永安寺第三阶段保护维修工程项目安排与技术交底会"，会议明确了工程项目施工管理要求和进度计划，讨论解决了施工中可能遇到的技术问题和注意事项，提出了工程经费缺口的申报解决方案。

2003年4月15日～5月31日

本年度开工后，首先对永安寺中院东西配殿、东西朵殿及寺院围墙进行保存现状复查，

对残损严重部位进行评估记录。继而对计划局部落架与深度探查的部位进行拆解探查，查清了东西配殿隔扇装修原状，使用功能分区原状和屋盖瓦顶原貌状况，研究落实了保护修缮（修复）技术措施。5月7日，吴锐电话布置永安寺工地防非典工作要求，14日收到山西省古建筑保护研究所非典防控工作书面通知和具体制度，要求每日下午4时电话汇报防控情况，确保万无一失。工地制定了相应的严格管理制度，确保文物保护修缮工程正常进行。

2003年6月1日～30日

依据新发现的装修构件和榫卯痕迹，绘制了东西配殿隔扇装修原貌修复补充设计图并批准据以实施修复。完成了东西配殿基础加固补强，构架拨正修复，柱檩剔朽墩接，布钉椽飞望板等施工任务。

2003年7月1日～31日

完成了东西配殿墙体拆修，瓦顶苫瓦和台基加固修复任务。完成了东西朵殿的墙体剔补，瓦顶揭修和门窗修整任务；油饰彩画保护修复工作穿插跟进也取得了明显效果。

2003年8月1日～31日

东西配殿和东西朵殿的台帮、月台、地面铺墁任务和踏跺修复任务基本完成。东西朵殿两侧墙体加固和局部修拆任务完成。油饰彩画保护修复工程继续跟进。14日，吴锐、任毅敏前来永安寺会同浑源县文物局局长郝维和、常学文、李鹏鸣等一同检查工地，研究解决施工中遇到的技术问题。

2003年9月1日～10月31日

各施工队全面完成了既定文物保护维修项目收尾工作，并在此基础上总结、整理施工技术档案，编写质量监督管理报告，工程施工竣工报告和竣工技术报告，开展内部巡查验收，进行必要整改。为迎接本年度实施工程项目的总体验收创造了良好条件。

2003年11月1日～30日

11月8日，恒山管委会会同山西省古建筑保护研究所邀请部分专家进行了本年度施工项目竣工巡查验收，一致认为已竣工的各项目内在质量和观感质量良好，同意验收。20日，山西省古建筑保护研究所项目部与永安寺文管所办理了保护维修竣工项目的日常管理移交手续。

2004年4月1日～30日

3日，永安寺第三阶段文物建筑保护修缮工程的第二期项目正式开工，具体内容包括天王殿东西腋门及东西碑廊、钟鼓楼、东西僧房院的文物保护管理用房、永安寺环境综合治理等修建项目。开工后，首先开展的是清理场地和原有建筑基址的发掘探查与测绘评估记录工作。

2004年5月1日～31日

月初，工程质量监管委员会主持召开了各建设项目基础发掘探查结果汇报暨各建设项目工程施工技术研讨会，进一步优化了修建施工技术策略。施工单位主要进行了既定修建项目的基础修筑，抄平放线，柱网布设，台基砌造和大木构架制作任务。

2004年6月1日～7月31日

初步完成了既定修建项目的大木构架扩放大样，构件制作，榫卯开凿，检查验收任务，完成了砖作瓦作构件的数量统计，采购订货，看样验收任务；完成了各建筑门窗装修，雕饰构件的放样雕制任务。7月15日起正式开始立柱架额，斗栱组合及梁栿构架叠造等施工程序。

2004年8月1日～31日

全面完成了天王殿东西掖门、东西碑廊、钟鼓楼、东西僧房院修建项目的大木构架和斗栱铺作组合的归安任务，完成了屋顶椽望的布钉施工任务。10日起，永安寺地面铺装，绿化美化等环境综合治理和建筑油饰彩画工程施工同步开展。

2004年9月1日～30日

主要完成了各在建项目墙体砌造，瓦顶宽装和装饰装修修复施工任务，跟进开展油饰彩画施绘任务。永安寺各院落环境治理施工任务进入收尾阶段。

2004年10月1日～30日

6日，恒山管委会和浑源县文物局孙海川、郝维和、戴忠德、常学文、李鹏鸣等会同山西省古建筑保护研究所吴锐、韩建喜、赵鹏图、王建伟、翟康志等共同进行了各在建项目工程质量的综合检查评定和预验收工作。进一步细化明确了工程收尾阶段的施工质量监督管理要求。

2004年11月1日～30日

10日，本年度各项目施工任务全面完成，山西省古建筑保护研究所向恒山管委会和浑源县文物局报送了竣工报告、竣工档案资料和竣工结算报告。13日，业主单位会同专家组进行了永安寺2004年度修建项目竣工验收工作，经现场踏查，资料查阅，问询讨论等程序，一致认为施工管理严谨认真，符合文物保护原则与工程设计要求。工程质量良好，同意验收。23日，所有竣工项目正式移交浑源县文物局接管。

2005年8月25日

山西省文物局，大同市人民政府，浑源县人民政府共同举行了隆重的"永安寺大修竣工庆典活动"，参加本次庆典的主要人员有：山西省文物局文物处副处长邓景雪，山西省古建筑保护研究所副所长吴锐，大同市政府副市长冀明德，大同市政府副秘书长丁锐，大同市委副秘书长殷宪，大同市文化局局长李恒瑞，大同市古建所所长白志宇，大同市文物局办公室主任王利民，浑源县政府副县长陈兴华，县人

大副主任张爱莲，浑源县恒山管委会局长孙海川，县文物局局长郝维和等。

2006年7月3日

浑源县文物局向山西省文物局报送了《关于提请对永安寺和大云寺修缮工程进行竣工验收的申请》（浑政文字[2006]6号）。请求省文物局组织验收专家组对永安寺自1999年3月开工至2004年11月全面竣工的所有文物建筑保护修缮（复）成果进行一次总验收。尽早为永安寺大修工程画上圆满句号。

2006年12月28日

山西省文物局，大同市文物局会同工程验收专家组深入实地正式对永安寺为时五年的文物保护修缮重点工程进行总验收。验收组27日到达浑源县进行现场检查和竣工资料查阅，28日，听取汇报后进行了综合评议与验收讨论，验收组成员有：山西省文物局文物处副处长，省古建专家组成员乔云飞、白雪冰；山西省古建筑保护研究所副所长，省古建专家组成员任毅敏、王峰；山西省古建筑修缮工程质量监督站站长，省古建专家组成员李会智；大同市文物局副局长刘建勇，文物科科长苏守义；浑源县文物局局长郝维和，浑源县文物保护管理所所长常学文等。山西省古建筑保护研究所副所长兼总工程师、古建专家组成员、永安寺保护修缮工程项目负责人吴锐，陪同检查验收全过程并向验收组进行了竣工报告和竣工技术报告的专题汇报。经专家组综合评议，一致认为：永安寺文物保护修缮（复）工程是浑源县近现代史上最重要的大型文物保护工程，这项工程在工程设计，调查研究，修缮技术，施工管理等方面均取得了许多创新成果，符合《中华人民共和国文物保护法》的相关要求，工程质量达到良好等级。在山西省文物保护行业具有一定典范意义，建议向全省同类工程进行推广。

现将专家发言摘要如下。王峰：通过此次验收活动学到很多东西，永安寺保护修缮工程应申报优良工程。乔云飞：这次验收活动也是一次技术交流活动，收获很大，永安寺文物本体保护经验值得学习，建议申报优良工程。应系统全面地总结永安寺保护修缮工程技术经验，加强宣传与交流。今后，永安寺文管所应加强日常保养，确保文物安全。李会智：永安寺保护修缮工程注重全过程管理，注重调查研究在先和保护技术跟踪优化，通过延伸设计和优化融合，有效地提高了保护工程质量和总体观感效果，很了不起！建议向全省推广，应尽早写东西发表，让大家吸取营养。任毅敏：永安寺保护修缮工程管理制度严密，在工程实践中注重针对技术难题与残损病害进行先期保护试验，成功后再总结制定工程施工规程与操作规范，指导实践从而确保了后续施工的质量，这种做法应该推广；永安寺各阶段设计变更与施工方案均严格执行了上报主管部门审批流程，也是确保工程质量的重要抓手；永安寺传法正宗殿壁画、彩画化学保护新技术的引进和实践取得了圆满成功，具有较高的科技含量；把历史信息采集与原貌调查研究贯穿于历时五年的保护施工全过程，这一点十分难得，文物保护修缮工程都应该这样开展。白雪冰：今天学到许多东西，永安寺保护工程历时五年，省古建所给大同市和浑源县地方政府交了一个满意的答卷。希望今后进一步加强日常检查维护，切切实实做好文物保护管理工作。刘建勇：非常感谢省局领导、各位所长和专家学者们长期以来对大同市文物保护工作的支持与帮助；这次验收会开得非常好，在认真检查验收的同时更像是一场文物保护修缮工程的研讨会；永安寺文物保护工程是本着既对今人高度负责又对历史高度负责的态度认真开展的，功在当代，利在

千秋，确实属于精品工程。苏守义：永安寺文物保护修缮工程确实做得很好，取得了良好成绩，也总结了许多可贵经验，建议尽快写成专项报告公之于世；切实做好永安寺的保护管理和对外开放工作是今后的长期任务，我们一定支持浑源县文物局把这些工作做好。郝维和：听到各级领导和专家们的高度评价，很受鼓舞，保护管理好永安寺珍贵文物是我们浑源县文物局的神圣职责，今天永安寺文物保护修缮（复）工程画上了圆满的句号，相信五年来的所有参建单位和技术人员都会非常高兴，谢谢大家！吴锐：永安寺文物建筑保护修缮工程实施过程中，国家文物局，省市县人民政府和文物局各级职能部门领导都曾给予我们以大力支持和帮助，2000年初，我去北京开会时，向国家文物局文物保护司和古建专家组汇报了永安寺壁画彩画保护修缮工作中遇到的困难，国家文物局领导推荐中国文物保护研究所派遣郑军同志帮助开展壁画保护工作，以此为契机将聚乙烯醇缩丁醛壁画、彩画保护技术创新成果引入了我省；省文物局古建专家组的同志们也多次前来永安寺工地帮助检查指导工作；这些年来所有永安寺工程管理和技术人员都能以高度负责的主人翁精神，践行文物保护工作宗旨并付出了积极的努力，因此可以说这是一项凝聚了众多文博人心血和贡献的文物保护成果。我们将尽快部署和完成永安寺文物保护工程调查研究报告编撰任务，奉献给世人，谢谢大家。

2014年11月6日

应浑源县文物局请求，山西省文物局向国家文物局报送了《关于申请〈浑源永安寺保护修缮工程技术报告〉与〈浑源永安寺建筑艺术研究〉编著出版立项的请示》（晋文物[2014]387号）。提请国家文物局批准立项，列

入出版计划并资助著作编研出版经费。

2015年4月30日

国家文物局签发了《关于〈浑源永安寺保护修缮工程技术报告〉出版立项的批复》（文物保函[2015]2240号），批准了《浑源永安寺保护修缮工程技术报告》编著立项出版计划。同意资助编研出版经费。

2020年8月10日

浑源县文物局向大同市文物局和山西省文物局报送了《浑源永安寺文物保护与研究》（上、中、下）编著出版补充经费的申请（浑文物字[2020]7号）。根据该著作的编写体量以及与文物出版社的共同测算，提请省文物局增补编撰出版经费缺口。

2020年11月12日

经请示国家文物局同意，山西省文物局签发了同意《浑源永安寺文物保护与研究》（上、中、下）编撰出版工作的批复意见，决定增补编研出版专项经费。

2021年3月10日

国家文物局签发了《关于永安寺保护规划意见的函》（文物保函[2021]259）。浑源县文物局委托山西达志古建筑保护设计研究院调查编制的《浑源永安寺保护规划》（2021-2040）获得了国家文物局批准。由此永安寺今后20年的文物保护管理、开放展示宣传、文化传承弘扬等工作均有了较为具体的工作规章和基本遵循。

七   永安寺保护修缮工程组织机构与
人员名单

（一）永安寺保护修缮工程领导组人员名单

高　可　　山西省文物局副局长

董养忠　　山西省文物局文物处副处长

彭　谦　　山西省古建筑保护研究所所长

吴　锐　　山西省古建筑保护研究所副所长兼总工

冀明德　　大同市人民政府副市长

张佃生　　大同市文化局局长

赵　彧　　大同市文化局文物科科长

柴树彬　　中共浑源县县委书记

雷学峰　　浑源县人民政府县长

孙海川　　浑源县恒山管理局局长

郝维和　　浑源县恒山管理局副局长（分管文物）

（二）勘测设计与施工阶段主要工作单位及人员名单

1. 浑源县恒山管理局（工程业主单位）

李增福、孙海川、郝维和、常学文、戴忠德、李鹏鸣、陈　艳、刘业平

2. 山西省古建筑保护研究所（文物保护勘测设计与修缮施工单位）

（1）前期勘测与方案编制阶段：柴泽俊、李　彦、刘宪武、张殿卿、张福贵、李艳荣、史国亮、牛郁波、陈海荣、李海英

（2）中后期设计方案优化与保护修缮施工阶段：彭　谦、张才东、吴锐、任毅敏、史国亮、陈海荣、牛郁波、孙书鹏、赵鹏图、张建奎、王薄慧、韩建喜、王建伟、王文祥、翟康志等

3. 中国文物研究所（壁画、彩画保护设计单位）

杨朝权、郑　军

4. 山西省地质工程勘察院（岩土工程勘察与基础加固施工单位）

张明晨、沈　可、闫世龙、张晋军

（三）永安寺保护修缮工程质量监督、管理委员会名单

孙海川、郝维和、常学文、李鹏鸣、吴　锐、郑　军、史国亮、韩建喜

（四）山西省古建所永安寺保护工程项目部名单

吴　锐、史国亮、韩建喜、王建伟、王文祥、翟康志

（五）永安寺消防安全工作领导组名单

常学文、李鹏鸣、韩建喜、王建伟、翟康志

（六）文物保护规划调查编研阶段名单

山西达志古建筑保护设计研究院：

项目负责人：吴　扬、闫云娟

项目组成员：李亚芳、郭鹏云、申鹏飞、李志林、张　静、王　虹

（七）《浑源永安寺文物保护与研究》写作阶段

1. 主　编：吴锐

2. 撰稿人：

上册：吴　锐、郝维和、吴　扬

中册：吴　锐、张　昕、吴　扬

下册：陈　捷、张　昕

3. 实物补测与图版绘制：

山西省古建筑与彩塑壁画保护研究院：吴　锐、简　莉、韩建喜

山西达志古建筑保护设计研究院：申鹏飞、王燕红、吴　扬、李亚芳、王　虹、贺利修

实测图与竣工图

一 总 图

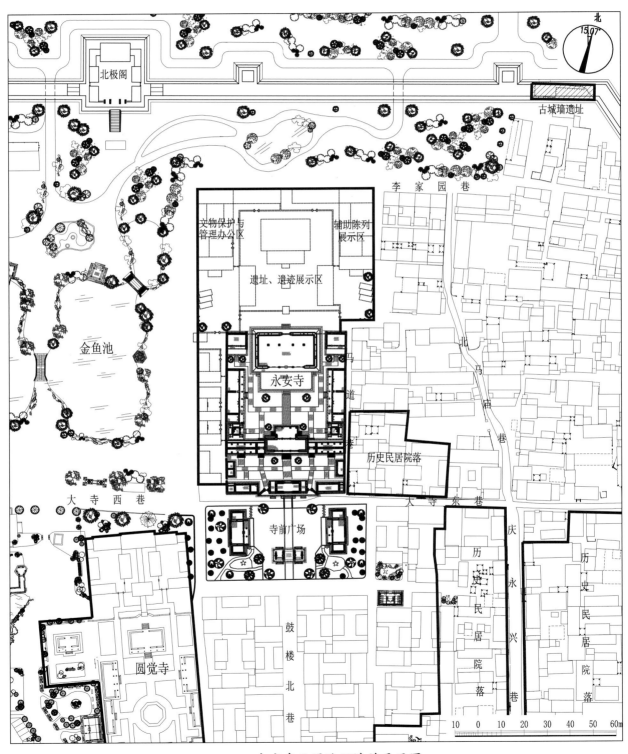

1-01 永安寺及周边环境总平面图

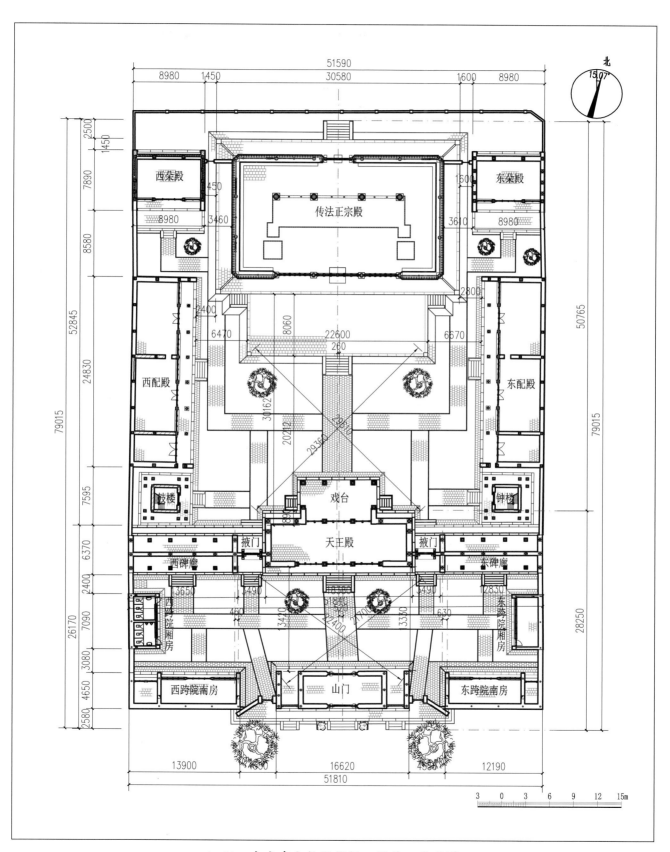

1-02 永安寺文物保护核心区竣工平面图

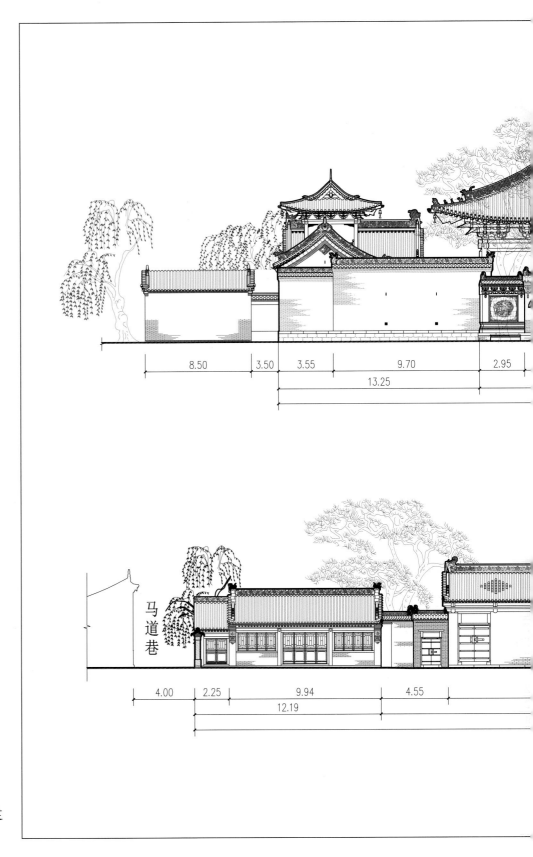

8.50 3.50 3.55 9.70 2.95

13.25

马道巷

4.00 2.25 9.94 4.55

12.19

1-03 永安寺山门及相邻建
筑群总立面图

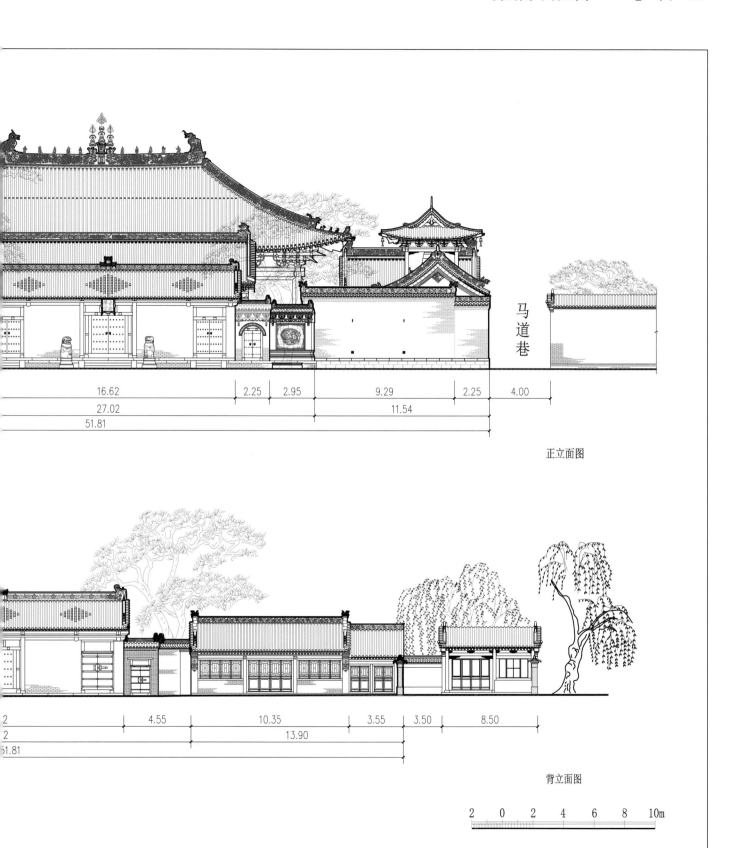

马道巷

16.62　2.25　2.95　9.29　2.25　4.00

27.02　11.54

51.81

正立面图

4.55　10.35　3.55　3.50　8.50

13.90

背立面图

2 0 2 4 6 8 10m

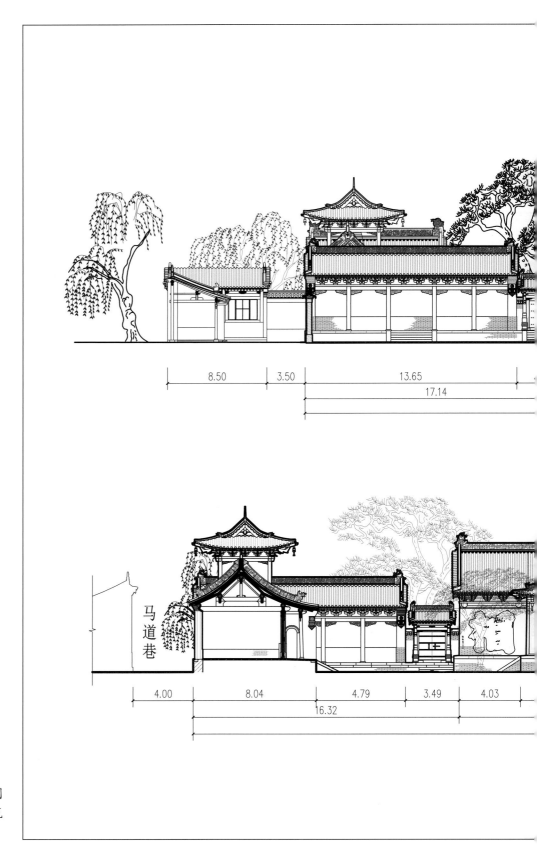

8.50　3.50　13.65

17.14

马道巷

4.00　8.04　4.79　3.49　4.03

16.32

1-04　永安寺天王殿（带倒
座戏台）及相邻建筑
群总立面图

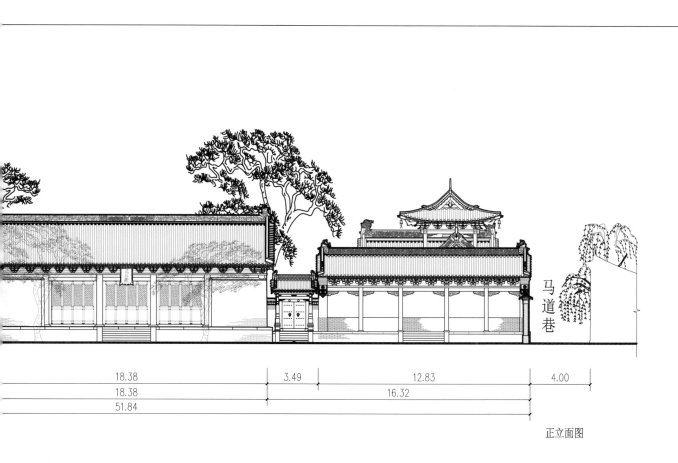

马道巷

18.38	3.49	12.83	4.00
18.38	16.32		
51.84			

正立面图

10.32	4.03	3.49	5.61	8.04	3.50	8.50
18.38	17.14					
51.84						

背立面图

2 0 2 4 6 8 10m

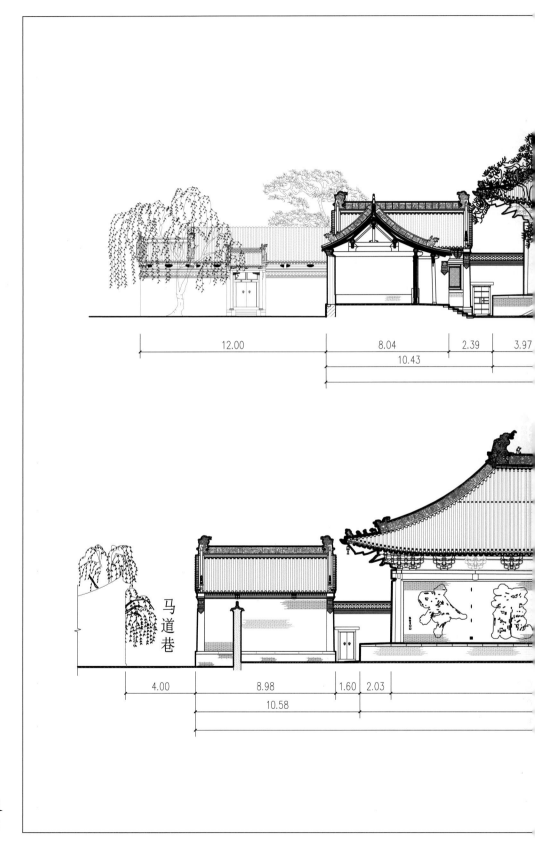

12.00   8.04   2.39   3.97
10.43

马道巷

4.00   8.98   1.60   2.03
10.58

1-05 永安寺传法正宗殿及
　　相邻建筑群总立面图

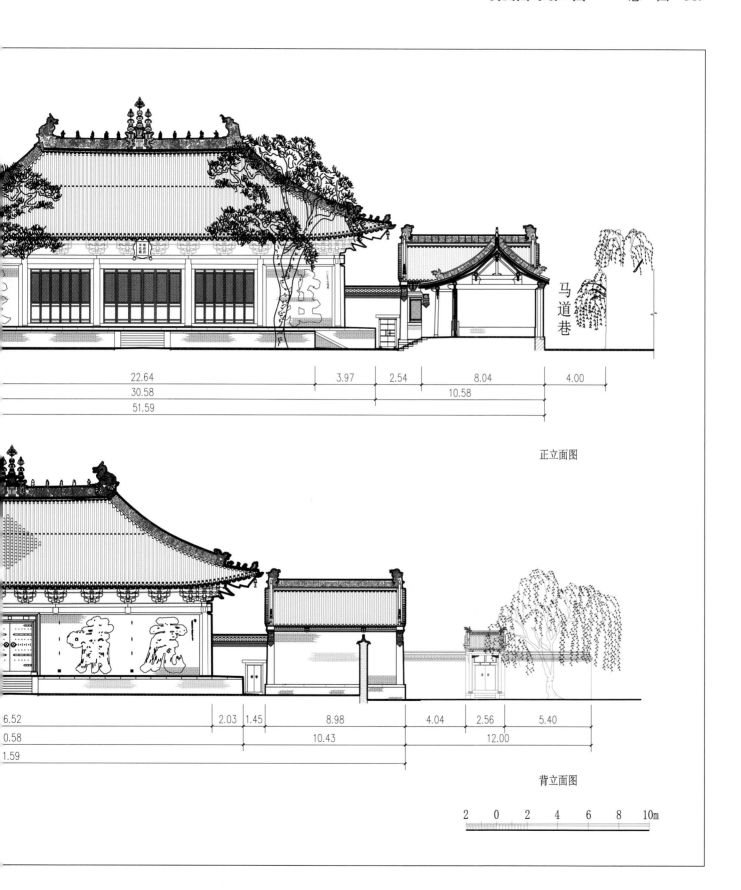

马道巷

22.64		3.97	2.54	8.04	4.00
30.58			10.58	
51.59		

正立面图

6.52		2.03	1.45	8.98	4.04	2.56	5.40
0.58			10.43		12.00	
1.59		

背立面图

2　0　2　4　6　8　10m

二 传法正宗殿

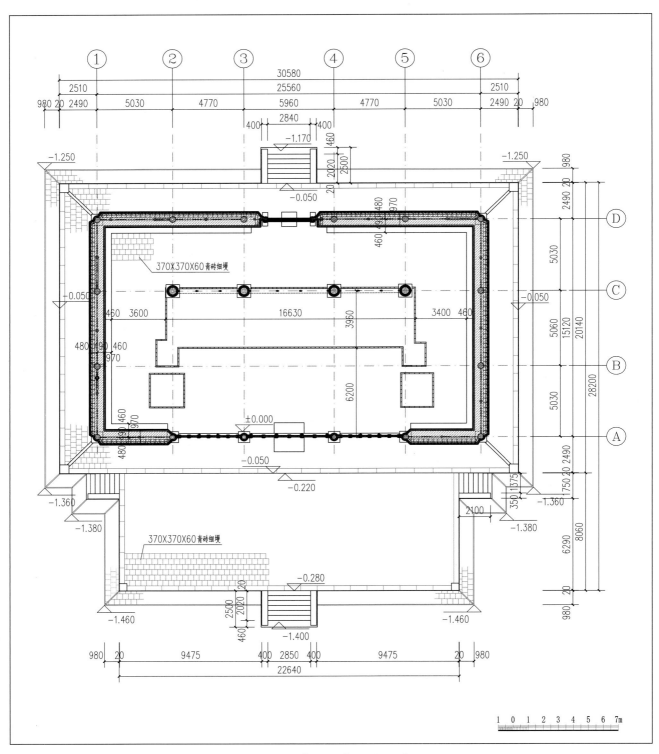

2-01 传法正宗殿平面图

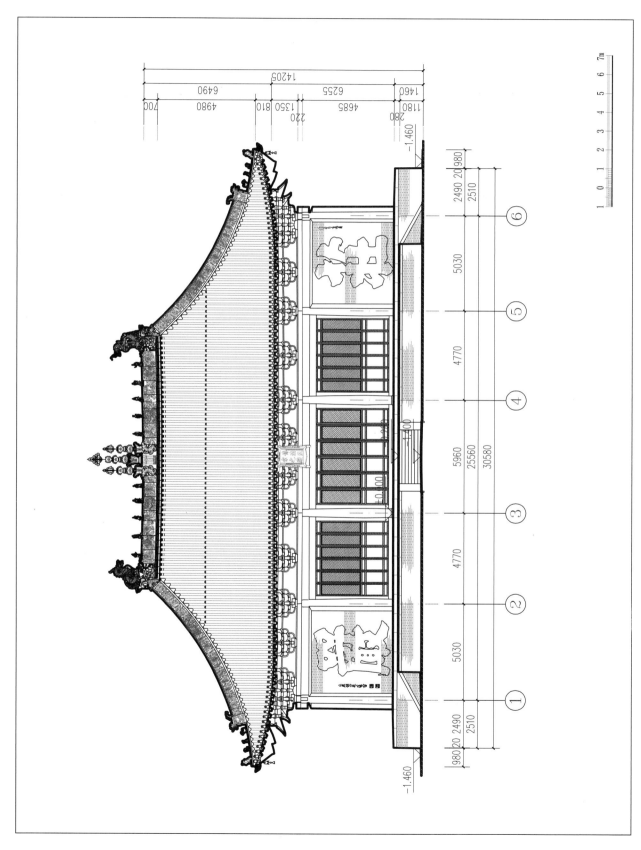

2-02 传法正宗殿正面立面图

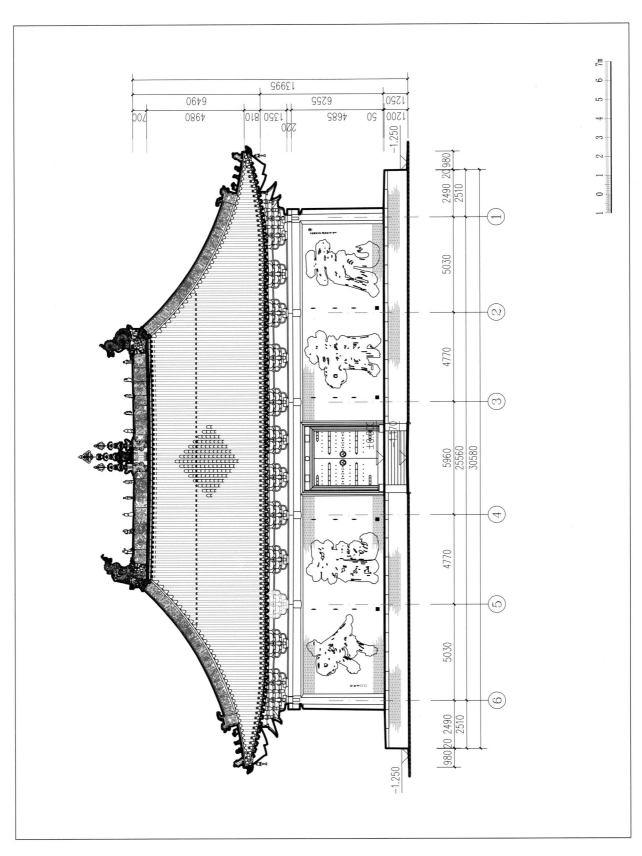

2-03　传法正宗殿背立面图

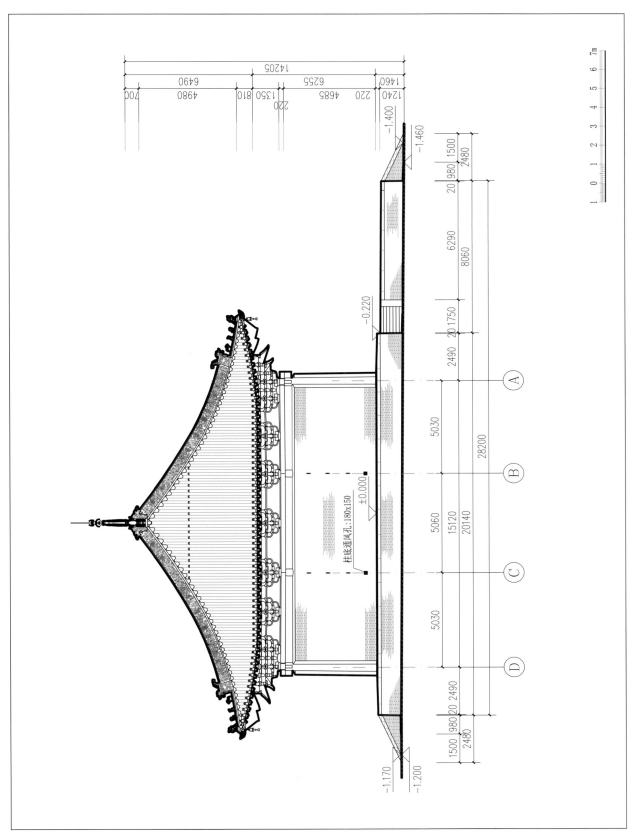

2-04 传法正宗殿西侧立面图

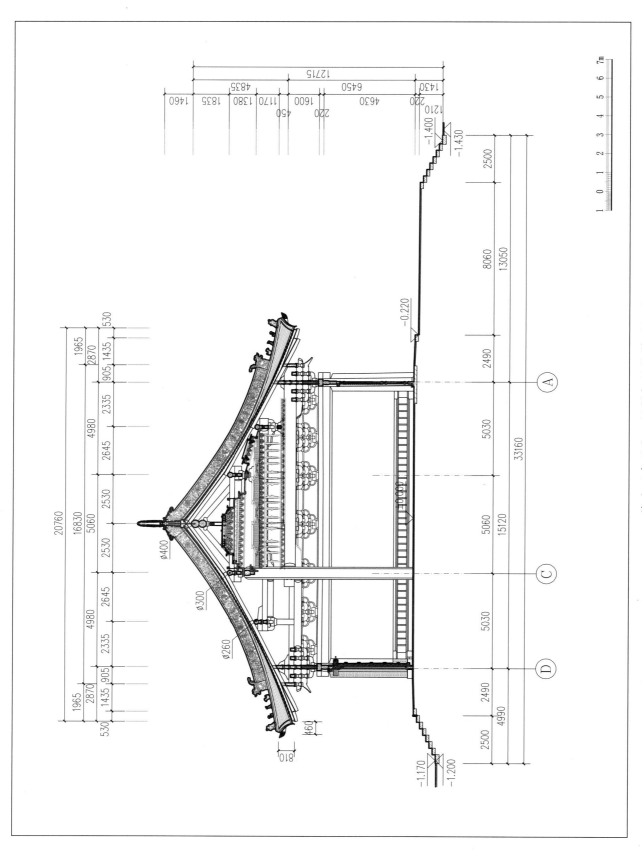

2-05 传法正宗殿当心间梁架结构横剖视图

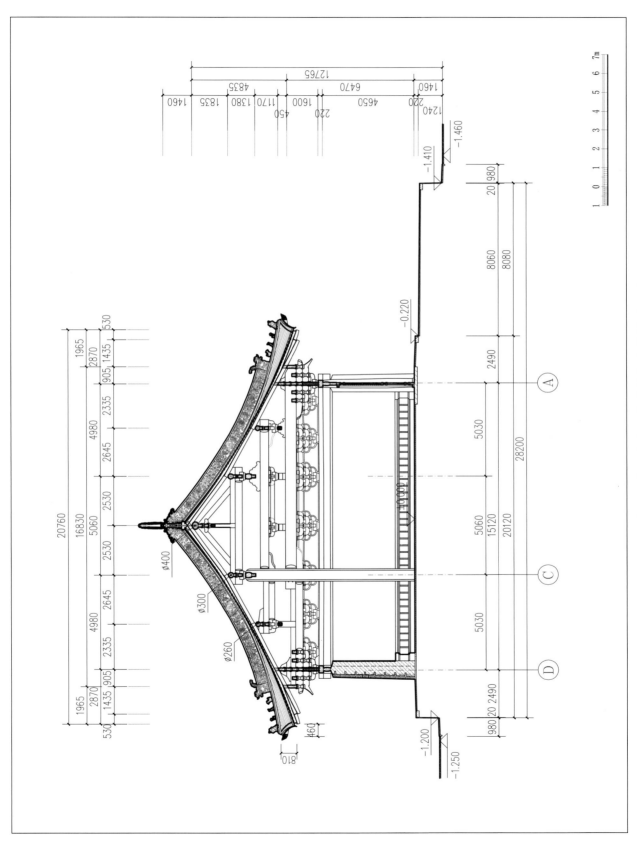

2-06　传法正宗殿东次间东缝梁架结构横剖视图

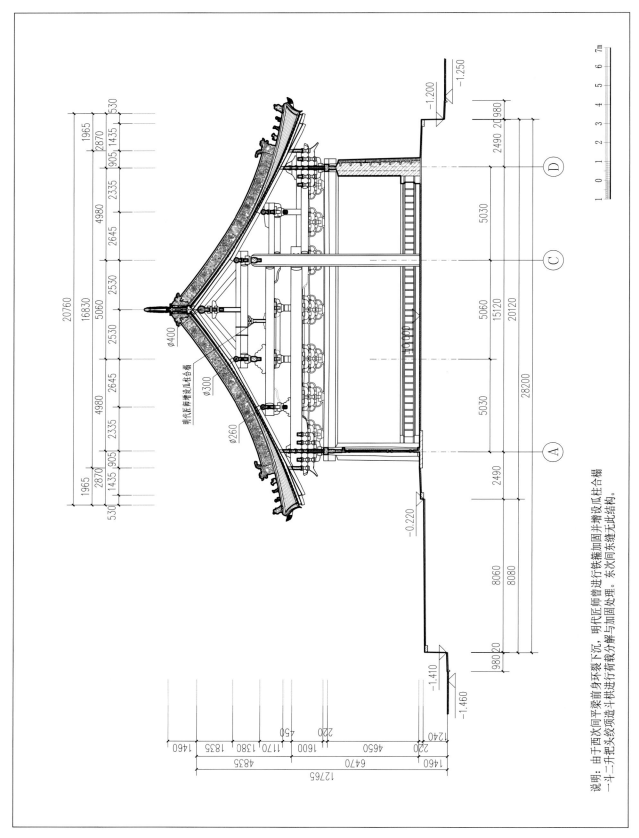

说明：由于西次间平梁前身环裂下沉，明代匠师曾进行铁箍加固并增设瓜柱合㭼，明代匠师增设瓜柱合㭼一斗二升交麻造斗栱进行荷载分解与加固处理。东次间东缝无此结构。

2-07　传法正宗殿西次间西缝梁架结构横剖视图

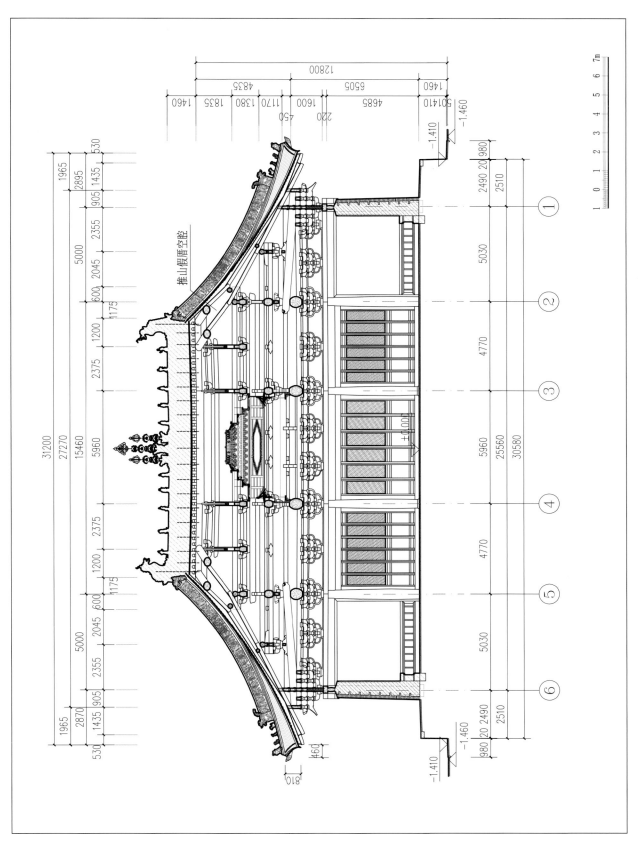

2-08 传法正宗殿梁架结构纵剖视图（当心间前视）

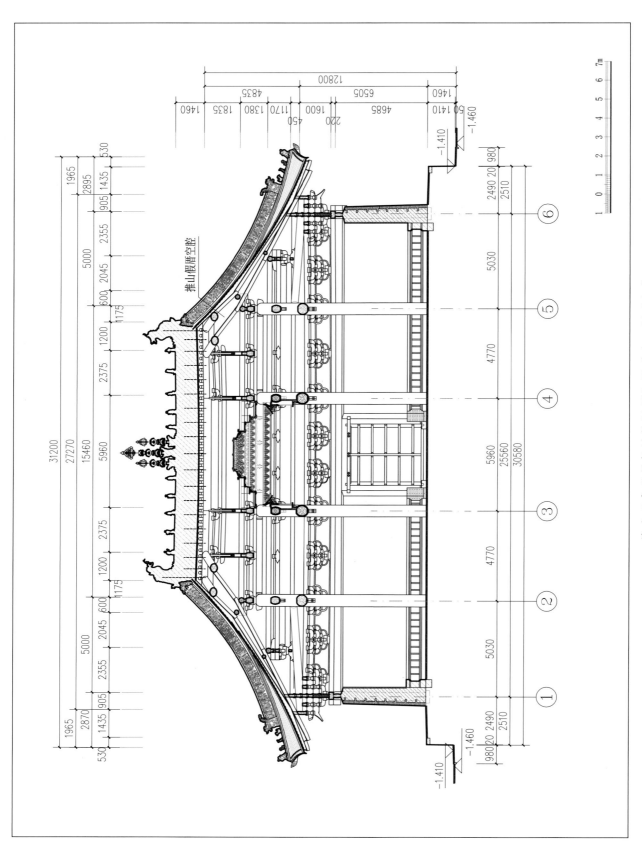

2-09　传法正宗殿梁架结构纵剖视图（当心间后视）

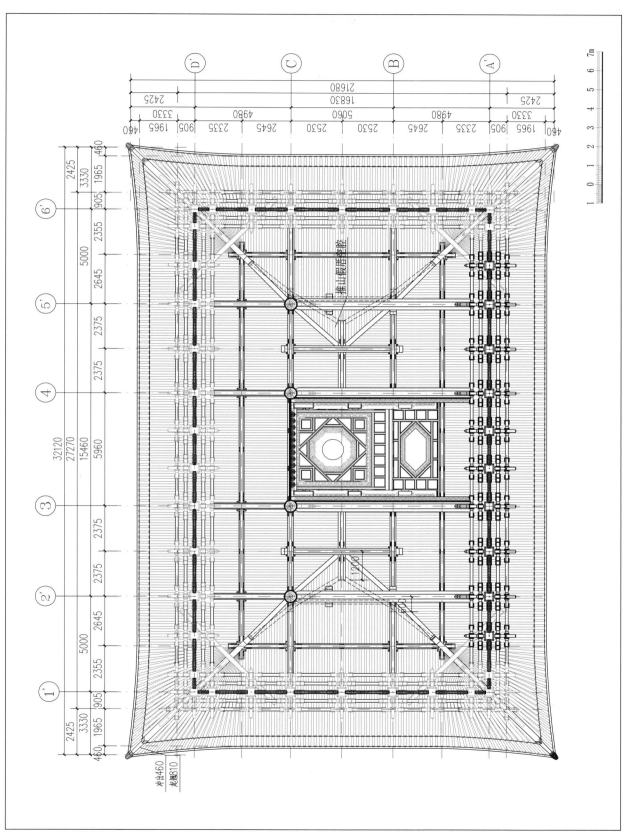

2—10 传法正宗殿梁架结构仰视图

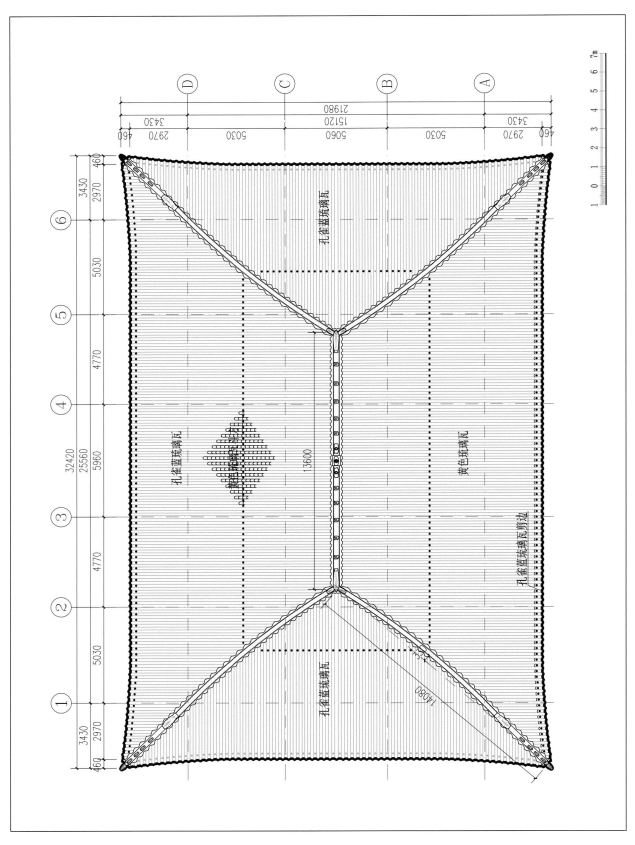

2-11　传法正宗殿屋顶俯视图

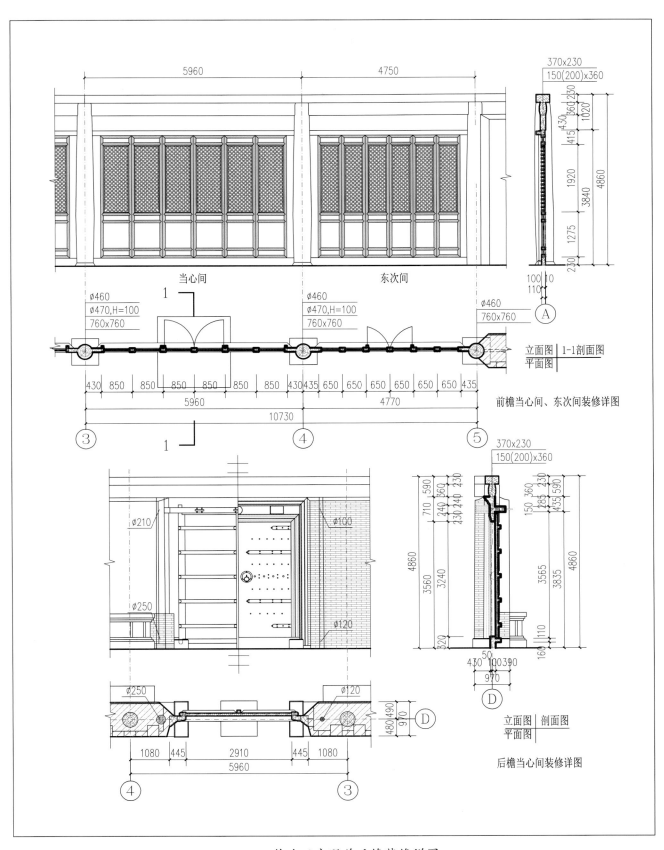

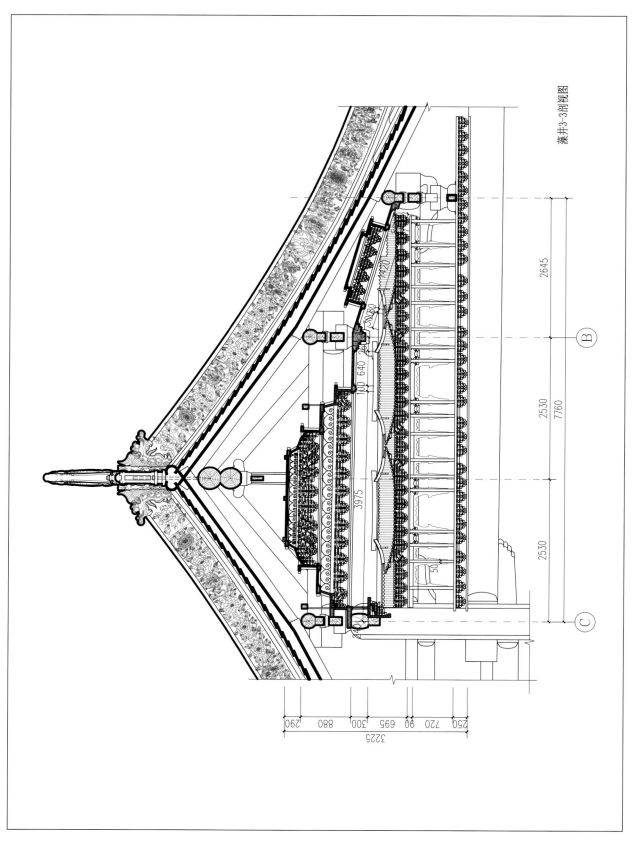

2-15 传法正宗殿当心间平綦藻井横剖视图

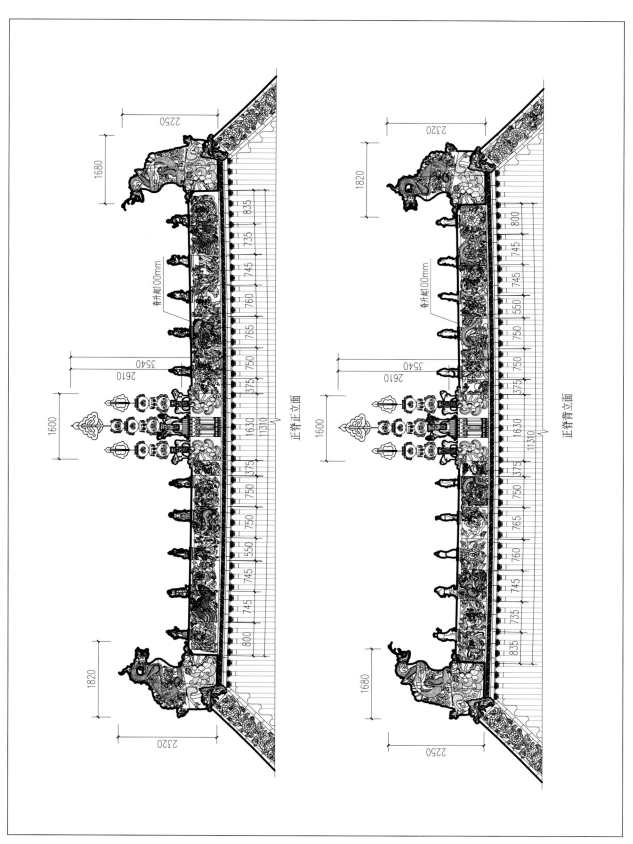

正脊正立面

正脊背立面

2-16　传法正宗殿正脊脊饰立面图

三　天王殿

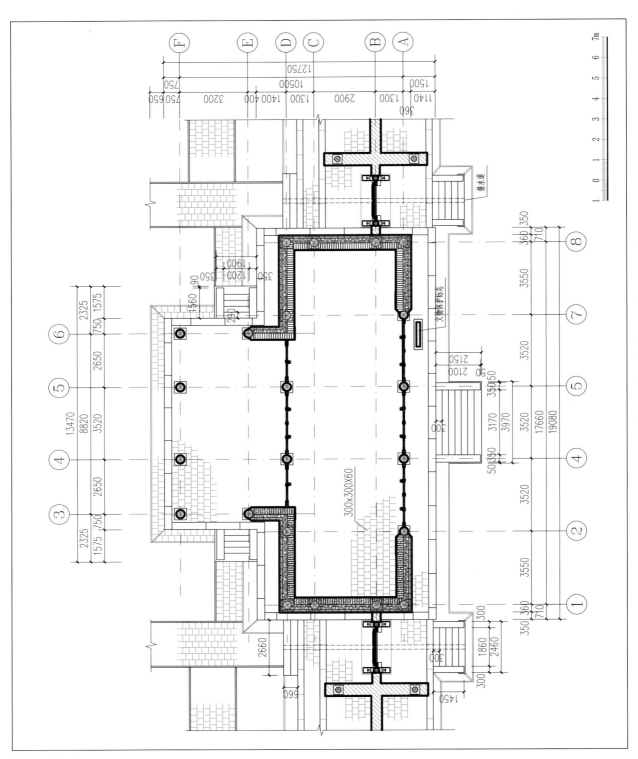

3-01　天王殿（带倒座戏台）与东西接门平面图

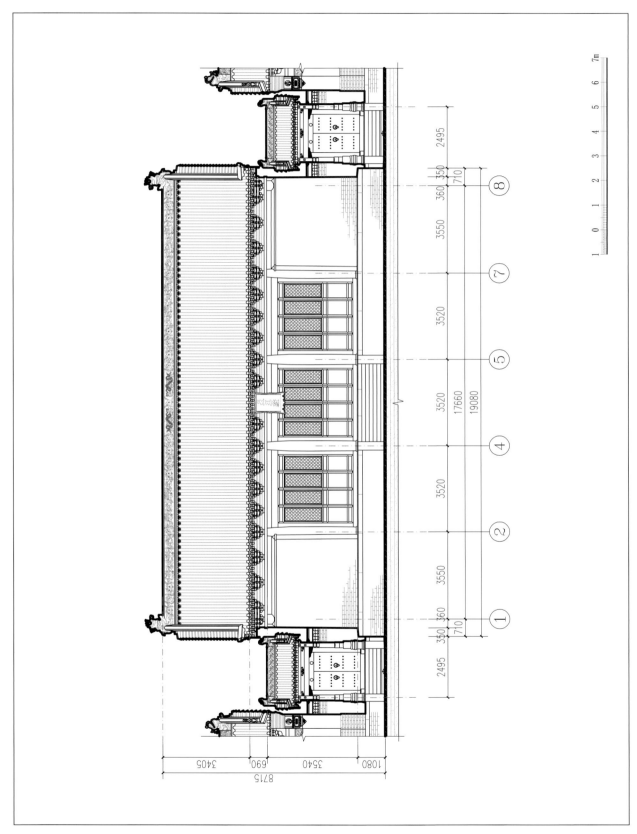

3-02　天王殿与东西掖门正立面图

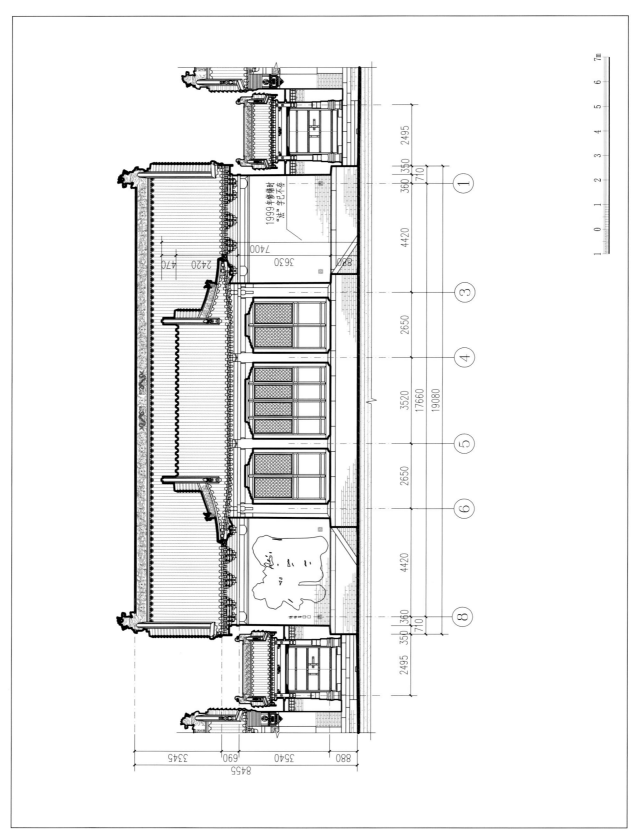

3-03　天王殿（带倒座戏台）与东西耳接门背立面图

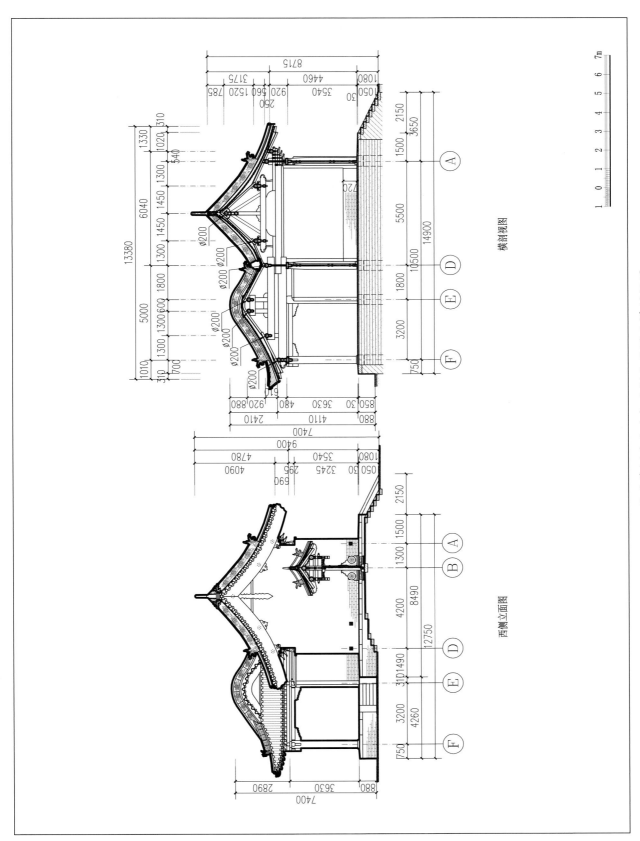

横剖视图

西侧立面图

3-04 天王殿(带倒座戏台)西侧立面图及横剖视图

四　山　门

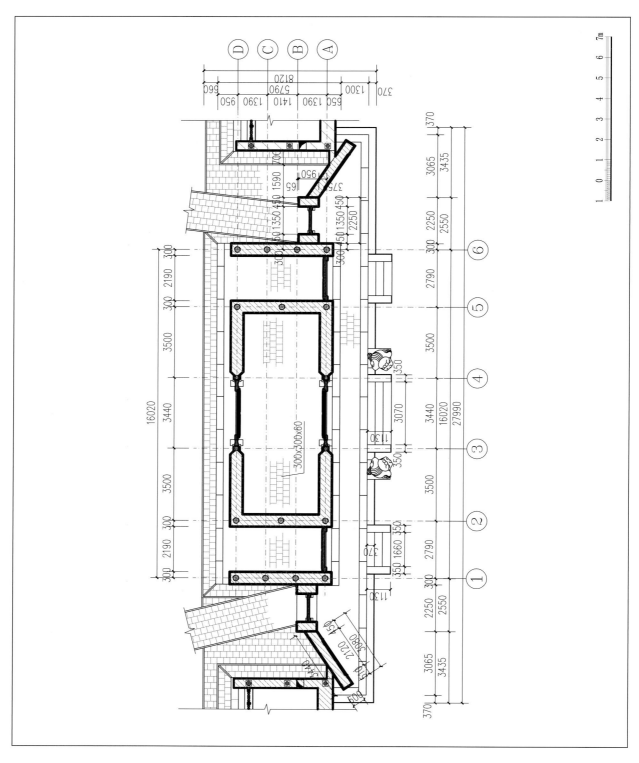

4-01　山门、掖门、八字影壁平面图

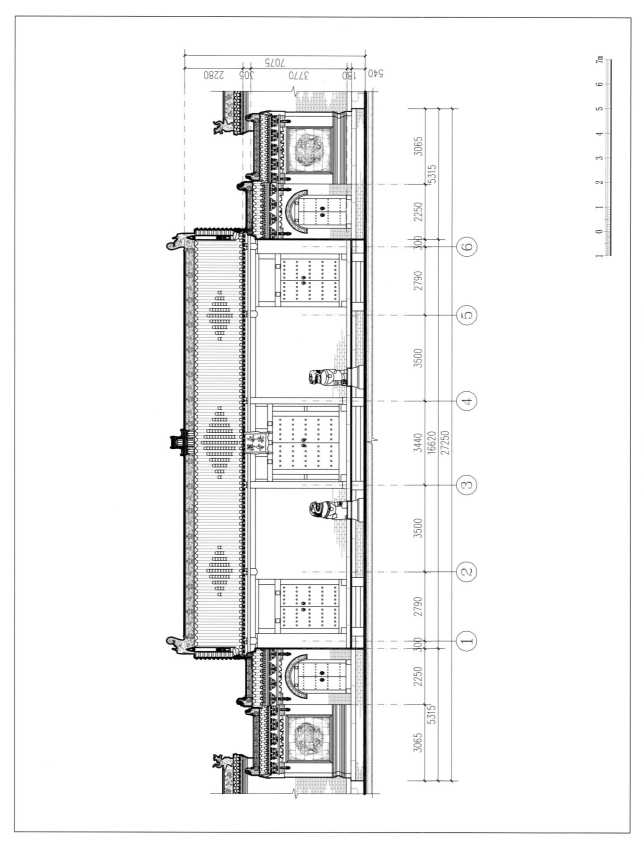

4-02　山门、掖门、八字影壁正立面图

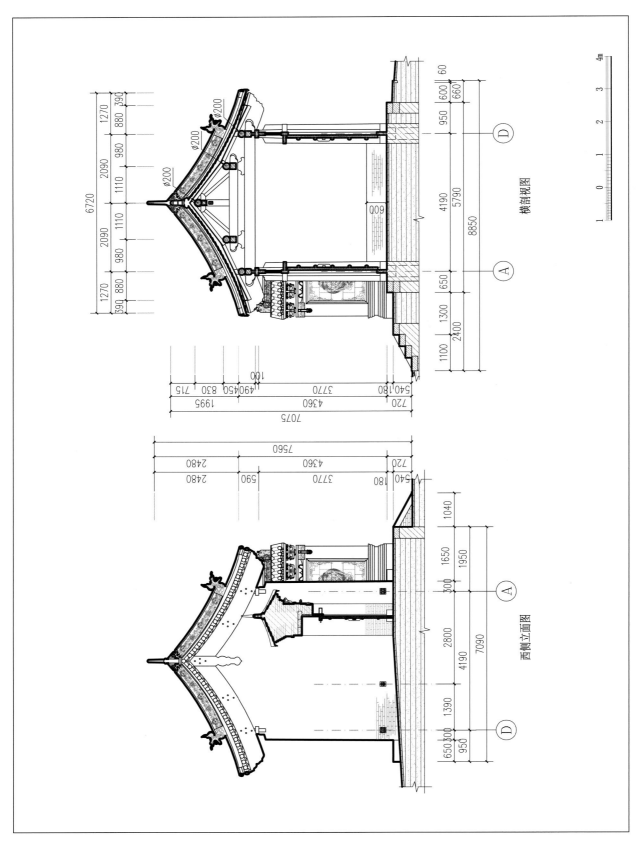

横剖视图

西侧立面图

4-03　山门西侧立面图与横剖视图

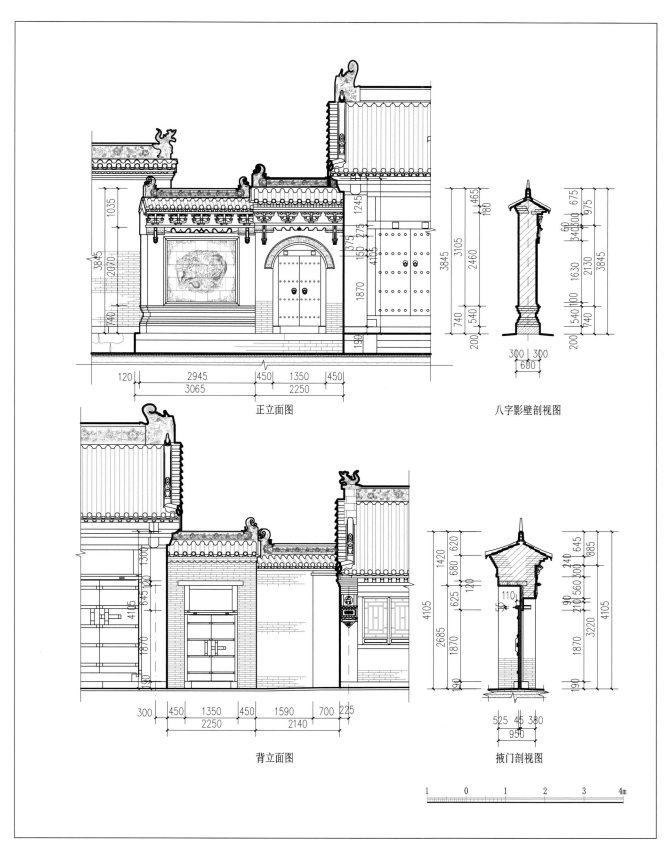

正立面图

八字影壁剖视图

背立面图

披门剖视图

4-04 披门、八字影壁正背立面及剖视图

五　东、西朵殿

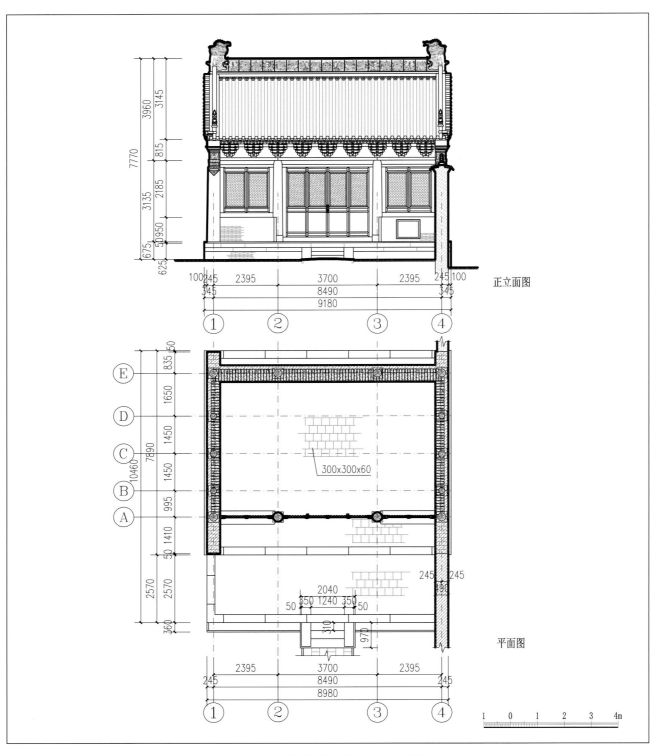

5-01　东朵殿平面图与正立面图

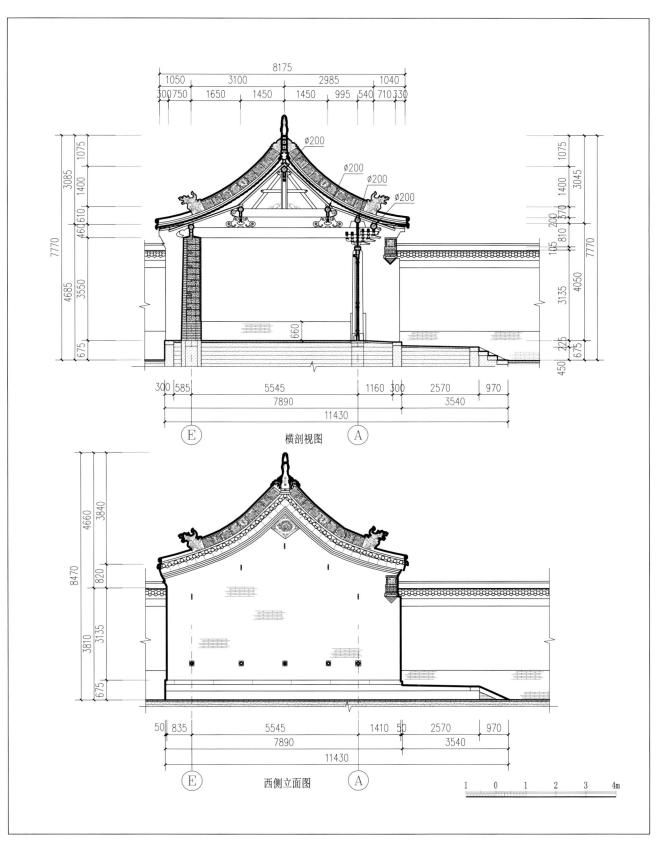

横剖视图

西侧立面图

1 0 1 2 3 4m

5-02 东朵殿横剖视图与西侧立面图

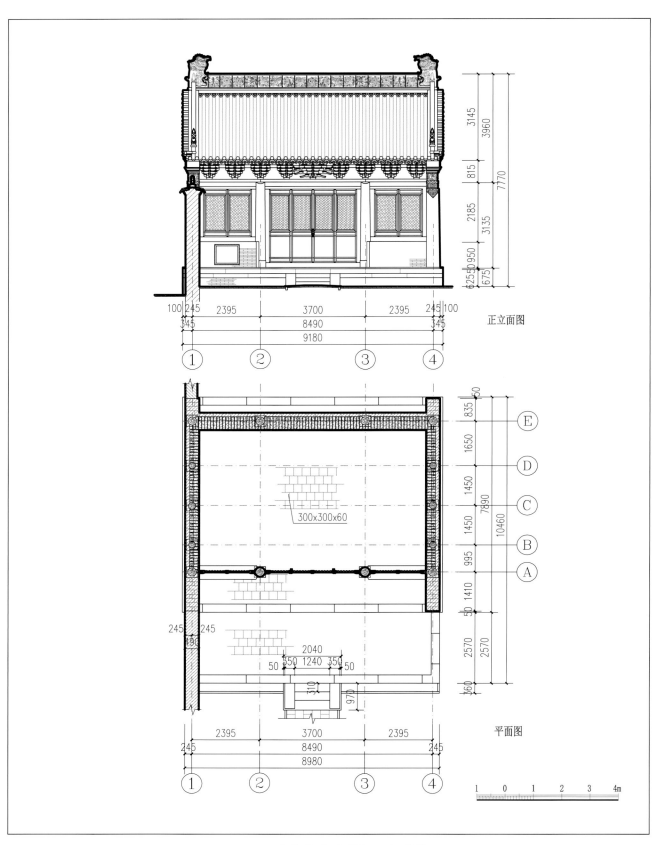

5-03　西朵殿平面图与正立面图

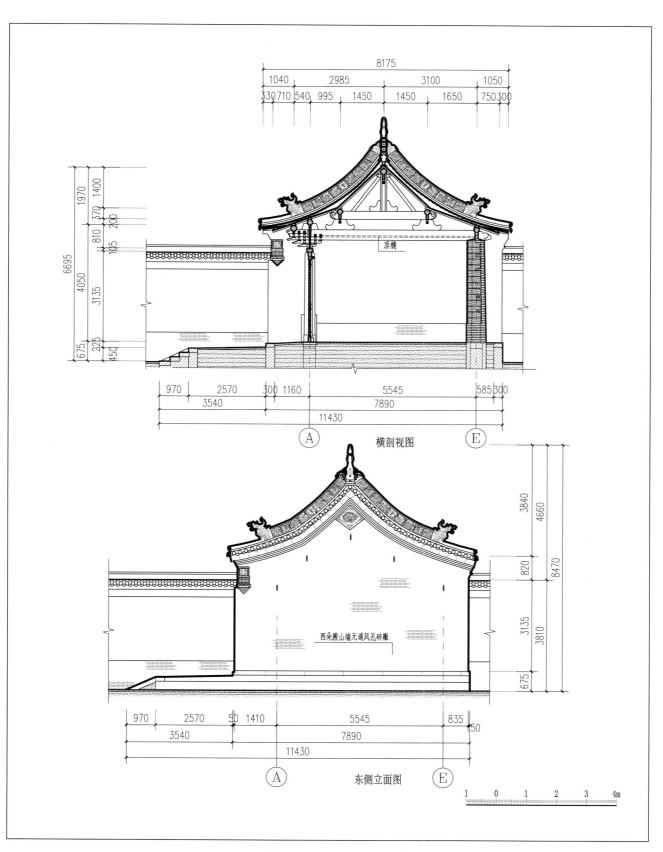

8175
1040 2985 3100 1050
330 710 540 995 1450 1450 1650 750 300

1970 1400
370 200
810
105
6695
4050
3135
675 225
450

顶棚

970 2570 300 1160 5545 585 300
3540 7890
11430

Ⓐ 横剖视图 Ⓔ

3840
4660
820
8470
3135
3810
675

西朵殿山墙无通风孔砖雕

970 2570 50 1410 5545 835
3540 7890 150
11430

Ⓐ 东侧立面图 Ⓔ

1 0 1 2 3 4m

5-04 西朵殿横剖视图与东侧立面图

六　东、西配殿

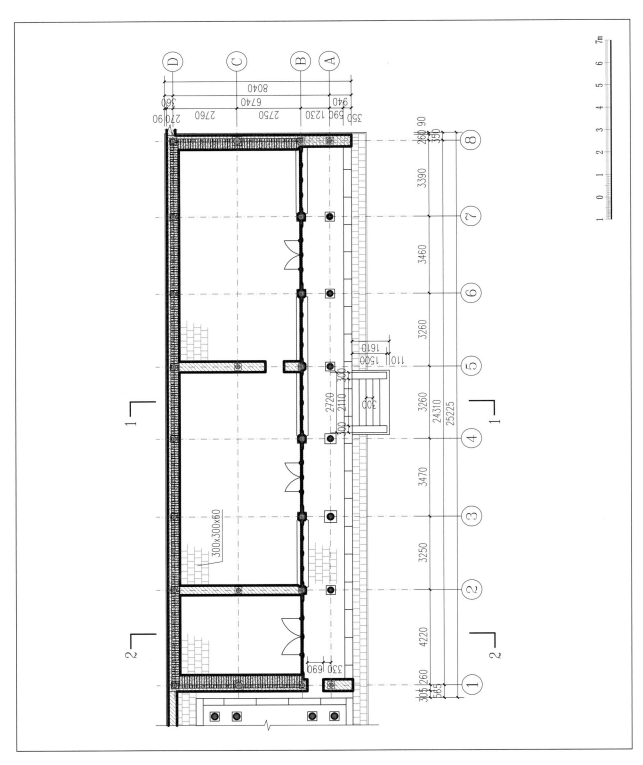

6-01　西配殿平面图

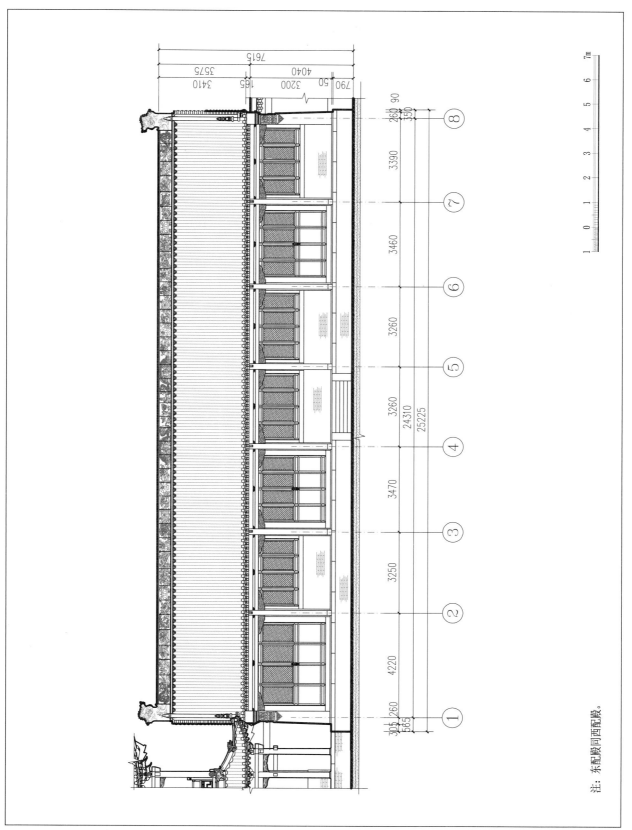

6-02　西配殿正立面图

注：东配殿同西配殿。

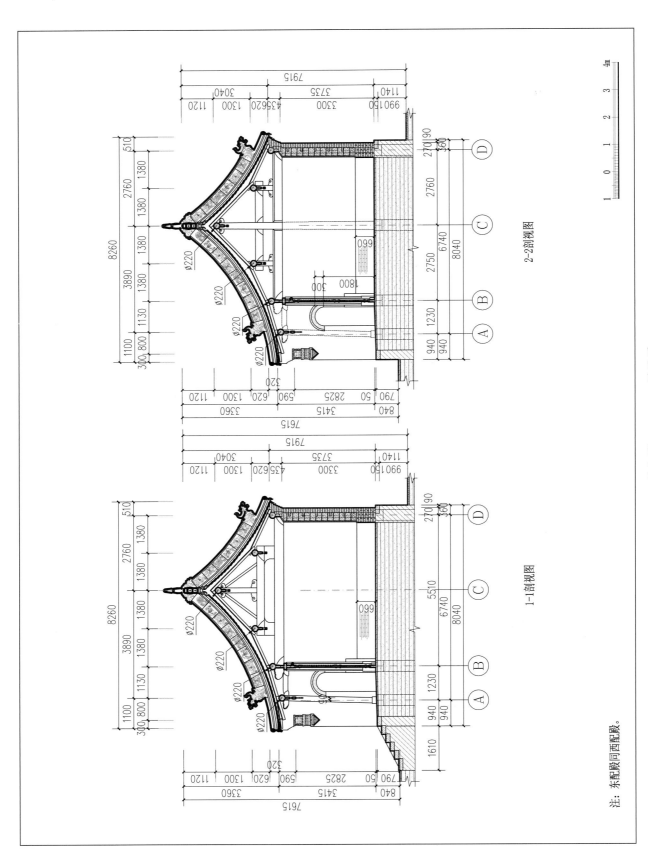

2-2剖视图

1-1剖视图

6-03　西配殿1-1、2-2剖面图

注：东配殿同西配殿。

七 钟、鼓楼

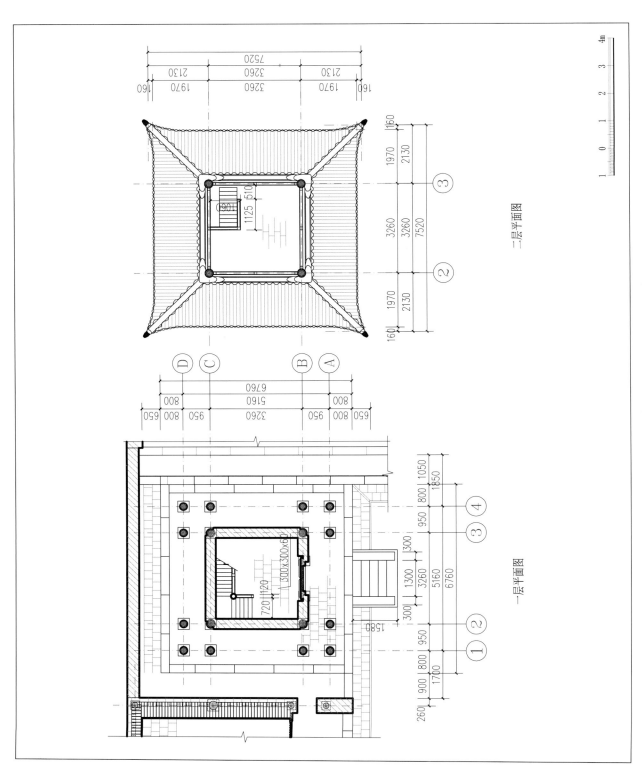

二层平面图

一层平面图

7-01 钟（鼓）楼一层与二层平面图

十　一进院东、西跨院厢房

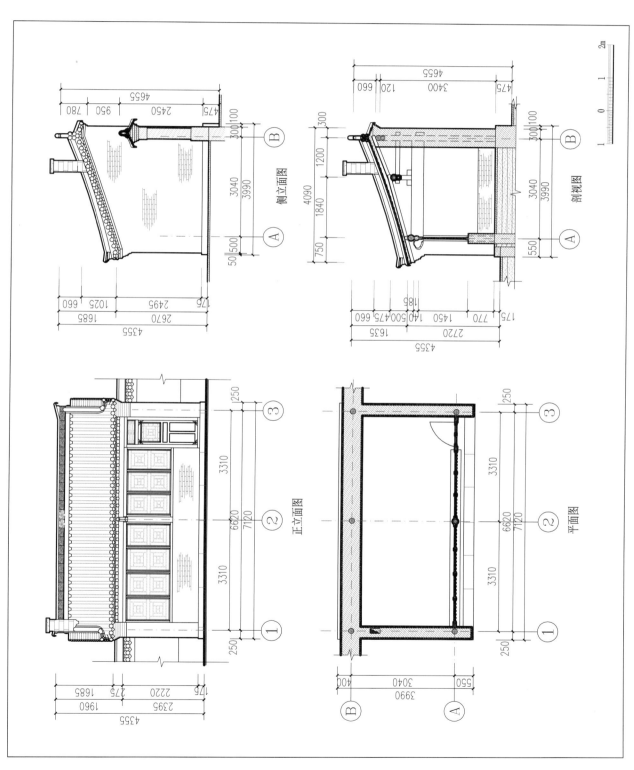

10-01　一进院东跨院厢房平面图、立面图及剖视图

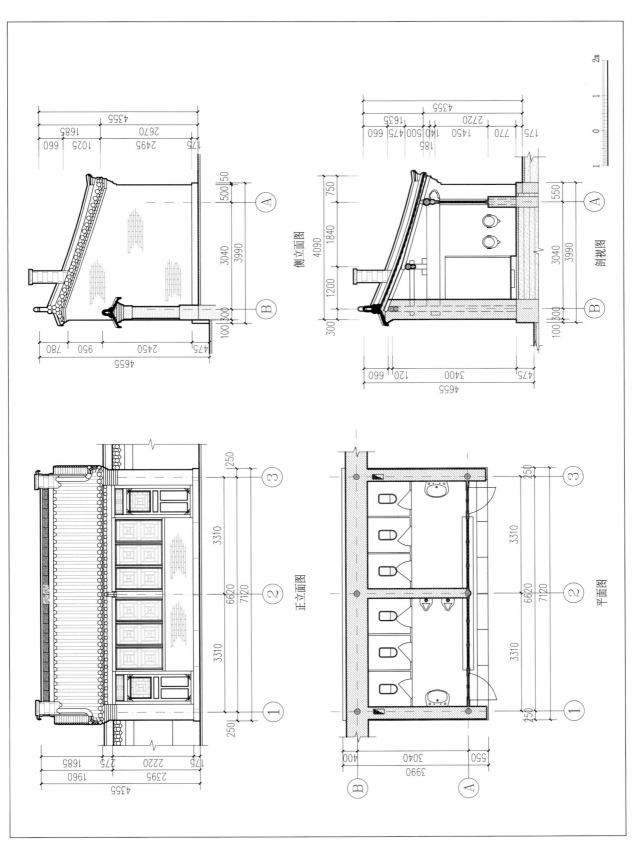

10-02 一进院西跨院厢房平面图、立面图及剖视图